第九十五辑

老照片

OLD PHOTOS

定格历史　收藏记忆

山东画报出版社

姓名 顾准

性别 男 年龄 48

单位 经济研究所

职别

1964年 科学第10[illegible]22号

顾准的北京科学会堂出入证

顾准 1957 年被打成右派后，1958 年下放农村劳改，于 1962 年摘掉右派帽子回到学部经济所。此枚证件，系顾准的北京科学会堂出入证，颁发于 1964 年。凭此证可进出该会堂的俱乐部、阅览室、餐厅等场所。顾准临终前留下遗言，将自己的部分物品赠与生前对他多有照顾的张纯音母女。（参阅本辑徐方《母亲张纯音与顾准伯伯的交往》）

老照片

OLD PHOTOS

出 版 人　尹奎友
主　　编　冯克力
执行编辑　张　杰
特邀编辑　丁　东　邵　建
美术编辑　王　芳

第九十五辑

目录

母亲张纯音与顾准伯伯的交往

徐　方

母亲张纯音出身于书香门第。我的外曾祖父程树德是近代著名中国法律史学家，上世纪初由清廷公派赴日本法政大学留学，归国后任翰林院编修。其代表作《九朝律考》有多种外文译本，是研究中国法律史不可或缺的重要文献。

我的外祖父张耀翔早年考取“庚款”留学，由清华学堂保送至美国哥伦比亚大学，1920年获心理学硕士学位后归国，开创了中国心理学专业，并亲任中国心理学会首任会长，是国内外公认的“中国心理学第一人”。

我的外祖母程俊英是中国第一批女大学生，是李大钊、胡适的亲炙弟子。她深受新思潮影响，积极投身五四运动，与庐隐、王世瑛、陈定秀等三位女性，并称为“五四四公子”。

正是在这种家庭环境的熏陶下，母亲很早就具有知识分子的独立人格，对各种问题都有独到见解，从不苟同俗见、随波逐流。

1943年，母亲考取上海交通大学财务管理系。1956年经郑振铎推荐，到中国科学院经济研究所工作，时年二十九岁。

初相识

母亲与顾准伯伯相识于1962年。顾于1958年被下放到农村劳改，四年后摘掉右派帽子，再次来到经济所。当时经济所的办公地点在三里河经委大楼，管理得相当好，整洁而有序。母亲所在的办公室里有一张白色木制单人床，上面铺着雪白的床单，供研究人员午休用。顾准伯伯回到所里第一天上班，在后勤人员的陪同下，到各办公室转转，跟大家见见面。他走进母亲的办公室，环视了一下房间，高兴地往床上一躺，说："哈，没想到我这个穷小子一跤跌到了青云里！"当别人介绍说"这位是张纯音同志"时，他说："哦，你就是张纯音啊。

1960年代，母亲在经济所办公室。

顾准，1960年代证件照。

告诉你，我还是坚持我那篇文章的观点!”母亲年轻好胜，回了一句：“我也坚持我那篇文章的观点。”

事情始于1956年，当时的科学院副院长张劲夫安排顾准去资源综合考察委员会（简称综考会）任副主任，并根据顾准自己的要求兼做经济所的研究工作。而顾准在经济所的研究工作深入探讨了当时的一些理论禁区，并撰写了《试论社会主义制度下的商品生产和价值规律》一文，发表在《经济研究》1957年第2期上。该文主张通过经济核算的手段来达到最大的经济效果，提高效率，以市场价格、市场规律调节生产。文章提出了“市场经济是社会主义经济的必由之路”这一观点。

这篇文章使顾准逝世二十年后获得了“中国市场经济第一人”的美誉，而在当时却被视为离经叛道的异端。1957年开展的反右运动中，《试论》一文中的观点被定性为严重的右派言论，成了顾准的罪状之一；另一项罪名是“反苏”。他在参加综考会的中苏联合考察队，赴黑龙江探讨两国合作利用水力资源的时候，在坝址的选择上与苏方针锋相对，还对苏联专家傲慢无礼的态度以及损害中国利益的种种做法表示不满。他的这些言行被人打了小报告。当时兼任文教系统领导的康生，在看到顾准的材料后，当众恶狠狠地说道：“顾准这种人不是右派，谁是右派？！”康生这一表态，把顾准划成右派就成了不可更改的组织决定。

1957年母亲刚到经济所不久，顾准就被划成了右派。经济所要对他的右派言论进行“消毒”，上面给母亲布置了一项任务:写文章批判顾准的《试论社会主义制度下的商品生产和价值规律》。当时母亲很年轻，刚三十出头，属于进步青年一类。她很快就写出了一篇奉命文字，标题为《驳斥顾准关于价值规律的修正主义观点》，刊登在《经济研究》1957年第6期上。多年后，当母亲和顾准伯伯一起回忆起母亲写的那篇批判文章，顾伯伯哈哈大笑说：“咱们真是不打不相识啊！”

顾准于1962年回到经济所后，被安排到政治经济学组工作，恰好与母亲同在一组。通过接触，母亲逐渐认识到顾准这个人非同凡响:他头脑清楚，看问题敏锐，知识渊博。特别是他在治学方面刻苦认真的态度，给母亲留下了深刻的印象。“文革”前顾准在翻译西方经济学名著时，常碰到一些数学公式。为了更好地理解西方经济学理论，他借了一本很厚的高等数学，不厌其烦地一道道习题进行演算。这种刻苦治学的精神在老干部中殊不多见。

给母亲印象特别深的还有顾准那铮铮铁骨。“文革”初期，顾准受到更大的冲击，红卫兵勒令他们这些“牛鬼蛇神”交代自己的罪行。别人都小心翼翼把写好的交代材料贴到布告栏上；唯独顾准只在一张稿纸上写了两个大大的字：“读史”，便贴了上去。造反派将他痛打一顿，责问为何要这么写。他说：“因为最近什么都没干，只读了些史书。”事后他对母亲讲：“眼见那些红卫兵到处打、砸、抢、抄家，这些将来都得写进历史。我倒要看看中国会变成什么样，中国向何处去……”母亲认为顾准在“文革”初期写下“读史”这两个字，说明他当时就已经理性地看待“文革”。

据母亲讲：顾准做事非常讲原则，从不畏惧强权。“文革”中他给前来外调的人和本所的人先后写了几十万字的交代材料。在这些材料中，每句话都实事求是，从不为了讨好某人，或夹杂个人恩怨而写不负责任的话。“文革”初期，有几个红卫兵来到经济所，要求顾准写一份材料，说明上海某人过去曾和国民党有瓜葛，可他说从来不知道这件事。当时红卫兵打了他一个耳光。他干脆把脸送过去，让红卫兵一连串打了十几个耳光。红卫兵见顾准怒目而视，也就打不下去了。后来顾准给他们的材料，仍然坚持写不知道这件事。

母亲是个仗义豪侠的人，她交友只看重两条：一是德，二是才。绝不因朋友的荣辱升降而有所改变。“文革”期间，孙冶方、骆耕漠等德高望重的学者挨整，她曾多次暗中帮助过他们。顾准那刚直不阿的品质与渊博的学识令母亲折服，此后母亲跟他成为好友，直到他去世。

“文革”初期，顾准被隔离审查，存款冻结，每月只发给二十元生活费。母亲想到他既要吃饭，又要抽烟，经济上一定非常拮据，于是趁没人的时候，偷偷在他办公桌上放了八十元钱。当时八十元不是一个小数目，接近她一个月的工资。1972年他们从干校回到北京后，顾准的经济状况略有好转。一次他拿出八十元，说："这钱还给你。"母亲觉得奇怪："你怎么知道那钱是我放的？"他说："我当然知道，除了你不会有第二个人。"他还说："这钱真是及时雨，当时我都险些没钱吃饭了，几次想找你借，只是不好意思开口……"

1969年春节过后，顾准随同其他监管对象，被押送到位于建国门外的学部大院接受隔离审查。他虽然在此之前已被迫与夫人汪璧离婚，子女又都跟他断绝了关系，可内心深处无时无刻不惦记着他深爱着的妻子、儿女，幻想着有朝一日能与妻子破镜重圆。

1969年11月初，学部正式宣布要下放到河南息县五七干校。经济所作为"先遣队"，将于11月16日出发。此时，顾准并不知道妻子已于一年多前自杀身亡，仍一再写申请要求在走之前与妻子见上一面。对于所领导和工宣队的支吾、搪塞，他突然有一种不祥的预感，意识到他的秀（汪璧）或许已不在人世。他急迫地对连指导员杨清华保证："无论她死了、疯了，病重了，都一不影响下去，二不影响改造。"领导这才对他说了实话。汪璧的死讯，对顾准犹如晴天霹雳，让他悲伤欲绝。他在当天的日记中写道："闻噩耗，既觉意外，也不觉意外……我去打饭来吃。吃了几口饭，悲从中来，脸伏在饭盆上失声大号。但我还是抑制住，努力把饭吃完。我要活下去……"

顾准接下来恳求军宣队帮他找一下大女儿稖头（顾淑林），希望在走之前跟她见一面，一起在外面吃顿饭，顺便了解一下亲人的消息。军宣队领导同意了，派人去和稽头联系，可她竟拒绝会见。孩子的绝情，对他来说更是雪上加霜。

经历干校

学部下干校，母亲带上了我。那年我只有十五岁，还是个稚气未脱的少年。母亲为了让我了解顾准伯伯，同她一道照顾这位老朋友，跟我讲述了许多关于伯伯的事:他的人品、他的学问，以及他所遭遇的种种不幸。

母亲说她第一次知道顾准这个名字，是在解放初期的上海。那时顾准任上海税务局长，三天两头签发关于税收的公告，满大街贴的都是署名“顾准”的告示，他被人们戏称为“布告局长”。没想到这位“布告局长”不久之后就因莫须有的罪名被整肃下台，落难后两度来到经济所，再后来竟成为她的好朋友。

对于母亲描述顾准这个右派是“第一流的德和才”，我一点儿也不觉得奇怪。她以前就曾跟我说过，右派分子往往是一些耿直且德才兼备的好人。你姨姥姥和舅公就是右派，他们不都是人品好、学问高的好人吗？对于母亲帮助落难学者，我更不感到意外。她的善良和乐于助人在亲友、同事当中是有名的。

记得刚下干校那会儿，一天夜晚下着小雨，母亲开完会往宿舍走。这时，她看到老经济学家骆耕漠被困在遍布积水的泥路上。骆老是个知识分子老干部，某些方面很像顾准伯伯:早年参加革命，没上过大学，是自学成才的经济学家。他解放后曾任国家计委第一副主任，1958年因潘扬事件受牵连，被削去职务，贬到经济所。“文革”期间更被打成“走资派，反动资产阶级学术权威”，冠以“叛徒、特务”嫌疑，一直挨整，没人敢跟他沾边儿。他患有严重的青光眼，几近失明。息县是黏土地，天一下雨，道路就变得异常泥泞，正所谓：下雨一泡脓，天晴一片铜。骆伯伯穿的是雨鞋，一脚踩到泥水里，抬腿时脚出来了，鞋却粘在地上。如果换了别人，自己可以把鞋子拔出来。可骆伯伯眼睛看不见，根本找不到鞋，在泥水中不知已经站了多久，却无人相助。母亲见状，赶紧上前，帮他把鞋子从泥水中捞出，套在脚上。她知道骆老视力极差，只剩下微弱的光感，便告诉他雨夜行走千万别往亮处踩，因为亮处都是水，之所以发亮，是因为反射了月光。

1990年代初，骆老在接受《顾准全传》作者高建国的采访时谈到这样一件事：干校期间，他因挨整被彻底孤立，没有一个人敢跟他说话，只有张纯音悄悄对他说：“我知道你的为人，绝不可能是叛徒、特务，你可千万要挺住啊！”

几年后，高建国见到笔者，谈到那次采访。他说骆老讲那件事时泪流满面、激动不已，说：“当时我被整得昏天黑地，甚至连自己都不相信自己是好人了。张纯音的那句话对我是多大的安慰啊！”

刚下干校时，政治气氛“左”得出奇。顾准伯伯是监管对象，经常挨斗，处境极为恶劣，而母亲却冒着受牵连的危险，继续暗中与他来往。

顾伯伯的胞弟陈敏之在他故去后撰文这样记述：“五哥生前就曾告诉过我：1969年11月经济所从北京搬去河南息县时，他正是刚刚获悉五嫂（汪璧）去世已经一年多，稖头拒绝和五哥会见，不仅是精神上受到最严重打击的时候，也是生活上最艰苦的时候。就是在这种情况下，纯音同志和他的女儿咪咪给予五哥最难得的关心和照顾……”

干校初期伙食特别差。母亲考虑到顾伯伯身体不好，一定需要营养补充。而我们下来之前料到干校生活会很艰苦，带了不少奶粉、肉罐头等食品。于是母亲想给顾伯伯送去一些。当时做这样的事是非常危险的，一旦被抓住，扣上一顶与监管对象勾勾搭搭的帽子，在那个“阶级斗争一抓就灵”的年代，轻则大小会点名批判，重则隔离审查，失去人身自由。于是母亲想让我去送，一个十几岁的孩子不会像大人那么惹眼。我那时已经懂事，对顾伯伯的种种遭遇深感同情，很愿意做这件事。记得我每次送的时候都紧张得要死，心都快从嗓子眼儿里蹦出来了，感觉像是地下党在做接头工作。

刚下干校不久，顾伯伯来向母亲借布票。当时买布除了要花钱，还得用布票。可伯伯自己平时积攒的布票有限，还差一些。他在当天的日记中写道：“借张纯音布票二尺，买维尼纶混纺布三十尺……用大量素白维尼纶混纺布，枕套被里都是。这次整理起来的被服，大体可以用到我长辞人世之日。服丧从白，自古礼也……”原来顾伯伯很想悼念亡妻汪碧，可是在那个极左高压的政治环境下，他既不可能穿孝服，也不可能戴黑纱，于是想到多买一些白布，做成白色被套、枕套，以这种方式来寄托哀思。

母亲曾跟我提到这样一件事：1971年林彪事件发生后，先以中央文件的形式向党内高级干部传达，然后是党内普通干部，最后到一般群众。但对“牛鬼蛇神”还是保密。一天，母亲要将一只箱子送到火车站托运。她自己弄不了，请所里派人帮忙，结果派来的人恰好是顾伯伯。他拉着一辆架子车，把箱子放在车上。一路上他们边走边聊，母亲趁此机会把林彪事件跟他讲了。他说："我对党内派系斗争的来龙去脉很清楚，早就料到会有这一天。"

亦师亦友

1972年10月，学部从干校迁回北京。我家因下去之前退掉了房子，被安排住在学部大院八号楼二层。这是一座U字形两层的筒子楼，过去是招待所。顾伯伯有家不能归，也住在这一层楼上。本来跟他同住一室的还有经济所李学曾。李在北京大概还有其他住处，多数时间都不在，故那个十二平方米的房间实际上是顾伯伯一个人住。自1966年"文革"开始他被隔离审查，到从干校返回北京，这是伯伯第一次有了自己的私人空间。他的住室在八号楼二层西侧最南端，离我家非常近，出门沿过道往北走，经过几个房门往东一拐就是我家。

位于八号楼南边的七号楼，是一座一字型两层的筒子楼，也用来安置从干校回来的"无家可归者"。钱钟书先生与夫人杨绛就住在七号楼一层。他们家的后窗正对着我家的前窗，夏天的时候他们常打开后窗通风。我弟弟是智障者，不懂事，有时在家里拉开喉咙放声高歌，这时钱先生家的后窗很快就会关上，可他们从来不找我们家提意见。一次我在大院里碰到钱钟书先生，他操着带有无锡口音的普通话，半开玩笑地对我说："令弟的歌喉不错啊！"听得我差点儿憋不住笑出来。

这时运动重点已转向清查"五一六"，人们忙着打派仗，顾不上这些"死老虎"。顾准伯伯便利用这难得的安宁，开始着手他那庞大的探索研究。

1972年，顾准在北京中山公园。

这段时间是母亲与顾伯伯交往最多的阶段，几乎每天都与他长谈。伯伯白天去北京图书馆收集资料、写读书笔记，晚上跟母亲谈他的思想、他的写作计划，以及他对各种问题的看法。他说很喜欢这样的谈天，等于梳理思想。母亲常对他的一些精辟见解赞叹不已，称他是天才的思想家，每天都能“分泌”出精彩的思想。对他学问的评价：一是博，二是深。有时母亲不同意他的某些观点，于是两人争执不休，面红耳赤。甚至为某个字的读音也要辨清孰是孰非。不过，这些都只是学术之争，丝毫不会影响他们之间的友情。

顾伯伯在思想上颇受基督教某些教义的影响，认为这个世界最终还是要实现大同，“四海之内，皆为兄弟”。他所奉行的座右铭是：“宁可天下人负我，勿让我负天下人。”正是本着这一原则，他对所有过去整过他、害过他的人，一律宽恕。母亲对此颇不以为然，认为《圣经》中的那句话：“别人打了你的左脸，伸出右脸也让他打”是奴隶主义哲学，不足取。她说：“我的观点针锋相对，即：以牙还牙，以眼还眼。”顾伯伯则争辩道：“人类社会正是因为有强烈的报复之心，你打我一拳，我踢你一脚，才总是争斗不已。如果大家都怀有宽容仁爱之心，这个世界会好得多。”对于他们的讨论，我感到非常有意思。顾伯伯随即从书架上抽出一本中英文对照的《新约全书》（圣经），建议我读一读。这本书是1961年2月他在北京东安市场旧书摊儿上淘到的，是他写《从理想主义到经验主义》等著作的重要参考书，上面有他的签名。在他去世后，遵照他的遗嘱作为纪念品留给了我，一直珍藏至今。

一次，顾伯伯在谈话中用了“饮鸩止渴”这个成语。他把“鸩”字读成了chén，母亲说：“你这个字读错了，应该读zhèn。”结果两人争执起来，互不相让。这时顾伯伯从书架上抽出刚刚在内部发行的《现代汉语词典》，查出“鸩”字果然读zhèn。他不好意思地笑了，说：“得，我认输了。过去上学太少，到底不如你的文化底子好。”

顾准遗藏：中英文对照的《新约全书》扉页

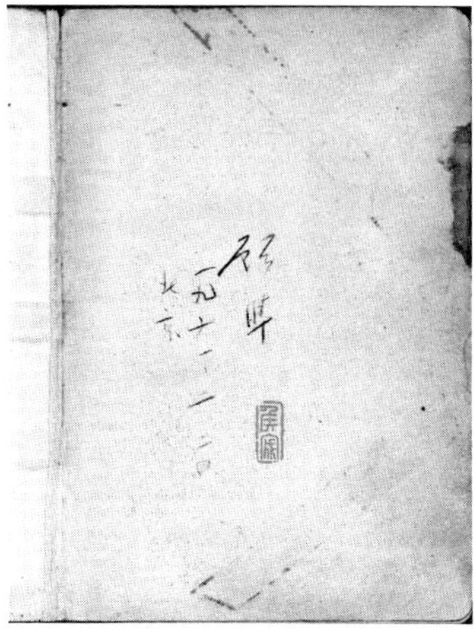

顾准遗藏：中英文对照的《新约全书》衬纸，上面有他的签名。

那段时间，顾伯伯完全沉浸在学问当中，已经达到忘我的地步。他每天大量阅读，写读书笔记。每周读的书能开出一个长长的单子。不过，对于天才与勤奋的关系，他跟母亲的观点倒惊人地一致。谈到爱迪生，他说："尽管爱迪生把成功归结为99%的汗水加1%的灵感，可是若没有那1%，他也就什么都不是了。"有人说顾准恃才傲物，这倒不冤枉他。一次谈到"虚心使人进步，骄傲使人落后"这句语录时，他半开玩笑地说："我的看法反其道而行之：'骄傲使人进步，虚心使人落后。'"

顾伯伯很注意跟上时代，站在学术最前沿。之所以能做到这一点，须提及当时经济所图书馆长宗井滔先生。宗先生过去在中央研究院（经济所前身）就搞图书管理，懂好几种外文。他是个有心人，"文革"期间，其他单位图书馆大多陷于瘫痪，他却敢于动用外汇，一直坚持购进国外最新图书、期刊，当中只断过一两年。据我所知，顾伯伯最后两年读的书当中，历史学文献大部分来自北图；而经济学文献则大部分来自经济所图书馆。宗先生不断地进书，顾伯伯不断地读书，这种情景在“文革”期间极为罕见。可以这样说，顾伯伯当年能够及时了解并吸收六七十年代西方经济学，宗井滔功不可没。

顾准伯伯讨论问题的主要对象是巫宝三。巫先生是哈佛经济学博士，师从著名教授柏拉克、熊彼德等。他知识渊博，学贯中西。1957年在反右运动中挨整，差点儿划成右派，被撤销了代理所长的职务。顾准对巫先生评价非常高，认为他很了解西方经济学流派，有真学问。当时经济所的人大多认为巫先生从不谈经济思想，可顾伯伯却跟吴敬琏叔叔说：“巫先生实际上一直跟踪着世界经济学的演变，对现代经济学的源流十分清楚。只是由于政治原因变得很谨慎，绝口不谈西方经济学，而只谈中国古代经济思想史，如管子什么的。”

巫先生经常向顾伯伯推荐一些新的经济学著作和文章。在当时，凯恩斯主义受到二战以来最严厉的挑战，主流经济学遇到了第二次危机。以哈耶克为代表的新自由主义正崭露头角，顾伯伯过去并不知道罗宾逊夫人（Joan Robinson）在经济学流派中的地位，跟巫宝三讨论了之后，了解到她那篇《经济学的第二次革命》意义之所在，并随后翻译了罗宾逊夫人的《经济论文集》。罗宾逊夫人是左翼凯恩斯主义学者，时称“新剑桥学派”，她的学说与哈耶克的新自由主义、萨缪尔森为代表的美国凯恩斯主义为当时鼎足而立的一大学派，对于那个时候的中国学者来说，她的思想似乎更容易接受。

顾准伯伯学术水平高，英文又好，所里一些勤奋好学的中年人在这期间常向他请教。他跟我们开玩笑说："最近收了几个学生。""牛鬼蛇神"收学生，在"文革"期间可是个稀罕事。就我所知，他的得意门生是吴敬琏，其他人还有赵人伟、周叔莲、张曙光、林青松等，当然也包括我母亲。他跟这些人讨论问题，指导他们读书、翻译西方经济学论文，对提高他们的学术水平起了很重要的作用。

当时经济所的这些研究人员由于与世界隔绝多年，对西方经济学几乎完全不了解。1972年从干校回到北京后，在顾准伯伯的带领下，所里几位中年研究人员开始如饥似渴地研究和吸收西方经济学的最新理念。

一次，顾伯伯从宗井滔先生那里拿来一本美国经济学会的高级学术刊物《美国经济评论》（*American Economic Review*），从中选出几篇最新的探索性经济学论文分给吴敬琏叔叔、赵人伟叔叔和我母亲，让他们拿去翻译，译好之后由他来批改。

母亲中学时代上的是上海中西女中和工部局女中。这是两所教会学校，英语教学质量非常高，到了高中就开始读《傲慢与偏见》等原版小说。可1949年后国家一边倒向苏联，同时政治运动不断，她二十多年不用英语，有点儿生疏了。1971年7月，基辛格秘密访华，之后中美双方发表了联合公告，宣布美国总统尼克松将于1972年5月前访华。这是个爆炸性新闻。当时还在干校的母亲，马上意识到中美对峙了二十多年，关系终于出现了转机。为了跟上时代变化，她决定重拾英语，找了些书开始复习。可这事很快就引起了上方的注意，连长靳汉生在全所大会上不点名批判："尼克松要访华，有人就闻风而动学起英语来，她到底想做什么？！"

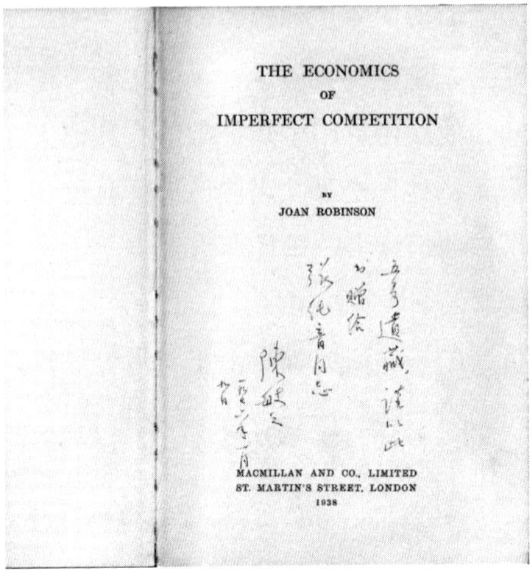

顾准遗藏：罗宾逊夫人著《非完美竞争经济学》
（*The Economics of Imperfect Competition*）

母亲有一次跟赵人伟叔叔谈到顾准伯伯给她布置的翻译作业。她说："我的英文水平过去是可以直接看懂好莱坞原版电影的，可老顾给我的论文却怎么也读不懂。即便把每个字都查了词典，仍不懂。可见不是英语水平问题，而是经济学水平问题，我们对西方当代经济学实在太隔膜了。"赵叔叔说："我也有同感。老顾从《美国经济评论》中选了鲍尔丁的《作为道德科学的经济学》一文，对我说：'这篇文章写得太好了，你要学英文和经济学，可以试着把它翻译过来。'可我啃了一两个礼拜都啃不下来。勉强译了几段拿给他看，他看了之后说：'程度还是不够。'"

听赵人伟叔叔讲，有一天他把翻译好的论文交给顾伯伯。本来那天顾伯伯是要去北京图书馆查资料的，可为了帮赵叔叔改翻译稿，他放弃了去北图，边批改边讲解，整整花了七个小时，用红笔在稿纸的四周改得密密麻麻的。不但修改译文的措辞，还详细解释为什么用这个词而不用那个词，其内涵是什么，讲得非常透彻。如："mechanism"这个词要翻译成"机制"而不是"机构"，因为它指的是机体的运作方式。

顾伯伯那段时间身体已经很不好了，可只要所里这些中青年研究人员前来求教，他总是热心相助。

八号楼二层东侧有一个电视房，里面摆放着一台14英寸黑白电视机。每天晚上7点，有人负责打开机柜给大家放电视。这时全楼几乎所有的男女老少都聚集到那里，享受这一点点有限的娱乐，整个楼一下子变得异常寂静。母亲和顾准伯伯从来不去看电视，他们正好利用这难得的宁静来探讨各种问题。

一次他们谈到孙冶方，母亲不无忧虑地说："冶方已被关了这么多年，真担心他在精神上垮了。听说有的人被长期单独监禁，最后变疯了。"顾伯伯说："不会的，我了解他，他是个有思想的人，有思想的人是不会发疯的。"他还说："冶方若放出来，他第一个要见的一定是我。"

听母亲讲，顾准与孙冶方是非常要好的朋友。"文革"初期，他俩都被打成"黑帮"，红卫兵"勒令"他们打扫楼道和厕所。他们每天故意去得特别早，趁楼里还没有人来，边干活边交换思想，讨论对"文革"的看法。1968年，孙冶方以"特务"、"里通外国"的罪名被关进秦城监狱，长达七年之久。孙伯伯被关押之后，顾伯伯很想念他，经常谈起他。遗憾的是，顾伯伯没有等到孙伯伯出来就故去了，这当中仅仅差了几个月，不能不说是个极大的遗憾。

还有一次母亲问顾伯伯："你年轻的时候不顾一切地参加革命，结果革命倒是成功了，却一步步走到'文革'，把国家祸害成这样，你后悔吗？”他说：“我不后悔，我的眼睛永远向前看。这正是我现在要做的工作——总结以往走过的弯路，探索人类未来的发展方向。”

顾准伯伯为了节省时间，从不自己做饭，而是去食堂打饭来吃。一到吃饭时间，总会看到他拿个很大的白色搪瓷缸子，径直朝食堂走去。学部食堂的大锅饭菜营养倒是够了，可味道实在不敢恭维。母亲有时烧了比较可口的菜，如红烧排骨什么的，就会分出一些让我给顾伯伯端过去。即便如此，她还是对顾伯伯的健康忧心忡忡。一次，她跟老友骆耕漠说：“老顾身体这么虚弱，却整天埋头读书，缺少活动，咱们得想点儿办法才好。”从那以后，骆老、江明，还有我母亲，时不时会拉顾伯伯去附近的小饭馆儿吃饭，并借机陪他逛逛街，每次他都感到非常高兴。

最后的夙愿

顾准伯伯的肺部一直有问题，在干校的时候就经常咳嗽，痰中带血。去医院看过几回，有的医生诊断为肺气肿，也有的诊断为支气管扩张。他认为这些都不是什么要命的病，也就没有放在心上。可是到了1974年10月下旬，他的病情突然恶化，大口吐血，每天咯血大半痰盂。经济所领导看他实在撑不住了，才于11月2日把他送进协和医院。刚开始医院不收这个“极右派”，他只能躺在急诊室外的走廊里。双目几近失明的骆耕漠伯伯拄着拐杖为他四处奔走求助，找到当时刚刚获得“解放”的中国医学科学院党委书记杨纯，才使顾伯伯住进病房。这回医生倒是比较重视，为他做了详细检查。结果发现他的痰中有癌细胞，X光分层造影也显示，肺部长了一个鸡蛋大的肿瘤。诊断结果是肺癌晚期。

当时国内医生由于担心癌症患者承受不了打击，一般不会对病人讲实情，只把诊断结果告诉家属，所以顾伯伯最初并不知道他患的是肺癌。可几位大夫查房的时候讨论他的病，用了“cancer（癌）”这个词。他们哪里知道，这位患者精通英语，一听心里就明白了八九分。顾伯伯为了弄清自己的病，趁午休时间跑到护士站，翻出他的病历，从头到尾仔仔细细看了一遍。

那时母亲已经知道了他的病情。下午去医院探视的时候，顾伯伯对母亲说：“你知道我得的是什么病吗？是cancer!”母亲心里一阵绞痛，简直不知该说什么才好。更令母亲伤感不已的是他接下来的话：“这下可好了，我快死了，孩子们总该来看我了吧?”患了绝症，首先想到的却是孩子们就会来看他。而能换来孩子们的探访，自己也就死不足惜了。可见他对孩子们的爱和思念有多么的深。可悲的是，他的这点可怜愿望竟然到死也没能实现。

顾伯伯的癌肿长的位置特别不好，顶在心脏与气管之间，既不能做手术，也不能做放疗，协和医院的西医大夫对此表示无能为力。

顾伯伯一向只相信西医，他曾跟母亲探讨过中、西医的问题，说：“尽管我父亲就是中医，但还是不相信中医能治病。就拿诊断来说，西医靠的是物理的眼睛，如X光透视、CT等；还有化学的眼睛，如血液、尿液化验。可中医呢，光靠号脉就能查百病吗？我根本不信!”

可是，母亲还有顾准伯伯的六弟陈敏之，以及他的几位

1978年6月，著名经济学家孙冶方在石林。

老朋友都不甘心放弃治疗，他们要穷尽一切方法来挽救他的生命。绝望之下，只好将目光转向中医。林里夫伯伯找到一位自称能治此病的老中医。那人架子很大，一定要有小汽车接送，否则不肯出诊。母亲他们都是平民百姓，不可能有公家配给的车。她说：“我当时真恨不得给那姓李的老中医跪下。”后来还是母亲搀扶着眼睛几乎看不见的骆耕漠伯伯，顶着寒风找他的老战友——原铁道兵政治部副主任张崇文，才解决了车子问题。李大夫开出方子后，母亲主动承担了抓药、煎药的任务。待药煎好，她把浓浓的汤汁端给顾伯伯，说：“喝了吧，对你的病有好处。”伯伯苦笑了一下，叹了口气：“唉，盛情难却！”接着便一饮而尽。尽管他根本不相信中药能治他的病，可是为了不拂逆老朋友的一片好心，不使他们过于失望，还是勉强把药喝光。

为了照顾生命垂危的顾准伯伯，经济所的几位挚友自发轮流到医院进行护理和陪夜。这些满腔热忱、不避嫌疑前来值班的人有：骆耕漠、吴敬琏、张纯音、林里夫、赵人伟、江明等。林里夫伯伯还让他的女儿林皎皎每天上午去医院顶替陈敏之伯伯，免得他累垮了。

顾伯伯后半生是极其不幸的。他不断挨整，家破人亡，孑然一身。在最需要亲情的时候，亲人却都远离了他。他常自嘲是“丧家之犬”；然而他又是非常幸运的。两度遭难后，都是经济研究所收留了他。这个高水平研究机构聚集了当时中国一代知识精英。老一辈的有：孙冶方、骆耕漠、张闻天、巫宝三、汪敬虞、狄超白……中青年学者有：吴敬琏、赵人伟、董辅礽、张纯音、张卓元、周叔莲……记得一次他跟母亲谈到经济所，戏称这个单位是“聚宝盆”。

顾准伯伯于1961年摘掉右派帽子，1962年5月再度来到经济所。他的老朋友——所长孙冶方为了使他能够有一个良好的研究环境，让他去政治经济学组，并给他安排了一间单人办公室。政经组人才济济，卧虎藏龙，吴敬琏、赵人伟、董辅礽、张卓元、我母亲等都在这个组里，组长是骆耕漠。骆老为人宽厚，倡导学术自由，从不压制不同意见。顾伯伯在这里如鱼得水，他在“历史自述”中写道：“政经组的同志热诚地对待我”，“我这个右派分子来到这里就像回到了老家一样”，“我是那么高兴”！

多年来，经济所的一些同事给予了顾伯伯不是亲情却胜似亲情的关爱。使他能够在极端残酷的社会大环境中幸存下来，并将多年来经探索、研究形成的部分思想，以文字的形式留在人间。

顾伯伯最后的日子是在协和医院度过的，同病房里还住着人民艺术剧院著名导演焦菊隐。焦先生患的也是晚期肺癌，经过一个疗程的化疗，癌肿由原来拳头那么大，缩小到核桃那么小，他和家人都非常高兴。焦先生是个乐观的人，时不时以自己的治疗效果为例，给顾伯伯打气。母亲也从旁安慰：“现代医学发展日新月异，说不定哪天就会有办法治你的病。”可伯伯却摇摇头说：“我心里很明白，这次得前门进，后门（指太平间）出了。人类征服疾病是一个漫长的过程。你看，《圣经》里面描述，耶稣摸了麻风病人，那人就好了。这故事说明，当时人们多么渴望有办法治愈麻风病。可两千年过去了，这种病还在危害人类健康。至于癌症……”母亲事后哀叹：“顾准这个人头脑太清楚了，连安慰他都很难。”

据母亲讲，顾伯伯在生命的最后几天心情非常不好，伤心之极，甚至可以说是绝望。他后半生虽历尽坎坷、饱受磨难，却依旧热爱生命，留恋这个世界。希望借自己的不懈研究，为国家、为人类作出贡献。他对母亲说："生活毕竟是美好的！我才五十九岁，真不愿意死啊，我还有很多事没做完……"他为没来得及把已经日臻成熟的许多思想写出来而痛心疾首！

顾准伯伯仍然苦苦期盼着孩子们来看他，时时刻刻等待着他们出现。他对前来探视的七弟声音哽咽地反复说："我想他们（指他的孩子们）想得好苦啊！"他的六弟陈敏之为了让他在临终前能跟孩子们见上一面，不断地做几个孩子的工作。

为了避免面对面谈话控制不住自己激动的情绪，陈敏之伯伯给顾伯伯的子女写了一封信，信中说："历史上有许多先驱者（社会、政治、哲学、自然科学各个领域）不被当代的人们所理解，被视为异端，这种情况并不罕见。你们的爸爸虽然还不能说是这样的先驱者，但是据我所知，我敢断言，他绝不是一个反革命者，绝不是一个反社会主义者。我敢同样断言，你们对你们的爸爸实际上一点不理解。他比我和你们的目光要远大得多。许多年来，他不过是在探索当代和未来的许多根本问题的答案，如此而已。如果认为这样的探索就是一种该死的异端，那他绝不是一个真正的马克思主义者。如果有人以有他为辱，我却以有他这样的哥哥为荣。"

可是，所有的努力都白费了，得到的答复只有两个字"不去"，理由是"怕受爸爸的影响"。大女儿稖头（顾淑林）竟然说："经济所军宣队想甩包袱。"还说："我已写信给重之（顾准的小儿子），让他不要来，理由是不合适。"

尽管孩子们多年来对他是这样的态度，可顾伯伯却始终原谅他们，认为这一家庭悲剧是社会大环境使然，不应该责怪他们。就在临终前十几天，为了见到孩子们，他甚至忍受屈辱，极不情愿地在一份“认错书”上签了字，以换取摘除“右派分子”的帽子。他的遗嘱最后一句话还是：“祝福我的孩子们。”唉，可怜天下父母心！这可真是父爱如海，深沉而宽厚。也正如他的老友陈易所说，他是“英雄肝胆，儿女心肠”。

11月16日，经济所党内外群众经过讨论，一致同意给顾准摘除“右派分子”的帽子。按说界线这个“障碍”这时已不复存在。可是，重之（顾准的小儿子）仍然不来；稖头（顾淑林）、小米（顾逸东）仍然不去医院。

经济所领导代表组织，多次给在内蒙插队的顾准伯伯的小儿子顾重之写信、拍电报，要他回来照看父亲。在顾伯伯的心目中，重之对他还是有一定感情的。可他哪里知道，跟孩子分别的八年间，这个孩子已经发生了巨大的变化。11月24日，重之给陈敏之回了一封信，表示坚决不回来。信中说：“在对党的事业的热爱和对顾准的憎恨之间是不可能存在什么一般的父子感情的。……我是要跟党跟毛主席走的，我是绝不能跟着顾准走的。在这种情况下，我们采取了断绝关系的措施，我至今认为是正确的，我丝毫也不认为是过分。……我相信在我们的亲属中间也存在着严重深刻的斗争，这也是毫不奇怪的。”

大概现在的年轻人看来，这种无情近乎匪夷所思。其实在当年的政治氛围中，人与人之间都要“亲不亲，阶级分”。动不动就是“用无产阶级专政的铁拳，砸烂阶级敌人的狗头”。谁要是不幸被指为阶级敌人，确实是生不如死。那些“黑五类”的子女们要么考虑自己的“政治前途”，要么迫于压力，与家长划清界线，做出这样绝情的事情在当时并不罕见。

顾伯伯的六弟陈敏之在他去世两个月后，写了一篇纪实文

1953年7月，顾准摄于庐山。

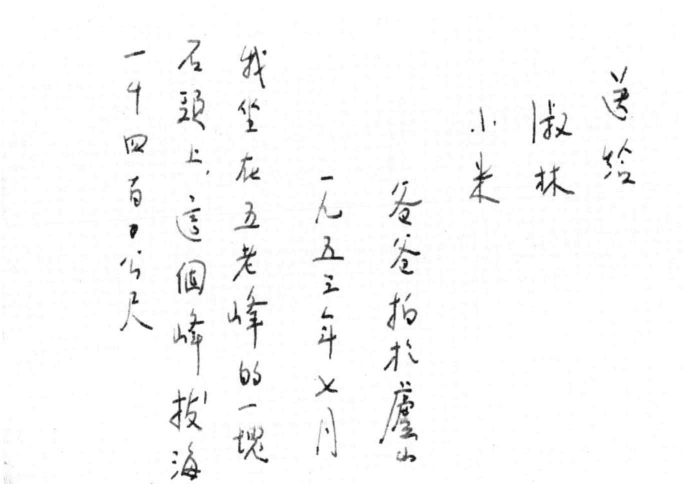

送给
淑林
小米
爸爸拍於廬山
一九五三年七月
我坐在五老峰的一塊
石頭上，這個峰拔海
一千四百日公尺

顾准在照片背面给大女儿、大儿子写的说明

字《悼念五哥顾准同志》，详细记述了顾伯伯生前最后一个月所发生的一切。他请人将此文用一台老式打字机打出来，油印了十几份，在很小的范围内传看，也给了我一份，一直保存至今。其中写道："11月27日，当他明确获知重之最终不会来，其他几个孩子也不肯来看他，情绪异常激动，连续四个小时都不能平静。第二天，他对前来探视的三妹和七弟说：'想不到过去写的那个东西（指断绝关系的声明）竟有这么大的效力啊！'从这天起，他的病情急转直下，迅速恶化。仅仅过了不到五天，就永远离开了人世。"

在生命的最后几天里，顾伯伯总是两眼长时间直勾勾地盯着天花板，吃力地大口喘息，内心的苦楚难以诉说，他实在是心有不甘啊……

据母亲生前回忆：死去的顾准，穿一身藏青色半旧中山装。他两眼不闭，嘴半张着，好像还有许多话没讲出来……

顾准伯伯的长子顾逸东多年后接受采访时说："在父亲遗体告别那天，我和姐姐淑林特意提早一个半小时就到了协和医院，等着向父亲的遗体告别。在那里我见到了父亲的许多朋友。一个老先生看了我一眼，眼光像刀子一般。张纯音向我们走来，她缓缓地说，父亲临终前要她转告我们：'我已经原谅你们了，也请你们原谅我吧。'"顾逸东说到这里，已经泣不成声，他一边哭，一边痛悔地喊道："而我们，我们当时竟然一句话也没有！一点什么也没有表示啊……"

笔者最近见到吴敬琏叔叔，听他说起顾准去世后，他们几位挚友感到非常不舍，准备在医院太平间举行一个简单的遗体告别仪式。正在布置会场的时候，顾准的大儿子小米（顾逸东）、大女儿稖头（顾淑林）在父亲死后终于出现了。母亲一见他们，气愤地指着鼻子大声斥责：“你们还有脸来？！你们太不像话了，父亲病成这样都不来！”吴叔叔当时感到非常惊愕，他说：“没想到平日里性格温和的张纯音竟然会发这么大的火……”

1980年2月9日，顾准被恢复名誉，彻底平反。1982年，他的《希腊城邦制度》一书出版。他的弟弟陈敏之用该书稿费请顾伯伯的几位生前好友在前门饭店吃了一顿饭，感谢大家过去对顾伯伯的种种照顾，我和我母亲也应邀参加。席间，一位年轻人朝我走来。他说：“咪咪，让我敬你一杯，我感到很惭愧，没脸见你……”这个年轻人就是顾准伯伯的小儿子顾重之。我听说他很优秀，是“文革”后恢复高考1979年北京市文科状元。我相信那时他已为过去对父亲的所作所为后悔不已了。

顾伯伯在病重期间曾对母亲说：“我们的友谊很纯啊，今生我是无法报答你了，日后定‘衔环结草’。”两年后，母亲把这事讲给我听。我不懂“衔环结草”是什么意思，她解释说：这是两个典故，意思是对生前有恩于自己的人，死后变成鬼去报答他。

顾准伯伯于1974年11月17日口述了一份遗嘱，由他六弟陈敏之记录，经他过目后签字。这时距离他辞世仅仅只有十九天。遗嘱的内容都是如何安排一些身后事宜，一共四条。其中第三条是：“请六弟选择一些纪念物品，代我送给张纯音同志和她的女儿咪咪。”

母亲后来对我讲，她感到非常安慰，说明顾准很看重他们之间的友情。她说：“你还年轻，不懂得顾准这个人的学术思想、道德文章有多了不起！我为一生中有这样一位志同道合的挚友而感到骄傲……”她讲这话是在1975年，当时中国还处于

“文革”——那个最黑暗的历史时期，世上真正理解顾准的人屈指可数。

顾准伯伯去世后，一次他弟弟陈敏之来北京联系顾伯伯的译著出版事宜，顺便到我家探望母亲。当他们谈起顾准的时候，我看到母亲流泪了。这是我生平第一次，也是唯一的一次见到她落泪。她是个内心极为刚强的女性，生活中无论遇到多大的艰难困苦，哪怕是得知自己患了绝症即将离世，都从未掉过一滴泪。

就在顾准伯伯辞世的几个月后，母亲突患急性类风湿关节炎，大病了一场。身上多处关节变形，几乎不能行走。医生说这种病的一个可能病因是精神上受到强烈刺激。母亲哀伤地对我说：“我知道为什么会得这个病，因为顾准死了……”

母亲与我

母亲于1989年5月被发现患了子宫中胚叶肉瘤。这是一种恶性程度极高的肿瘤，早期很容易随血液转移扩散至全身。她很快住进医院，接受了手术。可几个月后，医生告诉我母亲的病已经到了晚期，癌肿已大面积转移至肝、肺、骨。他们所能做的只是尽可能为她延长生命、减少痛苦……

我惊呆了，完全无法接受这个事实，泪水止不住地往下流……对母亲，我没有隐瞒，将病情一五一十地讲了。她当然很震惊，却出乎意料地平静，说：“到底是我的好女儿，懂得我。谢谢你讲了实情，让我有比较充裕的时间安排身后之事。”我问能为她做什么？她说只希望在生命最后的这些日子里每天见到我。从那一刻起，我每天下班后直奔医院，守在她的床前。

在我所认识的人当中，像我跟母亲这种关系并不多见。记得在兰大读书期间，她每天都给我写一封信。我功课忙，隔三差五地回一封。母亲为了提高我的写作能力，每次接到信，都用红笔在上面勾勾划划地批改，甚至指出个别错别字，然后再寄回来。班上有个负责开信箱的女同学，每天都会为我取回一封厚厚的信，信封上的落款儿为“北京张”。她跟我开玩笑说：“老实坦白，这个‘北京张’是你在北京交的男朋友吧？”我说：“才不是呢，这是我妈。”她说：“打死我也不信，哪有当妈的每天给孩子写一封信的？！”

我曾对一位“闺蜜”讲：我在这个世上最好的朋友就是母亲，我们之间无话不谈。她点点滴滴的教诲对我影响极大，深入骨髓。

眼见母亲在癌病的折磨下苦苦挣扎，一天天萎顿下去，我心如刀割！我对她讲：不能想象这个世上没有她我还怎么活……可她却劝慰我：“傻孩子，千万别这么想，这个世界离开谁地球都照样转。”她还引用了刘禹锡的两句诗：沉舟侧畔千帆过，病树前头万木春。母亲说她感到很安慰，三十几年来按照她的理想塑造了一个人。这个人无论是外貌还是内心都很像她，身上有她的基因，血管里淌着她的血，是她生命的延续……

在母亲最后的那些日子里，她头脑一直都十分清醒。我们每天长谈，前后持续了三个月，话题涉及方方面面。她多次提到顾伯伯，说感到非常遗憾，没能在有生之年看到顾准的那些真知灼见为世人所了解……

今天，母亲在天之灵一定感到十分欣慰。顾准伯伯的遗

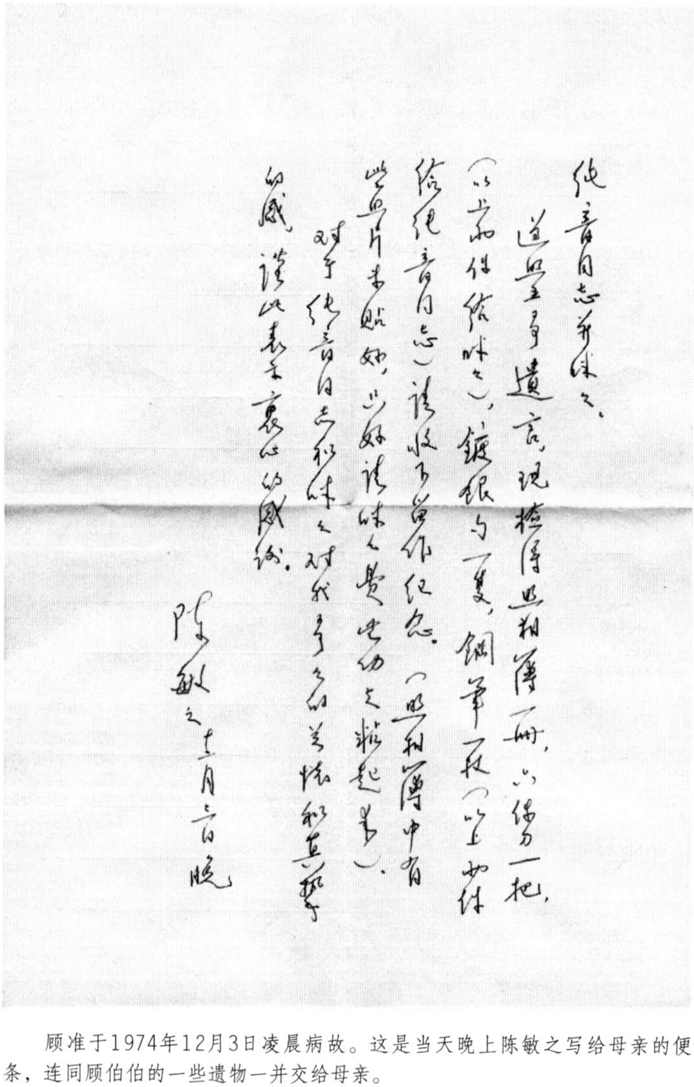

顾准于1974年12月3日凌晨病故。这是当天晚上陈敏之写给母亲的便条，连同顾伯伯的一些遗物一并交给母亲。

著《从理想主义到经验主义》历尽坎坷，终于在他故去十八年后的1992年出版。这部著作是他与胞弟陈敏之于1973—1974年间在通信中的学术讨论笔记，是顾伯伯冒着生命危险撰写的一系列掷地有声的醒世篇章，凝聚了他思想的精华。学者王元化在该书的序言中说："这是近年来我所读到的一本最好的著作：作者才气横溢，见解深邃，知识渊博，令人为之折服。许多问题一经作者提出，你就再也无法摆脱掉。……它们促使你思考，促使你去反省并检验由于习惯惰性一直扎根在你头脑深处的既定看法。"1994年，《顾准文集》由贵州人民出版社出版，立刻在中国掀起了一波"顾准热"。在高等院校和研究机构，人人争谈顾准。凡读过他遗作的人，无不为其字里行间所散发出来的真理之光所折服。李慎之先生称赞顾准为中国六七十年代唯一一位像样的知识分子。诗人邵燕祥这样评价顾准著作的影响：只因他的文字变成了铅字，一代知识分子才挽回了集体名誉。

本文在写作过程中，老友关慎捷先生提出了很多建设性意见，使作者能够大大拓展文章的广度和深度。参考了《我所认识的顾老》（张纯音著）、《顾准自述》、《悼念五哥顾准同志》(陈敏之著)、《顾准全传》(高建国著)、《顾准日记》（陈敏之 丁东编）、《吴敬琏传》（吴晓波著）等书，在此表示由衷的感谢！

忘不了的孙维世

杜 高

2013年我所阅读的图书中，最让我珍视和欣慰，读后又让我止不住流泪和伤感的，是中国国家话剧院编著的《唯有赤子心》这本图册（新华出版社2012年12月出版）。它是为纪念“文革”受难者——我国杰出话剧女导演孙维世诞辰九十一周年而编辑出版，由几位80后的年轻人完成的。他们不但与这位戏剧前辈从未谋面，而且相距不止一个时代。而慷慨出资支持这本书的出版和纪念活动的，又不是文化戏剧界的当权者，而是大庆油田一群爱戴孙维世的老职工。

图册的主编颜榴是一位80后的年轻女学者。她为图册写了一篇动人的《后记》。一个女编辑曾问她：“为什么现在把孙维世提出来呢？”她反问：为什么一群80后的青年编辑们每次去采访古稀之年的国话老人们时，总会被他们“激动萦怀”的热情所感染，被这位已故艺术家的精神人格和艺术风采强烈震撼呢？

当年轻一代的学者们把目光投向一个特殊的历史时代，不但去认识这个人物的历史价值和她对于新中国话剧事业的重大贡献，而且悲恸于她的死亡。这就显示了这本书和这个纪念活

摄于1920年代初。前排坐地者左起：孙泱、孙维世、黄嵩生；中排坐椅者左起：任锐、任馥坤、黄志烜；中排怀抱者左起：孙济世、黄连生、黄直生；后排站立者左起：孙炳文、任载坤、任焕坤。

动的特殊意义。

几位年轻人经过两年多的深入采访，广泛地发掘散佚的历史资料，寻找历史图片和舞台剧照，收集有限的研究文稿，终于完成了这本厚重的纪念图册。这里包括了“孙维世的生平”（她的四十七年短暂的生命史）、“她导演的十三部代表作品的评介”、“十六位与她合作过或受益于她的老艺术家的访谈录”、“五位老演员对她的导演艺术的感悟”和七篇老演员的回忆录，抒写着对她的艺术精神的崇仰和深挚的怀念。

在这些文字中，最让我惊心动魄的，是孙维世的小姨——九十二岁的“革命老人”任均的那篇访谈录。她讲述了人所不知的1966年血雨腥风的冬夜，孙维世三次仓皇地跑进她家的情景。最后的那个寒夜，是丈夫金山被抓走后，她溜出来，用大围巾遮住了脸，帽檐压得很低，她进来后立即把门掩上，掀开

1935年摄于上海。左起：任锐、孙维世、任均。

帽子，小姨大吃了一惊，她的头发被剃光了，“美丽的维世不见了！”但她万想不到，这次相见，竟是维世同她的诀别，这以后，她永远地消失了。

还有两节文字是“生平”中记录的“1968年3月1日”（这一天，孙维世被捕）和“1968年10月14日”（这一天，她惨死于监狱）。这两个日子，将深深地刻下一个高贵生命被残害的印迹。

这样，《图册》就不但包含了丰富的艺术内容和感人的人生内容，更具有了撼人心魂的历史批判力量。

2012年12月26日上午，国家话剧院召开了一个题为“继承维世精神、弘扬国话传统”的研讨会。这是一个很朴素的会，因为没有一位当今显赫的人物到场，也就省却了一些仪式。除了剧院的一两位负责人外，一半是白发苍苍的熟识孙维世的老剧人，另一半是辛辛苦苦从大庆赶来的油田老职工，以及孙维世留在人世的一个养女。会议仍然由女青年颜榴主持。这个会没有官场客套，凝结着每一位到会者内心的至诚之情，使我感动和难忘。

1940年代初，孙维世与张梅在苏联的合影。

当我走进会场，第一眼就看到矗立着的孙维世的一张大照片。我像又见到了她，听到了她的笑声，回到了上世纪50年代的那些日子。我对周围的朋友们说：你们听见过她的笑声吗？那是只有孙维世才有的笑，只有一个心灵坦荡和纯洁的人才有的笑。她的笑声是那么爽朗、那么响亮、那么富有感染力，老远就能听到。那时她是青年艺术剧院的总导演，人们要找她，只要听到了笑声，就知道她在哪里。

我至今还记得，我第一次到东单三条她的宿舍里时，在她的五屉柜上，看到小镜框里的一张照片，是她和毛主席在红场的雪地上，嬉笑着，互相扔雪球的快乐场景。她告诉我，这是1949年12月她随毛主席访苏时拍摄的，她那时担任主席的翻译。我，一个青年，看着照片上领袖那么喜爱她，顿时肃然起敬。

在我这一代人的心中，孙维世不是一般的戏剧家，她首先是一位忠诚的“党的女儿”、坚定的“革命文艺战士”、一位高贵的“红色公主”。她是大革命时代的烈士孙炳文的遗孤，是周恩来和邓颖超的养女。她的母亲、小姨、兄妹，全家献身革命，都是老党员。1939年春，她陪伴邓颖超护送周恩来赴苏疗伤，1940年，党中央批准她留在苏联学习。这以后，她在苏联经历了整个卫国战争的艰苦岁月，同时也接受了苏联国立戏剧学院五年正规的戏剧教育，成为一位真正的“红色戏剧专家”。1946年她返回延安，参加土改运动和解放战争。1949年初，她和战友们怀着胜利的喜悦，扭着秧歌进了北平城。北平市民们第一次看到的解放区的民间戏剧，就是她导演的一出只有两个角色的小秧歌剧《一场虚惊》，观众是那么惊喜。

接着就迎来了开创新中国和全面学习苏联的火热时代。戏剧从农村进了大城市；战争时期的宣传队式的演剧活动变为剧场的正规化演出；文工团发展为艺术剧院，宣传员们接受表演和导演专业的培训。借鉴苏联的经验，学习苏联的理论，直至照搬苏联的模式，成为这个时期戏剧的热潮和主要特征。从苏联回来的孙维世，意气风发，具有着最优越的条件，理所当然地成为创造戏剧新时代的领军人物。她的艺术生命闪耀着美丽的光彩。

1950年9月，孙维世导演的第一部苏联话剧《保尔·柯察金》在北京演出。著名演员金山在她的指导下，认真而刻苦地学习和运用斯坦尼斯拉夫斯基的表演方法，成功地创造了保尔的富有感召力的英雄形象。那优美而又大气、浪漫而又写实的演剧风格，那洋溢着青春气息的昂扬精神，使中国话剧出现了一个崭新的气象。我那时还是一个刚满二十岁的青年，看了这

1940年代，孙维世与马海德夫人苏菲（左）的合影。

场演出，热情澎湃，握起笔来写了一篇剧评，刊登在《光明日报》上。记得我当时赞扬孙维世不仅把先进的现实主义演剧方法带到了中国，同时也把苏联文学特有的革命理想的种子传播到了刚刚解放的中国大地。金山扮演的保尔，成为中国青年仿效的榜样。

文章发表一个多月后，我便上朝鲜前线去了。直到1952年夏，我回到北京，调到中国青年艺术剧院创作室工作，才和孙维世、金山先生相识，他们不但还记得我写的那篇小剧评，而且对我后来发表的一些文字也很关注。我受到鼓舞。他们对我的爱护，吸引着我常到他们家去。很巧的是，1951年我和青艺的编剧汪明在朝鲜战地合写的剧本《向三八线前进》，由东北军区后政文工团排演。军区政治部文化部给予奖励，颁发证书的文化部长孙泱，恰恰是维世同志的哥哥。我在维世家里见到他一次，我们亲切地回忆起往事。他后来担任中国人民大学副

孙维世与周恩来、邓颖超在莫斯科。

孙维世与周恩来、邓颖超的合影。

校长，死得很悲惨，可惜《图册》里只提了一句，说他：“不明不白地”死于“文革”。

维世的家有一种我在别人的家里感受不到的愉悦、和睦和情趣。记得她正忙着导演《钦差大臣》时，有一天我到了她家，同每次一样，都是金山先生为我端茶倒水，我和维世坐在一个角落里，低声交谈。金山在另一边叫了起来：“你们不要开小会！”维世朗声大笑，三人便围坐在了一起。我从心里喜欢这一对夫妻。虽然维世大我九岁，金山长我十九岁，我敬他们若师长，但我一点也不感到拘束。这是一对情爱深笃的夫妻，一个崇高而美丽的艺术理想把他俩紧紧连结在一起。这是两个同样杰出的人：一个导演和一个演员，他们酝酿着结出更多叫世人惊叹的艺术果实。

1952年，为纪念果戈里诞生百年，北京话剧界联合演出

《钦差大臣》，这是孙维世导演的又一部重要作品。我也在《光明日报》上发表了一篇题为《果戈里的<钦差大臣>为什么是不朽的》评论，虽然受到维世同志的鼓励，但我当时仅能认识到果戈里剧作的价值，还认识不到这次演出对于中国话剧艺术发展的意义和导演的独特贡献。那次演出，孙维世有意地把当时新建的中国青艺和筹建中的北京人艺两个话剧院的几位第一流的演员石羽、刁光覃、于村、田冲等集合起来，进行了一次最严格也最富成效的斯坦尼演剧体系的“磨练”。这对两个剧院后来的表演风格产生了深远影响。直到六十年以后，惟一还在世的演员蓝天野先生依然深情怀念那次排演的收获，感慨地说：“孙维世太好了！如果她还活着，中国话剧的面貌不是今天这个样子。”

那时附设在青艺院内还有两个小剧团：一个儿童剧团，一个木偶剧团。

孙维世思考着中国儿童剧的发展。她把苏联作家米哈尔柯夫的《小白兔》翻译过来，并亲自为儿童剧团导演这个戏。她的目的是通过一次艺术实践改变人们对儿童剧的传统观念，并且培训一批专业儿童剧演员。她认为过去的儿童剧都是由孩子演孩子，这不是艺术创造；只有由专业的成年演员来扮演孩子，才能理解角色而创造出生动的人物形象。我举一个例子：方掬芬当时是青艺的年轻演员，因为身材矮小，很难分配到合适的角色，她很苦闷。孙维世发现了她，鼓励她做一个儿童剧演员，走进儿童的心理世界，磨练儿童剧的表演技巧，创造鲜活的儿童舞台形象。孙维世的启迪，为方掬芬开辟了一条艺术的新路，从1952年的《小白兔》开始，经过半世纪的刻苦而辛勤的舞台磨练，方掬芬终于成为中国最优秀的儿童剧表演艺术

1950年代，孙维世和金山的合影。

家之一。和她同时成长起来的，还有连德枝、李若君、覃琨、史美明等一批优秀人才。

《小白兔》奠定的艺术基础，使儿童剧团不久后扩建为中国儿童艺术剧院。人们有理由把孙维世称为中国儿童剧的开拓者。

我还要说木偶剧团的一件往事。1952年秋，苏联木偶艺术大师奥布拉兹卓夫访问中国。他在青年宫的三楼会议厅举行了一场示范性演出，孙维世担任翻译。那是一场精彩绝伦、令中国艺术界大开眼界的手袋式木偶表演。我当时是陪着木偶剧团的团长余所亚一同去的。余所亚先生是一位双腿萎缩的残疾人，1944年我在桂林“西南剧展”时认识他，他一直坚持着木偶艺术创作，令我钦佩。我扶他登上三楼。还记得那天奥布拉兹卓夫表演的《驯虎》、《醉汉》、《摇篮曲》等几个节目，使中国艺术家们着了迷。孙维世的翻译太精彩了，她用生动而富于表现力的语言，引导着人们领略这些节目的文化意蕴。《驯虎》这个戏，艺术家两只手的表演，一只是张开大口的老虎，一只是踌躇满志的驯虎者，他把头一次次伸进虎口里，一次次缩回来，旁观者大声喝彩，他太得意了，再把头伸进虎口，这一次老虎不客气，把口闭上了……我第一次看到余所亚动情到忘我的程度，可惜他跳不起来。我至今还记得他对我说的话："孙维世太妙了！她教人不要小视木偶剧，你看这个小戏的含义多么深刻啊！" 当天，著名艺术理论家王朝闻也在看戏，后来他写了一篇极有分量的文章。

我从此再没见到余所亚，但在他和朋友们的努力下，中国第一所木偶剧院成立。我相信那天的演出和孙维世的讲解，一定对他产生了重大影响，给了他开创中国木偶剧的自信和力量。

1952年，孙维世导演电影《小白兔》时的工作照。

1953年，我和孙维世只有过一次接触。那年我到铁路工厂生活了大半年，回来后写了一个失败的剧本。我幼稚地想躲开描写生产过程，表达“人应当爱人”这样一个主题。审读剧本的领导批评我“宣扬抽象的人性论”。我把剧本送给维世同志看，向她求教。像往常一样，我到她家受到热诚的接待，金山先生为我倒了一杯茶，也坐下来，听维世谈意见。我觉得她是出于爱护一个年轻作者，有意回避尖锐的话题，婉转地从导演的角度指出剧本的缺陷。她说，一个有文学意味的剧本，不一定是导演喜欢的剧本。戏剧需要活的人物、情节和动作。她的批评使我心悦诚服，深受教益。她启迪我认识戏剧和文学的区别，给我上了一课。记得那一天她特意送我出门，说她正要到院部去，于是我夹着稿本，她挽着我的手臂，我们亲密地走在东单三条的路上。

1954年，我认为是孙维世和金山共同的艺术生涯中最辉煌的一年，也是上世纪中国话剧演出达到巅峰的一年。它的标帜是契诃夫的悲剧《万尼亚舅舅》的完美演出。

这部戏由孙维世和苏联专家列斯里担任导演，金山扮演主角万尼亚。同台的还有极优秀的女演员路曦和冀淑平，极优秀的男演员吴雪和王斑。这是一台完整性、艺术境界、情感深度、美和诗性的感染力，都达到了极高水平的演出。它让观众真正享受到了话剧的魅力。而契诃夫式的忧伤的抒情、真挚的人道主义情怀和对生命的深刻悲悯，通过戏剧欣赏，浸入观众的心田。

我看了两次。第一次是在青艺剧场，维世同志要我陪欧阳予倩先生看戏。我十二岁那年在欧阳老编导的《旧家》里演过一个孩子，他见到我很亲热。我坐在他旁边，我注意到，从幕启以后，他就再没有说一句话，聚精会神地看戏，一直到全剧结束。离席前，这位老戏剧家才偏过头来，向我重重地赞许地点了两次头，露出了笑容。我看出他被戏感动了。

第二次我是跟着剧院的同志们到怀仁堂，那晚周总理和一些领导人来观看演出。我记得当周总理就座后，孙维世特意领着列斯里去见他，周总理站起来和他握手，列斯里却显得很紧张，很拘束，不停地搓手。孙维世一边笑着，一边向总理介绍他，气氛才轻松起来。

这晚的演出使我难忘，太动人了。我至今还记得戏的最后一个场面：乡村回到了往日的宁静，传来巡夜的更声和六弦琴声。万尼亚伏在小桌上，埋头拨打算盘，写着账目。他的侄女索妮娅靠在他的身旁，望着远方，轻轻地说："可怜的舅舅，您哭啦。您一生没有欢乐。我们会有休息的，我们会听到天使的歌唱，看到灿烂的光辉，会有的，会有的……"她的声调是那么甜美，观众安静地沉醉地听着。

大幕慢慢地闭合。片刻后，爆发了观众的热烈掌声。大幕重又展开，演员们一个个走到台前向观众致谢。惟独万尼亚还伏在桌上，拨打着算盘。大幕再次闭上，观众掌声不停。大幕又拉开了，万尼亚还在伏案工作，这一切都没有让他惊醒。直到第三次大幕打开，他才醒过来，回到了现实。金山站了起来，显得十分疲惫，他慢慢走到台口向观众鞠躬。周总理带头站了起来，用掌声向他致敬。

这个场景是这样强烈地感动着我，深刻地保留在我的记忆里。它使我看到了一个演员是怎样全身心地沉潜到了戏剧的情境里，一个演员是怎样融入角色，真正地达到了忘我。

1956年冬摄于北京大学燕南园冯友兰住宅前。后排三位男士，左起：孙泱、金山、冯友兰；中排五位女士，左起：孙维世、宗璞、石琦、任载坤、任均；前排五位少年，左起：王延风、冯枚、冯蓓、王津津、王乔乔。

为了扮演万尼亚，金山写了满满一本表演手记，记下了他的每一句台词后面的“潜台词”、他的“内心独白”、他在“规定情境”中的“自我感觉”，他听到别人讲话时的“反应”和形体动作的设计等等。这本“手记”后来以《一个角色的创造》为书名出版。这是我看到的惟一的一本演员创造角色的专著，是一本有独特价值的戏剧表演著作，像他这样用功的演员，这样有修养的演员，这样把自己的生命融入另一个生命中去的演员，过去和现在我都不多见。我又想，如果他没有遇上孙维世这样的导演，没有她的斯坦尼演剧理论的指引和严格的实践要求，不会达到这样高的境界。

这个美好的时刻是1954年的年末。1955年5月，暴风雨来了。一场反胡风运动改变了我的命运。我被强制搬离青艺宿舍，关到北新桥二条剧协创作室的小院里，隔离审查。因为我和作家路翎的友谊，他被捕了，我也被怀疑是一个“暗藏的反革命”。

我失去自由一年七个月。关在一间小屋里，除了专案组的人，谁也不理睬我。

但是小院里住着的一位朋友，却是一个例外，我不能忘记他。他就是歌剧作家李建庆，也就是孙维世导演的第一部戏《一场虚惊》的作者。建庆是一位年轻的“老八路”，在革命队伍中长大。他那时就住在小院进门的第一间屋子里，成天关着门写作，批斗我的会他从不参加。运动的高潮过去后，他在院子里碰见我，不仅打招呼，还邀我到他的小屋里坐坐。给我印象最深的，是他赞叹孙维世对他一生的影响。他没有想到他写的一个很简单的小秧歌剧，会被她导演得那么精彩，受到那么多观众喜爱。艺术的魔力从此缠住了他，以至决定了他一生献身于歌剧创作。建庆是一个朴实、诚恳、意志坚决的人，他拒绝担任任何领导职务，专心做一个歌剧作家，到他逝世，完成了近三十部歌剧作品。想想那是多么艰难的时代，怎能不感佩他的执着呢？

1957年，掀起了更狂暴的“反右”运动。我被划入以吴祖光为首的“小家族”右派集团，遭受全国性的凶猛申讨。罪行是“妄图篡夺党对文艺的领导”。

孙维世这时任新建的中央实验话剧院的总导演。这个剧院带有示范性质，是她协助苏联戏剧专家培训的一批表导演人才组建起来的。在“反右”高潮中，她紧跟政治形势，迅速排演了一出讽刺活报剧《百丑图》，在北京公演。我没有去看演出，但在一次批斗会上，一位批斗者指着我的鼻子气势汹汹地吼着：“你应该去看看《百丑图》，那个狂呼要跳上文联主席台的丑类，就是你这个右派！”我成了那个活报剧里的丑角。

1960年代初摄于北京。左起：孙济世、孙维世、孙泱、孙新世；前排孩子，是孙维世的女儿孙小兰。

1957年12月里的一个寒冷的夜晚，在东四牌楼一个小水果店的门外，我忽然迎面碰见了孙维世，我急忙闪身躲避她，却被她叫住了。很冷啊，那晚上。她脱掉手套，紧紧地握住我的手，很用力地说："犯了错误，改了就好，千万别气馁！千万！"她连续说了许多遍，这时候，我觉得她更像一个大姐姐，叮咛着我。我望着她，点着头。很想哭。

这是我同她的最后一面。1958年4月，我就被关进了半步桥看守所。

60年代以后，中国的政局发生了巨大变化。中苏交恶，两党决裂。中共连续发表"九评"公开讨伐"苏修"。毛泽东对中国文艺日益不满，讽刺“帝王将相、才子佳人占领了舞台”，“名洋古统治了文艺领域”。在这种严峻的形势下，1964年，孙维世凭着一颗“赤子心”，重寻“革命路”，率先抛离大城市，舍弃大剧院，深入冰天雪地的大庆油田安家落户，和工人相结合。她像又回到了十八年前在太原前线为战士们排演《一场虚惊》那样，以极大的热情为油田工人的家属们编导了话剧《初升的太阳》，力图探索话剧民族化的道路。可惜这是她一生最后的一部作品。

她由革命哺育成长，终被革命“吞吃”。她的艺术生涯二十年，从一个民间小秧歌剧开始，以一场业余的妇女演出终结。当中矗立着《万尼亚舅舅》这样一座辉煌的艺术高峰。意味深长地概括了一个艺术家在一个变幻莫测的时代里的艺术路程和人生命运。值得我们深思和哀叹的是，这是一个多么难得的艺术家，又是一个多么不平凡的人！

现在已经知道了一部分历史真相：1968年3月1日，公安部门奉中央文革的命令，以“合法身份”逮捕孙维世。她当时正在剧院里打扫院子，从警车上跳下的军人向她出示了逮捕证，围观的群众都很惊骇，她从容地向大家点头告别。警车呼啸着把她送进了监狱。她被定为“关死对象”，受尽了惨无人道的折磨。1968年10月14日，她戴着脚镣手铐死去。她的尸体惨不忍睹，被匆忙灭迹，连一粒骨灰也没有留下。那年，她四十七岁。

我是1969年年末才从劳改农场遣送回原籍长沙的劳教右派，此时距孙维世逝世已经一年。后来才听说她死在半步桥收容所里，那正是1958年关押过我的地方。时隔十年。

1979年春，右派改正，我重回北京。当天晚上，维世当年的副导演肖崎陪我到南沙沟住所看望金山。二十多年不见，

1966年5月，周恩来视察大庆期间，接见正在那里体验生活的孙维世。

他已年近七十。还像过去一样，这晚他特意给我冲了一杯“雀巢”咖啡。我说，这是我二十多年第一次享受咖啡。我们的重见，高兴，也很伤感。墙上挂着维世的照片，屋里的陈设和过去一模一样。金山对我和肖崎说：“我从秦城监狱出来后，找不到维世了。为了纪念维世，像她还活着一样，家里一切都不变。别的女同志不会接受的，只有她的妹妹才有同样的心愿。”他的真诚使我感动。那晚我初识孙新世，感到亲切。

1980年，我负责编辑剧协的一个理论刊物《戏剧论丛》。金山和我商议，计划组织研究孙维世的文章。秋天，他送来了第一批文稿，有他亲笔写的长文《杰出的导演艺术家孙维世同志》，以及其他四篇青艺老演员写的文章。我把它们集中刊登在1981年2月出版的一个专辑里，现在都已被收入《唯有赤子心》一书中了。

1982年7月，金山先生突然病逝。我到北京医院告别室向他的遗体鞠躬时，禁不住泪流满面，悲痛万分。一个星期前，他还在计划组织第二批研究维世的文稿，正兴致冲冲地筹建电视艺委会，并且引导我把眼光转向萌芽中的电视剧这门新艺术。

我感到愧疚，金山逝世后，没有把研究孙维世的工作继续下去。不久，《戏剧论丛》停刊了。三十年来，孙维世的名字，似乎在戏剧界被人们渐渐淡忘了。

然而，“文革”受难者孙维世，却一直受到海内外历史学者的关注。孙维世之死，是令人发指的“文革”暴行之一。它涉及江青的罪恶，也涉及周恩来的处境，或许涉及更多隐秘的内幕。

任均老人撕心裂肺地呼喊：“杀害她的凶手，一定希望被人忘掉，被人宽恕，才能免下地狱。他们可以用真相换取宽恕。站直了，告诉人们真相，让以后的人都知道真相，他们才可能得到宽恕。杀人的凶手，我想宽恕你们，但你们是谁？是谁？”

鲁迅有言：“石在，火种不会灭。”

希望在年轻一代。他们不但将继承孙维世的艺术遗产，而且将成为历史真相的追踪者。

（本文照片由国家话剧院提供，谨致谢忱——作者）

母亲刘燕瑾和凌子风

王端阳

早在很久以前我就听北京电影制片厂的人说，凌子风跟很多人都讲过：刘燕瑾是他的第一个情人。刘燕瑾就是我的母亲。我听到后，也不好向母亲打听，只是记在心里。

以后我和凌子风接触过几次，1993年初我还到他家里采访过他，写了篇《老夫聊发少年狂》的文章。我们谈话的内容，早就超出了采访范围，当然也谈到我的母亲，他说她当时是冀中最漂亮的女演员。但始终没提到所谓“情人”的事，只是在我告别时，他说：“问你妈妈好！”

后来再没见他，只是间或从默默那里听到他的一些情况。默默是著名作家海默的女儿，海默在“文革”中被北影厂的造反派活活打死后，凌子风一直关照着她。她和凌子风也是没大没小，都是直呼“疯子伯伯”。凌子风住院的消息就是她告诉我的，我说去看看他，她说医生和凌子风第二任夫人韩兰芳不让人随便看他。当然她随时可以去陪他。接着她告诉我，疯子伯伯好几次在只剩下她一个人的时候对她提到大刘阿姨（即我母亲）。

1999年凌子风去世后，默默帮助处理后事。她曾打电话问我家的地址和邮编，好给“大刘阿姨”寄讣告。可直到凌子风的追悼会开过之后，我母亲也没有收到讣告。我问默默怎么回事？她说她列了一个名单，“大刘阿姨”在第一个，不知为什么没寄。后来她查了一下，有好几个“阿姨”都没收到。我也不再多问。

这事我和妈妈说了，开始她没吭声，但看得出，她很激动。沉默了一阵儿，我试探性地说凌子风在病危时曾多次和默默提到你。这时妈妈再也忍不住了，开始断断续续地谈起她和凌子风之间曾经发生过的事……

1937年7月，我姥爷作为二十九军的军医参加了卢沟桥事变，从此就杳无音信。当时我母亲正在女二中上学，父亲“失踪”后，因交不起学费，就停学在家。第二年她的叔叔来北平买药，顺路来到家里。她叔叔刘觉非当时在八路军冀中军区卫生部工作，参加过“一二九”运动。他见我母亲在家无学可上，就把她带到冀中，参加到火线剧社。那时我母亲才十五岁。

1941年初，火线剧社准备排曹禺的《日出》。冀中还从来没有排过这么大型的话剧，到哪里去找合适的导演呢？这时有人提到了凌子风，说他刚从上海出来，见过大世面。可他在西战团，不属冀中军区领导，于是通过组织关系将他请来。

我母亲在《日出》中演顾八奶奶，这样他们自然就认识了。我问她什么时候开始谈的恋爱？她说记不得了，但可以肯定的是，就在《日出》的演出中，他们彼此产生了好感。那时我母亲才十八岁，凌子风比她大六岁。

演完《日出》后，凌子风返回西战团。以后西战团要去延安，他要求我母亲和他一起去延安。我母亲同意，于是向组织

1941年5月4日，《日出》剧照。刘燕瑾饰顾八奶奶（前坐沙发者），丁冬饰陈白露，陈志坚饰胡四。（吕正操摄）

提出结婚和去延安的要求。但组织没批准，理由很简单，当时谈恋爱是要经组织批准的，他们事先没有报告，是违反组织原则的。另外凌子风是从“国统区”来的，还不是党员，而我母亲已经是党员了。在随后的整风中，我母亲也因此受到一系列的“整顿”。

他们只能服从组织。临走时凌子风让我母亲等着他，他也等着我母亲。后来冀中的形势越来越残酷，信件也就断了，但我母亲一直等着他。再后来就听说凌子风和一个老红军的遗孀石联星（曾在电影《赵一曼》中饰演赵一曼）结婚了。

解放后，在第一届文代会上他们又见面了，凌子风对我母亲说：我真对不起你！我母亲骂他：你混蛋！他说没办法。他觉得对不起我母亲，很内疚。我母亲对他说：你就背着吧！

后来听默默说，疯子伯伯说过，石联星是组织给撮合的，她是老红军的遗孀，本人也是老红军，他没办法。他挺后悔的，可是已经晚了。

提起这些往事，我母亲仍然很动感情，但她更怀念的是冀中那战斗的岁月。她说，那可是个火红的年代，冀中物产丰富，群众觉悟高，一进屋，老乡先给抓把花生、大枣……

关于凌子风的事，我母亲就谈了这些，我再问，她都说记不清了。我不知道她是真记不清了，还是不想说了。不管怎么说，我母亲对那段初恋的回忆是美好的，尽管以后的结局不那么愉快。

2012年1月14日，妈妈突发脑梗去世。在妈妈的遗物中有两样东西特别引起我的注意，一个是四本从1943年到1947年的日记，一个是凌子风给我母亲的八封情书以及照片。

1942年日寇五一大扫荡后，冀中军区撤到太行山区，火线剧社也被打散，于7月陆续向北岳集结。1943年1月晋察冀边区第一届参议会在阜平县温塘村召开，凌子风参加了会议，会议期间还演出了话剧《日出》和《把眼光放远点》。我母亲和凌子风在此期间重会，并开始了谈情说爱。

1943年3月3日，凌子风给我母亲写了第一封情书："应该先告诉你：我是爱着你的。……我觉得我自己已经爱着你，自然我也因之想到很多问题。我认为我们相爱是很适合的，我不但对你产生了爱，而且产生了美丽的前途和理想。"

此时我母亲还在犹豫之中，她在3月20日的日记中写道："关于凌风（即凌子风）的事，我无法答复，我完全处在一种

《日出》演出后的舞台合影，前排右四为刘燕瑾。

心灵矛盾的斗争里。”

凌子风马上在3月31日复信中说：“三月三十一日接到你的信。我的手也在抖着，心也在抖着，你想呢？我很愉快……让我在我们来往中使你更深的认识我，我也去了解你。让我们‘双方’的爱情滋长吧，而且我是很坚强的爱着你。”接着又在4月3日的信中，他把自己珍藏的一张照片送给我母亲，并叮嘱道：“我与牧虹同志合照的像，是过去拍的，在南京戏剧学校，就这一张了，别弄丢了！”这张照片，我母亲一直保存了七十年。

我母亲在4月12日的日记中写道：“总之我接到他的信是感到有一种很不自然的情绪，但是这里面却包含着——兴奋，愉快。”看得出，此时我母亲还处于矛盾之中。

当时在火线剧社内，追求过我母亲的很多，其中就有黄枫。黄枫在1942年的五一大扫荡中被俘，都以为他牺牲了，4月20日他突然回来了，自然引起一些骚动。虽然我母亲和他只是“被追求”和“追求”的关系。可是指导员仍找她“谈话”，对她进行了批评。因此我母亲在4月27日的日记中发誓说：“在我没结婚以前，对任何男人都不应太真诚、热爱、坦白、直爽，因为他们受不住，总会有其它想法或行动，这样会害人。我为什么要害人呢？……在抗战过程中我是绝不结婚的。”但是她的“心”没有死，而是采取了“沉默”。

5月开始反“扫荡”，环境是残酷的，其他自然都放下了。

可是到了6月，剧社又开始整风，我母亲的“恋爱问题”又成了重点，上升为“不良倾向”，并和“党性”联系上。她不断地交代、反省、检讨、接受批判，不仅是黄枫问题，还涉及到了凌子风问题。结果是那么争强好胜的母亲被打“蔫”了，自己给自己戴了不少“帽子”。她在6月26日的日记中这样写道：“我下了最后决心，这次不仅解决黄枫问题，而同时也解决了凌风问题，我再不愿被这问题所烦绕扰了……这也即是说让我爱情的火焰暂时的熄灭。……当一个纯洁的、无知的、幼稚得可笑的少女的初恋，遭到了这样的不幸，已经够痛苦的了。如果还不接受这次经验教训，仍然这样单纯的、大胆的、错误的和丝毫不顾忌自己的前途、事业、影响的做下去，那将来会怎样呢？请问！”

可就在这时，我母亲收到了一个月前凌子风从雁北发来的信：“瑾，从你的信上，我更清楚了解了你，我更爱你，你提出的问题是正确的。在这方面能看出你的精神，那是一个共产党人的精神。你是一个好同志，党性坚强的布尔什维克，让我们紧紧的握手。”这封迟到的信来的可真不是时候，就像是

摄于1943年1月。右一为凌子风，右四为崔嵬，前蹲者左为刘燕瑾。

嘲讽。我母亲在6月30日的日记中痛骂道："早晨接到凌风从雁北来的信……他说我党性很健康。呸，混蛋，简直是不了解我！我的党性最不纯，意识最坏了，所让他感到好的只是表面的东西，实际上满不是那么回事！我爱情的火焰是再也燃不起来了！"

从此之后，我母亲有七个月没有写日记。直到1944年初才在日记本上写了几行诗：

安静吧，我的心，它已经缭乱了六七个月！
清醒吧，我的头脑，它不应再被苦闷所昏迷！
睁开吧，我的眼睛，看一看这新的潮流新的环境！
……

1936年，凌子风在南京国立剧校与牧虹合影。牧虹亦为中国电影的奠基人之一。

这一阶段剧社开始排练、演出、下煤窑、体验生活、整编……我母亲在紧张的工作中也渐渐恢复过来，可是她和凌子风又见面了，爱情的火焰也“死灰复燃”了，而且在3月8日这一天晚上，他正式向我母亲求婚，并要带她去延安。但是事情并不像他们想的那样简单，我母亲在3月8日的日记中这样写道：“晚上凌风告诉了我突如其来的事情，太突然了，真是我所意想不到的，他们要到很远很远的地方去了……他并且争取我到他们团体去工作。我犹豫，我畏缩，我还需要好好考虑……最后我却答应了他……但是，这只不过是自己的愿意而已，我是一个党员，我还应该绝对服从组织。他已经反映上级了，他请求组织能够允许我和他一起走。”

第二天晚上：“凌风来了，是那样的冒失与唐突，他向社部说了，但是所引起的效果是那样坏。因为他没有经过一定的组织手续，剧社的组织完全不知道这回事，更没接到过指示。自然事情办的非常不好，我也没办法，只好叫他回去，经过一定的组织关系来解决问题。他很坚决，他说回去一定经过组织把我调走。可是问题会这样简单吗？我们团体的性质不同，我们的上级又不是一个组织系统……”

第三天剧社就开始整风。到了3月13日，我母亲得到组织的答复：“组织上正式的做了最后决定：我不能走。我没有任何话可以讲了，我是一个党员，难道我不懂组织纪律？一切的幻想完全破灭了，像坐了几天飞机，今天很直旋的落在地上。……一个党员和一个群众，这是组织原则问题，我们又是一个党军的剧社，而不同一个群众团体，这样的事情是绝对的不可分辩的。组织纪律呀，打破了那迷人的恶梦！”

他们的恋爱没有得到组织的批准。原因据我母亲后来说，一是我母亲是党员，而凌子风不是，而且还是从国统区来的，需要考验。二是军区领导不愿意放我母亲离开火线剧社。

随着整风的深入，对我母亲的批判也“升温”到小资产阶级意识和不正当的男女关系。我母亲不断地接受揭发、批判，还不断地反省、检查，但是爱情的火焰始终没有熄灭，我母亲决定等下去。

凌子风也在最后一封信中说：“现在我们都在整风……我先应该郑重的告诉你，我对于你，我的爱情没有变，我今天仍旧和去年一样，而且我不但说，并且负责任。”在信中他还谈到他未入党的原因：“我的组织问题过去自己在认识上犯着绝大的错误，就是小资产阶级的自尊心，我等待党找我。……我的问题要经过党委讨论（支部早已通过了），又因反扫荡和反扫荡后庆祝胜利和生产工作迟了，分局已经和我谈过话，告我没有什么问题，最近便回答我。”在信的末尾特别注明：“这信看完烧了！”这一点我母亲没有做到。

以后凌子风随着西战团去了延安，他们无法联系，我母亲也就陷于长期的思念与等待之中……当她从报纸上看到西战团到延安的消息，她会高兴地奔走相告；到了第二年的3月8日，她会回忆起当年的情景；当有从延安来的队伍经过，她会整天的跑到街上张望，盼望会有思念的人“归来”……

将近两年过去了，这是一个少女苦恋的两年，可漫长等待的结果却是：

白白的高兴了一天一宿，事实是完全相反的。昨天只不过是人们开玩笑，而今天由延安到新四军的文艺干部来到了我们社部……他说：“他们说……说……凌风结婚了……”啊，我……我……呆着了，我不相信这会是事实。我听着，我点着头，我久久的沉默着，我能说什么呢？真像空中的一个暴雷，把我吓得目瞪口呆了。同志们大概看出了我的脸色就尽量的拉扯闲话。可是同志们的安慰越多，我的心就越乱了。我真的抑制不着自己，我想哭，当眼泪涌到眼圈里的时候，我转了一个身把它咽下去了。我怎能哭呢？在这样许多亲近同志包围之中，我是不会表现那样脆弱的。因为我还虚荣，并且我还应该尽力表示无事，口中直说：“结就结吧！谁能管着谁呢？再说相隔这样远，我们又没海誓山盟过……”极力解释又极力抑制，直等汽车来了，我们全上了车。因为是从霸县出发，到了新镇又上了船，我都是在沉默着。

到仓里，我躺在木板上，身上蒙上了大衣，我真的哭了出来。一幅一幅的回忆在我脑子中映演，过去……现在……以及将来……

心里头是愤慨，是埋怨，是嫉妒。

“凌风，你害得我好苦啊！”（11月10日日记）

又过了几天，我母亲才了解到真实的情况：凌子风已在延安和石联星结婚，石是老红军的遗孀，带来一个女儿。她在11月19日的日记中记录下当时的情景：

当我们演完戏时，仲卫告诉我关于凌风的情形，真使我太难过了。她说凌风并没有忘记我，随时随地在向别人谈起我的问题，他并公开向组织谈出要调我过去，同时中央局也向冀中打过几次电报，可是他一直没有得到我一点消息，别人曾几次给他介绍爱人，他全拒绝了。因为他在等着我呀！可是后来一直没有消息，他生气了，觉着我已经变了心，于是在大家与组织的帮助下，他便爱上了一个他过去的同学。他当时是非常勉强的，因为她比他大，她又已经有过一个孩子，现在已经七八岁了。可是他又有什么办法呢？得不到我的消息啊！哎呀，这样的消息能叫我不伤心吗！我后悔，我后悔我当时太怯懦了，我为什么那样一点勇气全没有呢！凌风，你等着我，可是你可知道还有比你更“望穿秋水”的人吗？你等着我，还是你先结的婚啊！你等着我，你却先肯定你的爱人了……回忆像毒蛇一样纠缠着我，我痛哭了一场。这是真真的衷心的悲伤啊！凌风，你对不起我，我太冤枉了！

日记真实地记录了我母亲和凌子风那段经历，令人叹息！到了1949年他们再次见面时，我母亲骂了他。故事到这里告一段落，但是日子还在一天一天地过。

五十年后，当我母亲听到凌子风去世的消息，她流了泪，这眼泪也为他们的关系画上了一个句号。

几生修得住江安

余安东

江安国立剧专纪念馆馆长张毅告诉我，江安县将要启动恢复剧专当年旧址的项目。这个期待已久的消息，使记忆中对江安的印象重新涌来。今年春节前，我还在上海，和余迅一起与任复、郑惠等剧专老大哥、大姐们见面，上海戏剧学院的曹树钧教授也在场。任复大哥鼓励我把对江安的回忆写出来。我在江安，是差不多七十年之前的往事了，尽管十几年前又去过几天，但毕竟对江安如雾里看花，显得遥远而模糊。然而印在我少不更事时雪白的记忆中的往事，却总是有些鲜活的亮点会闪现。

1939年4月，我们全家随父亲上沅先生和剧专师生一起到达江安。那时我才一岁半。国立剧专是1935年10月18日在南京开学的。七七事变之后，1937年8月，剧专师生组成“巡回公演团”，陆续内迁长沙，同年10月，剧专在长沙稻谷仓开学。12月中，我出生在离稻谷仓不远的湘雅医院，正是南京大屠杀的两天之后。如果我们没从南京逃出来，也就没有了我。母亲说，我们家当时暂住在王先谦的故居。他是清末的学者，号称葵园先生。但在今日的地图上没查到葵园。他又长期主持岳麓书院。在稻谷仓所在的开福区，有个岳麓书院（不是湘江对面

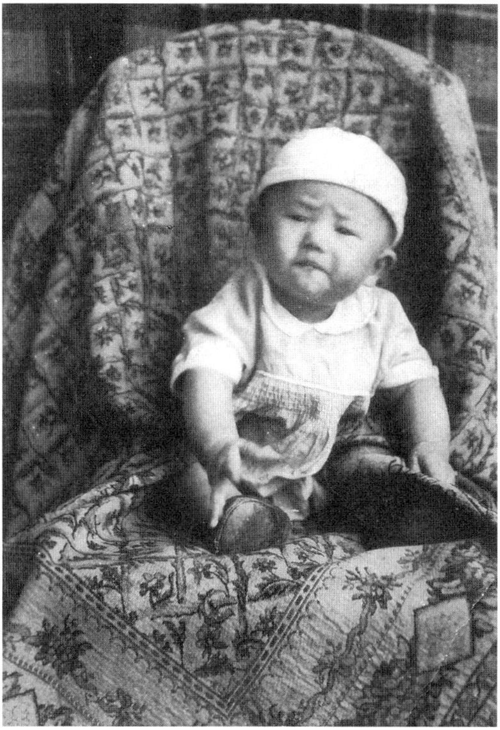

八个月时摄于重庆，大哥汝南躲在椅背后扶着我。

湖南大学的那个岳麓书院），不知是否我家暂居之地。也许哪一位剧专的学长还能有以教之吧。随着战火的西移，1938年1月初，刚刚出生半个月的我，已被抱上小船溯江而上，同船的除了父母和两个哥哥汝南、棣北外，还有表兄吴祖光。经过父亲的家乡沙市，熬过川江的天险之旅，终于到达重庆。

但是日本飞机差不多天天来狂轰滥炸，重庆也放不下一张安静的书桌了。当时许多学校都迁到更偏远的小地方去。例如后来我长期工作的同济大学，就到了宜宾的李庄。为什么剧专选了江安？据我所知，原因之一是我母亲的表姐夫冯若飞是江安人。母亲出身于大家族，我的外婆庄曜孚的哥哥庄蕴宽是辛亥革命和民国初年的名人。冯家表姐庄芸是庄蕴宽的长女。冯若飞的女儿冯克燕后来成了同济医学院的著名教授，一代名医。吴祖光则是我外婆姐姐庄还的孙子。由于当时正值抗日，同仇敌忾，加上各种人际关系，剧专迁到江安的确受到热情的欢迎，是一个幸运的偶然。祖光后来重返江安，有“几生修得住江安”之句，确实写出了剧专师生的心情。流亡万里，好容易到了大后方的重庆，还是得天天逃警报，终于进驻到一个安宁友好的小城，真庆幸是“几生修得”的了。

我在江安一直住到1945年剧专迁到重庆附近的北碚，那时我七岁半。在江安度过了整整六年。逝者如斯夫，现在能想起来的只是一些点滴。我们家在江安所住的房子（大概是在南正街），原来是黄佐临、金韵之在江安任教时住过的，他们不久后就回上海办苦干剧团了。这对英国留学生的生活很有品味，住宅里还装了地板和纱窗。尽管只装了我父母做卧室的一间西屋，但在那时的江安，却是最洋气的建筑了。在这间卧室里最温馨记忆是，总是忙碌的父亲，偶有难得的一点闲暇，把我放在他的膝头，教我唱Jin-gle bells， Jin-gle all the way（铃儿响叮当）和London bridge falling down（伦敦桥）这类英文儿童歌曲。1941年末，小我四岁的弟弟同希就在这间房里诞生。我坐在这间卧室高高的门槛上哭鼻子，因为大人们不准我进去看。当中是堂屋，还是泥地。正面八仙桌后是一条供桌，中堂挂的是一幅很大的“八仙过海”彩画，大概都是房主置办的。东屋住的是我奶奶。我们兄弟住在偏屋。我的奶妈王嫂对我很好，我长到七岁，她一直在我们身边。她后来嫁给了从北平一路跟

在家中的庭院

我们家迁移到江安的厨子小朱。他们夫妇就留在江安了。这一进四合院，当中是一个石头砌的天井。有一次大雨积水，大约两三岁的我不小心跌进了水塘，感觉如同掉进了大河，幸而很快就被捞起来了。两个哥哥从初中起就到省立江安中学住读，周末才回家。喜欢逗我这个小他们十来岁的小弟弟玩，他们是童子军，两人扮演将军，就我一个萝卜头小兵。令行禁止，像真的一样。他们在院子当中插了一根竹竿当旗杆。用竹篾绳索做了弓箭，给我做了最小号的，射箭比赛。我母亲是学儿童教育的，她在院子里给我做了一个沙盆，就是一个大木盒子装上沙，使我可以搭任何想象的东西。

当时江安有所伤兵医院，前方的伤兵源源而来。我们家坡下有家公司，大约做煤炭生意的，我的两个哥哥常去和他们的职员下棋。有一天他们楼下的伤兵不慎步枪走火，子弹穿过楼板，击中了正在和我哥哥们下棋的职员，穿过大腿，血流如注。我二哥当即抱住他，按住伤处帮他止血，大哥则去报信。我父母很称赞他们的临危不惧。当时母亲叫我躲在沙盆后面防弹，使它派上意想不到的作用，其实那只是个偶然事件。我小时发高烧，只能在堂屋泥地上铺一条篾席，接接地气退烧。睡在地上仰望天花板，迷糊中八仙飞来飞去，脑袋轰轰作响，眼前便是民生、长虹号火轮开往重庆的影像。江安医疗条件很差，最好的医生就是剧专的毕大夫，药物也很匮乏。我大约五岁时摔了一跤，左膝盖发炎，几乎要截肢。后来母亲背我到李庄的同济医院做电疗，终于保住了一条腿。母亲一直说，后来我上同济，又在那里工作，就是小时候结的缘。

那时梁思成、林徽因夫妇也在李庄，梁是与父亲同时留美的老友。有次父母去探望他们，回来说，因为林患肺病需要阳光，作为建筑师的他们，在简陋的民居里改装了“落地窗”。我第一次听到这个名词，常幻想究竟什么是落地窗。小时的误会，现在想起来特别温馨。有次母亲说她在北京上女师大时，同学有个“俱乐部”。我以有限的见识，听成“锯萝卜”，感到大人真无聊，竟然以“锯”“萝卜”为乐。有年春节，一早来拜年的当地人不知下江人的习俗，见到校长夫妇早餐在喝粥，觉得我们很可怜。四川人对妇人的尊称是老太太，但那时四十几岁的母亲最不愿意被人这样称呼。据说当地人在下江人来川之前，不吃猪内脏，所以这些东西很便宜。我们这些人来后，把猪肝、腰子都吃贵了。家里有时请客，四川少鱼，往往以一只木头刻的假鱼充数，只能看。肥肉和土鸡还是有的。有次大概菜很好吃，有位姓赵的本地客人大呼："我差点把盘子都吃了。"令我暗中好笑，觉得大人比我还馋。至于小孩的爱物，记得的只有炒米糖开水和一种被我们称作"屁烧灰"的棉花糖。还有一种让我翘首以待的点心是"高丽馒头"，就是把干馒头切片，拖上鸡蛋，再撒上白糖。这种奢侈品只有当各种贵客，包括剧专一些熟悉的老师、师母来家里打几圈麻将时，母亲才会拿出来当点心，我也才得跟着一饱口福。常来我家的有位剧专的单身美术老师，胖胖的，叫方匀，她是法国留学生，和母亲有些远亲。她也兼在教务处工作，以校为家。我只记得她告诉我，当她坐船漂洋过海去法国时，一路上就用带去的搪瓷痰盂罐煮面条吃，令我对出国的旅途充满好奇。后来1948年在南京，有父亲的学生当了解放军，派一个穿灰布长衫的人悄悄带信给我父亲，劝他留下来迎接解放，一时找不到父亲，就是请方匀转交的。

母亲陈衡粹毕业于北京的女师大。那时女子上大学的不多，她的老师如周树人周作人兄弟、沈尹默沈兼士兄弟和马裕藻等大多都已载入史册，学生也人才辈出。我见过母亲抄的课堂笔记，都是工整的毛笔小楷写在有红条格子的毛边纸抄本上。母亲学的是国文和教育，更偏重于儿童教育。到了江安，找不到合适的学校，幼儿园更是闻所未闻。母亲就和一些剧专的家属一起办幼儿园。随着孩子们长大，又办起了小学。使剧专子弟在抗战的困难条件下，得到了良好的教育。剧专附小办得有声有色，远近闻名，后来取名为剧光小学。和我年龄相

方匀和我

仿，在剧专幼儿园、附小和我同学过的有曹禺和郑秀、陈瘦竹和沈蔚德、杨村彬和王元美、蔡松林和张惠贞、陈永倞和冀淑平等人的子女。有一张我四岁生日的照片，那天父母为我请了另外三个年龄相仿的小朋友，小桌子上放着四个水果。另外三个小孩是曹禺的女儿万黛（右二）、陈瘦竹的女儿陈玫（左二）和毕大夫的女儿毕漪云（左一）。她们现在也都是七八十岁的老太太了。蔡松林的夫人张惠贞做过我的班主任，他们的两个儿子方方、圆圆分别与我和弟弟同班，他们后来继承父业，进入电影界。不像我们四兄弟都遵守父母严命，远离了他们认为风险太大的文艺界。

中国的戏剧，以往只有“富连成”这类科班。国立剧专开了中国系统现代戏剧教育的先声。抗战时期，艺术院校得不到发展，戏剧教育是稀缺的资源。我想，这也是国立剧专人才荟萃的一个原因吧。剧专当时聚集了许多奇才，不但老师许多都留名史册，学生中也人才济济。剧专有宽松的气氛，让他们充分发挥。除了公演话剧，遇有节庆，余兴节目也丰富多彩，是我们小孩们的最爱。今年春节，在电视上看到一个拔牙的小品，很搞笑。使我想起，七十年前在江安就看到过了。在剧专舞台上，也见到过有些学生京剧功底很深。那时没看过电影，

四岁生日在江安

剧专学生在台前拉一块白布，台上表演，幕布上的投影使孩子们如看电影般的有趣。我小时候印象很深的剧专学生，有沈扬、冀淑萍、温锡莹、陈怀皑（陈凯歌的父亲）等。这些学生后来很多都成为著名的演员、导演。记得有段时间，上海四大剧院的导演，都与剧专有关，北京人艺、青艺，也有剧专人。“文革”结束后，有次我去北京出差，经过人艺礼堂，里面正在演出。见到海报上主要演员都是熟悉的名字，明知已满座，仍想通融一下买张票进去看看，没想到立即被邀为上宾……想到父母对我们从小起的严格要求，以后再也不敢去惊动剧专校友而看白戏了。

在剧专的氛围之下，想不熟悉和喜爱戏剧都难。连年幼的我都被耳濡目染，何况我母亲。母亲一生置身于戏剧圈子之外，而且一直在劝父亲跳出这个圈子。但又不能不被戏剧所吸引。记得林海音回忆说，早在北京小剧院时期，父亲在家里排演《茶花女》，白杨当主角，林海音演丫鬟。那时母亲就积极参与，使林对师母印象深刻。直到她九十多岁，已老眼昏花，还天天看电视剧，而又早早地“戳穿西洋镜”，一语道破剧情的后续发展和缺点何在。实在是老骥识途。母亲年轻时跟我外婆学画，又短时间在唐山学过瓷器的绘画设计，是设计的高手。在1927年前，父亲在上海任新月书店经理，和梁实秋、徐志摩等常相过从。母亲与他们的原配程季淑、张幼仪是好朋友。张幼仪在上海马当路办云裳公司，母亲为她做服装设计。她还为新月书店一些书籍做封面设计。到了江安，母亲常常担当服装设计和化妆的编外顾问。每逢技痒，还会亲自去后台化妆。直到上世纪50年代，父亲在上海复旦大学任教授，业余为复旦学生剧团排契诃夫的《求婚》，母亲还去帮忙化妆。母亲

母亲陈衡粹（丁嫵）画作

毕生的遗憾是只有四个儿子，而无女儿。一心想要女儿，才会在头两个儿子长到十来岁，还想再生。多亏这个念头，才让我和弟弟来到人间。母亲字丁嫵，她四十岁生日，是1941年，正在江安，陈瘦竹的夫人沈蔚德写了一首灯谜送她："须防东墙有耳（陈），叮咛有口难言（丁），若问夫人心中事，只缺一颗掌上珠（无女）。"丁嫵乃有丁无女也。

父母亲经常从江安乘小火轮顺流而下去重庆。江安那时没有可停靠火轮的码头，登船必须用小木船驳过去。出门要带上铺盖卷，被子外面用油布包起来，再用棕绳纵横捆绑。我家有一条用了几十年的红色毛毯，扎在里面当垫被。上船后并无舱位，打开铺盖睡在甲板上。其他行李则装在一个竹篾扎成的网篮中。父母难得带我去重庆，我通常得留在江安。他们临行

和弟弟同希在重庆，我带着纸“钢盔”。

1945年和母亲在北碚家门口。

上小学时的留影

前，给我两个洋铁皮小罐子，一个里面装着十几粒黄豆，叫我每天拿出一粒装到另一个罐头里去。等黄豆倒腾完了，父母也就回家了，所以我就天天在心里默数着黄豆，盼父母早日归来。抗战时期财政很困难，剧专得不到政府的重视。父亲除了组织师生去重庆公演，挣些钱粮之外，也得四处奔走，争取经费。其实他能找的，也就是几个老朋友。顾毓琇（一樵）是父亲留美时就一起搞戏剧的老友，他时任教育部次长。我当时虽小，但常听父母说一樵这个名字。后来到了1949年初，父亲已辞去剧专校长，住在老友徐仁广的上海智仁勇中学里，顾毓琇拿来四张去香港的船票，让他们带我们老三老四去香港避一避。但是父母一则认为自己无非一介书生，何避之有。再者当时就读于清华和中大的老大老二都参加了共产党外围组织，积极参加学生运动。记得汝南从北平发来急电，只有“万勿南下”四个字。棣北是中大学生运动的骨干，他领喊口号的特写镜头，曾在《星火燎原》等历史纪录片里出现。结果父母就带我们一起留在上海了。

江安时期，电报很重要。家里有一本电报码，每个汉字用四个数字代表（现在中国人去英国签证，填写姓名还要注上这种号码）。学会写电报，可以少说废话，因为每个字都不便宜。有次父母去重庆时，奶奶生了病，病况急转直下，很快就去世了。哥哥们从学校赶回，赶快给在重庆的父母发了电报。我小，只能在一边发傻。奶奶在我心目中，是个少言寡语的慈祥的小个子老人。这是我第一次知道原来人有生死之别。每次父母从重庆回来，孩子企盼的是玩具，我得到过一个纸蝴蝶、一门玩具大炮和一个硬纸板压模做成的小钢盔，后者涂成草绿色，相当逼真，对战时的小孩来说是难忘的。

在江安时，我经常去剧专看戏或排戏。刚到江安就上演了吴祖光的《凤凰城》，我那时太小，不会去看。但后来许多中外名剧都在江安上演，如曹禺的《日出》。那以后，“顾八奶奶”成了一种典型，大人们议论什么人，“顾八奶奶”是作为形容词而不是专用名词来用的。曹禺剧中的陈白露、四凤、周朴园、高老太爷等等，在我心目中就如邻家老小一样鲜活。祖光的《风雪夜归人》的海报，现在还好像就在眼前。而对于年幼的我，印象最深的，是杨村彬1942年写的《清宫外史》，记得在剧专公演时很轰动。那时古装戏不多，加上我第一次听

余上沅先生在江安时期去贵州黄桷树瀑布时摄

到作为背景音乐的民乐，感到热闹、新鲜。现在各种清宫戏汗牛充栋，但《清宫外史》应当说是开了先河。父亲不但是好教师，还是个好导演，在剧专江安时期，他作为“出品人”策划和支持了中国重量级剧作家历史上许多巅峰之作的问世公演，也亲自当导演，排演中外名著，如莎士比亚的《哈姆雷特》、《威尼斯商人》，易卜生的《野鸭》等，在抗战的困难条件下，用世界眼光把握剧专教学的导向。余上沅作为“五四”一代早期的留学生，又是“国剧运动”的创意人，他一直在用国际水平去推动中国人写给中国人看的中国戏。剧专是他“国剧运动”理论的实践。中国现代戏剧教育，从科目、课程的设置，到各种门类，不仅是编导演，还有舞台装置、灯光、布景、音乐、舞蹈的课程设置和教学方法，剧专都是最早的探索者和践行者，为中国现代戏剧电影发展起过不可磨灭的作用。这种兼包并蓄，取各家之长，走自己的路的理念，不但体现在他对待“戏”，也体现在他对待“人”上。他坚持剧专以艺术和教学质量第一，不顾各方面压力，聘请了如田汉、曹禺、黄佐临、金韵之、章泯、马彦祥、洪深、焦菊隐、吴祖光、吴晓邦、戴爱莲、应尚能、张骏祥、吴仞之、沙梅等到剧专任教。可以说真正做到了聚集精英、不拘一格用人才。在抗战十分困难的时期，若不是父亲谦恭待人、惜才若渴，能做到这一点吗？父亲早年在武汉文华书院参加五四运动，然后到北京大学师从胡适之，受校长蔡元培开明的办学思想影响甚深。我从两三岁开始，便游走于剧专排练场之间。师生们都认识我，这个抱抱，那个逗逗，不亦乐乎。湖南人叫小孩子为毛毛（就如上海人叫小毛头），我生在长沙，小名就叫毛毛或毛弟。许多剧专人都认识毛毛，而不知安东为何人。我父亲是好导演，却不是好演员，只跑过几次龙套，给演员们打打气。所以我也幻想不当演员，直接做导演。有次在江安，剧专附小要排演儿童剧《白雪公主》，不少师生的孩子争当演员，小天才着实不少。作为剧专校长和附小校长的儿子，如果想争取，我也是会有机会登台的。但父母要我们低调，加上我的胆怯，连派给我做七个小矮人之一也不肯干。最后答应做不露面的“镜子”，躲在镜子后面念台词。

当导演的瘾，直到上了同济大学才得以爽了一把。差不多有十年（1955–1965），从学生到助教，我的业余工作是负责联系学生广播台和文工团，策划和组织过许多上千人的大型文娱活动和演出，真是跳过演员直接当导演了。同济一百周年校庆，上海人民广播电台来采访我，说我是同济校歌的词作者。其实，当年写过好些应景的歌词，一不当心，其中之一竟被当作校歌了。尽管学了工程，但小时候种下的文艺爱好的种子，有时还是会发芽，或是“积习难改”吧。剧专在抗战时期的山城，像是在高压锅中，温度高，各种化学物理反应也快。戏剧的浓缩熏陶，快速地培养出一大批中国戏剧史上不可多得的人才。记得谢晋去世前不久，请我和儿子到他家去。吃午饭时，

与小学同学合影

南京大光路剧光小学，同学绝大部分是剧专子弟，左图后排右三是陈衡粹先生。右图后排中间是作者，前排左一是同希。

他一面开怀喝酒，一面拉着我的手不放，回忆当年在剧专的情景。告诉我，他的毕业论文，就是校长亲自指导的。谢晋是在江安入剧专的，他的夫人就是江安本地人。剧专不大，这群文艺人在纷乱的大环境中找到江安这个可以专心实现艺术梦想的小城，那种亲密的大家庭气氛，真让人难忘。七十年后的今天，只要遇到剧专人，我还体会得到这种浓浓的亲情。谢晋这一届从江安辗转北碚，到南京大光路才毕业。剧专附小和我们这些子弟，也到了南京，附小定名为剧光小学。

2001年1月，在我离别江安将近一个甲子时，又故地重游。那时，我已在德国的HOCHTIEF建筑公司设计研究部IKS工作多年。为了武汉钢铁厂巨大的二热轧工程，经常去武汉和重庆，那里有我们的合作单位。这一次太太陶德华也一起到了重庆，就下决心去一次江安。遗憾的是，现在她已因病去世快十年了。在重庆的剧专校友李侍琴大姐的陪同下，友人派车送我去泸州，江安派车来泸州接我们去江安。得到剧专纪念馆张毅和县文化局王显才局长等热情的接待。在那里虽然只待了两天，但感慨万千。在归途中，写了八首小诗，兹录其中的几首:

梦里江安又重游，两江汇处绿幽幽。
巍巍铜像立文庙，剧专传统水长流。

江安在重庆西南方，长江的上游，位于泸州和宜宾之间。梅子溪在江安汇入长江，号称“两江汇处”。到了江安，见到剧专旧址文庙依然保存，红墙黑瓦，古韵悠然。在平庸的街景中，鹤立鸡群。院子里立着父亲余上沅的铜像，这是校友们集资建造的，上有曹禺的题词。我走进这个小院，见到饱受沧桑的父亲居然在此永存，而有张毅这样的有志青年把他的青春贡献给剧专这段历史，坚守着真善美的信念。一种内心的感动涌上心间，五味杂存，难以言表。纪念馆并不堂皇，但陈列着剧专和父亲的点点滴滴，都已成为文物。1939年，剧专流亡到江安，这个小城把唯一容得下一个学校的供奉“至圣先师”的庙堂给了剧专，这是多么大的情分！剧专传统在这里江水长流，文脉永存。

忆昔江安十字街，南街摔跤跌北街。
旧梦依稀寻何在，桥楼西望夕阳斜。

我离开江安时，已经七岁半，还记得县中心是东西南北四条街交汇，称为十字街。江安城小路窄，当时有南街摔一跤，爬起来已到了北街之讥。这次也专门去看了十字街。但已旧梦依稀，只有一栋桥楼还似曾相识。

十年发展喜亦忧，千篇一律使人愁。
幸得文庙红墙在，江安魂魄有处留。

江安那些年已有些发展，但与许多小城一样，缺乏特色。这些年的城市化进程的一大遗憾是各处千篇一律，地方特色渐渐丧失。看似翻新时髦，而失去的是地方风情的无价之宝。我毕生从事工程和建设，又长期住在把保护传统视作生命的欧洲，对此就特别敏感。幸而文庙的部分剧专遗址得以保存，使江安的精神魂魄还有个落脚之地。如果今后能进一步恢复抗战时剧专旧址，使之成为体现戏剧历史、抗战历史精神的文化中心，那么它的价值不但对于这个偏远小城，而且对于全中国都是很有意义的。有地方特色，有人文内涵，才会有吸引力。一个内地小城，哪怕建设得像浦东、深圳，高楼林立，但有什么人会不远万里来看这些司空见惯的楼宇呢？只有像剧专遗址这样的独一无二的城标，才是江安之魂、江安之福。

风吹竹海浪千层，万历民居价连城。
江安三宝谁无价，精诚立达剧专魂。

江安人说，江安有三宝：竹乡、一栋明代万历年间的民居、还有就是剧专遗址了。粗略统计了一下，父亲主持剧专十三年，学校搬过六个地方。南京薛家巷二年（1935.7—1937.7），长沙稻谷仓约半年（1937.2—1937.8），重庆上清寺一年（1938.2—1939.4），江安文庙六年（1939.4—1945.4），北碚一年（1945.4—1946.8），南京大光路二年半（1946.8—1949.1）。其中将近一半的时间是在江安。江安与剧专有不解之缘，以江安作为剧专的纪念之地是最恰当的。父亲曾手书剧专校训“精诚立达”。父亲自幼上私塾，饱读诗书，尽管早年留美，接受许多西方理念，但中国文人的儒家情节还是浓厚的。按我的理解，“精诚所至，金石为开”，为人做事，出发点是“诚”，现在大家都在议论诚信缺失的可怕。在中国现代戏剧的萌芽成长初期，以“诚”而不是“忽悠”为出发点，的确很重要。“诚”或“忽悠”，是两种艺术观、人生观的分水岭。中国文人传统提倡“达则兼济天下，穷则独善其身”，所以“立”是个人修养的锤炼，“达”是服务社会的愿望。“精诚立达”作为剧专的魂魄，希望能在江安保存。如果剧专旧址能得到恢复，除了展览的作用，还可兼具青少年戏剧爱好的培训功能。父亲的故乡沙市，已把他出生的故居划入文物保护范围。2009年6月底，我和弟弟同希，弟妇李世莺（他们也回到过江安，那是同希出生地）及我的儿子余迅一起去荆州和沙市，得到原文化局局长李南杰先生等的热情接待。当时，我们也建议如果故居能够恢复，要有青少年戏剧教育的功能。因为推广戏剧教育，正是父亲为之奋斗一生的夙愿。希望江安能保存这一段佳话，这段历史的亲历者已经或正在渐渐远去，但历史却经过磨练，更显现出它的光芒。

江安正打算恢复剧专遗址，促使我写下江安的往事。余迅的赛朴莱茵设计科技公司从事规划建筑设计已十余年，张毅希望他参与江安剧专旧址的项目。他还打算去一次江安。我很支持他这么做，写这些回忆供他参考。我已到了“收官”的年龄。这几年有妻子宋志萍的照应，不再有后顾之忧。每天能够写一些专业的和回忆的文字。也想留给孩子们：余巧、程晓青的女儿程佳寅和儿子程亦宽，余迅、丁一的女儿余米之看看，让他们知道一点七十年前的陈年往事。知道一点他们的Opa（外公和爷爷的总称）在战时大后方度过的童年，也知道一点他们的太爷爷、太奶奶和国立剧专的故事。

2014年3月于德国达姆施塔特

小学生也演《梁秋燕》

史耀增

“看了《梁秋燕》，三天不吃饭；看了《梁秋燕》，打倒老封建；看了《梁秋燕》，媒人靠边站；看了《梁秋燕》，恋爱有经验。”这是上世纪50至60年代初在秦川大地以至西北地区广泛流传的一段顺口溜，生动地反映了《梁秋燕》一剧的演出效果和社会反响。

《梁秋燕》是陕西省戏曲研究院老院长、著名戏剧家黄俊耀依据发生在关中东府华县的一段真人真事创作的剧本，当时正值新《婚姻法》颁布，该剧一经搬上舞台，便以其生动的故事情节、鲜明的人物性格、通俗上口的戏曲语言和悦耳动听的迷胡音乐倾倒了广大观众，有力地配合了新《婚姻法》的宣传。据在剧中第一个扮演主人公梁秋燕的著名演员李瑞芳回忆：“从上世纪五十年代至六十年代‘文革’前，《梁秋燕》蜚声三秦，走遍南北，历演数千场，经久常新。”

当时不只是省上和县上的大剧团排演了《梁秋燕》，许多农村的业余剧团也都竞相排演，走在农村的巷道、田野，不时会听到有人哼唱《梁秋燕》中的唱词。合阳县的坤龙村地处黄河塬畔，是东乡的一个大村庄，该村有演唱迷胡戏（俗称

“曲子戏”）的传统，1952年由一批爱好者发起，成立了业余剧团。为了置办帐幕和乐器，这些爱好者帮人打墙、打胡基挣钱，从庙院的废墟上刨砖卖钱；到了雨天和农闲，便凑上灯油排戏，逢年过节为群众演出。看了专业剧团的《梁秋燕》后，他们决心自己排演。那时没有复印设备，更没有录音机，剧本和曲谱全靠手抄，至于舞台上的人物调度则全凭看戏时默记，再加上自己揣摩。功夫不负有心人，1954年，坤龙业余剧团的《梁秋燕》便与群众见面了，而且因为农村人演农村事，对生活更为熟悉，所以在群众眼中看来，似乎比专业剧团还多了几分亲切，不但在本村多次演出，还应邀到附近各村演出。后来又被县上抽调，先后在数十个村庄巡回上演，因而当时合阳乡间流传着“坤龙的《梁秋燕》，红遍东半县”的赞语。

刚解放不久的农村人还有些传统的封建思想，所以初成立的坤龙剧团里没有女演员，剧中的几个女角全由男扮女装。饰演主角梁秋燕的小伙子叫李绪岗，小名“囊囊”，那时还不到二十岁，生得聪明伶俐，扮相俊美，令观众入迷。戏演完后，许多人都挤到后台想一睹芳容，等到他摘下毛巾，卸掉假辫，才知道原来是个小伙子，不由瞪圆了双眼。一时传为佳话。

1958年秋天，坤龙村（当时已经公社化，称坤龙大队）所在的伏六公社要搞小学生文艺会演，接到通知后，担任校长的雷涛（右二拉提琴者）当即想到排演《梁秋燕》，限于节目的时间，只选了剧中第一折“情投意合”。担任剧中人物春生的李妙琴（拿锄者）那时十四岁，其父亲李通运是村业余剧团打板的，叔父李运虎是演丑角的，哥哥李均荣（小名“鳖娃”）是在剧中扮演春生的，处在这样一个环境里，她早就背会了全部戏词，与村剧团不同，此时她却要女扮男妆了。另外由与她年龄相仿的李

摄于1958年秋

侠扮演梁秋燕，贾会金扮演二嫂。暑假后刚调来的教师李成才（后左一）会拉二胡，正好派上用场。另有一名本村的民办教师王苏斌（右一），负责给学生提台词。雷涛校长觉得乐队力量有点薄弱，李成才老师便自告奋勇到相距五里路的南伏蒙学校去请李国亭老师帮忙，因为他俩是同一天参加工作的，彼此相熟。大约喜爱文艺的人都热心为别人帮忙，李国亭老师一请就到，弹起了那时在农村还很罕见的钢弦琴（后中）。孩子们年龄虽说不大，但本村剧团演的《梁秋燕》看得次数多了，脑子里都有印象，稍经老师点拨，便也演得像模像样。到公社参加会演时又请了一位打板的，效果更佳，居然夺了第一名。老师和学生都觉得脸上很有光彩，回到村里又先后为群众演了几次。人们夸赞说：“不愧是坤龙村的娃娃，上了台还真有两下子！”

王苏斌老师不幸于次年身亡，这张五十六年前的照片是他的儿子、同样为小学教师的王维中保存下来的。雷涛校长后来调到中共合阳县委农工部担任部长，也已过世多年。李成才老师现仍健在。今年已经七十八岁的他见到这张照片极为激动，因为这是他正式参加工作后的第一次活动，但却回忆不起是在排练时还是获奖归来后拍摄的。他说："那时照个像不容易，得提前到十里之外的坊镇去请照相的谢师。你看，在李国亭老师后面的墙角里还有一个看稀罕的小同学，那时农村娃娃对照相充满好奇，才不管老师批评不批评，都要悄悄地在一旁看个究竟。"

征　稿

《老照片》是一种陆续出版的丛书，每年出版六辑。专门刊发有意思的老照片和相关的文章，观照百多年来人类的生存与发展。

对稿件的要求：所提供的照片须是20年以前拍摄的（翻拍件也可），且有一定的清晰度，一幅或若干幅照片介绍某个事件、某个人物、某种风物或某种时尚。文章围绕照片撰写，体裁不拘，传记、散文、随笔、考据、说明均可。

编辑部对投寄来的照片，无论刊用与否，都精心保管并严格实行退稿，文字稿恕不退还，请自留底稿。稿件一经刊用，即致稿酬。

来稿请寄：山东省济南市经九路胜利大街39号　山东画报出版社《老照片》编辑部

邮　编：250001

E-mail：laozhaopian1996@163.com

网　址：www.lzp1996.com

电　话：（0531）82098460（编辑部）（0531）82098479（市场部）

邮购办法：请汇书款至上述地址，并注明所购书目。

邮发代号：24-177

《老照片》网站开通

为方便读者朋友阅读和交流，《老照片》网站已开通。网站开设新书预览、分类精选、往期阅读、论坛等功能板块，欢迎访问并提出您的宝贵意见和建议。网址：www.lzp1996.com

我的童年在“东风”

王建新

现在说起“酒泉卫星发射中心”，几乎家喻户晓。但在几十年前，知道它的人却寥寥无几。这一名称，是对外开放后才起的。它以前的名字是“东风场区”或“20基地”。我的父辈们，以及在那里出生或生活过的人们，还很有感情地喜欢叫它“10号”。为便于叙述，以下统称它为“东风”。

今天的人们，在互联网上可以查到“东风”基地的大致沿革：1958年3月，志愿军第20兵团机关奉命回国组建导弹试验靶场。1958年10月，20兵团改称中国人民解放军第20训练基地。

关于“东风”名字的起源，有多种说法。我所知道的是，1960年11月5日，中国第一枚“东风”地对地导弹在20基地发射成功，从那时起，20基地开始使用“东风”这一响亮的名字，和以“东风”命名的导弹系列一起，沿用至今。

军装的故事

2009年2月，我的父亲因病在济南去世，享年八十七岁。追悼会上，我选用并放大了一张父亲在“东风”时和他的战友

1958年，作者的母亲去东风场区工作前，和父亲在北京颐和园。

合影中的影像。父亲当时穿的是空军制服，领章上缀的是空军标志。

这事要从“东风”的组建说起。基地组建初期，是以志愿军20兵团为基础，但仍需要大量有文化、懂技术的高素质干部。基地到志愿军、齐齐哈尔空军场站、哈尔滨军事工程学院、南京军区、成都军区、北京军区选调。同时还到军校和地方院校选拔了一大批表现好、具备专业技术的大学生入伍。所

1960年，作者八个月时，和母亲的合影。

以，当时的“东风”汇集了陆海空三军佩戴不同军兵种标志的军人。从老照片上看，“东风”应该是从1961年换发夏装起，开始统一着装空军制服，直到1969年，又统一换装陆军制服。

父亲和老照片

我的父亲是山东平度人。1945年10月入伍，1958年5月从志愿军后勤部调入“东风”后勤部营房处；1968年2月调入“东风”基地五部后勤部，参与筹建山西太原卫星发射中心，是建设我国两个卫星发射中心的参与者，对两个基地怀有深厚的感情。1983年6月，父亲离职休养。

我现在还保存着一部父亲于1960年代初购买的上海牌135照相机。记得那时，“东风”的人们带着相机外出拍照，多以基地大礼堂和513医院这两个标志性建筑为背景，河边的小树林也是很好的取景地。

父亲去世后，我在整理父亲遗物时看到了很多摄于五六十年代的黑白像片。既有他自己拍的生活照，也有在照相馆里拍的“标准照”。

“东风”的养鸡场

“东风”基地是高度保密的单位，对干部和家属的审查非常严格。1958年，原在北京雕塑厂工作的母亲和父亲在北京结婚后，经组织部门的政审后调入“东风”。1958年4月，“东风”场区开始兴建。1959年初，考虑到地处茫茫戈壁，没有像样的住房，缺粮少菜，生活条件实在艰苦，基地后勤部拟在场

1960年冬，作者的母亲和同事陈燕在东风场区宿舍门前合影。

区建个养鸡场。在军需处工作的的侯兆义叔叔安排母亲和几位阿姨到北京市养鸡厂接受培训。

1959年5月，基地后勤部派一名叫陈根成的战士到北京接结束培训的母亲和刘、温阿姨。他们带着孵化设备乘火车从北京出发，经清水站进入场区。母亲回忆说，那是她第一次去“东风”，坐的是闷罐车，三天两夜的行程让她至今难忘。进入场区后才知道，那里的夏天烈日高照，酷热难忍，还缺水少电，现代化的孵化设备卸车后，根本没有厂房安装。

1962年，东风第一幼儿园小班的孩子们。

幼儿园成立初期工作照。

随后，母亲她们被安排到酒泉附近农村，学习当地养鸡户的孵化经验。当地养鸡户用最原始的暖炕孵化小鸡，这对连冬季取暖都存在困难的“东风”来说很不现实。养鸡场就这样被恶劣的自然环境淘汰了。

在我的童年记忆中，“东风”后来建有奶牛场，还建了暖棚种菜，场区里也养羊，服务社旁还有“冰棍坊”，但好像一直没再建过养鸡场。

杨叔叔的介绍信

母亲说，她到“东风”的最初单位是基地后勤农场。基地领导出于关心和爱护，提出三种情况下，女同志不能进场区工作：一、已有身孕的；二、患有慢性疾病的；三、处在哺乳期内的。军需处有个姓刘的叔叔，和我父母在北京时就认识。1959年5月，母亲隐瞒孕情进场区工作，刘叔叔用手在自己的肚子上划了个弧，说：“小张，你不是那样了吗？怎么还能来？”母亲说：“那样就不能掉了吗？”一句玩笑话，把刘叔叔蒙过去了。

到了7月间，母亲身体的变化已经瞒不住了，领导催促母亲赶紧回北京待产。一天，后勤部杨学礼副部长来农场检查工作，嘱咐母亲赶紧乘火车回京，还写了几封信交给母亲，嘱咐途中若有提前生产的征兆就赶紧下车，按信中地址找人。当时通讯条件落后，这几封信让母亲十分感动。

最早进入“东风”的孩子

父亲和母亲结婚后，因公一直留在北京，直到1960年7月才来“东风”；而母亲1959年11月再次进入场区，到筹建中的幼儿园工作。所以，母亲和我是先于父亲到“东风”的。

1959年8月，我在北京301医院出生，母亲在北京休了两个半月产假（当时产假是五十六天）。父亲对我有两种安排：一、把我留在北京，找个保姆带；二、把我送到山东寄养在亲戚家，能上幼儿园时再接回来。母亲经过权衡，决定把我带到

“东风”。理由很简单，条件再艰苦也要把孩子带在身边，再苦也要熬过去。母亲说，我的“百日”，是在去“东风”的火车上度过的，不过这次坐的是硬席卧铺，而非闷罐车。

母亲再回到“东风”时，生活区一期建设已有了轮廓，但条件依然艰苦，不少人还住在地窝子里。母亲被暂时安排住在招待所，招待所里还住着另外两个孩子：一个叫夏钟钟，是个比我大点的女孩儿；还有一个叫斯拉瓦的男孩，和我差不多大。母亲说，我们三个应该是年龄最小、最早进入“东风”的

1964年，作者母亲与东风第五幼儿园部分同事合影。前排左起：刘明珍、刘洪珍、梅何芳、李桂花；后排左起：李玉花、李淑兰、李兰英、张桂荣（作者母亲），王保平。

1964年，作者的父亲（前排右一）与战友们的合影。二排左二尹治中、左三王兰春。

孩子。“斯拉瓦” 后来和我一起在“东风小学“同级读书，他的爸爸是维吾尔族，妈妈是苏联人。不知夏钟钟后来去了哪里，家中影集里还保存着母亲和谭秀玉阿姨给我和她喂饭的照片。五十多年过去了，要是夏钟钟能看到本文，该多好啊！

以苦为乐

1959年冬，母亲和我搬到招待所旁的一排小平房中。小平房里住着招待所的工作人员，还住着一位碱厂的厂长。母亲说，我们和一位同样带着孩子、叫大康的阿姨同住一间类似传达室大小的房间，没有门锁，晚上用根棍子把门顶上，窗户没

1965年，五岁的作者和父亲在北京中国照相馆合影。

有玻璃，糊着报纸，生个小炉子取暖。

因为买不到奶粉，我完全靠母乳喂养。吃不到荤腥食物，母亲的奶水不足，我常常饿得大哭。招待所的尹所长说："饿着谁也不能饿着孩子……" 食堂的张师傅送来一点肉和骨头，还给了个小盆让母亲和大康阿姨煮点骨头汤。同住小平房的碱厂厂长把在碱湖周边打到的黄羊分出些肉和骨头，送给母亲和大康阿姨。

基地的六个幼儿园

我看过一些"东风"子弟写的回忆文章，很少有人提及幼儿园。"东风"从1958年建场到1969年大疏散，从最早的三个孩子“发展”到六个幼儿园，60年代中后期应该是“东风”场区人口最多的时期。当时，在“东风”的“513”医院出生的孩子中，喜欢使用“戈”字起名，意味不言自明——这是在戈壁滩上出生的孩子。

“东风”幼儿园始建于1961年，当年称第一幼儿园。以后又陆续成立了第二、第三、第四、第五、第六幼儿园；幼儿园的孩子分小班、中班、大班，中班和大班是全托班；有专用的厨房和洗澡室，一日三顿正餐，午睡后还有点心；据说这一传

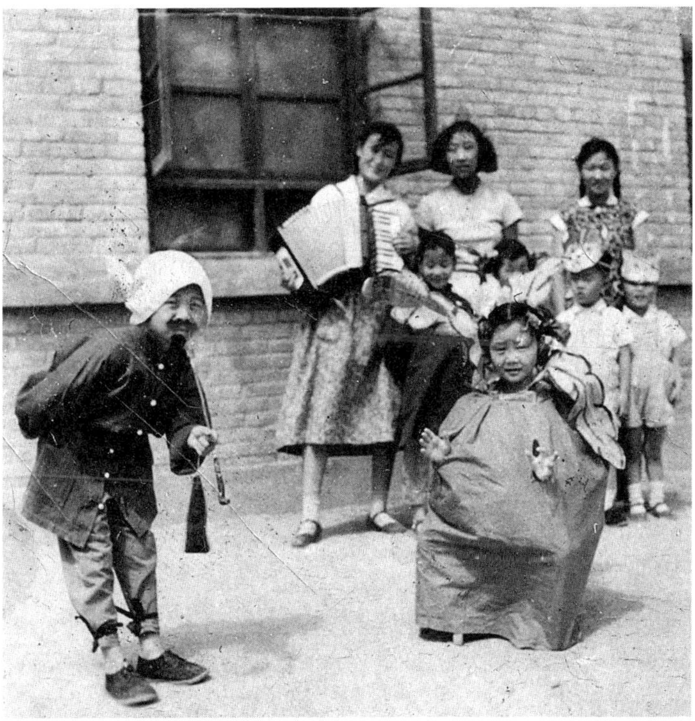

东风幼儿园的老师和孩子们在排演节目。

统，一直保持到现在。

母亲还保存着一幅第一幼儿园排演“拔萝卜”时的黑白照片，扮演老头的孩子叫于晓晨，当时上大班。母亲对他印象深刻，说他演什么像什么。我上过第一幼儿园，后转到第四幼儿园。这是距离火车站和汽车团最近的幼儿园。

带着小本回家的孩子

1966年“文革”开始那年，我们开始上学，我被分到一年级五班，班长是个女生，叫沈丽；班主任叫史惠英。那时家里基本上不做饭，父母在各自单位的食堂吃饭，我在学校食堂吃饭。弟弟在幼儿园全托，每星期回来一次。幼儿园的管理很规范，几个老师三班倒，轮流管着孩子，说话不能大声，吃饭要快、要干净，上完厕所要洗手，出去玩要手拉手，午睡要快睡着……记得我离开幼儿园上了小学，真有点现在的高中生考入大学后的兴奋——终于没人管了！

一年级的课程，有很多在幼儿园里学过，我不注意听讲，贪玩；班里有个女同学叫金旭，是班里的文艺委员，她经常要求部分同学放学后留下排练节目。我时常不听招呼、溜号，因此常被她给史老师打小报告。于是，史老师让我每天放学后去她办公室领个小本，上面写着我当天的表现，让父母看完签字再交给她，天天如此。

前面说到的班长沈丽，二十年后我们又相聚了，且住在同一个城市；文艺委员金旭，我们在太原相遇，相恋并结婚成家。

作者（前左）在北京和刘顺才叔叔家兄妹三人的合影。

书包里的白床单

1964年10月我国第一颗原子弹爆炸时，我在第四幼儿园上中班。1966年秋我刚上小学，书包里除了书本、文具，学校要求家长准备一个白床单放在书包里。每个班除了班主任，还有一名警卫团派来的战士辅导员，他主要负责我们上体育课，辅导我们做防原子弹的自我保护和疏散演习。基本要求是：听从指挥不乱跑，听到警报迅速跑到空旷地带，拿出白床单披在身上趴在地上，闭眼、双手抱头并捂住耳朵，同时要张开嘴。除此之外，我们还经常演习乘车紧急撤离，上课时听到警报，在

摄于1965年冬。作者（二排右）和弟弟王建华（前排左）与父亲在刚建成的二十基地一部家属楼前。二排左是尹庆华，前排右是尹振华。

班主任和辅导员的指挥和引导下，跑到操场登上汽车团派来的卡车，直奔火车站。

后来才知道，1966年3月中央决定进行导弹、原子弹结合试验，“东风”为发射首区，弹着点在新疆。导弹携带原子弹头发射，危险性极大。调试和发射过程中，万一出现失误，后果不堪设想。为确保发射顺利和场区人员安全，基地领导对“东风”的家属和孩子做了周密安排，动用了大量人力和物力。假如当时真的发生了意外，“东风”场区将在瞬间化为灰烬。不过当时的我们，不但没觉得可怕，反倒觉得很好玩。

小鼓手

我的幼儿园中、大班生活，是在第四幼儿园度过的。记得

1966年，作者一家以513医院为背景的全家福。

温馨与浪漫。1983年，作者夫妇在太原迎泽公园。

和我同时从第一幼儿园转到第四幼儿园的还有张凯斌、尹庆华、蔡伟建、张辉。有一年，幼儿园旁边的汽车团某战士收到家乡寄来的大红枣和花生，他没舍得吃送到了幼儿园。幼儿园为了表示感谢，想让孩子们在老师带领下，敲锣打鼓去战士所在的连队送感谢信。一天，幼儿园主任从外面拿了锣和小鼓到大班示范。老师说，谁表现好、谁会敲就让谁去。小朋友们都在跃跃欲试。当时我不知犯了什么错，被老师罚坐在一个角落里。除我以外，所有的小朋友依次拿槌试敲，却没有一个敲准“点”的。正当主任收拾锣鼓、准备去另一个班选人时，班主任笑着说：我们班还有一个没试呢！结果“一槌定音”。第二天，我作为“鼓手”，和小朋友们一起去汽车团送了感谢信。几十年了，和我一起长大的“同园”张凯斌一直还记着这事儿。

橱窗里的“我”

我还珍藏着一张印有“中国照相馆”字样的照片。那是1965年5月，我随父亲第一次回到自己的出生地，在北京王府井的中国照相馆照的。当时还拍了一张我的单人照。照片中的我穿着拼色小夹克，显得很精神。那件漂亮的小夹克，是“东风”一位叫刘洪珍的阿姨送的。

后来，不断有人从北京回到“东风”，对父母说，在王府井中国照相馆的橱窗里看到你儿子了。父亲再次去北京时，专门去了中国照相馆，发现那照片的确是我。父亲找到照相馆的领导，问为什么没有征得同意就把“我”摆进橱窗，照相馆领导连声道歉，说“那是瞬间抓拍的，您家的孩子太有特点了，眼睛很传神，表情天真可爱，因为没办法和您联系，所以就先摆放出来等着您来呢……”这种“解释”，相信天下没有哪个父亲不爱听。于是，照相馆领导趁热打铁，免费把“我”放大了几张，送给了父亲。

我们的“六一”

幼 林

1962年的六一儿童节，左邻右舍的叔叔阿姨，都高高兴兴地忙着给自家的孩子照相留念。背景在我们家住的那排房子后面——王开医院职工宿舍的花园里。我们三姐妹挤在旁边看，因为那个年代的照相，是很奢侈很新奇的事。妈妈见了，喊我们“赶快回家”。大姐不想走，她也想照相。我和妹妹跟在姐姐后面，磨磨叽叽不舍得离开。

面对姐姐的执拗，妈妈不想让我们太扫兴，同意让我们也照张合影。妹妹到了夏天就穿个小裤衩，光着膀子，妈妈借了邻居小朋友大林的格子褂给妹妹穿上，见太肥了。妈妈又急急忙忙让妹妹套上了姐姐的裙子，把借来的格子褂给姐姐穿上，还借了两个花头绳给姐姐扎了两个小辫子。妹妹穿姐姐的裙子有点长，姐姐穿大林的上衣有点短。照相之前，妈妈给姐姐拽了拽衣服的前襟，怕拍成了露脐装。照完相，格子褂和花头绳就赶紧还给大林了。

我理了个平头，妈妈说是夏天理平头卫生。不用刻意打扮，妈妈就让我上镜了。我的裙子是爸爸在青岛买的，淡蓝色，点缀着细碎小白花，那是我人生的第一条裙子，也是我

三姐妹

二十岁前惟一的裙子。

“新三年旧三年，缝缝补补又三年”。记得奶奶每天戴着老花镜在家缝缝补补，让我拾姐姐的衣服、鞋子穿。我的衣服、鞋子补一补，给妹妹穿。

照这张相的时候，家里的日子捉襟见肘。妈妈和奶奶把艰难挡住，让我们的童年也留下了鲜花和笑脸的印记。

妈妈回忆往事时常说：“很庆幸，我没把你们仨中的一个饿死，也没把你们仨中的一个送人。”

我们家的生活，当时远不如左邻大林家好。大林的爸爸妈妈，是王开医院的双职工。生活困难时期，大林的二妹送给亲戚家了。过了一段时间，二妹被接回来了，浑身都是虱子。据说二妹长大后，身体和智力的发育不如她的姐妹们。

我家的右邻也是医院的双职工，他们家的收入比我们家高一倍。他们家也把第二个孩子——我们的小伙伴魏敏送到农村舅妈家去了。舅妈已有两个孩子，每天还要下地劳动，顾不上魏敏的衣食。过了很长一段时间，接魏敏回家时，她在路上突然腹痛难忍，被直接送到徐州市人民医院抢救。魏敏的爸爸说，剖腹探查，捡出来一盆蛔虫。那“盆”有多大，至今我也不清楚。

我们曾和魏敏在一起数过自己的肋骨，感觉像王开医院那位漂亮的护士阿姨在拉手风琴，感觉数肋骨就像在按手风琴的键盘。魏敏曾掀开衣服，给我们看她肚子上的疤痕，我只看了一次，再不敢看了。

魏敏不到四十岁就去世了，我想一定与她童年的那段经历有关。

我是我们家的第二个孩子。如果效仿邻居，妈妈肯定会把我送人的。谢谢妈妈没把我送给亲戚邻居。

每天下了班，妈妈都要仔细数算锁在抽屉里的食堂饭票，她每天要节省二两饭票，攒够二斤就去食堂换成面粉，烙了面饼给远方的爸爸寄去。妈妈不是把碗里的稀饭倒给我们，就是把嘴边的馒头省一口塞到我们嘴里。妈妈上班经常饿得晕倒，被人搀回家。

长身体的时期营养不良，身体和智力的发育会受到严重影响。记得小时候我整天头晕，大人问我："你是头晕还是头痛？"我答不上来，头晕头痛我分不清。

奶奶不识字，是个天生的乐观派。她经常安慰妈妈："你放心，孩子一个也饿不死。小猪下生还自带三分糠。"

最痛苦的是，奶奶整天让我们睡觉，说"活动量小了，吃的就少了"。有一次，奶奶说我："你已经吃饱了，出去玩会吧……"那天我的脑袋突然开窍了，问："怎样才是吃饱了？"奶奶说："你真傻，连吃饱了也不知道。"

王开医院的职工宿舍是一排排平房，一家一户紧挨着住。左邻右舍买水果了，奶奶只要看见了就把我们立即叫回家："人家吃东西不要看！"

有一次，妈妈下了大夜班在家午休，我躲到她床底下哭："我饿得慌——我饿得慌——"我还不是很傻，小声哭的原因是怕影响左右邻居休息、被叔叔阿姨们讨厌。

奶奶趴下身子从床底下拽我，拽不出来，想打我也够不着。奶奶很生气，压低嗓子数量我："你就知道吃，不知道体谅大人的辛苦……"后来我再不说"饿"了，因为不到食堂开饭时间，说也没用。饿极了，我们就对着门口的自来水管咕嘟咕嘟灌凉水，肚子撑得慌，感觉能好受些，可以多忍耐一会。

还有一次，有位亲戚到王开医院找妈妈看病。妈妈在食堂买了两份菜招待客人。我和妹妹见了，大为兴奋，每人端着一份就跑。妈妈追了我们好远。跑快了，怕我们把菜洒了，跑慢了，又追不上我们。那位亲戚本想在我们家吃饭，只得摇摇头，无奈地走了。

妈妈从不发脾气，更不会打我们，即使生气也只会猛拍自己的巴掌："嗨"一声！奶奶想起来就唠唠叨叨地数量我："真是个吃货，没人样！就知道吃……"

我们至今奇怪，当年左邻右舍邻居家的生活都比我家好，我们姐妹却比他们的孩子长得高。姐姐身高1.75米，我和妹妹分别是1.65米和1.64米。

这张照片，是一位病号叔叔帮助照的，可惜至今不知他的姓名，我们很感谢他。

妈妈将我们的"六一"合影寄给了远在外地"劳动"的爸爸。没到年底，爸爸就回来了。我想，兴许是我们的稚嫩和期盼感动了上帝。现在想想，照相那年，还不是我们家最困难的时候。童稚未开，活动量小，吃的也少；到了身体见长、饭量增加的"文革"期间，日子就更难了。说来话就长了，不提了。

我的祖父计舜廷

计永刚

1934年春，我的祖父计舜廷（1908—1971）在金陵大学任教，到北平参观，由当代著名画家周怀民介绍和祖母相识。女方的介绍人是何应钦的秘书杜畅初将军和妻子郑瑛女士（后来在重庆，郑瑛是周恩来和邓颖超直接领导的地下党，他们的女儿是我国第一位女音乐指挥家郑小瑛）。祖母刘寿锜（1915—2000）刚从北平第一女子高中毕业，与著名演员张瑞芳及其姐张瑞珍是同学，后来张瑞珍还做了祖母结婚时的伴娘。祖母和祖父结婚后，就迁到南京居住。祖父的先人是满清爱新觉罗氏；高祖曾任直隶的巡抚，曾祖父计汉兴，当年是与秋瑾一道造老子反的革命党。后被清廷通缉，逃入乡下，被一位姑娘搭救，后和姑娘结婚。

随着抗日战争的临近，祖母参加了“抗日战地护士训练班”，准备上战场救护抗日志士。随着南京沦陷，祖父母随金陵大学南迁重庆。在重庆，祖父积极投入抗日救国的运动之中，他和金陵大学理学院长魏学仁、杨简初教授研究成功了“隔层滤杯式蓄电池”，并在重庆设厂生产，共为抗战时交通部提供十四万只，占全国产量的一多半，祖父兼任厂长和总工

1934年于北平六部口，祖父母订婚照。

程师。

抗战爆发，中央警官学校也迁到重庆、成都等地。中央警官学校有一批设备和仪器原来由德国顾问管理，随着战争，德国顾问回国，这些设备没有人打理，就到金陵大学找到祖父。祖父研究多日后，弄明白使用原理并代为装配，这样引起教育长李士珍的重视。在李士珍再三要求下，祖父当了中央警官学校的兼职教授。每次以演讲的方式在学校大礼堂进行，由于学员众多，有的只能站着听讲。从四期一直讲到十多期。后来还都南京，又去了几次，还为该校建立“短距离超短波通讯网”。

1941年抗战到了最艰苦的年代，祖父和蒋介石的机要秘书毛庆祥（蒋原配夫人毛福梅的堂弟）是莫逆之交。毛庆祥在击败了军统局戴笠和夫人派的温毓庆之后，取得了“军委会技术研究室”的领导权，被蒋任命为“军委会技术研究室”中将主任。在人员安排上，他要用他信任的人。一日，他来到祖父家中对祖父说：“蒋命他统管军技室，主要是破译日本密码。在技术上我是外行，希望你给我管起来。我已报蒋批准，任命你为军技室中将总顾问”云云。祖父在抗日救国的环境下欣然接受了。

曾破译了改变第二次世界大战进程的二份情报，一是由“密码天才”之称的池步洲破译的——日本准备南进，对苏德战争暂不考虑，此情报被“红色间谍”阎宝航得到，转给在重庆的周恩来，周上报延安转告苏联，斯大林在接到后，与苏联在东京的“间谍王左尔格”的情报相佐证，放心大胆地把西伯利亚几十万适合雪地作战的军队调往西线，从而扭转了战局。另一份是日本准备偷袭珍珠港电文，使美国由对二战的观望到参战直到成立中国战区。据说蒋得到此情报时，兴奋异常，连呼“中国有救了”。蒋在重庆浮图关接见有功人员，特从侍从室批了一万元奖励相关人员。

军技室破译的情报还救过孙科的命。日本截到电文，知道了孙科的行程，准备半路击毁飞机。军技室破译后，通知已到机场准备登机的孙科返回。飞机果然在半路被击落，死了几个大员。军技室还要了日本“海军之花”山本五十六的命，破译了山本五十六于1943年4月18日去南洋劳军的情报，通知美国派出十六架战机，把山本五十六座机和六架护卫战机打了个空中开花。第二天，美军搜索队在原始森林找到手握月山军刀的山本五十六的尸体。临近抗战胜利，军技室破译的情报，使汪精卫至死都不知道怎么死的；更把日本投降后逃到日本的陈公博押回法办。蒋介石在评价军技室时曾自豪地说：“一个军技室抵得上我国军十个师。”这些都是在祖父和毛庆祥领导下进行的。祖父曾在军技室作“定向侦测和测向侦测方法”的演讲。军技室和金陵大学订有合同，由祖父主持制造密码机，还研发了战时市电不稳的情况下用木炭发电等等。

1945年8月，日本宣告无条件投降，国民政府陆军总司令部颁布第一号命令，命令冈村宁次将京沪电信系统交祖父和安钟瑞、尤箕兆三人接收。祖父被任命为南京电信局局长。由于南京电信局是首都的电信系统，因此仅次于电信总局，地位比各地电信局都高。而南京电信局的“重要军话台”和“次重要军话台”是联接各大战区和中央要员直至蒋介石的神经中枢。这两个台的九人当中，其中七个是地下党，基本被南京的地下党所掌控。接着发生了轰动南京城的“严继承失踪案”。严继承是专接蒋介石电话的话务员，起着一个“窃听器”的作用，把各种信息输送给南京地下党。1948年初，严继承被军统秘密逮捕；十天后，南京发行量最大的《新民报》报道了这件事。于是，南京的街头巷尾纷纷议论："接蒋委员长电话的是个共产党。"祖父动用各种关系进行营救，叫自己的秘书沙宗柄、陈西林和毛庆祥的秘书张廷桢联系。后来由于交通部的阻挠，致使营救失败。交通部为此发来公文称："严继承有共党嫌疑，任何人不准营救。"严继承的下落有两种说法：一说后来牺牲在南京雨花台，另一说是大撤退时在福州被枪杀。这时国民政府已摇摇欲坠。

1947年摄于南京合群新村10號，前排左起二姑、三姑、祖母、三叔、大姑、后排二叔、祖父、父亲。

蒋介石下野以后，由李宗仁任代总统。临近1949年，毛庆祥劝祖父和他一同去台湾，被祖父婉拒。毛庆祥临走发来四个字的电报："前途珍重"。随后，祖父携全家登上了开往重庆的夔门号客轮。交通部长俞大维（后任台湾"国防部长"）劝祖父去台湾，见祖父没有去台之意，就特批十万港币叫祖父去香港暂避。祖父在新中国成立后将这笔钱交给了中共。这时，蒋介石的机要室主任换成了张廷桢，他随蒋介石到重庆，找到祖父说，如果飞机票买不到，可随他们的飞机一快走。祖父以家中人口较多，跟你们走不方便为由婉拒。这时祖父已是电信总局的副局长，局长钱公南此时已去台湾，把全国的烂摊子留给了祖父……

新中国成立后，祖父在重庆任教于西南邮电学院（今重庆邮电大学）。他将自己南京的公馆捐给南京市政府，支持国家建设。送自己的大儿子参加"抗美援朝"。他是满怀热情要建设新中国的。作为教务长，他每天废寝忘食，奔波忙碌，从化学到电源设备，再到电机原理等等，学校缺什么专业课程的教师，他就顶替教什么课程。

然而，随着国内形势不断变化，一波又一波的政治运动接踵而来。在"三反"、"五反"、"肃反"等运动中，祖父都没有问题。到了1966年"文革"前夕，祖父的历史又遭到严格审查。从此，他渐渐地被怀疑，被孤立，被否定，被推向深渊……教学过程中，他在苏联提供的教材中发现了很多错误，他本着严谨、认真、负责的态度指出来，却被认定为"不相信苏联，对党不满，有政治意图"。为了便于教学，他建立了一个400千瓦的国际教学电台，却被别有用心的人认为他"里通外国"。他拒绝去美去台，被认为是潜伏"特务"。工作之

1963年1月摄于重庆。前排左起：三叔、祖母、祖父、四叔、后排左起：二姑、二叔、四姑、三姑、大姑

余，他潜心搞科研，研究出比日本70年代的录音磁带早十年的成果，却被斥之为“不务正业，追逐名利”。随着”文化大革命”的爆发，红卫兵将他当作”反动学术权威”打倒，前后抄家十余次。每天除了批斗及身心折磨外，还要参加繁重的体力劳动。在强加的“潜伏特务”罪名下，他被关进监狱，关押期间，还动用刑具，他不能直立，只能在地上爬行。祖父被关押两年半之久，于1971年3月，含冤痛苦离世……直到1978年“拨乱反正”后，祖父的冤情才得以平反昭雪。

1955年：阅兵军旗前的将军

刘南征

1951 年1 月15 日，为培养国防现代化建设急需的高级指挥人才，中国人民解放军军事学院在南京成立。我的父亲、时任四十七军参谋长的刘子云，奉命从湘西剿匪清霸前线来到南京，向军事学院院长兼政治委员刘伯承报到。

父亲曾多次在刘帅手下学习、工作过。1931 年9月，十七岁的父亲被选入江西瑞金中央红军军事政治学校工兵大队学习，校长兼政委就是刘伯承；1935 年8 月长征途中，父亲到红四方面军红军大学上级指挥科学习，次年2 月留校担任政治教员，校长仍是刘伯承；几个月后，父亲又随刘伯承总参谋长到红军总司令部担任作战参谋；这次来军事学院，已是第四次在刘帅直接领导下学习、工作了。

初进军事学院的父亲，被编入培训军以上干部的高级速成系一班学习。刘伯承院长给父亲压上一副担子，让他兼任高级系训练处的处长。于是，父亲既是学员又是教学计划的制定者和实施者。身兼两职的父亲，比其他学员更加辛苦，经常每天从早上5点，一直学习、工作到半夜。从高级系毕业后，父亲被分配到基本系任副主任兼二期班主任。

1955年9月，刘子云被授予少将军衔。

新中国成立后，每逢国庆节，天安门广场都要举行隆重的阅兵式。从1952年至1956年，父亲连续五年担任南京军事学院阅兵方队的领队。父亲身后是八一军旗，然后是军事学院和各军兵种方队。那些年的阅兵式中，父亲是最先走过天安门广场的排头兵。

军事学院方队是国庆阅兵的第一方队，成员主要由基本系学员组成。因此，刘伯承院长把带队任务交给了父亲。任务是光荣的，训练是艰苦的。参加阅兵的学员，在完成学业的同时，要进行长达半年的队列训练。从4月到8月，不管刮风下

1952年冬，南京军事学院基本系主任谢振华（右一）、副主任刘子云（左一）和高级系主任孙继先（中）带领学员在野外演习。

雨，还是烈日当头，父亲天天带领受阅学员在军事学院的操场上拔正步。

小时候，我们这些小朋友最感兴趣的，就是放学后把书包搁在一边，坐在大操场旁观看叔叔们的正步训练，他们五人一行，十人一列，在“一、二”口令指挥下，手背在背后，大汗淋漓……有时，我们也会悄悄地跟在他们后面，模仿他们的样子，喊着“口令”操练。

1955年的暑假，我们全家随父亲来到北京，妈妈和哥哥

1954年的全家福

1954年9月，朱德视察南京军事学院。左起：刘子云、钟期光、刘伯承、朱德。

1955年夏，刘子云在北京天坛。

住在洋溢胡同军事学院驻京办事处，小学三年级的我和姐姐、弟弟跟着爸爸住在天坛公园松树林的帐篷里。那是我第一次到北京，每天早上天蒙蒙亮，我们就和叔叔们一起起床，叔叔们腿练肿了，脚磨破了，按照每分钟114步的行进速度，直练到

1956年1月，毛泽东接见刘子云。

1956年1月，毛泽东视察南京军事学院。前排左一：刘子云；后排右一：吴华夺。

一秒不差、一步不差。那时的天坛公园里，只有我们三个小朋友，在公园里来回窜。我最感兴趣的，是帮助炊事班的叔叔摘菜、洗菜，坐在三轮车上到各个训练点送绿豆汤、送饭。总之，一个暑假“没闲着”。我们在天坛公园住了近一个月的“帐篷”，父亲则带着基本系三期的学员一直在天坛公园操练到9月底。

1955 年9 月，中国人民解放军首次实行军衔制度。正在北京带领军事学院阅兵方队训练的父亲，参加了党中央、国务院、中央军委在北京举行的授衔受勋典礼。9 月27 日，父亲走进中南海国务院礼堂，从周总理手中接过授予少将军衔的命

1955年国庆节，刘子云率南京军事学院方队通过天安门广场。

1959年国庆节，将军合唱团在人民大会堂的演出。第三排左二是刘子云。

令。稍后，父亲和身着蔚蓝色礼服的将军们来到中南海怀仁堂，出席元帅授衔典礼和授勋仪式。依据在土地革命战争、抗日战争、解放战争中的任职及贡献，父亲荣获二级八一勋章、二级独立自由勋章和一级解放勋章。父亲的一级解放勋章是在中南海怀仁堂颁发，其他两枚二级勋章则是在10月回到南京后，由陈毅元帅颁发。

中南海授衔授勋三天后，就是10 月1 日国庆节。父亲身着新式军礼服，佩戴金光灿灿的少将军衔和一级解放勋章，引领着八一军旗和军事学院方队，以崭新的军容通过天安门广场接受检阅。

1959年冬摄于南京紫金山。左二起：钟期光、刘子云、徐斌洲、廖汉生、张震。

由于这是中国人民解放军授衔后的首次亮相，作为受阅排头兵的父亲，被中外新闻记者所聚焦。父亲不负重托，出色地完成了历次国庆阅兵的光荣任务。

1956 年1 月，军事学院成立五周年之际，刘伯承院长兼政委发布命令，对优秀教学单位和教员、学员予以表彰。父亲荣获一等奖。1957年，父亲调北京高等军事学院工作。从那以后，南京军事学院的国庆阅兵方队，由队列部部长吴华夺少将和预科系主任胡定千少将担任领队。

怀念母亲

柳　谋

母亲离开我们很久了，她的影子总是萦怀不去。于是提笔写点文字，一是表示对母亲的怀念，二是想让孩子们对祖辈有所了解。

一

去年在霸陵买了块墓地，寻思着待父亲过世后将父母合葬了，扫墓也方便。母亲的遗骨早在三兆公墓深埋，但搞个“衣冠冢”总还可以。与兄妹商量，大家意见一致，遂准备镌刻碑文。不料谁也记不得母亲的生日是哪一天，只知她是1920年生人。后来从小姨那儿确认了母亲是10月出生的，可是具体日子还是说不清楚。妹夫去北院门派出所查询，年代太久档案已毁，查不出来。这事让我很内疚。做了女的居然不晓得自己母亲的生辰日子，实属不孝。如果外婆活着就好了，她老人家稔熟每个孙儿的出生年月日，自己女儿的生日一定不会忘记。我想，一个逝者的生卒年月日，恐怕是这个人留下的最基本的个人信息，活着的人应该记住它，其他方面都忘了，这个也不要忘记。因为它是一种情感的传承，也是对逝者起码的尊重。在我的记忆里，母亲似乎没有过过生日，想起来让人酸楚。

二

1969年4月19日（农历三月初三，星期六）是个阴冷的日子。母亲躺在省医院住院部三楼内科15床，形如槁枯。癌细胞转移导致生理性颈椎粉碎骨折，瘫痪和剧痛恶魔似的折磨着母亲。上午9时给母亲注射了一支杜冷丁（托我的同学张梦林走后门买了一盒），经大夫同意，我拿着母亲的病历和X光片去西安医学院肿瘤科会诊，临走时感觉母亲有点异常的平静，以

1941年冬，西安高级中学毕业班合影。二排左一为母亲。

微弱的声息对我说了几句话，嘱我快去找前段曾经给她治病的那个医生，似乎对治疗还存有希望。不料待我中午赶回省医院时，母亲已不省人事，直到晚上11时许，医生宣布抢救无效，生命终止。享年四十九岁。母亲临终前，我和妻李雅琴、弟柳小谋、妹柳娜一直守护在床边。母亲没有留下遗嘱，也没有留下遗言，就这样静静地走了。4月24日，母亲遗体火化，骨灰存放在三兆公墓骨灰堂中厅。1979年5月，母亲的骨灰被深埋于三兆公墓第四区，地面上栽着一排排杨树。每当清明，我即去三兆祭奠母亲（包括也葬在这里的祖母、外祖母和外祖父）， 二十余年没有间断过。近年来去得少了，但一定会在清明和阴历十月一日这两个节点，在别处给母亲他们烧点纸，借以寄托哀思。

三

母亲王爱兰（亦名王蔼岚），出身于一个脱胎农村的民族资产阶级家庭。我外曾祖父善于经商，清末民初时期，生意做得颇大，业内曾称其为“西北棉花大王”，西安有字号，上海有股份，乡下有土地，城里有房产，家境相当殷实。30年代后，王家走向衰落。母亲幼年时多住老家（临潼县田市镇张八洼村），对农村生活很有感情，她一生都在赞赏渭北人的耿直、彪悍、善良和忠厚。1926年，到了该上学的年龄，正值“西安围城战争”爆发，母亲只好继续住在老家，1928年战争结束后，才随我外祖母到西安定居下来，翌年上学时已经十岁了。由于聪慧好学，两次跳级，四年读完小学。接续在西安国立女子中学和西安高中就读，1940年高中毕业考入西安商业专

下乡宣传抗日救亡

下乡宣传抗日救亡

下乡宣传抗日救亡

下乡宣传抗日救亡

这几照片是1936年母亲在西安女子中学读书时，参加抗日救亡活动的过程中拍摄的。女学生组成的宣传队深入街头乡间，通过演讲、活报剧、呼口号等形式，向群众宣传抗日救国道理。

科学校，1942年因怀孕生子学业中断，只拿到大专肄业文凭。解放前，母亲除了间续做过一点社会家教工作外，基本在家做家务看孩子。作为一名知识妇女，她不甘心一直做家庭妇女，一解放就向政府要求工作。1949年8月，母亲进入西北人民革命大学学习培训，结业后被分配到西安市信托公司上班，1951年转入西北大学做财务工作。1954年父亲赴任兰州，随之调入甘肃省供销合作社。1958年，因父亲划为右派，被以“不适现职”为由，强迫退职。母亲携子女回西安后，先在社办企业打工，1959年二次就业，曾在西安市手工业管理局、西安市制刷厂和西安市毛笔厂担任会计工作。

四

母亲一生时运乖蹇。虽说小时候生活比较优裕，可以骑着“海克里斯”自行车上下学。但破落资本家庭的腐朽气息（大人们不工作，抽大烟），特别是外祖父纳妾造成的家庭不和谐气氛，使母亲十分反感和叛逆。解放前，我父亲经常失业，收入绵薄；加之住在外爷家，看姨娘的脸色，母亲总觉寄人篱下，心情苦闷压抑。1949年解放之后到1957年反右之前，社会风气好转，父母忙于工作，家庭收入稳定，这是母亲最舒心的一个时期。偶尔会带我参加机关的周末舞会，假日带我们到五泉山、雁滩玩，或去悦宾楼下馆子。

好景不长，1958年父亲流放甘肃河西农场，母亲带着四个正在上学的孩子回到西安，家道中落。这时，西安还有一个两岁的小弟（尕娃）在农村寄养，母亲将他过继给了陈家。那天，尕娃穿着小草鞋被养父母领走的时候，我看见母亲哭了。当时的确是忍痛割爱，无奈之举。1960年瓜菜代时期，全家就靠母亲每月52元工资维持生活，为了充饥，家里值钱的东西都变卖了，除了一个小院和几间旧平房外，差不多到了家徒四壁的地步。1966年9月22日（星期四）我下班回家，家里一片狼藉，院子被多处掘地。母亲躺在床上，蓬头垢面，泣不成声地告诉我：红卫兵来过了。抄家造成的经济损失倒不大，家里没有金银财宝，藏书和字画早在“文革”伊始“破四旧”时就一摞摞地填进灶火（当时家里做饭用的是风箱土灶）烧掉了。记得母亲曾有一枚钻戒，说是结婚时外婆给的陪嫁，我小时候划玻璃玩过，后来不知下落了，母亲生前从未提起过此事，多年后我偶尔想起，它的丢失或许与那次抄家有关。“文革”期间，强大的政治压力和生活压力，使母亲终日郁郁寡欢，未老先衰。抄家后一年多就身患绝症，两年多就郁郁而死了。母亲病重期间想吃“寸金”和“琥珀”，这是两种早年生产的南糖，我骑自行车寻遍全城也买不到，年轻的售货员甚至连这种食品的名字都不知道。住院弥留期间，她想吃橘子，市场根本没有，弟给她买回一瓶橘子罐头，她只啜了一小瓣便摇头不吃了，我知道她是想尝新鲜橘子……

五

母亲的政治信仰很单纯，她拥护共产党，拥护新社会，但从不加入任何党派。她说过，君子不党。上学前母亲教我识字，说“党”字（指繁体）是个上下结构的形声字，原指秘密结社组织。后来我想，她可能受到君子独善其身的思想影响。这种思想的局限性在新社会不言而喻，但在旧社会却有利于洁身自好。抗战时期，西安高中迁校陕南，一天晚上，特务诱逼她和几个同学加入复兴社外围组织，桌子上摆着手枪，她巧妙地与特务周旋，伺机逃脱，连夜骑马从西乡跑到汉中，第二天返回西安。上大学期间，全班准备集体加入国民党，她得知消息后抱病在家，既不填表也不参加宣誓仪式。因此，解放后历次审干，她的政治历史都是清白的。母亲做事很认真。

我看过她的笔记，工整隽秀，一丝不苟。她上班从不迟到早退，经常在家里加班做账，我半夜醒来，常听到劈劈啪啪的算盘声。她说，一个月的账目有一笔出入不符，就得重算。她告诫子女，公家的钱一分钱也不能拿，别人的光一分钱也不

1954年6月，父亲调兰州工作，全家离开西安时的合影。后排左起：母亲、父亲、哥哥；前排左起：弟弟、祖母（怀抱妹妹）、外祖母、作者。

能沾。一次去母亲办公室，我想拿几根大头针做鱼钩，她也不允。母亲邮寄家信，从来不会用公家的信封、信纸。现在看来有点迂腐，但她的确就是这样一个人。

六

母亲性格耿直，脾气不好，甚或有点刚烈。她不喜欢父亲的性格和做派，经常吵架，有时候甚至闹得不可开交。她对单位里的一些品格不高的人嗤之以鼻，对社会上的污浊之气深恶痛绝。她喜欢的人，可以推心置腹，可以倾囊相助；不喜欢的

1959年。作者和母亲、弟、妹的合影。

人，避而远之，不愿搭理。谁要是得罪了她，她会不依不饶地与之争斗，说话既直白又尖刻。记得有一次，她的一位老同学和她开玩笑说："你的娃一个个都是从铺衬卷里钻出来的。"意思是我们弟兄在襁褓里没有穿过新衣服。其实这是外婆家乡的传统，婴儿衣服用旧布，节省、绵软。母亲听了就不高兴，本来可以解释或自嘲一下就过去了。但她却反驳说："铺衬卷咋咧？我娃都活得好好的，一个都没殇。"这话直击对方痛处，因为对方曾夭折过一个孩子，让人家很难过，下不了台。好在两人平时熟合，没有影响后来关系。那年红卫兵抄家，她骂红卫兵是土匪，结果遭到毒打。我们兄妹，谁要是犯了错，母亲训斥起来没完没了。但是，我知道母亲是深深地爱着我们的，在当时那样艰难困苦的环境下，母亲一人撑家，含辛茹苦，忍辱负重，把我们一个个拉扯大，多不容易！

七

母亲心地善良，为人忠厚。她常说，做人要与人为善，善与人同。母亲不做违心的事，也不会做出格的事。家境好的时候，她接济过不少亲戚朋友；家道衰落的时候，她也尽量不去麻烦别人，只接受过外祖母和小姨的一些资助。1958年被无辜解职回家，她曾给时任劳动部长的马文瑞的夫人孙铭（她的高中同学）写过一封信，诉说苦衷，要求就业。这恐怕是母亲唯一的一次“走后门”，但一分钱也没有花。1961年饥荒最严重时，我家一个亲戚给别人捎带食品到河西农场，路上饿极把人家的东西给吃了，结果听说河西那个人最后是饿死的，母亲愤懑不已，恨死这个亲戚，说自己饿死也不能吃别人的东西！母亲永远恪守“君子固穷”的道德准则。母亲朋友很少，长久且莫逆者只有两位：唐玉兰和宋恩珍。唐没有固定职业，宋是一名教师。这两个阿姨都是母亲的中学同窗兼闺蜜，解放后都因为家庭出身和历史问题受到冲击，都发生过婚变。母亲与她们过从甚密，见面无话不谈，互相调侃。我多次陪母亲去过这两个阿姨家，她们的朗朗笑声给我留下很深的印象。我时常在想，母亲可能只有在这种场合，彼此同病相怜，没有精神压力，才可以得到短暂的无拘无束和畅所欲言。母亲对快乐的要求并不高，上天太吝啬了。

八

母亲的气质很好，端庄淑娴，有大家之风。年轻时喜爱摄影，她有一部德国蔡司相机，自己洗印，留下了许多好照片。少女时期的母亲，身材高挑，短发齐耳，着阴丹士林中式衫，穿黑布长裙，很精神，很清丽，在当时绝对前卫。可惜大多数照片在“文革”中都毁掉了。尚存的只有十多张母亲中学时代参加抗日宣传活动的照片及与老师同学的合影，这些老照片对别人也许并没有什么价值，但对我弥足珍贵，因为它载录着有关母亲的时代信息。母亲是节俭的，她不允许孩子们浪费一粒粮食。她常说：“布衣暖，菜根香。”要求我们“起居有节，饮食有度”，“食勿言，寝勿语”，“黎明即起，洒扫庭除，要内外整洁……”解放后，母亲一直在虚心地改造自己的世界观，但有时也流露出一点小资情调。母亲喜欢吃西餐，解放初西大街有一家小小的丽达西餐馆，我被母亲悄悄地带去过几次，在那儿她能够用英语点菜。母亲喜欢喝茶，50年代家境好的时候，也喝点巴西咖啡。那时家里能吃到甲鱼、螃蟹和对虾。在兰州上小学时，母亲因为带我去吃兰州拉面，被指责为逃避吃粗粮，遭到同事大字报的攻击。母亲平时衣着整洁，仪态自若，言辞得体。记得她第一次到我丈人家商议我的婚事，一进门先给她未来的两位亲家恭敬地鞠了一躬，然后分宾主有序入座，落落大方，有礼有节，给人留下了很好的印象。

父亲的信

杨弘绪

孩提时代，含辛茹苦的母亲带着四岁的弟弟和六岁的我留守沈阳。听母亲说，父亲因支援“三线”建设，在偏僻荒凉的朝阳市一家工厂工作。虽然年幼的我无法明白其义，但给我留下了深刻的印象。

五六岁起，父亲引领我识文断字，用铅笔一笔一划写下人生最初学会的汉字——人。至今我还珍藏着由父亲装帧的我用铅笔写成的二册小楷。这给我的童年记忆乃至之后的成长，留下了不可磨灭的印记。

1970年代，我上初中起多了一份作业——给父亲写信。那是一个物质和精神都相当匮乏的年代，电话远未普及，打长途电话只能到邮电局。话费贵、不方便，书信是我们父子之间沟通交流的主要方式。那时候，父亲每月寄来一封信，从不间断。当年，我家住在棚户区，胡同里安静得很，槐树下，常常可以听到邮递员自行车的清脆铃声，然后高喊着母亲的名字，有时候还要高喊：“拿戳儿！”我知道父亲寄钱或邮单来了，觉得那声音格外亲切，仿佛父亲回家来了。每当收到邮递员送来的信，我立刻拆开，一字一句，一读再读。父亲在信里循循

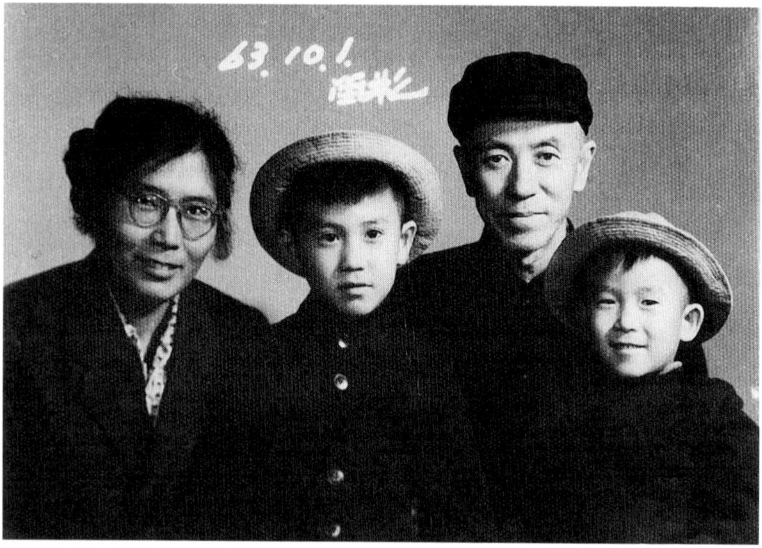

1963年的全家福

善诱，教我如何写信：如提及尊长，一律空格或抬头换行；如何读书，如何处理好与同学的关系，学会思考，学会生活……

父亲在朝阳那边，时刻关注着三百多公里之外的母子，忆旧授新，解疑答惑，字字含情，连错别字、欠妥的标点符号都不放过。有父亲做我的启蒙老师，让我在人生的旅途中，心有所盼，心有所安。

父亲的信中除了亲情，还能感觉甚至看到父亲的一切……粉碎“四人帮”伊始，我们老少同乐……父与子在信笺上倾心“笔谈”，从中感觉到父亲的脉跳和体温，洞悉他的喜、怒、哀、乐。在父亲看来，孩子会写信，能够倾述自己的情感，就是长大了。

信封上，父亲每每精选一枚刚刚发行的纪念邮票，邮票的题材大都是“文革”时期发行的邮票。如“样板戏”、毛主席诗词等。至今我还坚持集邮，方寸之间浓缩着历史的轨迹。

父亲少年时只读过三年私塾，可他终生勤学不辍。从十五岁起离家学徒、经商，生性聪明好学。解放前，他随着闯关东的人流，从山东蓬莱来到沈阳。近日，有幸读到父亲在1965年填写的一份“履历表”，“本人成分”一栏，填报的是“行商资本家”。解放前，父亲曾从天津乘坐轮船到过台湾，“文革”中，父亲身陷囹圄，他无法承受这种打击，1979年9月16日8时45分，他在回沈阳办理退休手续、即将结束夫妻二十五年两地生活时，心脏骤然停摆。他带着永远不能说出的遗憾和对美好生活的企盼，离开了他深爱的土地和家人。那年我二十三岁，下乡插队当知青。

父亲没有给家人留下什么物质财富，甚至连温情柔意的回忆，也极其有限。但是，他留下的一封封信笺让我们终生受益；他的音容笑貌，永远留在我们心中。

19世纪末：俄国人镜头下的中国西北

胡　剑

19世纪末的1874至1875年，俄罗斯政府向中国派出了一支九人组成的科学和贸易考察团，由俄罗斯总参谋部中校尤利安·A·索斯诺夫斯基带队。考察团从圣彼得堡出发，取道乌兰巴托、北京、天津，抵达上海，然后沿长江经丝绸之路穿过西北的陕西、甘肃、新疆进入哈萨克斯坦斋桑泊，最后回到俄罗斯。

考察途中，考察团中的摄影师阿道夫·E·鲍耶尔斯基拍摄了大约二百张照片，用镜头记录了他所到之处中国民众的生活场景、城乡面貌和风土人情。这组拍摄于1875年的照片，展现了我国西北地区陕西、甘肃和新疆一百四十年前的景象。

陕西，是索斯诺夫斯基一行返回俄罗斯时，途经我国西北地区的第一个省。在陕西，他们沿安康、西乡、洋县、城固、汉中、勉县、略阳进入甘肃，主要拍摄了洋县、汉中和略阳的风光。

洋县位于陕西南部，汉中盆地东缘，北依秦岭，南靠巴山，汉江横贯其中，有“汉江明珠”之称。早在七千多年前的新石器时期，就有先民在此定居。西晋泰始三年（267年）

开始在境内置洋州，明洪武三年（1370年）改洋州为洋县。据《汉中府志》载：洋县的“开明寺：县南二百步，法轮院也。唐开元中（713—714年）建，宋庆元元年（1195年）重修。”开明寺左侧呈荸荠状的塔因寺得名“开明寺塔”。当地民谣说：“洋县有座荸荠塔，离天只有二尺八”。其实，塔的实际高度约为30米，共十三层。该塔玲珑典雅、亭亭玉立，结构精巧别致，各层高度和直径自下而上渐次缩小。第二层以上，每层每面均有佛龛和小塔，龛内有石佛雕像。共有佛龛五十二个，小塔一百个，各层四面皆垂有风铃。月夜，宝塔披银，晚风习习，风铃叮当，宛若月宫仙境。开明寺后来毁于战火，如

洋县的开明寺和开明寺塔

今仅余此塔。

汉中在陕西省南部的秦岭巴山之间，北倚秦岭，南临汉江，汉中因汉江得名。早在烽火不断的春秋战国时期，汉中就是秦、楚两国相争之地。据《史记·秦本纪》载："秦惠文王更元十三年（前312年），攻楚汉中，取地六百里，置汉中郡。""汉中"这个名字被首次载入史册。秦末楚汉相争，刘邦建立汉朝，以"汉"冠名，遂有汉朝、汉语、汉文化等称谓。三国时刘备称王于汉中，诸葛亮以汉中为根据地，伐魏八年，六出祁山，死后葬于境内定军山。

汉中北门

重要贸易站和出口中心秦州

鲍耶尔斯基在陕西境内拍摄的十二幅照片中，汉中府就占八幅，包括汉中北门、城墙、文庙、武庙、汉中府地方官府、街道上的牌坊、茶叶交易市场等等。汉中的北门门洞上题有“拱辰”二字。据史料记载，明朝洪武年间，汉中府修筑了四道城门，东门朝阳、西门振武、南门望江、北门拱辰。“拱辰”本意为拱卫北极星的意思。出自《论语·为政》：“为政以德，譬如北辰，居其所，而众星共（拱）之”，后以“拱辰”喻为拱卫君王或四裔归附。

汉中府文庙建于明洪武五年（1372年），有大石牌坊、棂星门、泮池、大成殿等建筑，共有百余间房屋，巨碑林立，精雕细刻，古树森森，威严肃穆。棂星门是一座高大木牌坊，是文庙中轴线上的牌楼式建筑。“棂星”即灵星，又名天田星。《后汉书》记载，汉高祖祭天祈年，命祀天田星。天田星是二十八宿之一“龙宿”的左角，因为角是天门，门形为窗棂，故而称门为棂星门。文庙修棂星门，象征祭孔如同尊天，以棂星命名文庙大门，象征着孔子施行教化、广育英才，又意味着天下文人学士汇集于此，统一于儒学的门下。

以科学和贸易考察为主要任务的索斯诺夫斯基一行，显然对中国的商贸挺感兴趣，所以，他们专门在汉中拍摄了陕西省

甘肃永昌钟鼓楼

甘肃甘州

的主要茶叶交易市场。汉中是中国茶树栽培最早的地区之一，是中国茶文化形成、发展的典型代表。西周时，茶叶由四川引入汉中郡（今汉中、安康地区）。唐朝时的《茶经》称汉中为“山南茶区”。明代，陕西成为全国以茶叶易马的茶马贸易中心。据《明史·食货志》载：用陕西汉中茶三百万斤，可得马三万匹。是时，以茶易马，惟汉中、保宁。明清商界经营的大宗商品，除食盐之外就是茶叶。当时贸易量之多，声势之大，在中国商业史上实属罕见。当年的茶叶交易市场是相当大气的。市场的围墙外有白色大理石牌楼，市场内有鳞次栉比的商户，还有建造考究的塔楼。市场入口的门框上写着“義路”两个大字。“義路”者正道也，这或许是提醒所有进入市场交易的各路茶叶客商，必须恪守从商准则，诚信守约，不走歪门邪道。

索斯诺夫斯基一行在陕西的最后一站是略阳。略阳古称兴州，位于秦岭南麓，汉中盆地西缘，地处陕甘川三省交界地带，以其“用武之地曰略，治在象山之南曰阳”，故名略阳。略阳是秦汉隋唐时期关中与天水之间的必经之地，又是丝绸之路南大道的主干道，唐宋之前一直是北方重要的战略要冲。略阳南山古塔位于略阳县城南山半山腰，全塔七层，六角形塔身，高26米，始建于清道光三十年（1850）。南山塔塔门上方

被开有四个城门的城墙包围着的甘州

战乱后的肃州府

有一石碑雕刻，上书“福地祥云“四字，左右两边分别刻有“邑令张志湜题”和“清道光庚戌孟夏建”。据说，略阳民间习惯将南山塔叫“镇水塔”或“风水塔”，因略阳是嘉陵江、八渡河、玉带河三江交汇之地，加之略阳县城地势较低，很容易遭受水患，为避免江水泛滥，便修塔镇水，以保县城平安。

甘肃秦州历史悠久，是华夏文明的主要发祥地之一。据《尚书·禹贡》记载，夏商时期天下分九州，秦城属雍州地。春秋战国时期，秦城属县，是我国最早设立的县。西汉时期秦城属陇西郡，汉武帝元鼎三年（前114年）设置天水郡。三国魏文帝黄初元年（220年），分陇右置秦州，始有秦州之名。传说中的伏羲、女娲、轩辕均出生在这里，故秦州有“羲皇故里”之称。秦州自古为陇右门户、战略要冲和商贸集散地。古往今来，这里商贾云集，是丝绸之路上一颗璀璨夺目的明珠。鲍耶尔斯基当年提到其为“满洲鹿角的重要贸易站和出口中心”。秦州区现为天水市的中心城区。

隋开皇三年（583年），隋文帝设立兰州总管府，“兰州”之称，相沿至今。黄河沿岸的水车，是兰州的一大景观。水车又名“天车”、“翻车”。据说，它是兰州一个名叫段续的人发明的。明嘉靖二年（1523年），家住兰州段家滩的段续考中进士，在云南为官时，曾宦游南方数省。一次，他在乡间发现南方农民普遍使用脚踏水车汲水灌溉，便观察其构造原理，并绘成图样。荣归故里后，他在脚踏水车的基础上进行改进，将水车设计成圆形，在放射状的辐条上装上刮板和水斗，刮板刮水，水斗装水。河水冲来时，水车缓缓转动，水斗装满

巴里坤（镇西府）

汉中府地方官府

水被逐级提升上去，然后，又自然倾斜，将水倒入渡槽，流到需要灌溉的农田里。这种水车解决了黄河沿岸高、水位低，难以提灌的困难。于是，当地农民群起仿效。鲍耶尔斯基在兰州北面城墙边所拍摄的立于黄河上的水车，就是当时黄河沿岸水车的缩影。

永昌南依祁连山、北枕大黄山，为河西走廊之咽喉，丝绸之路三条干线中有两条通过永昌。当年的钟鼓楼目前仍矗立在永昌县城中心。钟鼓楼又名声教楼，《永昌县志》称："晨夕考钟伐鼓，以振文教，故为声教。"该楼分台基与楼体两部分，台基高7.2米，中呈拱洞，通达四街。楼体二层三檐，塔式顶，高24.5米。楼体东南西北四面各悬巨匾三块，本图的正面系楼的东面，利用放大镜可以看清其中两块牌匾上分别写着“丽日摩云”、“民淳俗美”八个大字。

甘州镇，即今天的张掖市甘州区。甘州南达青藏高原，北抵蒙古大漠，西通新疆以及中亚，东连内地，是陆路交通枢纽，也是丝绸之路和居延古道的交汇点，素有“塞上锁钥”之称。历史上这里曾是国都、省会、军镇和州、郡、府、县的治所，因地理位置重要，历来为兵家必争之地。酒泉，又名肃州。肃州地处河西走廊中段，是连接新疆、内蒙古、青海、宁夏等地的通衢重镇。“甘肃”省名即分别来自“甘州”和“肃

靠在寺庙大钟上的男子

略阳县城城门

汉中府城墙

汉中府街景

兰州城墙西门

兰州北面城墙边立于黄河上的水车

兰州东北面景观

长城最西端的关城嘉峪关

州”。

嘉峪关城始建于明洪武五年（1372年），是长城西端的起点，也是长城西端的第一重关。嘉峪关由内城、外城、城壕三道防线构成重叠并守之势，壁垒森严，与长城连为一体，形成五里一燧，十里一墩，三十里一堡，一百里一城的军事防御体系，被誉为“天下第一雄关”。1842年，林则徐因禁烟获罪，被贬新疆伊犁。他在穿越茫茫戈壁途经嘉峪关时，曾写诗盛赞其雄伟：“严关百尺界天西，万里征人驻马蹄。飞阁遥连秦树直，缭垣斜压陇云低。天山巉削摩肩立，瀚海苍茫入望迷。谁道崤函千古险，回看只见一丸泥。”

离开甘肃后，索斯诺夫斯基一行进入了新疆，他们主要留下了哈密、巴里坤和安西镇等地的照片。公元前2世纪，乌孙

哈密军事总督

人就以哈密为王都，游牧于哈密。乾隆二十四年（1759年），清政府设立哈密厅。1874—1880年，左宗棠征剿阿古柏侵略军，将大营迁到哈密，哈密遂成为新疆当时的政治、军事中心。可以看出，除了几幅人物肖像，哈密的穆斯林清真寺是索斯诺夫斯基一行关注的焦点之一。清真寺是穆斯林举行礼拜、宗教功课、宗教教育等活动的中心场所。大约在明永乐、宣德年间（1403—1435年），一批穆斯林从阿拉伯来到哈密，在其

在哈密谋生的手艺人

领袖爱米丁·法哈鲁尔的领导下，在城内建了第一座清真寺传播伊斯兰教，这就是哈密地区最早的清真寺。兴建清真寺被视为穆斯林神圣的宗教义务和信仰虔诚的体现，哪里有穆斯林，那里就有清真寺。此后，由于信奉伊斯兰教的人日益增多，哈密的清真寺呈现出蓬勃兴起的态势。

甘肃某地一处中国军队的军营

镇西府的所在地是巴里坤。秦末至西汉初，巴里坤是西域三十六国之一的蒲类国。汉朝时班超、霍去病曾在此屯兵驻守西域。唐贞观十四年（640年）建蒲类县，清乾隆二十五年（1760年）置巴里坤直隶厅，乾隆三十八年（1773年）宁远大将军岳钟琪（岳父第21世嫡孙）平息战乱后班师回朝，留王绪将军镇守巴里坤，并在此设立了镇西府。在乾隆至宣统的一百多年间，清政府派驻了七十三位总兵驻守巴里坤。左宗棠收复新疆期间，巴里坤以粮足兵多成为新疆的大本营。当时巴里坤满城和汉城并存，清政府将满人和汉人的聚居区予以隔离，分别称为满城和汉城。自汉代通使西域以来，作为中原连接西域的必经要道，巴里坤成了多元文化的汇集之地。

百年万州桥

孙 琳 马 剑

长江三峡地区岭谷交错，溪涧沟壑纵横，历来便有修建桥梁的传统。拱桥、石板桥、铁索桥等各式各样的桥梁，成为区域文化的重要组成部分，见证着人们的生活百态和历史的演绎，位于今重庆市万州区的万州桥便是其中的一座。

万州旧城（万县城）在长江以北、苎溪东北岸。苎溪西南的西山、太白岩、流杯池是文人墨客的游宴之地，自清代开始，随着长江上游转运贸易的发展，万州城逐渐突破城墙束缚，向苎溪西南岸扩展，两岸间的交通往来问题便凸显出来。苎溪上有借助河底的垫脚石架设的平桥，但夏秋水涨则被淹没，只能依赖渡船，常常贪多超载，船只倾覆的事故时有发生。咸丰六年（1856年），曾由士绅募集资金，组织义渡会，冬春水浅，则将舟船木筏等连接在一起，形成浮桥；夏秋水涨，则增加渡船，频繁往还摆渡，但难以长久维持，且并不方便。1868年，英国汉学家、伦敦传道会传教士伟烈亚力途经万县，对在苎溪上建造永久性桥梁的问题发表过意见，认为“可能没有哪座人工桥梁能经受得住汛期时这条湍急溪流的冲击”。

然而，就在两年后，由万县人王文选等捐募财物，在苎溪

威理森：万县的拱桥（1908年）

口上游不远处修建了万州桥。桥为单孔石拱桥，长约40米，高19米，宽9米。光绪十九年（1893年），又募资于桥上建造飞阁凉亭六间，上盖有瓦，内开有窗，整座桥梁更显别致，不但方便了夏秋汛期时苎溪两岸间的往来，而且成为万县的标志性景观，吸引着过往商旅的目光和镜头。

1883年3月29日，近代重庆开埠史上赫赫有名的英国人立德乐乘坐木船溯江而上，抵达万县。他对城池本身并没有着墨过多，反倒是城郊的一番景致使他颇感兴趣，并在日记里写道："一条当下近乎干涸的小溪在陡峭的河岸间蜿蜒而行，将小小的万县城池与溪流另一边的广阔城郊分隔开来，溪上横跨着一座没有桥墩的半圆形桥梁，外形如同弯弓一般，这是我所见过的桥梁中最高、最雅致的一座。”1898年，英国皇家地理学会历史上第一位女性会员、时年六十七岁高龄的伊莎贝拉·伯德沿长江西行，于2月19日经过万县。足迹遍及远东各地的她，也由衷地赞美万州桥的别致：“一座高大的单孔石拱桥跨居于河上，看不见任何桥墩，仿佛是从岩石中冒出来的一样，其最高处还建有一座房舍，我从未见过如此漂亮的桥梁。”

万州桥上游远方是抗击蒙元时的著名山城——天生城，挺拔峭立；桥下是一片较为宽阔的岩石河床，枯水时期，百姓们时常在这里浣洗衣物或是由此涉水而过；再往下游不远处就是令人叹为观止的天生桥（一大块横跨于苎溪之上的天然岩石）。青山如黛，拱桥似虹，溪水潺潺，人来人往。这样一幅层次分明、远近映衬、动静相间的景象，时常定格在游历者的镜头中。包括《泰晤士报》驻华首席记者莫理循，美国著名旅行家、新教传教士盖洛，英国探险家、女作家凯普，英国植物学家、探险家威理森，美国著名地质学家、教育家张伯林，美国社会经济学家、摄影家甘博，《生活》杂志记者凯瑟尔等，都从不同角度留下了关于万州桥的影像。

随着苎溪上更多新式桥梁的修建，万州桥也渐显老态，凉亭破损，桥身破败。屹立百年的它，终于未能经受住1970年5月29日的那场特大山洪。从1870年到1970年，整整一个世纪，万州石拱桥见证了这座城市的发展和变化，陪伴着当地百姓走过风风雨雨，定格在老照片中的万州桥，同样定格在人们的记忆中。

画里画外“尔灵山”

齐红深　宋　群

我们在完成国家教育科学规划重点课题“日本侵华教育口述历史调查与研究”过程中，组织全国八十四位专家学者，花费三十年时间，访谈整理出各地区、各阶层一千三百零三位亲历者八百万字的口述历史和四千余件历史图片、教科书等实物，形成了日本侵华殖民教育证人、证言、证物的完整体系。

在这些历经风雨残存于民间的老照片中，有一个子弹状的高大建筑多次出现。它就是全国唯一保存下来的日军“纪念”死亡将士的“表忠塔”，即现在的大连著名旅游景观旅顺白玉山塔。今年是中日甲午战争一百二十周年，还是两个帝国主义国家争夺中国东北的日俄战争爆发一百一十周年。为了不忘国耻，我们将画里画外“尔灵山”的今与昔与大家分享。

“尔灵山”名的来历

这座山在过去，当地老百姓都叫它猴石山。位于旅顺新市区西三公里，因海拔203米，被日军称为203高地。这个山头虽然长不足二百五十米，宽仅三十多米，却是日俄战争中西线的

1930年代日本发行的“尔灵山”明信片，由东南方向拍摄。

这幅旅顺“尔灵山”是1937年日本发行的“大满洲百景”明信片之一，是站在东面望台山远距离拍摄的。近景是日军在日俄战争遗址望台山上修建的纪念碑。

制高点，与附近的望台山、东鸡冠山遥相呼应，可以控制旅顺市区和军港要塞，是日俄双方争夺最为激烈的阵地。

“尔灵山”的名字，是日俄战争后，日军指挥官乃木希典起的。

乃木希典，武士出身，1868年随山县有朋参加日本戊辰战争，1885年升为少将。他是典型的军国主义分子。1894年中日甲午战争爆发，他担任侵华日军第二军第一旅团长，率部占领旅顺。日军一路烧杀抢掠，残害百姓，把旅顺人几乎杀绝，制造了惨无人道的大屠杀，屠戮无辜平民两万余人。乃木希典对中国人民犯下滔天大罪。

1904年日俄战争爆发，乃木希典侵华祸心再起，出任日军近卫师团长。同年5月，以日本陆军中将军衔任侵华日军第三军司令官，是日军陆地战场的主将。

1904年8月19日—24日，日军对旅顺口俄军要塞的第一次地面强攻失败。1904年9月19日中午，日军发起第二次总攻。担任主攻的第一师兵分两翼攻击俄军西部防线。左翼攻击水师营，右翼攻猴石山。乃木希典下令以机枪督战，命令士兵只准前进，不得后退，否则一律就地击毙。左右翼战场，经四天恶战，日军攻下水师营南堡垒几个小炮台，而主攻目标203高地却久攻不下。乃木希典心急如火，以致病倒在床。于9月22日下令停止攻战。这次总攻，日军伤亡7500人，俄军伤亡4450人。之后，从10月30日至11月2日，日军发动第三次总攻，主

从旅顺新市区日本桥上瞭望“尔灵山”。

攻东线制高点——望台山和东鸡冠山，也未成功。1904年11月26日，乃木希典下达第四次总攻击令。令所属的三个师分头攻打松树山堡垒和东鸡冠山炮台，久攻不下后，乃木希典把刚从国内增援来的第7师全编到第3军里，投入四个师近十万人的兵力，仍不能取胜。后改变战术，抽调三千名精壮士兵，组成六个敢死队，向松树山西麓强攻。晚上，日军敢死队借着月光，跨越战壕冲入俄军松树山第四堡垒。俄军利用探照灯照明，以机枪射杀敢死队，双方激战，白刃格斗。争夺至次日凌晨2时，敢死队死伤过半，未能成功。

11月27日，乃木希典向设在辽阳的日军总部报告战况。总参谋长儿玉源太郎命令转移阵地，攻打西线制高点203高地。从11月28日起，乃木希典指挥五万人转攻203高地，亲临前线督战，多次驱动士兵向山顶冲锋，俄军也多次进行反冲锋。激战至当晚，日军攻占203高地东侧的老虎沟山，但半夜时又被俄军夺回。儿玉源太郎看到战局僵持不下，便亲来旅顺助战，直接参与指挥。乃木架机枪驱赶士兵争夺堡垒，后退者一律击毙。

为了夺取203高地，日军出动兵力6.4万人，使用大小火炮六十余门，发射炮弹11000发，其中280毫米榴弹炮炮弹2254发，重达近五百吨，死伤1.7万人，山石被削去三米。日军于1904年12月9日攻占了203高地。激战结束后，日军在前沿阵地堆起的尸体居然高于俄军阵地，日本兵是踏着同伴的零碎躯体杀进俄军战壕的。一个参战者事后说："这不是人与人之间的斗争，而是人与钢铁、燃烧着的石油、炸药和尸臭的斗争！"

日军重炮的射程为7.8公里，而203高地距俄军战舰停靠的军港只有五公里，日军付出巨大代价攻下203高地后，立刻在山顶设立了重炮观测所，依据精确测算，引导重炮将俄军战舰击沉，双方的对峙局面瞬间失衡。

1905年1月1日，俄军将领无心再战，向日军请降，旅顺落入日军之手。

旅顺陷落和俄国太平洋第一舰队主力被歼，使日俄战争发生重大转折。日俄又进行了最大的一次决战——奉天会战。俄军损失近十二万人，日军伤亡约七万人。

1905年9月5日，俄国被迫同日本在朴茨茅斯签订了《日俄讲和条约》。日本从俄国手中获得旅大和南满铁路的租借权，侵占了大连地区，并将大连建设成吞并满蒙、侵略中国的基地。日军这样评价“尔灵山”之战：“日本海大捷的一个原因是因旅顺的开城，而旅顺的开城又是因为攻克了尔灵山。”

日俄战争结束后，乃木希典以203高地的谐音将此山改名为“尔灵山”。由主攻旅顺的日本海军联合舰队司令东乡平八郎和乃木希典发起修建了这座“表忠塔”。

日军在塔北侧建有“纳骨祠”，存放着两万多箱日军骨灰。日军还把一门德国克虏伯兵工厂生产的、口径210毫米的加农炮搬运至此，放在“表忠塔”东南面约一百米的山坡上。这是1881年清军从德国购进的老铁山备炮。甲午战争中被日本缴获。日军作为战利品放在这里，炫耀其战绩。

亲历者口述“尔灵山”

韩行恕，满族，1925年9月16日出生。大连市第六十二中学教师，退休后在旅顺203景区经营工艺品商店。他熟悉“尔灵山”，还会日语，有时会给日本游客担任导游和翻译。我们先后几次采访他，都是在山上，在他工作的间隙。他说：

日俄战争结束后，日本军部根据东乡平八郎和乃木希典的提议，“为慰战死者英灵，千秋传载其烈绩”，美化侵略战争，鼓吹向外扩张，动员全国捐款，修建了这座“表忠塔”。

塔上“尔灵山”三个字是乃木希典所题。图中依稀可见俄文字母，足以证明这个弹型塔使用了俄军的炮弹。

该塔动工于1908年5月，竣工于1909年11月12日，历时一年六个月，共耗资捐款25万日元；驱使中国两万劳工日夜赶修，其中有三十余人殒命。

1909年11月28日，日本在此举行了盛大的“慰灵祭”，参加的人有伏见宫贞爱亲王、北白川辉亲王、东乡平八郎、乃木希典、关东军将领、“关东州”“满铁”要员和各界代表一千三百余人，祭奠活动连续进行了二十八天。此后每年春秋都要举行招魂祭奠活动。这里成了日本军国主义的象征和教育基地。

该塔由工学博士石墨五十二、渡边让两人设计。初名为“旅顺忠魂碑”，后改称“表忠塔”。整座塔的结构由底座、基柱、塔身、塔尖四个部分组成，总高为66.8米。圆形底座高4.5米，直径34.8米。底座台阶的石料是从日俄战争时期日本海军堵塞旅顺港口的十七条沉船上打捞出来的。基柱、塔身、塔尖是由钢筋混凝土灌注而成，塔身外部的石料是从乃木的家乡山口县德山采运来的。塔身高47.7米，内径4.2米，塔身外径底部11.4米，外径顶部7.8米。塔内有二百七十三个铁制螺旋形台阶直通塔顶。为了塔内通光，塔身设有二十一个窗口。塔顶基座高3.6米，外径12米，炮弹高8.7米，炮弹直径3.45米，远观似蜡烛的火苗，近看像榴弹炮的弹头。登上环绕塔顶的瞭望台可环视旅顺全景。塔顶北面出入口镶有一块铜匾，高1.2米，宽2.2米，上面镌刻着由乃木希典编撰、盐谷时敏教授题写的塔文。这是一篇难得的日本侵华自白书，可惜文字已模糊不清，无从辨认。

1945年8月，日本战败投降后，该塔改名为白玉塔，1985年定为大连市级文物保护单位，并改称为白玉山塔。有人主张把它推倒，以泄冤仇，这种心情是可以理解的，尤其对身受日本残酷统治的大连人来说，但是这样做未必是上策。把这个罪恶之塔留存下来，至少有这样的作用：它是日本侵略大连的罪证，它永远告诫国人，勿忘国耻。

1905年日俄战争结束后，为躲避战争逃出去的外祖父急于回家探望我母亲，当年我母亲才七岁。外祖父刚走到水师营，就被日本人当作特务用刺刀刺死了。我村一位姓张的女子被几个日本兵用刺刀把裤带挑开奸辱了。

1935—1941年，我在旅顺高等公学校师范部附属公学堂上学。1941年—1945年4月在旅顺高等公学校中学部上学。每逢“明治节”（明治天皇生日）、“天长节”（现任天皇生日）和新年都举行庆祝会。一年组织几次郊游，拜祭“表忠塔”，参观日俄战争遗迹。

“大东亚战争”爆发后，每年12月8日全校师生登上白玉山，在“纳骨祠”前举行东方遥拜，祈祷日本打胜仗。学习乃

1943年，旅顺医学专门学校全体学生在203高地军事演习时留影。

木希典的军国主义精神，组织学生进行军事演习，203高地也是常去的地方。

林长胜，1931年12月22日生，大连金州纺织厂副总经济师。他回忆说：

1939年4月—1945年3月，我在金州公学堂读书六年。金州公学堂是“关东州厅金州关东公署”隶属的一所规模最大、名声较高的学校。占地面积约二十万平方米，从初小到高小六个年级，有三十多个班级，两千多名学生。只收男生不收女生。课程设置有日语、“满语”（中国语）、算数、修身、图画、地理、体操、勤劳等。在校期间以学习日语为主，以日语会话为主。每天早晨有朝会，升日本国旗、唱日本国歌、向天皇遥拜。问候先生（老师）说日本话，上课起立说日本话，吃饭前向日本天皇祈祷，也说日本话。5—6年级的学生，在学校里互相之间要讲日语，发现有讲“满语”的要受到严厉批评或打骂、受罚甚至停学。目的是让学生毕业后为日本企业的生产服务，为军工生产服务。全校100名教师中日本人占70%左右。修身教科书、日语教科书、“满语”教科书里都有颂扬乃木希典军国主义精神的课文。南满洲教育会教科书编辑部编辑出版的《满洲唱歌集》里有一首《尔灵山的秋》，是歌颂日本军国主义的。

1940年代，国民优级学校二年级学生在“尔灵山”的合影。

1940年代，身穿日本海军军装样式校服的女子国高学生，在军事教官带领下，到旅顺旅行。前排穿军装、带战刀的是负责军事训练的日本教官，后排的男子和着西装的女子是中、日教师。

学生穿日本统一的浅黄色校服，像日本陆军军装。进行日本武士道精神的教育，宣讲九一八事变是为了“满洲国”的繁荣昌盛，为了满人的富强和发展。宣扬日本侵略中国台湾、东北、朝鲜半岛及亚洲其他国家是为了东亚昌盛，发展“大东亚共荣圈”。要求我们为“大东亚战争”宁死不屈，百折不挠，为大日本帝国效劳。学校经常组织学生到金州南山的“日本神社”搞庆典活动，到旅顺“尔灵山”祭拜，赞扬中日甲午战争、日俄战争时期的日本军队死者的将士。也组织学生到金州孔子庙搞祭祀活动，宣传孔子的儒家思想，以为日本所用。还组织学生看第二次世界大战期间日本侵略的电影，宣传所谓日本侵略战争的正义性、合法性、合理性。平时按日本的风俗习惯，过日本节日。在樱花节期间组织学生“远足”（野游），举日本旗、唱日本歌、跳日本舞，练习剑道、相扑。经常组织学生参加“勤劳奉仕”活动。金州公学堂在金州城南有约一百亩稻田，是学生的试验田。每年从春天到秋天，从育苗、插秧、拔草、施肥到收割、秋翻等劳动，都按班级责任制落实到人头上，每周劳动半天或一天。在第二次世界大战期间，为了侵略战争的需要，日本急需在金州修建两个飞机场，一个是吴家氏飞机场，一个是侯家沟（现大连开发区的东侧）飞机场。因此，日本除强制民工劳动外，还组织大批学生去，一干就是十天半月，定期轮换。

杨贵华，1931年7月27日出生，辽宁省辽阳市劳动教养院工会主席。日本占领期间，是台安县新发乡国民优级学校学生。他回忆说：

日本侵略者以杀人不见血的方法进行奴化教育。小学一年

1940年代，西安（今辽源）女子中学参观团以尔灵塔为背景合影。

级第一册第一课是宣传溥仪的“皇帝陛下万寿节，万岁，万岁，万万岁”！课本中美化日本军阀，美化侵略战争。把日本历史上穷兵黩武、残暴成性的丰臣秀吉描写成一个心胸大度、和蔼宽厚的长者，家仆打碎了他的心爱的花瓶也毫不动怒。课文《日本海大海战》赞颂日本皇国、军国主义战争和日本海军鼻祖东乡平八郎，并且插有一幅东乡平八郎在旗舰三笠号上指挥作战的图片，课文中说东乡在旗舰上打出了“皇国兴废，在此一举”的旗子。我记得还有一篇题目叫“乃木希典”的课文，讲述他自备三副棺材带着两个儿子一起来中国参战，表示誓死效忠天皇。插图有乃木希典和乃木胜典、乃木保典的照片。还有他和妻子自杀为明治天皇殉葬成为“军神”的忠勇事迹。把在中日甲午战争和日俄战争中屠杀中国人民的刽子手乃木希典写成一个武功赫赫又非常有感情的人。在课文中特别夸耀他的文采。

从我念四年级开始，也就是1943年日本帝国主义进行奴化教育最深化的时期，十三岁接受童子军训练。个人出钱由学校统一购买“建国杖”，“建国杖”是一根像锄杠那样长短的木棒。训练第一步是扛着“建国杖”走正步，每天训练一个小时，满面流汗。第二步，由军训教官，多是日本退伍军人，领着进行实际训练，两人一伙互相端着“建国杖”进行刺杀，学生不戴面具。两个小时下来，同学之间，不是张三受伤就是李四挂彩，胳膊青一块紫一块，每周六均是如此。刺杀结束后，老师告诉学生，如果拿起真枪也要会用，会刺杀人，目的是准备打仗，为了“大东亚共荣”等等。

1945年，我们将毕业的那年春天，日本教官和班主任，带领我们班学生去大连修学旅行。夜晚坐南满洲铁道株式会社的火车，白天到大连。那是我第一次坐火车，第一次出远门。老师叫我们一路上体会日本人经营的南满铁路多么先进，日本人把大连建设得多么美丽。在大连去了星海公园、动物园、旅顺口参观。去旅顺203高地那天是5月27号，日本海军纪念日。在203高地上，我们向“表忠塔”行礼，听讲东乡平八郎和乃木希典的“英勇事迹”、效忠天皇的“高尚品德”。

日本发动太平洋战争后，派日本退伍军人担任教官，对中等学校学生进行军事训练。那张身穿日本海军军装样式校服的女子国高学生到旅顺旅行的照片，前排穿军装、带战刀的是负责军事训练的日本教官，后排的男子和着西装的女子是中、日教师。照片主人郭淑兰用日文在背面写道：“五月六日，旅顺的远足。嬉！”从这种喜悦与自豪心情，可见奴化教育对学生的毒害后果。

去旅顺“尔灵山”修学旅行，给学生的思想影响是深刻的。在西安（今辽源）女子中学参观团以旅顺尔灵塔为背景的照片背面，主人写道：“全级同学卒业旅大参观，旅顺白玉山表忠塔下留影纪念。康德三年（1937）十月二十日。”

结　语

现在，“尔灵山”已经改叫白玉山，“表忠塔”改叫“白玉山塔”，并且树立了“爱国主义教育基地”的标牌，成为大连十大著名旅游景区之一。

站在白玉山，遥望旅顺军港，黄、渤海交界处和老虎尾，真是景象万千。

每到五一节前后，日本友人赠送栽种的樱花五颜六色，娇艳烂漫。大连樱花多，是出了名的，最多的地方是旅顺，而旅顺的樱花，最多的地方是白玉山。我们没有理由不为人们美好的心情和期盼而感到欣慰。但是，“尔灵山”是日本和俄国两个帝国主义国家争夺大连的战场，是日本军国主义精神的象征。真正地了解这一段历史，对我们吸取教训、振兴自强，是很有必要的。

外国友人在南京的出游

陈晓阳

前阵子见到几张台湾朋友收藏的民国老照片，是几个外国友人在中山陵一带游玩时所拍摄。笔者作为土生土长的南京人，对南京这座六朝古都感情深厚，欣赏这几张罕见老照片后脑海中若有所思，于是想把这些浅薄的想法写下来供朋友们商榷。对于照片介绍的顺序，很难看出当年外国朋友旅游的顺序，笔者还是凭自己的感觉来吧。

中山陵是中国近代民主革命先行者孙中山的陵墓，及其附属纪念建筑群，于1926年春动工，至1929年夏建成，面积共八万余平方米。位于南京东郊钟山风景名胜区内，东毗灵谷寺，西邻明孝陵，整个建筑群依山势而建，由南往北沿中轴线逐渐升高，主要建筑有牌坊、墓道、陵门、石阶、碑亭、祭堂和墓室等，排列在一条中轴线上，体现了中国传统建筑的风格。

图1是旧时中山陵的一张照片，不知道具体在哪一年拍摄，但至少是在1929年后，因为中山陵1929年夏天才落成。图中可以看出当时中山陵并没有像现在开发成旅游景区这么热闹，或许因为那时候陵园刚刚建成，过去人们思想还比较传

统，认为这里是中山先生的陵寝，所以不太会去中山陵游玩，也不敢去叨扰中山先生，同时还有可能当时南京是首都，中山先生作为国父受全国人民的尊敬，国民政府也特意派了护卫队守陵（过去皇陵也有护卫队保护），陵园的开放程度不像今天这么大。

图中牌坊上镌刻着中山先生手书的“博爱”二字，谈到这二字，还有一些波折。“文革”中“破四旧”，“造反派”们以“博爱无阶级属性”，将其划入“四旧”范围而破除。为了保住博爱坊这一建筑物不受损坏，中山陵园管理处组织工人搭好脚手架，请来石匠，把坊额上的孙中山先生手书的“博爱”二字用钢凿轻轻地凿去。粉碎“四人帮”后，经国家文物局拨款，1979年从文物档案中找到博爱坊的照片底片，在中山陵图

图1 旧时中山陵

片社用照片放大机投影在铺在地上与牌坊额同大的纸上，把“博爱”二字描画下来。请来东郊窦村石匠高手张发松师傅，由他精工刻上。从此，博爱坊始得恢复原貌。

从照片中可见，陵道两旁已种植了茂密的松树，如今这些树已经长得又高又壮，成了一道亮丽的风景线。

题外话不说了，再来看看图2：两个外国朋友游中山陵。中山陵当时虽然没有多少游客，但从外国朋友后面稀稀落落的人群来看，也可以推断出当时中山陵是对外开放的，只是游客不多，或许当时人口稀少，同时老百姓深处在内忧外患和物质匮乏的年代，加之交通不便，那时的人们不像今天能够在假期安逸地出游。

图2 游中山陵的外国友人

照片中，两位外国女士的身后是带有国民党党徽的坛子，今已不存。两位女士的着装，看上去端庄而别致，惹得后面身着中山装的男士背着双手在看“西洋景”。毕竟，那个年代外国人到中国来也是少数，两位女士或许是某国驻南京领事馆人员随行家属。她们身后的建筑物，分别是碑亭和陵门。

关于碑亭中的墓碑碑文，在陵墓工程刚开始兴工的时候，孙中山先生葬事筹备委员会曾有过讨论，并且作了分工，由汪精卫写碑文，胡汉民作墓志铭，吴稚晖写传文，张静江撰记文。可是，过了将近两年多的时间，这些碑文内容都没有确定下来，到1928年01月07日，葬事筹备委员会在上海召开会议，认为像孙中山先生这样伟大人物的思想和业绩，不是墓志铭、传记文字所能概括得了的，故以不用为宜。同时决定由谭延闿书写碑文。后来，总理陵园管理委员会又明确规定了碑文的内容和书写格式，于是在这块大石碑的正面自右至左只竖刻了三行鎏金碑文：“中国国民党葬总理孙先生于此，中华民国十八年六月一日”。

图3中可以看出，中山陵石阶的平台上，左右两边有各有一个铜鼎，而今天则改置在台阶上。对于这对铜鼎，有记载称：“在第六层平台，左右两侧陈列着一对巨大的仿古铜鼎，上面刻着‘奉安大典’四个篆字，是当时的上海特别市政府为纪念孙中山先生的葬礼而捐献的。西侧的一尊铜鼎向北内壁上有两个孔，一大孔，另一小孔，这是日军占领南京后，用钢弹击穿的。抗战胜利后，1946年总理陵园管理委员会随国府还都时，曾在铜鼎处挂一块长方形铜牌，上刻‘日本侵略者，破坏孙中山先生文物的罪行’字样。”

前面几张老照片，都是这几位外国朋友在中山陵内游玩的情形。接着他们又来到与中山陵毗邻的灵谷寺。图4中的高塔，应该就是灵谷寺中的灵谷塔了，因为在中山陵景区一带只有这么一座高塔。灵谷寺位于南京市东郊紫金山东南坡下，中山陵以东约1.5千米处，灵谷寺初名开善寺，是南朝梁武帝为纪念著名僧人宝志禅师而兴建的“开善精舍”，明太祖朱元璋亲自赐名“灵谷禅寺”，并封其为“天下第一禅林”。

照片中，灵谷塔前景里的建筑是谭延闿墓的牌坊。如今这座牌坊还在，但已经没有照片中那么簇新而洁白了，毕竟经历了近一个世纪的风雨洗礼，但是今天牌坊周围树木郁郁葱葱，一派生机勃勃的气息，在战乱和政治动荡的年代能保存完整已经十分不易了。这座牌坊是1932年建成的，说明照片拍摄时间

图3 中山陵的铜鼎

图4 灵谷寺中的灵谷塔

图5 谭延闿墓前的亭子

应该在1932年或者此年之后。

再来看看图5，外国朋友游玩的这个地方也是灵谷寺里的另一个地方。因为已经过去了半个多世纪，很多事物早已变样，笔者实地考证后才知道，这个亭子就是谭延闿墓地左边的亭子，叫做“香竹芳纪念亭”。实际上在墓地的右边还有个与左边完全相同的亭子，应该是沿着墓地的中轴线对称着设计出来的。整个墓地借山川地势，倚山构筑曲折幽深的墓道，“从祭堂到墓室要经过一段百米长的“S”形水泥甬道，两旁苍翠葱郁，曲径通幽，环境十分优美。甬道右侧有一条山溪，曾有小桥流水，并依次建有临瀑阁、千秋坊、香竹芳纪念亭等数座风格各异的建筑，极具江南园林情趣。”

图6 三人休息照

最后几张照片，是这几位外国朋友在中山陵园内的“休闲照”。

图6是三个人坐在草地上休息，可能在陵园里走路累了，因为在中山陵内游玩经常要走很多路，而且这几位外国朋友如果从中山陵走到灵谷寺，可能要走几公里。

照片拍摄的地点基本看不出，可以看见男士的衣服挂在中间女士后面的树杈上，两位女士把外套放在腿上，三个人席地而坐，从照片的亮度来看，三个人身上的衣服显得特别白，也看出当天应该是阳光明媚的好天气，好天气好心情，所以他们笑得很灿烂。左边的男士和中间女士年龄差不多，应该是中年人，右边的女士应该是个秀外慧中的女孩，笔者猜想这三个人

图7 女士合照

图8 女孩pose照

应该是一家人，可能在周末之际出来游玩的。

图7是两位女士微笑着面对镜头拍照，周围草地上的草并不如今天景区里的茂盛。

图8是这位女孩站在树旁，好像在唱歌，她张着嘴巴，右手摆着pose，左手里拿着盒装的器物，眼睛看着远处，似乎在给坐在草地上的亲人表演着，其乐融融。女孩身后右边的房子已经很难辨认出，但是笔者在实地考证时，在灵谷寺内找到一个建筑跟老照片中的建筑相类似。这座建筑叫“志公殿”。志公殿为三间，青砖青瓦，建于 1934年，殿内供奉宝志像，所以也称像堂。从两张照片的对比来看，屋子都是瓦房，而且形状都是前面小屋子连着后面的大屋子，但是屋顶的形状不同，笔者询问工作人员，她看了两张照片后，觉得照片中似乎是在同一地点拍摄的，至于屋顶看起来不同的原因，她说“文革”中志公殿被毁掉了，现在的志公殿是在原来的地址复建起来的，如果真按这个说法，不无道理。笔者回来后仍有疑问，发图片给地方志编纂委员会的朋友，他请专家看了后，认为不是志公殿，所以对于这张老照片的具体拍摄地点，只好暂且存疑了。

图9是两位女士和一位长者的合照，中间这位长者大概是右边女士的父亲，左边女孩的外公。照片的背景形状似塔状，但不是灵谷塔，因为棱角不像灵谷塔，也没有灵谷塔那么大气，笔者查找了南京很多塔状物发现，只有鸡鸣寺的药师佛塔跟照片中背景的建筑物有些相似。经查阅关于药师佛塔的资料获知，清咸丰三年（1853年），太平军进攻南京，“鸡鸣寺”毁于兵火。而复建鸡鸣寺后，因国力衰微，未建宝塔。1988年春，“鸡鸣寺”再次重建，“药师佛塔”始于1990年4月落成。这就排除了照片上的人在药师佛塔留影的可能。

图9 三人合照

后来，有研究地方志的朋友发来一张镇江金山寺慈寿塔的照片，其结构与老照片里的建筑十分相像。笔者推断，老照片中三位外国游客，或许是在镇江金山寺的慈寿塔前的留影吧。

综上所述，这些珍贵的照片可能是一家四口空闲时游玩拍摄的，场景可能不是同一地点，也未必是在同一时间，而他们游玩的心情更是只有他们自己能够体味得到。照片里的一些谜团，后人或许永远无法解开，但照片的定格，却为后来的人们了解当年外国人在南京及周边的休闲出游，留下了宝贵的影像资料，并提供了诸多想象的空间。

（秦风老照片馆提供图片）

书末感言

无处不在的“老照片”

冯克力

前几天去沂源，见公路两旁的山坳里、漫坡上，散布着一些废弃多年的厂房楼舍。询之同行的当地朋友，方知这里曾为某大型军工企业的驻地。沂源地处沂蒙山区，地势险要，类似的企业还有一些，当年颇有“小三线”之盛。改革开放以后，军工企业纷纷转产。那时在这里选址建厂，是为了隐蔽，其他皆忽略不计，而后来融入市场经济，就不能不考虑僻居深山给生产经营带来的诸多不便，于是这些企业只好又迁往他处。

早年间，我也有过在三线厂工作的经历，但我所在的企业，并非造枪弄炮，乃是一家印刷厂。厂里专门配备了几台省内罕有的凹印机，平时基本闲置，只为战时用来印刷钞票。到头来，钞票没印过一张，倒是毛泽东去世那年，用它昼夜不停地印了半个多月已故领袖的生平图片。虽然从事的工作不同，所处的环境也有很大差异，但埋在心底的“三线”情结却并无二致。见此情景，我便提议拐进路边的厂区里去看看。

这里的职工宿舍，是典型的七八十年代那种单元公寓楼，沿溪而建，有八九栋之多。今年少雨，山溪已干涸，裸露着坚硬的河床。这些楼栋的门窗，已不剩一块玻璃，黑洞洞地朝向天野。楼前屋后长满了没膝的荒草，一派萧然……

当年的三线建设，改变了许多年轻人的命运。他们的青春与劳作、曾经的理想与悲欢，并不会因人去楼空而消逝，反而是在人去楼空的那一刻，实现了某种定格。难怪面对这些废弃多年的楼舍，莫名地，我竟有了在观看老照片的感觉，试图从中想见楼舍的主人们彼时生活之种种……

而“想见”终究还是“想见”。是否有在这些楼栋里生活过的当事人，愿意拿出自己昔日的照片来，与《老照片》的读者分享一下当年的经历与感受呢？也不知他们后来去了哪里，一切可都安好？

哦，这家企业，那时好像叫做“山东第一机械厂”，在鲁山脚下，土门一带。

图书在版编目（CIP）数据

老照片.第95辑/冯克力主编. —济南：山东画报出版社，2014.6

ISBN 978-7-5474-1298-5

Ⅰ.①老… Ⅱ.①冯… Ⅲ.①世界史－史料②中国历史-现代史-史料 Ⅳ.①K106 ②K260.6

中国版本图书馆CIP数据核字（2014）第108021号

责任编辑 冯克力
装帧设计 王 芳
主管部门 山东出版传媒股份有限公司
出版发行 山东画报出版社
社 址 济南市经九路胜利大街39号 邮编 250001
电 话 总编室（0531）82098470
市场部（0531）82098479 82098476（传真）
网 址 http://www.hbcbs.com.cn
电子信箱 hbcb@sdpress.com.cn
印 刷 山东临沂新华印刷物流集团
规 格 140毫米×203毫米
6印张 116幅照片 120千字
版 次 2014年6月第1版
印 次 2014年6月第1次印刷
定 价 15.00元

1949 年底的家庭合影（参阅本辑柳谋《怀念母亲》）

国内订阅：全国各地邮局

邮发代号：24-177

地　址：山东省济南市胜利大街 39 号（250001）
E-mail：laozhaopian1996@163.com
zhangjie5410@163.com
网　址：www.lzp1996.com

责任编辑／冯克力

装帧设计／王　芳

ISBN 978-7-5474-1298-5

9 787547 412985 >

定价：15.00 元

第九十六辑

老照片

OLD PHOTOS

定格历史 收藏记忆

山东画报出版社

1976 年：参加政治游行的孩子

1976 年，四五“天安门事件”之后，中共中央做出决议：华国锋任中共中央第一副主席、国务院总理；撤销邓小平党内外一切职务，保留党籍，以观后效。决议通过后，组织民众上街游行、庆祝，连小学生也不例外。前面手捧毛泽东像的孩子，因长得帅气，先是被挑选领着喊口号，家长怕孩子万一口误招惹麻烦，向老师婉谢，但校方还是派给了他捧领袖像的任务。家长一直为孩子提心吊胆，反复叮嘱他千万别把领袖像拿倒了……

（参阅本辑潘志豪《被污染的童真》）

老照片
OLD PHOTOS

出版人 尹奎友
主　编 冯克力
执行编辑 张　杰
特邀编辑 丁　东　邵　建
美术编辑 王　芳

第九十六辑

目录

封　面　“旧京九老会贤堂”合影（林明）

封　二　1976年：参加政治游行的孩子（潘志豪）

封　三　刘碧瑞的母亲与姨妈在北平家中的合影（刘碧瑞）

华君武的道歉和自省

杜 高

2005年4月华君武先生九十寿辰，新世界出版社“名家心语”丛书为他出版了《漫画一生》一书，以致贺忱。华先生赠我一本留作纪念。这是华先生最后一本著作，收集了他2001年概述自己漫画人生的一次演讲录和十多篇短文，以及精选了几十幅漫画作品。在这些文字中，留给我最深印象的，是他的历史态度和诚恳的反思。“风格就是人”，我读着这本书，就像又见到了他本人。华先生既幽默风趣，又诚恳坦率。他的文字简短明快，不夸张不炫耀不修饰。使我感悟到，凡是真诚的表述都是很朴素的。

1957年“反右”运动时，我还不认识华君武先生。他当时是美协书记处书记，是美术界“反右”领导小组的成员。我则是戏剧界划入吴祖光“二流堂”、“小家族”右派小集团的一分子，是被批判讨伐的对象。

我早就读过他的漫画。他最有名的一幅政治漫画，是1947年在东北画的《磨好刀再杀》，塑造了一个太阳穴上贴着黑方块膏药的“蒋委员长”的漫画形象，十分生动可笑，辛辣的讽刺性使人们看到了蒋介石要跨台的模样，无不拍手叫好。据说，为了这幅漫画，国民党的潜伏特务把华君武列入了暗杀名单。1949年以后，他在《人民日报》工作，发表了更多的漫画，深受读者欢迎，已是一位名气很大的漫画家了。

1957年5月，毛泽东为《人民日报》写的《〈文汇报〉的资产阶级方向应当批判》一篇社论，刮起了“反右”风暴。华君武凭着他的政治敏感，立即画了一幅漫画《犹抱琵琶半遮面》来讽刺揭露《文汇报》的著名女记者浦熙修，实际上是按那篇社论的调子，刀锋直刺“章罗联盟”。漫画引起轰动。浦熙修女士狼狈不堪。康生夸奖这幅漫画画得好。

华君武先生对我们这个小集团也很“了解”，他看了报刊上一篇又一篇的揭发批判材料，也参加了一个接着一个的批斗大会。我猜想我们几个年轻人在他的印象里，大概就是那些材料描写的“思想反动、品质恶劣、丑陋不堪的资产阶级分子”吧？

当时文艺界的“反右”主战场，就在王府大街上那座新建的“文联大楼”里（今“商务印书馆”）。从进大门，一直到四楼，贴得满满的申讨右派的大字报，几乎使人喘不过气来。文艺界的三大右派集团：文学界的“丁、陈右派集团”、戏剧电影界的“吴祖光右派集团”、美术界的“江丰右派集团”，就在这座大楼里轮流召开大大小小的批斗会，人们每天拥挤在这里，高呼着口号，在激烈的斗争中汗流浃背，从炎热的夏天一直紧张地战斗到严冬降临。

那一年华君武先生是忙碌的。既要画讽刺画，又要投入斗争，还要参与处理美术界的一批右派分子。1958年我在劳教所遇见的青年画家江荧，就是美协处治的右派。江荧是李六如老先生《六十年的变迁》一书的插图作者，1952年《北京晚报》

连载这部长篇，每天都配有一幅插图，画得很精彩，江荧因此成名。华先生曾经帮助他进了《人民日报》工作，后来又辞退了他。江荧感到委屈，于是在整风时写了一份申诉，对包括华先生在内的美协领导提出批评意见，被视为“向党进攻”，戴上了右派帽子，送去劳动教养。1979年美协为他平反，安排他到人民美术出版社工作，可惜他这时已患上不治之症，拖了两年就不幸去世了。我向华先生提到在劳改农场碰见过江荧，他沉默着，显得心情沉重。我不好再说什么了。

“二流堂”的漫画家丁聪，画家黄苗子、郁风夫妇，都是华先生30年代在上海的老朋友，“小家族”里年龄最小的油画家蔡亮，也是华先生很关注的后起之秀。他们现在都成了右派，他必须站稳立场，与他们划清政治界线。

蔡亮的命运最诡谲。1955年反胡风运动，他刚从中央美院毕业，准备留校执教，受“小家族”牵连，被隔离审查。1956年，我的审查还没有结论，蔡亮已受到美院开除团籍下放西安的处分，他的女友张自嶷被院党委副书记洪波叫去谈话，问她：“你是要蔡亮还是要党籍？”逼得这个女青年哭诉着：“我爱党，蔡亮是好人啊！”于是她被取消党籍，同蔡亮一起发配西安。1957年初，整风运动开始，美院党委已感到反胡风运动对蔡亮的批斗和处理太过分，趁蔡亮送作品来北京时，洪波再次找他谈话，表示歉意，并要他回西安后立即写一份申诉书寄来，学院党委研究重新处理。蔡亮回去后写好了申诉，幸运的是，他还没来得及寄出，政治风向发生大变，“整风”转为“反右”，美术界揪出了“江丰右派集团”，洪波是这个集团的骨干分子。蔡亮侥幸躲过了一劫，在北京的“小家族”几个朋友都因为“小家族”翻案而戴上了右派帽子。我在1958年

4月被送进劳教收容所，吴祖光、丁聪、黄苗子等则下放到北大荒监督劳动。而躲在西安的蔡亮，趁机完成了他的最优秀的油画作品《延安火炬》。蔡亮的侥幸和“小家族”的遭遇，也都在当年美术界的领导人华君武的心中，产生了对反胡风、反右派这些政治运动“为什么尽整一些自己人”这样一个使他困惑不解的疑问。这是过了二十七年以后，在欧洲的一个明媚的秋日里，我和他同坐在一辆从罗马驶往佛罗伦萨的大巴上，他向我坦陈的。

但是，真正使华君武心灵惊恐，几乎使他的精神世界崩溃，人生信念彻底瓦解的，还是“文化大革命”的爆发和对他这位“老革命”的全盘否定和无情冲击。这是他做梦也想不到的。他从1938年千辛万苦地跑到延安投身革命后，就坚信自己是一个“忠诚的革命者”，现在忽然变成了一个“狡猾的反革命”，这个打击对他是致命的。比当年批斗右派更加凶狠的批斗，落到了他的头上。当年文艺界反右运动的领导人，现在几乎全都变成了“走资派”和“牛鬼蛇神”，他们的遭遇有的比右派还要悲惨。文联成了“裴多菲俱乐部”，他所在的美协成了“藏污纳垢的黑窝”，他的漫画全部是反人民的“毒草”。《光明日报》用了一个整版的篇幅，揭露他的“丑恶面目”，群众猛烈地向他发动了残酷斗争。他不认识自己了。

这位秉性单纯、幽默风趣的艺术家，傻傻地笑着，像泄露机密似的对我说：“文化大革命，我比起田汉、阳翰笙这些老前辈来，比起你们剧协的贺敬之、葛一虹、孟超，作协的邵荃麟、刘白羽，音协的吕骥，舞协的吴晓邦他们许多人来，可是幸运多了。他们每天脖子上挂块牌子，名字上打个大叉，低头弯腰在文联大楼示众两次，吃尽了苦头，受尽了侮辱。田老翰老还挨了毒打！刘芝明（当年“吴祖光集团”的专案组长）、伊兵（当年把我送进看守所的剧协领导）都惨死在大楼地下室里。只因为美协不在文联大楼办公，在美术馆，红卫兵们不知道，才没揪到我。我算保住了这条命。”讲这一段话时，他的笑眯眯的眼睛里闪现了一丝泪光。

这以后，他下放到了天津团泊洼五七干校，又和戏剧界的朋友们一起劳改，和张庚、吴祖光、刘乃崇、司空谷等一起养猪种菜，整整五年时光。

在《漫画一生》中，他生动地记述了干校生活的一些趣事。那些日子里，他一身泥土，仍然笑嘻嘻，仍然开玩笑，仍然讲俏皮话，仍然保持着漫画家的幽默风趣的可爱神采。但他的内心深处展开了对历史的痛切反思，他反省自己，开始从个人迷信的愚昧中醒悟。

“文革”使他蒙难，“文革”又促他觉醒。他的政治同情心已转移到无辜的挨整者一边了。

我是1979年才恢复工作的。这是文艺上的破冰解冻时期，也是对外关系上国门初启的时期。1982年9月，中国文联首次派团出访意大利，六十七岁的华君武任代表团团长，团员有老诗人阮章竞、老音乐家李凌、老编辑家江晓天，再加上我。我感到很意外，我那时身体还在恢复中，显得很消瘦。文联主持外事工作的书记张颖大姐，50年代就认识我，每次见到我时，她都带着一点怜恤的语气说：“你怎么这么瘦呀，你要注意身体啊！”还有一位前辈戏剧家葛一虹先生，身材也很高瘦，听说我要出国，忙托剧协的一位老朋友转告我：“杜高刚恢复工作，还没有几件像样的衣服，我有一套新西装他可以拿去穿。”这些心地善良的老知识分子，经历了“文革”，都表现

1982年10月，中国文联代表团访问意大利。左起：江晓天，阮章竞、杜高、华君武、加斯帕罗、李凌。

出对一个受了二十多年磨难的“右派”的特殊关爱。这也是那个时期人们才有的一种情感。

但是，最使我感到温暖的，是华君武先生对我“一见如故”的热诚。代表团正好在中秋节那天出发，我和华君武先生的相识，就是在这个传统的团圆日，在北京机场的出境大厅里。我当时还显得有些拘谨，他却笑嘻嘻地握着我的手不放，

中国文联代表团在意大利。右一为作者。

刚见面，他就急切地问：“你的那几位小朋友都回来了吗？”他指的“小朋友”就是被划入“小家族”集团的几个年轻友人。我告诉他：“汪明死在劳改农场了，田庄在改正书上签字后，兴奋得当天晚上大量呕血，一个月后死在积水潭医院。”他眯起眼，叹了口气：“真可惜，要活到今天就好了。反右毁了不少人才。”我感到他的心情有些沉重。那时我还没来得及和蔡亮联系上，华先生参与了美术界的平反冤假错案和拨乱反正的工作。他告诉了我一些蔡亮在西安美术界的消息。我觉得他真心地关怀着“二流堂”、“小家族”人们的命运。

在这一次愉快的出访活动中，我时时领会到华先生格外关照我的一片善心。我们到罗马后，主人招待我们参观著名的美蒂齐家族在郊外的一座庄园，那里有米开朗琪罗的雕塑。中午，在花园的草坪上吃烤乳猪。华先生大概看出我第一次出国

中国文联代表团在意大利。左三为作者，右一为华君武。

神态很腼腆，特意走到我身边，笑嘻嘻地说："别不好意思，多吃点！吃完再要，在北京吃不到的。"

更有意思的一次，是在佛罗伦萨一家古老的餐馆里晚餐，主人请他给每人点酒。他翻看着酒谱，各点了一份。一会儿，他悄悄走过来，诡秘地对我耳语："我给你要了一杯最贵的白兰地，贵族喝的。给他们都是普通的。"这一刻，我甚至觉得他有些调皮，但他对我的关照还是感动了我。

在米兰，主人招待我们到斯卡拉歌剧院听音乐会。临出门前，华先生推开我的房门，递给我一根领带："我看你老是系着一条领带，把这条换上。"

还记得10月6日下午，意大利"著作家与出版家协会"在罗马召开了一个很隆重的聚会，约集了意大利文化界的一些知名人士同我们见面。华君武作为团长，看到到会的名单上有一位剧作家，便特意要主持人介绍他和我交谈。这位剧作家便是达里奥·福。十五年后（1997年）他获得了诺贝尔文学奖。他的代表作《一个无政府主义者的意外死亡》在北京上演。但我见到他的那时，他的处境还很艰苦，他和他的夫人顽强地支撑着一个民间剧团。他坚持意大利民族戏剧的讽刺传统，以极大的政治尖锐性揭露当代社会的丑恶，无情地嘲笑权贵者，获得民众的赞扬。后来我在意大利《人与书》这本杂志上看到了我和他的一张合影。

1982年10月，作者与达里奥·福夫妇交谈。

中国文联代表团在意大利。右一为作者，右二为华君武。

为了使我更了解国外的当代戏剧，华君武在主人安排的日程外，又特意让翻译单独陪我去看了一场话剧。我特别记得他叮嘱翻译袁华清的那句话："他受了二十多年的苦，好好陪他看场戏！"这个小小的细节，流露出的感情，仿佛是"补偿"我受过的委屈。

我们在意大利参观了梵蒂冈博物馆、西斯廷圆厅、菲拉齐艺术馆、《最后的晚餐》原作展厅、威尼斯画派展馆等，对我来说，真是遨游在艺术世界里，沉醉而又惊喜。这当中，有一个特殊的展览会，使华先生大感兴趣。它是为小读者们办的

《木偶奇遇记》一百年展览。

回国后，我写了一篇短文《不朽的皮诺乔》，记述了这个可爱的展览。我到华先生家，把稿子给他看，他非常高兴，立刻就答应画插图。他画了两幅插图，其中一幅还特意题写了下面一行字：“一九八二年十月和杜高同志同游意大利参观了《木偶奇遇记》皮诺乔一百周年展览纪念　华君武。”这张画我一直珍存着。文章配着他的插图，发表在当年11月28日《人民日报》的“国际副刊”上。

1982年，华君武访问意大利后创作的漫画。

这以后，我和他很少见面。我那时还没有离开工作岗位。每年春节都是他打一个电话给我，我的妻子批评我：他是前辈呀，应该你给他拜年呀！

2001年4月，《书屋》杂志发表了李辉和我的《关于“杜高档案”的问答》，引起了华先生的关注。在那篇“问答”里，我讲了这样一段话：“粉碎‘四人帮’以后，文艺界的老朋友们纷纷走出‘文革’的深渊，回到工作岗位。当时，我青年时代的两位好朋友，作家柯岩和戏剧家陈刚关怀我的命运，最早给予我热诚的援助。那时，我还在长沙街道工厂做工，他们打听到我的住址给我写信，帮助我了解中国政局的变化，点燃我心中希望之火。”

华先生和柯岩都住在南沙沟小区里，有一天散步时相遇了。华先生对柯岩说：“我看了杜高的那篇“问答”，你做了一件好事呀！”柯岩笑着答道：“我何止做了一件好事呀！”

这是后来我见到柯岩时，她告诉我的。她说：“华君武很同情你的遭遇啊！”

华君武先生的形象在我的心中由亲切变得崇高，我对他的政治人格更加敬佩，还是在我读了他最后的这本书里三次道歉和自省的那些文字以后。他的诚恳不但感动着我，而且深深地教育着我。

第一次是在题为《邪正自明》这篇短文里，他这样写道：

> 1990年，我开始在几个省市举办我的漫画个展，也算画了几十年的漫画，应该有一个自我评价。我检讨了我在一些政治运动中画了一批错误的漫画，伤害了一些同志和朋友，有些人已经离开了我们，我只能在展览的前言上表示了我的赔罪心情。其中首先是浦熙修同志，她是最早被我攻击的，所以“文革”后，为她举行追悼会时，我曾写了一封道歉的信寄给她的家属。我画的这幅画，题为《犹抱琵琶半遮面》，是对浦熙修的不严肃态度，也可以说是一种人格污辱。

第二次是在《关于〈杜甫检讨〉》一文中，他说：

> 50年代我们在文艺上也是充满了斗争的，我也参加

了，伤害了许多同志，批判胡风、批丁玲的“一本书主义”、萧乾的“塔塔木林”、也画了名记者浦熙修的漫画，这些都是我迄今也不能忘记的错误。有人说，在那种大气氛中，任何人都不能免，但作为一种历史经验，个人的思想道德的教训，很值得总结和深思。

第三次，他对自己更无情，反思更深刻，嘲讽也更辛辣。他从中国人常讲的“大智若愚”想到自己“大愚若智”。他苦涩地说：

> 我这几十年也画了一些有利于人民的画，也画一些错误的漫画，尤其在以阶级斗争为纲的年代。我在反胡风运动，反右斗争和反右倾斗争中伤害了许多同志，在许多人蒙受迫害、家破人亡的时节，我却在一旁推波助澜。有人说又不是我发动的，但我对自己应负的那部分责任还是应该由我自己来担当的，因此我在一些个人漫画展的前言上说明了我的错误。另外我也请人为我刻了一块闲章“大愚若智”，我还想得起我当时的神情。

华君武的道歉、自省和反思，真诚恳切，他的思想勇气令人敬佩。他的灵魂在忏悔中升华。但超越了他个人的更重要的意义，是他对中国政治文明进步的贡献。

我不由得想起了和他同时代的另外两位文艺家：理论家林默涵和作家刘白羽。他们三位，年龄、资历、声望、职位、成就，都很相似，他们都是经过延安的洗礼，参加过“延安文艺座谈会”的老文艺家，建国后又都担任文艺界的领导工作，而

中国文联代表团在意大利参观。

且都是“文革”前的重大政治运动“反胡风”和“反右”的重要领导成员，后来又都遭受了“文革”的磨难。

但是，到了反思历史的新时代，这三位老人对待历史的态度，却有了大不相同的表现。

林先生的态度最“坚决”：“我绝不向任何人‘忏悔’。”因为“我从来是根据当时认为符合党的利益和需要去做工作的，这里不存在什么‘忏悔’或宽恕的问题。”（详文请读1989年《新文学史料》第3期《胡风事件的前前后后》）

刘白羽先生又有所不同。先是一番痛彻心扉的“忏悔”，过后又“反悔”了。

2000年老作家徐光耀发表了一篇回忆录《昨夜西风凋碧树》，写了反右时批斗丁玲的一次会上，主持人刘白羽对他的一个侮辱性的举动。没想到刘先生看到后立即给徐光耀写了一封“悔过信”：“字字血泪，正义之言鞭挞着我的心灵，你在那历程中所承受的痛苦，都是我的罪孽所造。光耀同志，我羞惭，我恸心，我无颜求你原谅，但我要说出我永恒的遗憾，包括在那失去理智的时代，我对你不礼貌的行动，我只有在远处向你深深地谢罪、谢罪……”这一段“忏悔”文字确实出于徐光耀的意料，他立即给白羽先生复信：“您对待自己仍然过分了，过错是有的，谈不到‘罪孽’，也无需‘谢罪’。以往的种种不幸，都不是您我之间的恩怨造成，那是一个时代、一种体制所造成的错误……从个人说，最大的教训之一是迷信……”徐光耀的信写得很诚恳。这两封信当时引起了轰动，成为“劫后传书泯恩怨”的文坛佳话，更重要的意义，是促进人们对历史的真诚反思。

但遗憾的是，过了一年，当老年刘白羽编辑出版他最后的一本散文集时，却表现了对他的“忏悔”的“反悔”，坚决不在文集中收录“他晚年著作中最大的一个亮点：《致徐光耀信》。”（石湾：《刘白羽的“忏悔”和“反悔”》，载入《向世界微笑》一书33—38页，作家出版社2012年4月版）

现在，这三位老文艺家都已离世。这一代过去了。如今他们的下一代，“文革”时期的“红色少年”们，也在反思历史了。陈小鲁、宋彬彬、刘进……不都在对自己“文革”中的行为进行反省和悔过么？我想，华君武先生的道歉和自省，会使更多更多从那个时代过来的人们看到人的良知和勇气有多大的价值，他们会站出来，不再沉默，揭露历史真相。我更相信，这一代人的反思将比他们的前辈更深刻，因为他们具有更进步的现代认知：打开过去，才有未来。

日本战犯的羁押生活

陈晓阳

1945年11月出版的美国《生活》杂志，以图文互见的形式，专题介绍了日本战犯的牢狱生活。这些战犯并不是普通战犯，而是以东条英机为首的甲级战犯。

图1是杂志的29页，看上去像一个专题的封面。上面写着“NOVEMBER 12, 1945”说明该杂志是1945年11月12日发行的期刊。图中是三个战犯在浴池里泡澡，对着镜头微笑，似乎很是享受。照片下方一段英文，译成中文，意谓：“内阁部长岩村、铃木和海军上将寺岛在大森监狱泡在热水浴中，用黄色肥皂擦洗后（左下）”。这里的岩村应该是岩村通世，铃木应该是铃木贞一，寺岛应该是寺岛健，皆是甲级战犯。

岩村通世曾任日本司法大臣。1910 年东京帝国大学毕业，1941年7月任第三届近卫内阁司法大臣，并在东条内阁中连任。任内忠实执行东条内阁的司法政策，以加强对国内的法西斯专制统治。日本战败后以甲级战犯嫌疑被捕，1948 年12 月获释。次年7 月执律师业。

铃木贞一为日本陆军中将，昭和军阀的核心人物，传说田中奏折就出自他的手笔，后成为日本企划院总裁，长期负责

CABINET MINISTERS IWAMURA AND SUZUKI AND ADMIRAL TERESHIMA SOAK IN HOT BATH AT OMORI PRISON AFTER SCRUB WITH YELLOW SOAP (LOWER LEFT)

JAP WAR CRIMINALS AWAIT TRIAL

Americans hold 23 top specimens in cleaned-up Omori prison where Japs kept U.S. prisoners of war

The very top scum of the 2,000 Japs rounded up for war-guilt trials was deposited last month in the Omori Island prison camp in Tokyo harbor, an elite 23 of them. Found there by LIFE Photographer George Silk, they included some very great blackguards: Tojo the "Razor Blade," Homma of the Bataan Death March ("I don't think it was such a tough march"), Nagahama of Manila's torture chambers, Tokuda who killed tubercular Americans with injections of infected bile, Muira the "Copperhead" of prison camps in Japan, Hashimoto who sank the *Panay*, Colonel Suzuki of Shinagawa prison camp. They were all smiling and bowing and clowning for Silk, delighted by the treatment they were receiving, in contrast to their own past behavior which they knew so well.

Some 600 American prisoners of war had been held at Omori for years. They had starved, slept on vermin-infested mats, fought rats and the diseases that came from lack of sanitary facilities. The buildings had been allowed to fall apart and many prisoners had died. With tired decency the Americans repaired and whitewashed the buildings, installed toilets and baths, used DDT on the bugs. However, the Jap generals and admirals were taken off the diet of beef, bacon, eggs and peaches they had enjoyed in Yokohama prison and put on the diet of rice, dried fish and whalemeat found at Omori, plus American coffee, sugar and rock candy. They were given the same thin blankets, deloused, that they had given the Americans. They were expected to clean, launder and pick up for themselves. They had to answer several roll calls a day but otherwise they were let alone in their compound. From time to time notable Jap war criminals will be added to their number, such as the notorious secret police leader, Genki Abe, captured last week. In good time they will be put on trial for their remarkable record of atrocities and war crimes. Already General Tomoyuki Yamashita, the conqueror of the Philippines, was on trial for his life before a military court in Manila, charged with responsibility for murder, rape and massacre.

29

图1 三个战犯在泡热水浴。

日本经济战，战后成为甲级战犯，被判处无期徒刑，1955年假释，1989年一百岁死去，是战犯中活得最长的一个。

寺岛健，生于和歌山县，1903年毕业于江田岛海军兵学校，曾任驻法国武官，和堀悌吉一样是海军中的亲法派，热心研究潜艇。1941年任东条英机内阁邮政大臣兼铁道大臣。1943年内阁改组的时候成为贵族院议员，后任运输省顾问。日本投降后以甲级战犯嫌疑被捕，不久获得释放。

这三个泡澡的战犯职位都不低，但最后都被释放了，照片上他们都满脸笑容，莫非此时他们就预知了自己后来的命运？

再看照片下方的标题，翻译成中文，意谓："日本战犯等待审判。"在这行标题下面有一行黑体英文，译成中文，意谓："美国人羁押了二十三个高级犯人在清理过的大森监狱，曾经是战时日本关押美军犯人的地方。"

图2是杂志的30页，整版是个人像，一个老头戴着眼镜瞪着镜头，看上去似乎不友好，他是谁？照片下方一段英文，译成中文，意谓："黑龙会头目恶狠狠地瞪着照相机，他是桥本欣五郎上校，曾在1937年下令轰炸美国帕奈炮舰，并被称作白人的仇敌。他看起来像电影版日本恶棍，但却是真实的。黑龙会是日本所有军国主义秘密社团最冷血的组织，它鼓动日本所有的现代侵略，同时也对相对自由的日本人进行暗杀。桥本是帝国统治援助协会主要成员，这是日本法西斯最高级别的社团。"

桥本欣五郎（1890–1957年），1920年从日本陆军大学毕业，曾任海拉尔特务机关长、关东军司令部部员等职，积极策划与发动"九·一八"和侵略我国东北的战争。1937年入侵中国，率部参与了惨无人道的南京大屠杀，同年被编入预备役

图2 桥本欣五郎

后，担任日军的苏俄情报员。1948年作为甲级战犯被判处终身监禁，1955年出狱。

从照片上似乎看不出桥本这么大有来头。都身系囹圄了，还这么充满敌意，可能长期待在黑龙会这样的秘密组织中，会泯灭人性，难免让人变得冷血吧。

杂志的31页，是整版组图，讲述其他战犯的监狱生活。

图3是一名战犯蹲在地上，给两位盟军士兵比划着什么。照片下方有一段英文，译成中文，意谓："本间雅晴将军，曾威胁要杀死温赖特将军和投降柯雷吉多尔的10000个美国人，并且他下令向巴丹半岛死亡行军。他在愉快地向大兵展示如何用日语写他的名字。"

本间雅晴，日本帝国时代陆军中将。英国问题专家，诗人将军。以在菲律宾击败麦克阿瑟和后来被麦克阿瑟蓄意报复而出名。此人生于日本新潟县，1907年5月 毕业于日本陆军士官学校19期，1910年毕业于日本陆军大学27期，与同期的今村均是好朋友。号称军中英语第一，1917年进入参谋本部，在"支那"课工作，1918年留学英国牛津大学，充当西线观战武官，

图3 本间雅晴与两个美国大兵。

从此和英国结下不解之缘。他爱看西方电影，在战争期间作画、写诗，有“诗人将军”的绰号。

从这段可知此人英文甚佳，也难怪可以自如地夹着烟，跟美国大兵交谈，在地上给他们比划，同样，作为“诗人将军”，作为阶下囚或许和其他囚犯不同，可能更多的不是忧郁而是随遇而安。若不是战争的吞噬，他或许是一个真正的诗人，可惜命运弄人，在1946年4月3日他在马尼拉郊外被执行枪决。

图4看起来是几个战犯在户外活动。照片下方一段英文，译成中文，意谓：“海军上将岛田在开关于腰围的玩笑，珍珠港事件时他是海军大臣。他正在收紧岸信介（左边，珍珠港事件时是商务大臣）的腰带，并且告诉他自己正在大森监狱节食减肥。右后是铃木上校。”

这里的岛田，应该就是岛田繁太郎，日本海军大将。1930年任第一舰队兼联合舰队参谋长。1932年任第三舰队参谋长，参与对上海的进攻和停战谈判。1933年任军令部作战部长。1935年升任军令部次长。侵华战争全面爆发后，任第二舰队司令长官。1940年调任中国方面舰队司令长官，同年晋升海军大将。1941年9月任横须贺镇守府司令长官，同年10月就任东条内阁的海军大臣。1944年2月又兼任军令部总长，积极追随东条英机，推行侵略计划；同年秋转任军事参议官。战后，于1948年作为甲级战犯被远东国际军事法庭判处无期徒刑，1955年获释，1976年去世。

照片中的英文材料正好与这段材料中的部分介绍相吻合，而且英文材料中的岛田，在珍珠港事件发生时是海军大臣，而珍珠港事件发生在1941年12月7日清晨，笔者查阅的材料中的岛

图4 战犯们在户外。

田恰好是1941年10月就任海军大臣，并且一直担任到1944年，说明两个材料中的岛田是同一人，即岛田繁太郎。

笔者又询问复旦大学日本问题专家冯玮教授，他告之海军大臣相当于海军部长，只能是一个人担任，所以此处岛田只能是岛田繁太郎。

照片中被收紧腰带的岸信介，乃操纵伪满洲国的五人帮之一，人称满洲之妖，甲级战犯。他曾在1957年、1958年两度组阁，担任过三年多的内阁总理大臣。通过了日美安保条约，他还是战后首开敌视新中国先河的人物。

看来此人在出狱后仍没有对侵华战争有一丝悔过，相反更加敌视中国。

至于铃木，因为此杂志是1945年11月的期刊，而此时被捕的甲级战犯中有两名叫铃木的，分别是铃木薰二和铃木贞一，而铃木贞一网上可搜索到的军衔是中将，此照片中的解说称铃木为上校，看来此人只可能是铃木薰二。

图5中，一个穿着和服和木屐的战犯在看士兵进行作业。照片下方一段英文，翻译成中文，意谓："污水处理系统，根据日内瓦公约安装在大森营房，取代了原先几乎不可能提供给大森美国战俘的设施。美国兵指挥着日本兵干体力活，岸信介

图5 美国兵指挥日本兵修建排水系统。

大臣在吃惊地看着。”

这段话可能不那么好理解，大森监狱曾是日本关押美国战俘的地方，从语意中可以看出原先这里关押美国战俘时设施很差，不够人性化。至于岸信介吃惊地看着美国人指挥日本兵干体力活，则反映了其心理上的巨大落差。

从图中可以看出，一旁的美国兵似乎是在监工，指挥着日本兵在进行人工作业。想想二战期间日军是多么的不可一世，可是战败后却一落千丈，不得不在胜利者的面前低头，你若不侵略他人，又何来此下场。同样，战犯们在监狱的生活也受日内瓦公约保护，美国给他们提供基础设施，保障其监狱里的生活，并没有虐待这些曾经的“魔鬼”。

图6是一个戴眼镜穿皮靴的战犯站在被砍下的树干上，微笑着对着镜头。照片下方一段英文，翻译成中文，意谓：“马尼拉的恶棍太田清一上校，曾下令日本士兵用剑和火屠杀平民，以不浪费弹药。他在大森记录上是个小丑。”

不过照片中的太田清一，很难看出是个杀人如麻的刽子手，或许没有战争的话，他可能是个好人，日本的侵略战争不仅给别国造成创伤，也吞噬着本国人的人性。

图7是一名战犯在笑着和盟军士兵交谈，右手似乎在做着手势。这张照片并没有英文解说，所以不知他们在做什么。从照片可以看出，监狱四周砌着高高的围墙，围墙上还有铁丝网，照片后面还可以看见远处有一个岗哨，里面站着值班的哨兵，这也是为了防止战犯们逃跑而设置的。

杂志的32页，整版讲述东条的监狱生活，此页中间有一句黑色突出的大字体英文，翻译成中文，意谓：“军阀东条被营房的其他囚犯以沉默藐视对待。”似乎这句话是整版的标题。

图6 战犯站在树干上。

下面笔者将此版图片肢解出来分别解读。

图8看场景应该是在监狱的食堂，大家好像刚吃完饭在闲聊。图片下方的英文，翻译成中文，意谓：“东条英机吃完有鱼、大豆和大米的午餐后，回头跟其他战争罪犯攀谈，但没人搭理他。”可想而知，一方面这些战犯在监狱待遇很好，没有受到虐待，在盟军看押时期对他们还是讲究人道主义，尽管战犯们之前犯下反人类的罪行。另一方面可知东条与其他战犯们的关系并不好，可能与其做事霸道的个性有关，他在关东军任

图7 战犯与美国士兵闲聊。

图8 战犯们饭后闲谈，老东条孤坐抽烟。

职时即因独断专行、凶狠残暴有“剃刀将军”之称，要是搁以前这些与他共事的同僚或者手下，哪敢不理他啊？现在东条失势没有了往日的威风，这些人把昔日的怨气都撒在他身上，而在监狱里也不能对他怎样，所以只能孤立他，不理他，正所谓“树倒猢狲散，墙倒众人推。”他们之间的关系和心情是复杂的，已是风烛残年之人，掩饰不了内心的孤独与凄凉。

图9是盟军医生用听诊器在为东条体检，从图片上看出东条身体很瘦削，但虽为战犯，仍有某种军人的气质。图片下方一段英文，翻译成中文，意谓：“东条英机的体检显示，在左胸下有子弹伤疤。他重94磅。青霉素救了他。”这个伤口应是东条自杀未遂时留下的。

1945年9月11日，东条被美英等国列入日本头号战犯，当

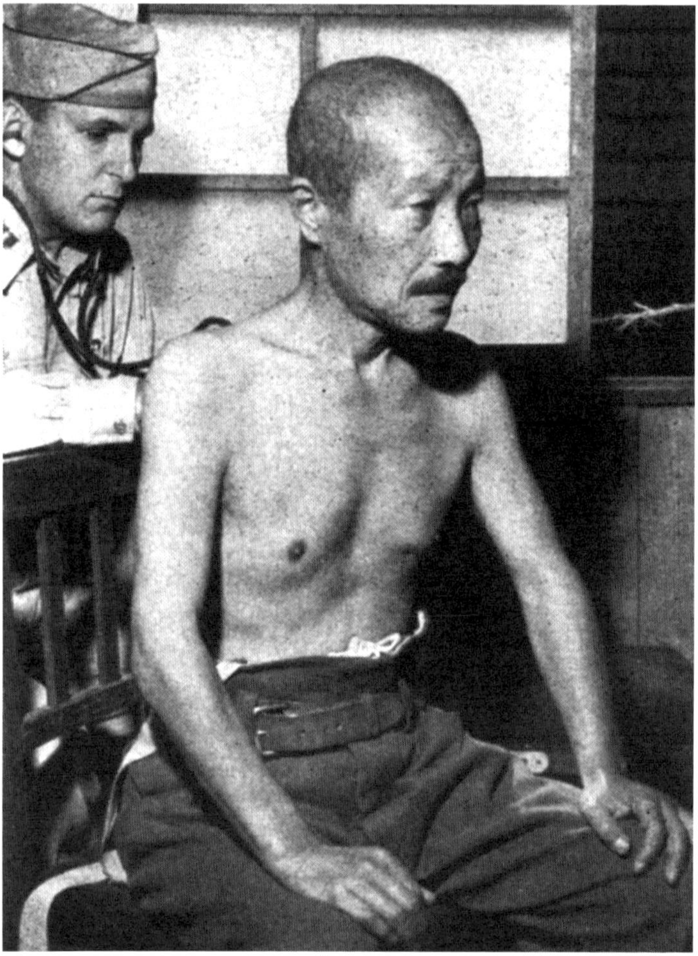

图9 医生为东条体检

东条看到院子外面的盟军警察进入住所，便用当年希特勒赠送给他的瓦尔特自动手枪向心脏开枪（几天前，东条英机曾让自己的私人医生用炭笔在自己胸口的心脏部位画了一个酒杯大小的圆圈），但由于是左撇子且心脏畸形的原因，子弹打偏了，洞穿了肺部。美国大兵冲入室内时，东条已经濒临死亡……东条说自己朝心脏开枪自杀是为了“让别人能够看清楚自己的脸，从而知道他已经死了”。

图10是一名战犯在陪东条散步。图片下方一段英文，翻译成中文，意谓：“东条唯一的聊天伙伴是黑龙会成员桥本，这也暗示着东条是黑龙会的秘密领导。”

黑龙会亦称玄洋社。明治年间创立于福冈。为日本反动组织中历史最悠久的团体。玄洋社仅为少数创办者所熟知，黑龙会则为现今的日本人所通晓。当时所有法西斯团体，差不多全是黑龙会会员。这个会最著名的口号是“到黑龙江去”，为日本从事海外军事与政治间谍工作最有力的发动机关。二战结束后，黑龙会被定义为极端右翼组织，于1945年9月13日遭盟国占领当局取缔。

从照片中不难发现，左边的东条左手夹一支烟，右手背后，俨然领导的派头，而右边的桥本低着头，跟着东条亦步亦趋，好像在聆听训示。从他们穿戴的正装来看，在监狱里面的战犯并不用像一般监狱所要求的那样，都穿着统一的囚服，毕竟这些都是曾经不可一世的日军高级将领，盟军对他们还是优待的。

图11似乎是东条在看书，照片下方一段英文，译成中文，意谓：“写回忆录。东条大部分时间都是独自待在空营房他的小隔间内。”原来他不是在看书，而是在写自己的回忆录，可以

图10 东条与桥本在散步。

图11 东条写回忆录。

TOJO AWAITS HIS IGNOMINIOUS END
IN HIGH BUTTON SHOES AND SOLITUDE

图12 东条在看书。

看出监狱对他还是很优待的，既让他写东西，又给他单独一个房间。他会写什么样的回忆录，悔过？笔者以为他不可能对侵略战争进行忏悔。据日本共同社报道，东条在手记中称日本政府接受《波茨坦公告》是“迫于新炸弹威胁并为苏联参战所震慑”，认为“日本以‘战败者’姿态承诺无条件投降大大挫伤了全军士气”。东条还在手记中分析了即将终战时的日本国内形势，称“正走向屈辱和平，否，是屈辱投降”，原因在于“迫于敌人的威胁而轻易举手投降，国政领导者与国民毫无气魄”。

从这些报道中可以看出，他不但不承认罪行，相反还埋怨政府投降，再后来的东京审判中他也否认自己有罪。他是想占领全亚洲，让所有人臣服于日本，他毫不理会那些死于战争的无辜尸骨，在他眼里没有生命的概念，只有政治，他是个十足的“死不改悔的军国主义者”。

图12是杂志的第32页刊出的一张照片，东条端坐在地上，手里捧着书，嘴里叼着根带过滤烟嘴的烟，脚上穿着皮鞋，身上穿着休闲马甲，他的两边是一排排典型日本建筑的木房子，从照片的光亮度来看，这应是一个阳光明媚的好天气，东条显得十分悠闲。

把照片放大，左上角有一行英文，翻译成中文，意谓：“东条等待着以纽扣鞋和孤独为结果的不光彩的下场。”此图的英文解说与此图相得益彰，笔者以为东条此时恐怕不是全神专注着书本，或许内心正忐忑不安。最终，1948年12月23日，东条作为日本罪行最大的战犯，并未获致穿“纽扣鞋”的漫长囚禁，而是被远东国际军事法庭处以了绞刑。

（秦风老照片馆提供图片）

影像中的一战华工营

张建国

一战华工营位于威海合庆饭店西侧，大大小小三十余栋建筑布满整个山坡，占地93.345亩，是继中国军团兵营之后，又一组大规模的建筑群。该组建筑极其简陋，构成主体建筑的八个华工宿舍以及多组生活与工作配房，均为砖木框架结构，屋顶多由瓦棱铁皮铺盖，当地人称其为“洋铁房子”。从建筑的角度看，这些再简单不过的“工棚”，没有复杂多变的工艺，也没有美丽壮观的外表，根本进不了“大雅之堂”。但是，它所承载的历史，意义重大，影响深远。一战期间，英国招募的十四万华工，有四万四千多人在这里集结并从这里出发。战后，因巴黎和会无视中国的合法权益与一战华工的巨大贡献，拒绝了中国代表团提出的正当要求，从而引发了影响中国社会走向的五四运动。

一战华工是一段不应忘却的历史，然而，一战华工营的消失，却给人们留下了无法弥补的遗憾。

骆克哈特与庄士敦查看华工营。（1916年）

华工营实为招募南非劳工而建

事实上，威海一战华工营并非招募一战华工时所建，而是1904年为招募南非劳工而建。

19世纪末，南非德兰士瓦等地相继发现世界最大的钻石矿和金矿。1899年2月，英国人为垄断这些矿产资源，同布尔人（17世纪来到南非的荷兰和葡萄牙、法国殖民者的后裔）展开了一场争夺殖民地的战争，史称“英布战争”，或“布尔战争”。战争于1902年结束，英国人取胜。

英国人在夺取南非控制权后，便开始了庞大的掘矿采金计划。然而，“劳工问题遂以尖锐的形式出现”。土著黑人劳工的惰性以及生活习惯让矿业主们大伤脑筋，甚至到了“拒绝招募土著劳工”的地步。后来，在矿业商会的促请下，决定引进中国劳工。经过中英双方多轮磋商，于1904年5月签订了《中英保工章程》，从而确立了招募南非华工的合同关系以及招募计划。

此时，身为威海卫行政长官的骆克哈特，为了从中谋得部分利益，希图藉英国租借地的有利条件，将威海辟为华工的出发港。为此，特派庄士敦于1904年8月专程到济南同山东巡抚周馥进行协商。周馥对在山东招募南非华工的计划极感兴趣，表示“他不反对从威海卫移民，而且在适当时期他将就此事发表声明。”然而，《保工章程》规定，华工出发港为中国的协约港。登莱青道道台依此提出抗议，并力主芝罘港为华工输出港。

事实上骆克哈特对《保工章程》的规定心知肚明，只不过是想借香港的做法绕过这一关。招募的第一批南非华工，是香港政府同两广总督通过协商从香港出发的。当确定在华北招募时，骆克哈特想借先例延续这种做法。不曾想由于芝罘方面的阻挠，第三次与山东进一步协商之时，周馥的口气变了调：“不反对把威海港作为向南非输出劳工的地方，但没有北京政府的许可，恐怕不好操作。”

在周馥口头承诺可以将威海作为移民港时，南非德兰士瓦矿工协会便在合庆南山购得土地，并开始了劳工集结营的筹建工作。当协商工作受到挫折之时，矿业协会也放出狠话：“如果威海卫不能成为一个运输港，则有必要最终取消在整个山东的招募工作。”在此情况下，周馥又想了一个折中的方案，将

华工营全景（1930年代）

劳工集中到芝罘，然后从威海卫放洋。此法不但说服不了芝罘，而且也没能说服北京。最终不得不就此作罢。不过，并不复杂的劳工营工程却在短时间内很快就完成了。

自1904年始至1906年，在两年半的时间里，英国在华招募南非劳工63811人，其中，山东招募的14675人全部从芝罘口岸出发，而威海卫没能输出一个人，为此建造的劳工营也不得不闲置起来。

英招一战华工定威海卫为基地

或许英国人也没有料到，闲置十二年之久的南非劳工营却在招募一战华工时发挥了重大作用。

1914年8月，第一次世界大战爆发，以德奥为核心的同盟国与英法俄为首的协约国，在欧洲战场进行了一场规模空前的大厮杀。现代武器的运用和大规模兵力投放，使得战争异常惨烈，交战双方兵员锐减。深陷困境的法英等协约国，为挽救战争危机不约而同地将目光投向了中国。继1916年5月14日法国代表陶履德与中国惠民公司签订招募华工合同之后，英国也于1916年8月正式决定招募中国劳工到法国从事战勤服务工作。

其实，早在第一次世界大战爆发之初，北洋政府秘书长梁士诒就提出了“以工代兵”参加一战的策略，以争取战后改变中国的国际地位。而当1915年6月向英国方面表达此意之时，遭到英国的反对，因为他们不愿看到中国因此而崛起，从而影响他们的在华利益。1916年实在支撑不下的英国在做招募华工决定时，其思维仍然固守着不让中国参与的理念。因而，为规避中国政府的中立地位，把招募基地选择在香港，打算利用香港的特殊地位招募广东人。但这一计划遭到英国驻华公使朱尔典、英国驻北京军事参赞罗伯逊的一致反对。他们认为南方人瘦弱矮小，不能适应欧洲的寒冷气候，不如北方人强壮能干。在他们看来，“北方民性柔和，精神强悍，能耐寒苦，法国气候颇与相宜，若能使华工起居饮食与中国相近，必能收华工最良之助”。这一认识，源自于英租威海卫之初招募的中国军团：“他们守纪律，听指挥；能吃苦，不怕死，……吃饭不挑食，管饱就行。”

除了身体素质方面的原因，还有两个重要因素起了不小的作用。一是威海卫是英国的租借地，在此地招募华工同样会像香港一样，达到规避中国中立地位的目的；二是那里有招募南非华工时建的劳工营。较为完备的设施，可以使英国避免投入

华工端号码牌照相（1917年）。

过多的财力，进行大规模的工程建设。

最终，朱尔典、罗伯逊的建议被英国陆军部接受。1916年10月21日，来自英国军方的招工代表波恩与罗伯逊一同到威海卫展开招募华工工作。

不久，“大英威海卫政府招工局”建立。招工局内设负责华工登记注册的华工事务所，负责华工薪水发放以及邮政事务的会计司，负责华工饮食与服装供应的军需处，负责华工收容与治安管理的警察局，负责体检和疾病治疗的医务处，负责语言交流的翻译局等机构。招工局由波恩掌管，主要负责招募代理的选派、官员的任命以及华工注册、薪水发放、装备和运输等。而华工营的日常管理则由原威海卫政府北区华务司的摩斯负责。

上述机构除会计司驻爱德华港外，其余全都驻扎在华工营内。营区的四周围筑铁丝网，大门处挂“大英威海政府招工局”的牌子。随着办事机构的进驻，一批批华工的到来，闲置十二年的房子派上了用场，昔日的荒凉小山顿时热闹了起来。

完善的营区建筑

招募之初的工作并不顺利。由于英国的招募是避开中国政府的单方行为，尽管中国的上层没有进行干预，但还是遭到地方官府以及民间乡绅的阻挠，甚至派往威海卫界外文登的两名英国招募人员也被扣留。到1916年11月底招募的第一批华工尚不足四十人。面对到处受阻的窘境，无奈的英国人只好求助于中国政府。1917年1月，中国政府提出包括“支持中国参加战后和平会议”在内的三个条件。英国原则答应三个条件后，赢得了中国政府的大力合作，英国的招募工作得以顺利进行。

随着招工规模的不断扩大，华工营原有的设施已不敷用，于是“于近山处筑小舍数百椽”。经过扩建的华工营已形成一个功能齐全、设施完备、规模宏大的建筑群。

华工营分办公室、宿舍、医院、伙房餐室、沐浴室等多个功能区。各办事机构的办公室靠近入门口，医院位于山坡最高处，官员的餐室在最东端。其他建筑无规则地分散在整个山坡上，建筑与建筑的间距比较大，有足够的活动空间。

营区最主要的建筑为八个华工宿所。宿所类似于现在工厂的大车间，框架结构，外有砖砌立柱，内有木柱支撑，高大

华工排队接种疫苗（1917年）。

宽敞，“四面皆有门，高处窗户洞开，以为通风之用”。内设三列床铺，分布于中间与两边；其中，两边的床铺为两层，中间为三层。每个宿所能容千人（实际上从未容纳过这么多）。“工人寝之其中，悠然自适，较以向之所居，殆不啻天涧之别”。

华工厨房也颇具规模：“十六口大灶架上同苏州大桶那么大的铁锅，分两排排列，每天做出三顿可口的饭菜。”

译员宿舍同华工营办事人员宿舍一样，比较讲究。正像当年资料所记载：“译员的住宅同法国前线后方任何一个军官餐室一样舒适。”

医院分综合医院和隔离医院。综合医院主要收诊一般疾病的患者，隔离医院是为传染病患者而设。综合医院“里面一间通风的大房，排列着有架子的病床”。“医院背山面海，宽敞舒适，于病人为最宜”。

营区建筑的外墙，全都粉色，“遥见栈房矗立，一望皆白”。

华工录用程序

应募青年一批批从山东及华北各地来到威海卫后，要在华工营经过一系列繁琐复杂的程序，最终确定为赴欧华工。

1、体格检查。应募青年分批走进设在营区中央的一个房间，脱光衣服，接受检查。凡患有二十一种病症中任何一种的（如肺结核、支气管炎、花柳病及慢性眼炎、疟疾和龋齿等）即视为不合格。不合格者付给回程路费和伙食费，自行回家。

2、发放服装。体检合格者随即发放统一制作的华工服。此服装只是华工在威海卫训练生活时使用，出国之前还要配发新的服装。

3、编号戴镯。体格检查合格的华工，每人一个编号。这个号码连同本人姓名用英文和中文填入一张名为身份证的卡片上，同时打在一个薄铜片做的手镯式铜箍上，并在小铁钻上用小扣钉铆牢，戴在华工的手腕上。该号码为华工之身份，工资发放、衣食领取、书信邮寄以及相互间称呼均依据号码进行，刻有号码的铜镯回国时才能取下。

4、登记照相。编号之后，各人都捧着用粉笔写好号码的小石板放在胸前集体照相。然后由中国文员帮助填写身份证

华工进行体能训练（1917年）。

卡片，内容包括年龄、身高、承工日期、本人及直系亲属的住址，以及国内工资领受人的姓名、住址、与领受人的关系等。所照相片裁剪下来后，也贴在身份证卡片上。

5、组织编队。接着下来将转到另一房间进行编队。每十五人为一班，班长（或称工头）通过民主方式推选。这样组成的班集体一直伴随着他们后期的生活，包括到法国之后，他们都是一起吃饭，一起劳动，一起睡觉。

6、知识测试。编队之后会转到另一屋进行知识测试。主要考察曾经做过的行业，并测试其英文知识。这些信息都如实地记入身份证卡片。

7、签订合同。最后一道程序就是在身份证卡片和合同书上按手印。合同书上的主要内容有合同期、待遇、劳动时间以及对华工的若干约束条款。英招华工合同期为三年，薪金分国内国外两期付给。普通华工，国内每月中国币10元，国外每天1法郎。每天劳动十小时。整个做工期间的食物、衣物、住房和医疗免费供给。按手印也有取指模之目的。华工到法国之后，还要进行手纹核对，以防冒名顶替。

华工训练

华工集结华工营后，英国海军负责安排船只运送至欧洲。由于船只紧张，华工们需在华工营等待一两个月，或者更长的时间。在这段时间里，华工们的主要任务就是训练和调养身体，以适应漫长的旅途和严酷的战争环境。

华工实行现代“三三制”军事编制。每十五人为一班，三个班为一个排，三个排为一个连，三个连为一个营。连、排长征自中国的英国的侨民或内地传教士，营长则由英国陆军部选派现役军官充任。华工离港时，随同华工一起到欧洲，并在欧洲保持同样的编制，实行军事化管理。华工待发期间，这些营、连、排长们负责组织华工训练，驻威英军或警察担任教官。

华工的训练主要是队列与体能方面的训练。在体能训练方面，方式方法多种多样，其中西式体操是一项重要的训练内容。营区内、沙滩上设有简易单杠等设施，营房前、附近的空旷地、海边沙滩都成了做徒手操的场地。华工们每天或在沙地上做体操和一些军事技能的基本操练，或以营、连、排为单位在场地上列队齐步走。

华工队伍中有很多武术爱好者，来到华工营后也坚持天天习武。为了引导华工通过中国武术进行力量与耐力方面的训练，同时也为了稳定华工情绪实施有效管理，主管华工营的摩

在海滩接受训练的华工（1917年）

斯还想到了举办华工武术运动会的奇招。

如其说是运动会，倒不如说是武术表演会，其形式类似现在众多电视台举办的达人秀节目。没有规定项目，没有比赛规则，自愿报名，人数不限，参加者都有奖品可得。结果是大会开得非常成功。刀棍剑戟悉数亮相，南拳北腿各显神通。有的飞檐走壁，身轻如燕绝技超群；有的刀光剑影，刚柔相济强劲有力……高超的武艺，精湛的表演，使人看得眼花缭乱，现场不时爆发如雷掌声。

华工生活

华工身份一旦确定，便立刻更换服装，入住华工宿所。宿所内每人配备一条毛毯，床位按号码排序。“他们喜欢一个紧靠一个睡”。这个办法在外国人看来有些憋气，但比华工在家的居住条件舒适多了。每个宿所有一名负责管理的英国长官，这个长官住在上层床板上搭建的一间小屋里，从那里可以控制整个宿所。

华工每日三餐免费供应。主食是大米白面，每日二斤。同时还配有四两鲜菜、四两鲜鱼或咸鱼，星期三和星期六改鲜肉四两。热水随时供应，饭后每人茶叶半两。来自英国的曼尼科·古尔（Manico Gull）在其所著的《华工从威海卫出国赴法的组织工作》中称：“不论在中国（待发所）还是在法国都听不到‘吃不饱’的喊声。那些身体健康但营养不足的应募者在待发所住了不久，很快就长胖，加宽了，这一方面是由于伙食好，另一方面是动员他们过有纪律、有秩序的生活，迅速发胖可能是最好的证明。”

英国招募华工时，中国的辛亥革命已过去四五年了，大部分男人的辫子已在轰轰烈烈的剪辫运动中剪除，但仍有那么一部分人固守着旧的传统习惯，留着长长的发辫。“最早来的几批苦力很多人都是把辫子绕在头上，戴上帽子，或者确实有点含羞似的夹在背与背包之间”。进入华工营后，英国人为了鼓励华工剪去发辫，对无辫连队给予一定的金钱奖励，结果大批留辫华工都剪了发。但这一奖励政策也不完全管用。时任华工翻译的张邦永，曾亲眼目睹一个会武功的留发华工张彦彬抵制剪辫的经过。当英国营长伸手拉张彦彬去剪辫时，被张彦彬反手相推，怒目而视。这位营长见其非同一般，不敢与之较量。后来去法国后，在张邦永的劝说下他才剪去辫子。

在农村人口无外出就业机会的时代，众多多才多艺的青年沉积于农村这个最稳固的生活单元。因而华工队伍中不仅招募

华工业余时间的娱乐（1917年）

了一批会功夫、懂武术的武林好手，而且还聚集了一批吹拉弹唱无所不能的文艺人才。尽管每天紧张的训练充斥着生活，但对于那些习惯了无拘无束农村生活的青年来说，不免还是觉得有些单调和乏味。为了调节生活情趣，排解离家后的寂寞，工余时间和节假日，各路流派的习武者常聚一起，交流技艺；自带乐器的华工也自然地凑在一起演奏乐曲，而那些好唱的华工则不自觉地加入其中吊起了嗓子。活跃的文化活动，给华工生活平添了几分乐趣，也给华工营带来几分生机。

华工管理

为维护华工营的治安秩序，加强华工出发前的管理，英国陆军部在华工营区组建了一支由华人充任警员的临时警察队伍。这支队伍虽不属殖民政府序列，但由威海卫警署领导。从刘公岛海军调入警署任高级警官的詹宁士，曾负责这支队伍的管理。

华工营的管理非常严格。四周铁丝网围困，大门由警察把守，除有组织地集体外出训练外，华工的所有活动全部限制在营区之内。住宿，有专职官员监视；吃饭，有流动警员看管，活动，有随队长官陪同……华工的人身自由处处受到限制。

由于战时征用船只的运力有限，加上德军对海上的封锁，派往威海运送华工的运输船不能及时到位，集中待运的华工少者有二三千人，多时有七八千人。这些华工来自山南海北，不仅生活习性有所不同，个人素质也良莠不齐。因而，尽管华工营有着严格的管理制度，警方也加强了管理措施，但个人与个人之间的争端，团伙与团伙之间的摩擦，以及华工对营区管理不满引发的事件还是频频发生。

为便于和迅速解决营内发生的治安案件，殖民政府授予华工营主管摩斯执法权。据威海卫政府1917年年度报告，当年摩斯审理的各类案件达二百余起。

影响最大的一起事件是华工因对伙食不满引发的群体砸伙房事件。

华工的伙食包给了源发胜、德生源、永庆隆、源和德四家商号。由于是联合承包，人们便称承包商为“四合账房”。其

华工营内的警察（1917年）

实，英国人提供的伙食标准不是很低，很多资料也曾为此大加炫耀。但四合账房为了赚钱，竟昧着良心降低投入，饭菜质量一降再降，华工大为不满。开始是个别人摔盘子打碗扔饭菜。后来，不满情绪急速膨胀，众人一怒之下把伙房给砸了。“因随从者众，一时情势颇为紧张”。

摩斯曾在威海卫做过三年的北区华务司，对中国事务的处理有着丰富的经验。接到报告后，他立即亲临现场，向华工了解实情，好言相劝，善语安抚。同时当面答应华工要求，马上责成四合账房改善伙食。一场风波，在摩斯理性的处理下得以平息。

其实，对华工营管理提出的挑战，绝不仅仅是华工的伙食问题，还有更为严峻的传染病预防问题。

招工局建立之时，全国各种流行病频发。为预防传染病的流行，招工局设立了医务机构，建立了一支卫生队，设立了隔离医院。华工队伍中还挑选了一定数量的华工为卫生员，进行业务培训。在招募华工最多的1917年，卫生工作井然有序，卓有成效。殖民政府上报殖民部的报告称："人们担心陆军部劳工站的设立会有害于本地的卫生状况，特别是得知英国政府提供的极为有利的条款将会吸引大量来自直隶地区的饥饿苦力，由于洪水泛滥，直隶地区目前正遭受饥荒和瘟疫的威胁。不过，令人欣慰的是，本地的健康统计数据似乎并未遭到大量外来劳工的影响。这应该主要感谢劳工站当局的干劲与热情，他们成功地把所有传染病都隔离在劳工站内。"

然而，英国人高兴得太早了，接下来发生的一场伤寒流感，让英国人有些措手不及。

1918年春，一场由天津华工带来的斑疹伤寒，在华工营迅速传播。殖民政府1918年年度报告称：从2月19日到4月9日，其间有298人患病，18人死亡。同时该报告又有一组似乎与上面所提相互矛盾的数据：住院人数达到2519人。但不管是哪组数据，斑疹伤寒的传播达到非常严重的地步是不争的事实。因为该病不仅在华工营流行，而且蔓延到整个租借地。"流感在本租借地恶性扩展，一家8口人中有6口死于该病，共900人死亡。"该报告也称，因为没有采取强制性死亡登记，这只是一个保守数字。

为了使斑疹伤寒得到有效控制，华工营一方面加强了更为严格的管理制度，一方面投入全部医务能力对患者进行救治。不幸的是，加拿大医生巴克斯特（Baxter），在救治过程中感染该病去世。该病肆虐将近两个月，4月上旬得以控制。

英国人没有想到，发生在华工营的这场流感，竟造成非同

华工营内的华工（1917年）

小可的影响。

1918年至1919年，一场人类历史上最致命的西班牙流行性感冒，在全世界爆发，全球十七亿人口约十亿人感染，数千万人死亡。因为西班牙有八百万人感染，甚至连国王也感染此病，所以称其为西班牙流感。又因为最初爆发时间为1918年，时序依次为：3月中国，4月法国，5月西班牙，6月英国……因此，有人把发病源指向了中国，指向了参加一战的中国劳工，同时把目光集中到了威海华工营发生的那场流感事件。事实上，这种推论明显证据不足。根据史料记载，威海卫最后一批华工1918年1月7日离港放洋，4月4日英国就停止了在华招工。威海卫自2月到4月患病的这批华工，并没有见到离港的信息。近年来，又有专家研究发现，病源来自于美国，由参战美军带到欧洲。但这也只是一家之言，并没有得到学界的广泛认可。影响全球的西班牙流感至今仍是一个待解之谜。

华工离港之前

华工出发之前，须先洗澡，然后进入“出发站”换服装。“出发站”是八个华工宿所中的一个，专门用于出发装船时期。在那里，华工须脱光衣服接受医生从头到脚的全面检查，并作防疫注射。然后，再换上新的衣服鞋袜，带上一个帆布大背包。背包内有棉袄、单衣、皮鞋、棉被、毯子、雨衣及日用品，如面盆、牙刷、牙膏、肥皂、茶缸、碗筷等。

出发之前还有一项重要工作就是发工资。英招华工的薪金分国内、国外两期付给。以普通华工为例，国内每月付银洋10元，国外每天1法郎（按当时比价每月约折银洋10元）。在华工营期间，没有工资，但每星期发给每人现洋1元作为零用钱。上船之前可领第一个月的工资。早期，每人上船时领现洋20元。后来每人只发现洋5元，另外的15元汇到他家里或者汇给他指定的受款人。对于发放工资的情况，曼尼科做了这样的记述：“从爱德华港运来的银元，10元一叠整齐地排列在一只小木盘里。工资室主任唱着华工的号码，依次地将工资递送到华工手中。”同时他还对此后的场景进行了描写：“成千的苦力洗了身，穿好衣服，带着钱，涌向管理处周围的场地，彼此打趣，欢笑，互相检视随身携带的大口袋，把银元拿出来数了又数，等候着整队出发的命令，开往码头。”

华工登船的码头为高丽码头，离华工营仅几百米的距离。该码头为北洋海军所建，钢架结构，时为威海内陆通往刘公岛

整装待发的华工（1917年）

的重要“口岸”。自威海向刘公岛运送人员物资从这里启程，刘公岛驶向陆地的船只在这里靠岸。但由于码头水浅，只能停靠小型船只，运送华工的巨轮不能靠岸，须由驳船运送至锚地登轮。

华工登船时的气氛热闹非凡。列队前行的华工刚从营地大门出来时，人们便燃放起不熄的鞭炮，敲打着喧天锣鼓进行欢送。华工们则用自带的铙钹和锣鼓予以回应，自带乐器的华工还演奏着欢快风趣的乐曲……大门外，沿途两旁则“挤满了苦力的亲友——有些人是来作最后告别的，有的是分享华工突然领到的这笔财富”。华工们停下脚步，含着眼泪与亲人们道别，或拿出一包刚买不久的香烟，或再掏出一块现洋，递到路旁老父亲那双颤抖着的手中……

“华工离开中国时情绪是极为高昂的”。在离港的那一刻，“人们看不到任何不安、勉强、害怕和不愿意的情绪”。我们相信曼尼科这样的表述，因为华工们并没有意识到，艰难的旅途和严酷的战地生活正在等待着他们，并且对部分华工而言，他们踏上的是一条永别家乡的不归之途。

自1917年1月18日第一批（船）华工放洋，至1918年1月最后一批（船）华工离港，从威海卫出发的华工共有二十四批（船），计有华工44079人（威海卫殖民政府1918年《年度报告》的数据为44,448人）。平均每船1837人，其中最多的一船为1917年12月21日出发的Protessilaus号，3742人；最少的一船为1918年1月7日出发的Empress of Japan号，913人。最为集中的是1917年4月，当月发走五船，8850人。其中1917年4月2日一天发走两船，2900人。海上航行时间（含个别船在加拿大等陆地滞留时间）平均为五十七天，其中最长的为第一批与第二批，即1917年1月18日与1917年3月7日出发的Teucer与Antilochus号，分别用时九十一天与九十五天，最短的为1917年8月1日出发的Harold Dollar号，用时三十五天。

招工局移驻青岛

在华工的运输上，本来船只就很紧张，而在1917年4月6日美军参战后，运需矛盾更加突出。为了腾出吨位运输美军，1918年4月14日英国不得不做出停招华工的决定。至此，威海华工营完成了它的历史使命，不久大英威海政府招工局移居青岛。

其实，招工局移居青岛时，军需处、警察局、医务处、翻译局等内设机构已被裁撤，只保留了会计司（亦称钱粮所）。

华工在高丽码头登船。（1917年）

会计司内设会计科、邮务科、文牍科，是招工局最大的一个办事机构，多时达一百多人。最初，会计司也同招工局其他机构一样，设在华工营内。后来，考虑到资金的安全问题，撤驻到华务司署西北侧原华勇营营房（现驻军某部大院）内。

会计司的主要业务是每月将国内应付的工资汇给华工家属。这是一项每月多达十万笔的汇兑业务，设在威海卫城里的中国邮局根本无能力完成此项任务。于是，经与山东省邮政管理局协商，在会计司办公处特设一个专司华工汇款、邮寄业务的专业邮局。该邮局员工多时达五六十人，除了华工工资邮寄业务之外，还有华工邮件的转递。华工的来往信函都有统一制作的信封。由法国向国内邮寄的信封，正面写收信人的地址、姓名，背面有印制好的“大英威海政府招募华工局”及华工号码、投放中国人信箱的提示。由国内向法国邮寄的信封，正面有统一印制好的“山东省威海卫大英政府华工招募局”以及华工号码的书写位置。华工在法国向国内寄信，统一打包寄往威海卫政府招工局，再由招工局分拆寄往华工家中。华工家属寄给华工的家信，先是寄往威海卫政府招工局，然后统一打包寄往法国，再由在法国的英国军方按华工号码分送华工手中。史料记载，由于会计司与邮政局配合默契，无论是汇款还是邮寄，均很少出错。

招工局设在威海卫有诸多有利条件，但也存在不少弊端。如交通不便，没有深水港。1917年3月招工局征得日本人同意，在青岛沧口又开设了一个华工营，从而使青岛成为英国的第二个华工集结地与出发港。自1917年3月至1918年3月，从青岛出境华工二十船，四万六千多人。当招工任务结束之后，招工局的主要任务是处理华工出国后的后续工作。考虑到诸多工作的方便，招工局决定迁至青岛。迁至青岛后不久，招工局长波恩、华工营主管摩斯等相继离任，陆军部派来的布鲁上尉继任局长兼会计司长。

招工局在青岛的前期，主要工作是发放华工工资、接收并分发华工邮件，处理国外华工意外事件等善后工作。大战结束以后，华工开始遣返回国。英招华工大部在青岛登岸，招工局又承担了回国华工的清点与登记，接待与转送。1920年底，结算付款工作全部完毕后，只留下六七个人做最后的清理工作。此间最大一笔业务是为华工邮寄奖章。1921年英国为嘉奖华工功绩，每人颁发一枚铜质奖牌，招工局收到十余万枚奖章后，全部通过邮局寄送到归国华工手中。1922年2月，清理完毕，招工局退出了历史舞台。

华工营的后期命运

英国结束在华招工后，威海华工营又变成屯驻英军的营房。有时为驻防部队所用，有时为驻华英军来此休假时小住。因来威英属陆军中常有成建制的印度兵，因而当地也有华工营驻“红兵”之说。久而久之华工营又有了新的名称——高丽码头兵房，并且这个名称常出现在殖民政府的正式文件中。1927年英军驻上海部队为夏季来威疗养，利用华工营原有设施建了一所五十多个床位的军事医院，同时将此地改建成一个集吃、住、休息、娱乐为一体的疗养营地。1927与1928连续两年，每年来此疗养的官兵都达千人以上。

国民政府收回威海卫，这里又处于闲置状态。华工登船出发的高丽码头，也因年久失修而废弃、拆除。1938年以后的战乱时期，华工营建筑遭到严重破坏，门窗所剩无几。

新中国成立后，华工营西侧的部分建筑经维修为驻军所用，但大部分建筑处于废弃状态。由于缺乏维修，至上世纪六七十年代，终于成为只剩残墙断壁的废墟。改革开放后，此地成了开发建设的黄金地带，海景花园、威海宾馆、合庆饭店等一批高档酒店在此建成。西侧华工训练的海滩，新世纪初期已被填埋修建成海源公园……

原有的一战华工营现在已找不到任何踪影。

唐宝心与贵阳清华中学

唐北非

贵阳市南郊有一个山清水秀、风光绮丽的小镇叫花溪。花溪镇上有一所遐迩闻名的中学，叫贵阳清华中学。她创建于1938年，至今已有七十多年的历史。我的父亲唐宝心是清华中学的创办人之一，而且在1941年至1947年间任学校的校长。后因学校董事会派父亲赴美留学，他才离开了花溪。教书育人是父亲一辈子的职业，而清华中学的一草一木是他魂牵梦萦的地方。2015年是父亲诞辰一百周年，写下这篇文字来寄托全家人对他的怀念。

家风的养成

父亲原名叫唐宝鑫，1915年1月20日（阴历甲寅年腊月初六）出生于北京通州，2001年7月14日在天津病逝，享年八十六岁。父亲生长于一个小知识分子家庭。我爷爷唐焕，字式如，是当年北京琉璃厂商务印书馆的员工。老人家三十年如一日，从进店当伙计做起，当过店员，干过出纳，最后升为营业主任。家境虽不算富余殷实，但并不贫困。商务印书馆在当年

唐宝心少年时代

是一家新式的买卖，叫做股份有限公司，掌柜、经理都是读书人，进出店铺的大都也是文化人。爷爷每天和他们打交道，时间一长，耳濡目染，不仅思想变得开明，还滋生出不少新的治家之道。虽然老人家自己只读过几年私塾，但教育子女的观念并不守旧，一改让孩子念私塾、做学徒、学生意的老传统，把四个子女都送进学堂去念书，让他们接受良好教育。尤其是把大女儿送到通州富育小学，后来又读富育女中，毕业后当了一名小学教师，开了当年通州女孩子上学堂的先河。我父亲也一样，先念小学，又读初中、高中，1932年高中毕业后考入国立清华大学，成为唐家的第一位大学生。

爷爷对子女要求十分严格，在日常生活中立下许多规矩，诸如读书写字必须专心致志，不许东张西望；吃饭时不许说话；长辈没坐下，小孩子不许先坐；用完的器物一定要放回原处；不许说瞎话（即不许说谎）等等。天长日久，逐渐养成了崇尚读书、做人正派、诚实守信、讲求礼貌、孝敬父母的良好家风。这种家风对父亲一生的影响极其深刻，又潜移默化深深地影响了我们这一代以及我们的下一代。有一个非常感人的故事，根据父亲的回忆，1937年“七七”事变，日本鬼子攻占北平，这时父亲还在清华大学念研究生。国难当头，只好中断学业，准备南下逃亡。当他向父母辞行时，爷爷对他说：“你走吧！庚子年间闹八国联军，咱家驻过日本兵，我和你妈受够了当亡国奴的滋味。你走得远远的，咱家至少还能留下一个不当亡国奴的人。”值此国破家亡、生离死别之际，老人家面对即将远行的儿子，说出这番深明大义的话，令人肃然起敬。

大学生活

青年时代的唐宝心

1932年父亲考入清华大学西洋文学系，时年十七岁。二年级期末转入经济系，为的是毕业后能有更多的就业机会。1936年本科毕业，又考入清华大学经济系研究院，一年后因战乱而辍学。父亲在清华大学度过了五年时光，恰逢学校鼎盛时期。校长梅贻琦提出“所谓大学者，非谓有大楼之谓也，有大师之谓也”的至理名言，影响深远。五年间父亲有幸聆听了冯友兰、金岳霖、朱自清、吴宓、陈寅恪、俞平伯、陈岱孙等多位大师、教授的教诲。除了增长知识、开阔眼界之外，更是在如何做学问、怎样做人方面，耳提面命，深受熏陶。另一方面，这五年又是日本鬼子侵略中国，民族危亡的多事之秋，校园里各种思潮涌动，学生也分化为不同的派别。但绝大多数同学都秉持爱国救亡的立场，父亲也不例外。二年级时，他与几位家境贫寒的同学发起成立“清寒同学会”，开始步入清华学生的政治舞台。三年级加入清华学生自治会，不久后进入学生刊物《清华周刊》编辑部，有机会与地下党员蒋南翔、姚克广（即姚依林）等人在一起工作，共同宣传抗日救国的主张，他也从中深受教育。

1935年末，北平爆发“一二·九”爱国学生运动，父亲成了清华大学学生运动的中坚分子。大家的评价是“唐宝鑫平时为人正派，机智稳重，深受师生的信任”。（引自高本乐著《五千军警包围清华园——一二·九运动片断》）由于他在示威游行中表现出来的爱国热情，机智勇敢和良好的组织、号召力，不久就被推选为清华救国委员会的十九位委员之一。学生运动高涨，为当局所不容。才过了一个多月，学校贴出布告：解散救国委员会，十九名委员中四名开除学籍，十五名每人记大过两次。父亲也在这十五人之列。学校的处分，对于一个尚有一年半课程的研究生来说，不啻于当头棒喝。从此他再也不敢热心政治，老老实实地钻进书斋。只可惜好景不长，不等读完研究生，北平便沦陷了。

教育救国之梦

1937年夏天，父亲与同窗挚友王万福一起离开了北平，辗转多地后来到武汉，投奔了武昌平津流亡同学会。初到武汉，没有工作，身上的钱慢慢花光，生活单调而且清苦。两人只好每天躺在稻草地铺上侃大山，用来排遣时光和忧愁。尽管如此，他们的精神并不潦倒，仍然笃信“一不做官，二不经商”的人生信条。在他们看来，当时的中国，无官不贪，无商不发国难财。而每天又要面对大批从东北、从家乡流亡到武汉的年轻人，同样也是无事可做、无书可读。终有一天，他们萌发了创办一所中学，为这些年轻人服务的奇想。之所以说这是

1938年，贵阳保卫华南大游行（右二为唐宝心）。

奇想，实在是因为对于他们这样既无背景又无钱财的穷学生来说，“创业办学”简直就是痴人说梦。

然而令人意想不到，当父亲和王万福对另外几位同是流亡的校友说起“办学梦”时，竟然博得了热烈的支持和响应。于是他们立即付诸行动，要把梦想变成现实。1937年10月，八名清华学子组成办学团队，郑重决定：创办一所中学，为教育救国尽一份力。这八个人作为创办者被清华中学载入了校志。

办学之路必定是困难重重。他们向当时正在长沙的清华大学校长梅贻琦先生求助，得到了坚定支持和巨大帮助。梅先生批准这所学校叫清华中学，嘱咐他们一定要沿用“自强不息、厚德载物”的清华校训，并帮助他们募集到第一笔办学基金。当他们听说清华学堂周诒春老校长在贵阳担任省政府财政厅长的消息，立刻分兵两路：王万福、宋士英等七人奔赴贵阳去投奔周先生，父亲留在武汉，一边继续筹款，一边负责采购书籍和教学器具。周校长不愧是一位教育家，对办学团队的义举给予了更直接也更有效的帮助。他办了三件大事：一是组建清华中学董事会，请当时贵州的社会贤达、知名人士出任董事，他自己亲任董事长；二是再一次向国内外的清华校友发起募捐，短短时间收到很大成绩；三是带领这些年轻人在贵阳市区走街串巷，寻找校舍。结果在龙泉街找到一处颜氏祠堂：圣复祠（现贵阳市合群路团结巷52号）。决定修缮之后作为临时校舍。另一方面父亲在武汉求助朱自清、叶圣陶两位先生，通过开明书局为学校弄到一大批中学课本，很快便运抵贵阳。校舍、课本都有了，教师也有了——他们自己就是现成的教师。有贵人相助，创办学校的义举已是水到渠成。1938年4月贵阳私立清华中学招生启事登上报纸，短短几天就招满初一、高一各一个班，每班二十五名学生。当年5月1日清华中学正式开学。从此父亲走上了教育救国之路。

耕耘与收获

学校初创正值日本鬼子的侵略步步进犯，贵阳屡遭日军飞机轰炸，1939年3月学校从贵阳迁往花溪的大将山麓花溪河畔，这里成了清华中学的永久校址。虽然条件简陋，经费拮据，生活艰难，但父亲和其他创办人充满了信心。他们除了担任管理职务，全都兼任一两门课程。自己拿着低微的报酬，却高薪聘请专业人才做教员。每个人都兢兢业业地工作，认真负责地讲课。他们在课堂上对学生严格要求，下课后与学生打成

1938年在圣复祠。右一王万福，右三唐宝心。

一片，一起打球、唱歌，一起游泳、野营、演话剧。不仅取得了良好的教学成绩，也结下了深厚的师生情谊。当年的贵州已是炮火连天，但花溪的校园里却是书声琅琅，弦歌不辍。学校名声在外，许多知名人士，如梅兰芳大师，戴安澜、陈明仁将军，科学家萨本栋，中共元老李达，国民政府要员杨森、何辑五等，纷纷将自己的孩子送到清华中学来读书。

由于经费紧张，曾经使学校几度濒临夭折，父亲和他的团队硬是咬牙坚持下来。清华中学的校史上记录了两件事，很生动地反映了这一点。其一是1939年7月9日，周诒春先生召集教职员会议，报告学校经费情况。准备用八千元建造校舍；因物

同学们相互理发。

学生们在做课间操。

摄于1938年。右起唐宝心、王万福、宋士英。

价上涨，打算将教员工资从四十元提高到六十元；再就是缺乏经费，难以为继，建议停办高中。结果教员们一致表示：宁可不加薪水，也要把高中维持下去，直至学生毕业。其一是1944年底，董事会开会，因物价飞涨，经济困难，学校举步维艰，决定停办。会后以校长为首的教职员反应激烈，表示宁愿忍受更加艰难的生活，也不愿牺牲学生的学业，恳求董事会收回成命。结果学校得以勉强维持。

艰苦的耕耘必然会换来收获的喜悦，父亲从1938年至1947年在清华中学工作、生活了九年，与清华中学结下了不解之缘。上个世纪30年代末和40年代就读于清华中学的年轻人，到新中国成立之后，陆续成长为各行各业各条战线的精英、骨干。这是父亲最为自豪的事，他的学生中取得“院士”称号的有四人，一批人走上领导岗位，一大批人是全国知名的学者、教授、专家、模范，可谓人才济济。这些学生遍布国内外，如今都已是耄耋之年，有些人已经作古。几十年间，他们与父亲一直保持着书信往来。这些书信父亲视如珍宝，在生命的最后几年，他将珍藏的近千封信逐封整理，有几封觉得重要，甚至逐字全文抄写。父亲去世之后，清华中学校友总会从中选出三百封信，以《大将山情结》为名，付梓出版，成为父亲与清华中学深情厚谊的最好证明。

传承清华精神

清华中学在不长的时间里，就办成了全国知名的学校，有一定的必然性。一是日本侵华战争决定了父亲这样的知识分子要走教育救国之路；二是忠实地继承并实践了“自强不息、厚德载物”的清华精神。

父亲曾在一篇文章里，这样阐述他的教育理念。他写道：“办教育和办学校不一定是一回事。一些被誉为好学校的，不一定是好的教育。如某个学校会考考得好，外界常加以赞赏。若这个学校的负责人过于看重这个外来的赞誉，专门训练他们的学生去应付会考，而忽略了对其他方面的训练。那么我们可以说，这所学校的负责人不是在那里办教育，虽然我们无法否

1942年2月，唐宝心、陈琰的结婚照。证婚人是周诒春先生。

认他们是在那里办学校。我们真诚希望学生到这所学校以后，能平均发展，德、智、体真正被重视。”

正是这种理念，让父亲和他的团队把为国家、为社会培养有用的人才视为学校的天职，叫做“首重生活之训练，晋期品德之养成”。培养学生具备爱国、诚实、自强、合作的人格和品德，要求他们“智、德、体、群、美”全面、均衡发展，希望人人成为栋梁和精英。在管理学校的具体作法上，也打上了深深的清华烙印，具有鲜明的特点。例如，为保证教学质量，规定每班以二十五名学生为限，绝不扩招；新生必须通过入学考试这一关，不及格者不录取，无一例外。用今天的话来说，清华中学不“拼爹”；学生一律住校，每两周可回家一天；学校的图书馆、体育器材、实验室等不设专人管理，由学生自治

唐宝心（左一）和老师们在一起。

会组织学生轮流负责；学生考试，教员从不监考，全凭学生自觉遵守纪律，培养他们以投机作弊为耻、以诚实笃学为荣的品德和荣辱观。镇上有一家包子铺，每天清晨往学生食堂送两大箩筐包子，放下就走，次日才来收钱。学生取食包子，自觉将钱币放入钱匣，自找零钞，从不短缺。学生一律剃光头，学校购置理发工具，同学之间互相理发，高年级带低年级，学校每个学期要组织理发竞赛。还有一些规矩，看似无关紧要，实则大有道理，诸如走路时，不许把手插入裤袋里，不许斜穿草坪抄近路，到办公室要先敲门等等。在培养学生健康体魄方面，当年清华中学的做法，恐怕今天的许多学校也望尘莫及。学校规定学生每天必须有至少一小时的体育锻炼时间，下午三至四点，学校教室、图书馆、学生宿舍统统锁门。无论是老师还是学生一律到操场上去。每年5月1日校庆日，举办全校运动会，田径、足球、篮球一应俱全。五一这天也是每年全校师生到花溪河下水游泳的第一天，学校要求全体学生都要下水。高年级学生充当教练和救护，并规定没有学会游泳的学生不能毕业，而且没有发生过因游泳而溺亡的事故。仅此一项，今天的学校就很难办到。

这些例证都是我翻阅学生们写给父亲的信札时读到的，深

1943年的清华中学

为所动。几乎每位学生写给父亲的信里都对当年学校的学习、生活细节津津乐道。在他们的心目中，是清华中学给了他们启蒙教育，是唐校长和那些老师们把他们培养成一个正派的人，一个诚实的人，一个有用的人。为此他们对母校、对唐校长充满感激、敬爱之情。

赤子情怀

父亲的后半生，充满坎坷和传奇。1949年10月新中国成立，海外学子为报效国家，纷纷回国。父亲也决定放弃在美国的工作，返回阔别已久的家乡。然而和许多爱国的知识分子一样，回国之后不长时间就在疾风暴雨般的政治运动中受到了冲

1943年周诒春、梅贻琦两位清华大学老校长到清华中学看望创业的学生。（后右一周诒春、右二梅贻琦、右四唐宝心）

顾毓琇先生给学生训话。顾先生身后正面坐者为唐宝心。

击，先是反右斗争，紧接着又是“四清”、“文革”，批斗、抄家、关牛棚。写不完的检查认不完的罪，令父亲的心身受到了极大伤害。直至党的十一届三中全会召开，才苦尽甘来获得新生。先是在天津师范大学任教，担任研究生导师，培养了一批又一批青年才俊。1985年1月20日，父亲七十岁生日那天实现了多年的愿望，加入了共产党。他在退休前后的十年时间里，拖着多病之躯，奋力拼搏，忘我工作，在《简明大不列颠百科全书》和《顾维钧回忆录》两部鸿篇巨著的翻译工作中担任总校审。这两部巨著的出版，曾经在海峡两岸和海外华人文化界引起过不小的震动。1983年父亲担任清华大学天津校友会会

1947年，严重的通货膨胀使办学变得十分艰难，但清华中学仍在坚持。这是当时学校仅剩的几位师生。唐宝心、王鸿达和他们的学生周裔纲、陈庐山、邹家隆。

长，联合北京大学、西南联大、燕京大学、浙江大学、南开大学在天津的校友创办天津联合业余大学，父亲还参加了学校的管理和领导。这所大学成为当年全国被国家教委认可学历的三所业余大学之一。

改革开放的春风，带给父亲的另一件喜事是他与清华中学中断了多年的联系得以恢复。许多学生打听到老校长的消息喜出望外，纷纷来信倾诉衷肠，致以问候。更有人不远万里，专程来到天津家中探望校长和师母，以致每逢年终岁尾，家中的书架、书柜、窗台、桌子上都摆满从海内外寄来的五颜六色的贺卡。

1985年和1988年，父亲不顾严重的哮喘病，由母亲陪同回到了久违的花溪，参加清华中学的校庆活动，为学校的发展、变化感到由衷高兴。并在第二次返校时，向学校提出通过向校友募捐的方式，修建一座“寄梅图书馆”，用以纪念创办学校居功至伟的周诒春先生（周先生号“寄梅”）。得到学校同意后，父亲沿用了当年周先生、梅校长创建清华中学的老办法，联合几十位校友向海内外的校友发函募捐，得到了积极响应。历时三年，寄梅图书馆于1992年落成，当年5月1日，父亲第三次回到花溪，参加寄梅图书馆剪彩典礼。他说这次校庆“得偿了五十年的夙愿，表达了对恩师周寄梅先生的崇敬和怀念”。

2001年7月14日父亲因心力衰竭，与世长辞，终年八十六岁。父亲去世之后，京津两地的清华中学校友为了纪念他，请人雕塑了父亲的半身铜像，落成后派专人护送到花溪。如今父亲的铜像和他的恩师周诒春先生的铜像一起伫立在大将山麓清华中学的校园里。

我的母亲刘诒娴博士

刘碧瑞 口述　毛世明 整理

1952年，德意志民主共和国大使馆举办国庆电影招待会，周恩来等国家领导人应邀出席，播放的电影是纪录德国共产党领袖生平的《台尔曼传》。那时我国电影译音工作还没有展开，放映的是原音德语电影。那天我的母亲担任同声翻译，她将人物的对话及画外音翻译得非常精彩，特别是把台尔曼那段慷慨激昂、大义凛然的演讲传译得非常传神，当台尔曼喊出"谁选兴登堡，就是选希特勒，谁选希特勒，就是选择战争"的口号时，放映厅里响起一片掌声。台尔曼最后在布痕瓦尔德集中营被法西斯秘密杀害，母亲含着热泪，声情并茂地将台尔曼临刑前的演讲翻译成流利的中文普通话，感动了在场的每一个人，受到了周恩来和东德大使柯尼希的好评。

少年时代

1912年母亲刘诒娴生于上海，祖籍安徽贵池刘街。外祖父刘世瑗（1889–1917），字蘧卿，其父是在晚清的洋务运动中，和中国早期工业化的起步阶段，作出了卓越贡献的著名外

童年时代的母亲（右）和姨妈

交家刘瑞芬。外祖母张仁会（1888-1945），字随卿，是晚清重臣，洋务运动的领袖之一，辛亥革命的促成者张之洞之女。母亲出世时有一兄长，时年已三岁，二十岁之际夭折。母亲出世年余后又添一妹，就是姨妈刘诒娍。数年后外祖母将四外祖父刘世瑛的孙子刘通（后改名石泉）过继到名下为孙。

母亲五岁时，外祖父在北平病故。外祖母安排了外祖父的祭葬后，典押家中值钱物品，还清外祖父生病时所欠债务，带着三个幼儿回到南京殷高巷刘家祖宅居住。

母亲自幼体弱多病，但是聪慧好学，性情倔强。十分仰慕古代女英雄花木兰、梁红玉等。外祖母经常责怪她谈吐不雅，举止粗鲁，缺少女孩子的温柔气质。由于家教严厉，母亲幼小的心灵产生了很强的反叛心理。十一岁时就读南京女子师范附小，之后迁居上海，因喜爱读书，深得五外祖父刘世珩的赞赏。刘世珩（1875—1926）名奎元，字聚卿，又字葱石，号继庵，别号楚园。十三岁补贵池县诸生，十六岁考取秀才，十八岁乡试中举。是刘瑞芬六个儿子中最优秀的一个。二十五岁时任湖北道员，后调江苏，管理江南商务局兼南洋保商。1904年，二十八岁时，奉旨率团赴日考察大阪劝业博览会。归国后，曾向清廷上奏多项振兴国家建设的奏本，撰写了《银价驳议》《国法刍议》等。刘世珩获准在金陵购地建房二百余幢，组成劝业工艺局、商品陈列所、江宁商会，设商业中学、高等学堂等，被委任江宁商会总理。他同时还兼理南洋官报局、裕宁官银局、江宁马路工程局、两江师范学堂、江宁实业学堂等职务。

辛亥革命后，刘世珩寓居上海楚园。将毕生收集的许多金石书画、古籍文物，藏于楚园中，从此专心施展自己的兴趣和

1925年，母亲刘诒娴在上海五伯父刘世珩寓所——楚园留影。

专长。他热衷收藏文物、研读古籍、著书立说。

母亲住进楚园，一头钻进五外祖父的藏书中，饱读诗书，贪恋地汲取其中的养分，立志将来做一个女作家。因此她在楚园打下了坚实的中文基础，终身受用。

由于外祖父去世较早，母亲从小接受外祖母耳濡目染的张之洞家训的教诲，少年时代又受到博学多才的五外祖父刘世珩的指点，加上自身的勤奋，各方面都表现得很优秀。表哥石泉在1945年的日记中写道："大姑只比我大六岁。很能干，有热情，很有文化修养。能诗、能画、能文学（古文基础很好），口才又好，各种女红也极好，各方面都好，几乎是全才，只是脾气有些暴躁。功课极棒，在学校里经常是同学们的领袖。"

求学经历

1928年，母亲进入上海中西女中寄宿中学，该校是当时中国独一无二的贵族女子学校，在过去一个多世纪里，培养出大批的杰出女性，有宋庆龄三姊妹、外交家龚澎、前中国科学技术部部长朱丽兰、中国科学院院士黄量、工程院院士陈亚珠、作家张爱玲、艺术家顾圣婴等，在国内外享有盛誉，被誉为"女子人才的摇篮"。

民国著名军事家蒋百里上将的五个女儿都读过此校，其三女中央音乐学院教授蒋英（后为"中国航天之父"钱学森的夫人）、五女蒋和，都是母亲在德国留学时的好友。母亲成绩优秀，特别是中文，会写诗词和文言文，颇得老师赏识，常将她的诗词文章拿到课堂上念给大家听。

1931年"九一八"事变后，母亲冒着被国民党军警逮捕的

1930年在上海“中西女子私塾”读书时的母亲

危险，和学生团队到南京总统府请愿抗日。1932年“一二八”淞沪事变，国民党十九路军坚持抗日，浴血奋战。母亲积极鼓动、组织同学走出校园，奔赴火线，照顾难民，看护伤员。

在外祖母张仁会的支持下，1935年秋母亲赴日本东京留学，仅补习了三个月的日语，就考上了早稻田大学本部的文学系。在日寇即将侵华前夕，毅然放弃早稻田的学籍而转赴德国求学。到柏林后，由于受到曾外祖父张之洞“中体西用”思想的影响，她决心放弃文学，改学科学，将来回国可以“科学救国”。仅补习了五个月的德文，于1937年春天，就考上了德国

1934年4月，母亲在北平为反封建追自由，第一次离家出走。

汉堡大学生物系，充分显示出她的语言天赋。

不久她又进入柏林大学植物系深造。抗战爆发后，她与国内的亲人失去了联系，无法收到家中寄给她的生活费。为了生存和读书，经一位好心的大学教授介绍，她到德国明榭堡威廉大帝植物育种研究所坚持半工半读，在勤工俭学期间，她“以出世的精神，作入世的事业”为自己的座右铭，平时除了到柏林大学听课之外，每天都钻在试验室里，时刻鞭策自己，专心做学问，一心想做出成就，回国好报效国家。

“在德国求学的书痴”——母亲在照片背面题款自嘲。1936年摄于德国汉堡。

母亲经潜心研究，对剑麻育种的改良有了突破性的成果，同时又立下几个育种的研究项目。她的工作态度和研究成绩，感动了威廉大帝植物育种研究所的所长，认为她很有潜质，就为她申请到洪堡奖学金，这给了母亲极大的鼓舞。

1939年秋，希特勒悍然发动第二次世界大战，在战争中极其艰苦的环境下，战火、空袭、饥饿、劳累，时刻威胁着她的生命，生活压力超出了她的承受极限，不久她患上肺结核病，由洪堡基金会将她送到瑞士卢加诺的德国疗养院治病。

异域姻缘

在养病期间，母亲泰然处之、积极乐观的生活姿态，打动了一位来疗养的刚毕业于慕尼黑大学的医学博士，他是德国人，名叫维尔纳·肖尔滕（Werner Scholten），后来成为了我的父亲。我从来没有见过父亲，只是从照片上看见父亲面目清秀，眼神有点忧郁。母亲说父亲一头金发，身材高大，举止彬彬有礼，兴趣广泛，很有正义感。

父亲很赏识母亲的学者气质和坦诚的性格，也被母亲高雅、美丽的形象所吸引。由于他俩都喜爱文学、音乐。每次见面，父亲就会给母亲讲述歌德、海涅的诗歌和文章，母亲则向父亲介绍李白、白居易、陈子昂、李清照的诗词。父亲经常给母亲分析病情，鼓励她不要惧怕病魔。精神上的呵护带给了母亲无限的温暖。父亲欣赏母亲东方式典雅、高贵的气质，母亲则为父亲严谨、善良、坦诚的性格所折服。六十年后，蒋英教授还笑着说起：“我去瑞士的疗养院看望诒娴大姐时，她在谈恋爱，好神气啊！”

母亲在德国留学时的留影（1937年摄于德国柏林）

父亲是一个反纳粹主义者，更反对种族歧视。读高中时，因有反对纳粹及对希特勒不满的言论，被警察局监禁起来，经爷爷想方设法营救，才在考大学之前被放了出来。原先他的志向是当教师，但是当时学校的教材中，有很多宣传纳粹、歌颂希特勒的内容，使他极为反感。他不愿意当纳粹的喉舌，贻害学生，毅然放弃读师范专业，改学医科，考进慕尼黑大学医学院，攻读心脏内科。他对母亲讲："我非常感谢自己得了病，这就是你们中国老子说的因祸得福呵，因此而逃脱了兵役，就不用为我所厌恶的纳粹政府当炮灰。"

经过四年多的交往，母亲终于答应了父亲的求婚。1944年的秋天，他们不顾当时法律的限制，躲到维尔纳·肖尔滕（Werner Scholten）家族的乡下祖屋里举行了婚礼。在异国他乡漂泊了八年的母亲，终于有了温馨的家。

1945年的秋天，我哥哥汉瑞（Hanji Scholten）的出世，给他们增加了无穷的乐趣。按照当时德国人的传统观念，认为妇女的工作岗位就是厨房和缝纫机。为了照顾哥哥，母亲停止了学习和研究工作。操持家务，她也是好手，她不但会做色、香、味俱全的中国饭菜，西餐名点也同样拿手，又能给家人缝衣改衫，把家里布置得舒适而又温馨，一家人其乐融融。

二战结束后，国民政府的驻德代表团，在德国发起“免费护送中国人回国”报效祖国的活动。此时已怀孕的母亲得知后，游子思乡的心就像脱缰的野马，再也收不住了。母亲说服了父亲的家人，一家三口报了名并忙着打点行装。出发之日，突然有美国和中国的军政人员上船对父母亲宣布：美国占领军当局有命令，不允许德国人，尤其是技术人员离境，立刻要求父亲下船。这边中国军政官员，很肯定地向母亲保证：最多一年，父亲就能去中国。并对她说：中国政府正在和美国占领军当局、德国临时政府商谈，要请德国专家去中国帮助搞建设，到时父亲立刻就能去中国。

父亲苦苦挽留，劝说母亲等他可以出国时再一起回中国。母亲天真地相信国民政府官员的话，坚持自己先回国，安排好新家，等待父亲团聚的那一天。谁知夫妻竟成永别。一个充满天真的理想决定，彻底断送了一个幸福家庭。

在海上颠簸月余，母亲因有妊娠反应，加之晕船呕吐不止，十分痛苦，还要操心身边的哥哥——当时轮船的条件很差，母亲受的罪真是无法形容。幸得同船回国的慕尼黑大学医学博士、著名的中国外科专家裘法祖教授夫妇相助，才得以熬到香港，即刻接到侄子刘适的电报，说祖母已于去年离世，二

1937年，母亲到汉堡大学读书。

1939年，母亲和蒋英在德国留学时合影。

姑妈夫妇已启程前来香港。

这惊天霹雳的消息把母亲震呆了。自己辞别丈夫、怀着身孕、带着幼子飘洋过海，眼看快到家门口了，得到的却是自己母亲已离世！自己的家也不知何时能够团聚，深感老天这样无情的作弄人，此时她眼前一片渺茫。

姨妈夫妇到达香港后，姐妹二人久别重逢，真是悲喜交集。旅途劳顿，使母亲身体十分虚弱，1947年2月13日，我在香港早产出世。刚满半岁时，母亲将我交给姨妈抚养，带着哥哥去了南京，多次找国民政府申请父亲来华未果，母亲终于明白，当初中国驻德官员的承诺，只是一句无法兑现的空话，她恨自己太天真，更憎恨国民政府欺骗了自己。父亲来不了中国，母亲就想变卖家产带我们回德国，可是国民政府的贪污腐败造成经济崩溃，政府拼命地加印钞票，致使法币、金元券满天飞，疯狂的通货膨胀使母亲变卖家产的钱，一夜之间尽成废纸。

回国时父亲约定两年后不能团聚，双方均可提出离婚的要求。1948年，父亲来信提出离婚，母亲搂着正在出麻疹发高烧的哥哥，一遍遍看着父亲的信，悲痛万分，经过一段时间的思想斗争，母亲回信同意父亲提出的离婚要求。

迎接新中国

1949年新中国成立后，母亲在上海考上了北京的华北大学（今中国人民大学前身）俄文专修班，在校学习期间，她对新中国和共产党有了更进一步的认识，自觉地接受思想改造。她向学校递交的自传中，详细地汇报了家族成员的情况，自己的经历，和许多特定历史情况下的真实思想，没想到却为自己埋下了祸根。

1951年初，她被安排到东德大使馆任中文翻译秘书。先后为刘少奇、周恩来、朱德等国家领导人的外事活动服务，母亲每天上班的第一项工作，是将当天《人民日报》的社论及各方面的重要新闻，用德语直接念给使团人员听，让他们加深对中国政府、中国共产党和人民的了解。

她还将自己的工作经验和心得整理出来，对翻译人员如何准确运用外交词语、现场口译需要注意哪些问题，对培养翻译人员的国际礼仪、外事着装等向外交部礼宾司提出建议。有关领导看后认为很符合当时外交工作的需要，就把这些建议编入《中华人民共和国外交部翻译人员须知》，形成指导性工作条例。当时中国与民主德国在外交、外贸、经济、文化合作方面的工作备忘录、谈判文件、协议书的文稿编校及审定稿的译审，都是由母亲负责。由于工作出色，一年中受到三次加薪的嘉奖。

民主德国建国五周年之际，在中国举办文化节，有一部电影按其德语的原意是“冷的心”，大家都觉得这个片名古怪，既缺乏艺术感染力，也不符合剧情。但又想不出更好的片名。于是请母亲帮助。她了解剧情后，思索片刻便说：“这部影片可以叫‘冷酷的心’，你们觉得合适吗？”在场的人士情不自禁地鼓起掌来，在外交部翻译科的同事中传为佳话。一位老翻译对年轻人说：别看这简单的一两个字，却是两种语言功力的体现。一个优秀的翻译，只熟悉所学的外语是不够的，如果没有扎实的中文功底，德语再好，也不可能译出如此贴切、精彩的片名。

母亲在工作之余，翻译出版了《德意志民主共和国的发展》，编译了《斯大林格勒回忆录》、《波兰技术教育概况》等书籍。而且还为农业部翻译了大量的东德先进的农业技术资料。

1953年，为了响应社会主义改造运动，母亲、姨妈及表哥石泉将他们三人共有的财产，1948年分得的祭田一百余亩、房屋两处二十余间全部捐献给了政府，将南京白夏路的房产捐给了南京市第六中学（原为安徽公学）。产业捐献后，母亲和表哥十分高兴地认为，从此自己是真正的无产阶级成员啦！

由于母亲显赫的家庭背景，随着愈演愈烈的阶级斗争路

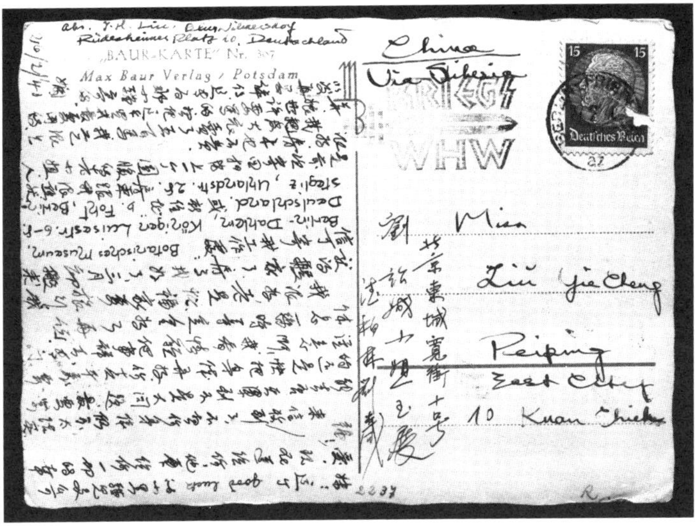

1940年2月，母亲在德国柏林写给妹妹的信，语句娓娓动人，用苦涩的幽默来表达她当时生活的困境。

母亲在做植物育种实验。1942年摄于德国慕尼黑大学。

我的父亲——Werncr Scholten

线，有些领导认为母亲不适合在外交部工作。期间，母亲还拒绝了一个已婚领导的求婚，从此这人就记恨在心，处处打击报复她。1956年第一个五年计划中，以苏联为首的社会主义国家援助我国的一百五十六项建设全面展开，国家急需外语翻译人员，母亲被借调到第一机械工业部，承担起为筹建西安仪表厂，培训几十名德语翻译人员的任务，八个月后他们要随东德专家投入建厂工作。由于她的教学有方，培训班结业时，学生们大部分都能胜任德语口译工作，在仪表厂建厂初期，发挥了

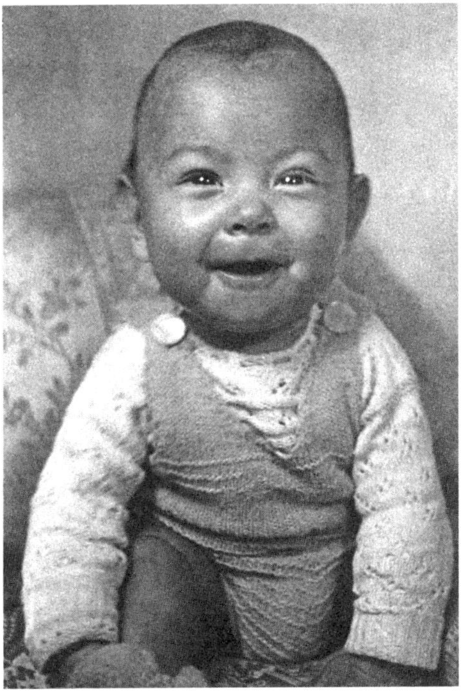

汉瑞哥哥周岁。1946年摄于德国慕尼黑家中。

关键性的作用。后来，西安仪表厂被认定为机械行业的科技德语培训基地。

“运动”牺牲品

母亲在社会主义改造运动期间，即向政府捐献了继承家族的遗产，为自己真正成为无产阶级的一员而欣悦。如今她想用最好的工作成绩证明自己，愿意跟上时代的进步，她萌生了加入中国共产党的想法。她完全没有意识到，她那显赫的家庭背景，十几年负笈海外求学的经历，毕业于名校的德国医生的丈夫，能说流利的英文、德文，温文尔雅、不卑不亢的端庄气质，都是她人生中无可分割的组成部分，都是被当时的阶级路线政策视为斗争和打击的对象。虽然她和无数知识分子一样，心甘情愿地脱下西装、旗袍，诚心诚意地穿上朴素的列宁装，但是她只能背负着自己的过去走向未来，既然无法将自己从过去剥离出来，也就无法逃脱即将来临的厄运。

1957年突如其来的整风和反右运动，令她感到迷惑。当时母亲并不想对有些厂领导的不良作风发表意见，她做人的准则是严于律己，一介书生虽然做不到“兼济天下”，但“独善其身”总还能做到。可是她到底没经住别人的蛊惑，在整风会上对仪表厂领导提了几点改进工作作风的意见。反右运动中，这些意见被定为反党反社会主义的右倾言论，遭到批判。她曾多次对我说过：“我是被旧社会国民政府欺骗，逼得家庭分离、走投无路的人。新中国给我带来了光明的前途，美好的生活。我怎么会反对共产党、反对新中国呢？这样无中生有地批判我，叫我百思不得其解。我从来就没有过反对共产党、反对毛主席的想法，要我深挖自己的灵魂找出反动思想的根源，真叫人苦不堪言。”

接下来，母亲被定性为犯有“右倾言论”错误，听到自己只是犯了“右倾言论”错误，而没有定为“右派分子”，紧张了很长时间的母亲此时松了一口气。但是为了完成划右派分子的指标，仪表厂强行将母亲升级为右派分子，撤销行政职务，仍留在专家工作科工作， 工资由200元降到91元。到“文革”初期，只发给20元生活费，随之被抄家、挂牌子游街批斗、请

1947年，我和母亲、哥哥在香港分别前留影。

1949年，母亲考进中国人民大学进修。

罪，一度天天挂着“右派分子刘诒娴”的大牌子上班。监督改造期间，做过花工、厕所管理员、仓库保管员。家也由职工宿舍搬到仅八平方米，没有用水，没有厕所，条件极劣的建筑工棚里，一住就是八年。

人生转机

1973年的国庆节前夕，母亲意外接到仪表厂党委办公室的通知，戴在头上十五年的右派分子帽子被摘掉了。但来人同时代表党委告诫母亲：不要认为摘掉右派帽子，就表示自己已改造好了。还要继续接受群众的监督劳动，帽子放在群众的手上，如果改造得不好，随时会再给你戴上……

讽刺的是，当仪表厂派人到西安市公安局注销母亲的右派分子备案时（反右斗争后，规定西安市各单位的右派分子，都要在市公安局登记备案，作为内控人员），备案名单里却找不到母亲的名字。说明当时仪表厂党委并没有对母亲做出“右派分子”的定性。给母亲戴上右派分子这顶沉重的帽子，也许仅仅是为了凑足一个“百分之五”比例的数字游戏，而当事者以及他们的家属却为此付出了沉重的代价。

1950年，母亲在中国人民大学俄专进修班和同学们合影（前排右二是母亲）。

一家人最开心的日子，1952年9月摄于北京。

1956年春，母亲和西安仪表厂德语培训班的学生们在北京北海公园。

那顶“帽子”原本无形，“戴”也好，“摘”也罢，境况没有丝毫改变，母亲继续在车间接受劳动改造，继续只拿生活费，继续住在八平米的工棚里。戴帽时宣布“开除厂籍，留厂查看两年”的处分，也不知是否随摘帽子而撤销。总之，“摘帽”并未改变“戴帽”带来的一切，母亲丝毫看不到希望。

1979年大规模改正错划右派，仪表厂才正式宣布母亲属于错划右派，撤消原处分，恢复政治名誉，但降级期间扣发的工资却不予补发。漫长的二十二年过去了，母亲这年已经六十七岁，患有高血压、冠心病，已是一位诸病缠身的老人了。

母亲被调回工业自动化仪表研究所工作（前身是仪表厂专家工作科），心中充满喜悦。她将有限的生命，投入到改革开放的事业中。母亲领衔翻译的《德语2000》初版一万多册，很快销售一空，又补充修订，发行了第二版，之后西安外国语学院等高等院校和有关单位，又多次将此书再版。

重游慕尼黑

1986年，在侨居香港姨妈的帮助下，我和母亲赴德国慕尼黑，探望奶奶和姑妈等亲人，母亲回国已四十余载，晚年想去看望亲人，是她多年的心愿。

探亲期间，表妹夫妇陪我们去拜祭父亲，父亲的墓地离慕尼黑较远，需要几个钟头的车程。在路上，我看到年迈的母亲眼中泪光闪烁：我的好妈妈，您在想什么？您是否又嗅到轰炸柏林的硝烟气味？您是否又回想起在卢加诺疗养院第一眼看到父亲时的情景？您是否又为乡间婚礼上那香槟酒的甜美所陶醉……那一路，一向惮于乘车的我竟然奇迹般地没有晕车，我

1956年冬，母亲站在西安仪表厂建筑工地的雪地上。

想这是父亲冥冥中在护佑着我。我在心里默默地祈祷：爸爸啊！自从我来到这个世界，我们就没有相见，我是多么地想见到您啊！今天终于有了机会，但是来得太迟了，我们的团聚，竟然是在阴阳两界里！

幽静的陵园环境优美，绿树丛丛，草地上开满了白色的鲜花。父亲的墓地不大，也没有高大的墓碑。我和母亲向父亲献

1957年在西安简易住所前合影（后排左一熊可光、左二冯姨、左三母亲、左四叶惠贤，前排左一西安仪表厂首任女厂长赵廸之、左二辛天民。（熊可光女士提供）

上鲜花，母亲默不作声，眼中充满泪花，站在父亲的墓前，我无法知道母亲此时心中的感受。我抚摸着父亲的墓地，辛酸的感觉不知是为父亲还是为自己，我来到这个世界上，从来没有喊过爸爸，不知道父爱是什么。累积多年的思念，终于让我大声喊出："亲爱的爸爸，我和妈妈来看您了！"

有一天，我和母亲专程坐地铁去看当年她在慕尼黑大学读书的校园，一路上她心情特别急切和兴奋。母亲对我说："慕尼黑大学，是德国国王授意德国早期古典哲学家谢林

（Schelling，1775–1854）创办的，这所大学一直忠实贯彻了谢林‘科研与教学自由’的原则。第二次世界大战期间，慕尼黑大学有一个反对纳粹的白玫瑰青年组织，你父亲就是成员之一，他有着强烈的反纳粹思想，所以才有胆量要我这个中国人做妻子。”

我们走到一座大楼旁，母亲指着楼上的一个窗户对我说：“那就是当年我的试验室，有一天我正在做试验，突然一颗炸弹落在我的试验室窗户外，爆炸以后，玻璃窗全部震碎了，室内做试验的玻璃仪器也震碎了不少，我和一个同学急忙趴在地上，这才免招伤害。如果那颗炸弹落歪一点儿，就会炸到试验室内，这样就不会有你和汉瑞了。唉！这都是天意！”

母亲接着又说：“这些事情都已相隔四十多年了，好似昨天刚刚发生。不知咋地，走进母校，就感到自己像年青人一样，浑身充满了朝气。时光要能倒流该多好啊！”

最后的岁月

回到西安后，母亲曾经轻度中风，身体大不如前，但仍坚持去上班，此时她已是七十四岁的高龄老人了。研究所情报室的负责人张炳衡老师是母亲的学生，在平时的日子里，他总是无微不至地关心母亲，只要发现母亲头晕、不舒服，他总是立即搀扶着她回家休息。张老师常说：“刘老师这么大年龄，还能来坚持工作，难能可贵。我们能有她老人家这么个活字典，随时帮我们排疑解难，这多好啊。”

1989年10月7日，母亲因中风而离世，终年七十七岁。经亲友和学生们商议，一致认为母亲从1956年来到西安，在古老

1986年，我陪母亲前往德国慕尼黑探亲，摄于奶奶家中的后花园。

的三秦大地上生活了近四十年，她大半生的喜悦、痛苦和悲哀，始终和这儿的山山水水，这儿的父老乡亲荣辱与共。最后选定在陕西乾县乾陵（唐高宗李治和武则天的合葬陵墓）附近的陵园安葬了她老人家。

2012年为了纪念母亲诞辰100周年，我和先生花了近四年的心血，寻访了母亲生前的老同事、老朋友、学生及刘家的亲友，翻遍了母亲家族的史料，查阅了上个世纪50年代至80年代中国时事的史料，用真挚的情感，如实记述的手法，出版了《从慕尼黑到古都西安——一个高级知识分子报效祖国的苦难历程》，书中追思了我的母亲，一个充满理想的爱国主义者的传奇人生。

爷爷的故事

袁 济

这张八十二年前的老照片，是我爷爷袁义亭六十寿诞时拍摄的全家福。祖孙三代共三十人，我是其中最小的一个，只有半岁，还不能坐（照片中坐地者右数第三人是我大哥，他怀里卧着的小娃娃就是我）。

我祖籍山东省黄县城关镇二圣庙村，现龙口市东美街道二圣庙村。我家是个大家族，爷爷堂兄弟十五位，所以我有十五个爷爷。老家二圣庙村东部半条街都是袁姓家人居住，有“袁半街”之称。

这张照片的正中位置是我的爷爷袁义亭，我们家的兴衰与他密切相关。

爷爷出身书香门第，自幼崇尚文化。他追随辛亥革命，赞赏“新生活运动”。一生致力于创办新学堂，传播新学教育，宣传进步思想。为了创办新学堂，散尽家财。因此，在本县小有名气。据龙口市志记载，二圣庙村经正小学是老爷爷袁丕龄于1915年创办。当时黄县只有私塾学堂，新式学堂是老爷爷首创。起初，经正小学只有初小班，1919年老爷爷去世后，我爷爷继任校长。上任后立即捐款扩建校舍二十余间，到1922年又

1932 年的全家合影。中间端坐者为作者爷爷袁义亭和奶奶，后排右二为作者父亲，右三为作者母亲。

建女校，并设妇女识字班和幼稚园，还办有织袜为主的手工作坊。他首先将自己的女儿、媳妇送进妇女识字班学习。由于推崇新文化、新思想，袁家的女性率先放足。

1923年，当地六合螳螂拳师赵乾一捐款万元作为办学基金。有了钱，我爷爷又高薪聘请县内优秀先生任教，再加上他殚精竭虑地经营和教师们的扶助，学校设施日臻完善，教学管理井井有条。1931年，当时的山东省督学董维在视察黄县教育报告中，有这样一段表述："第一区第一小学（二圣庙村经正小学），创办于光绪三十二年（1906年），原为袁姓私人创办，不仅建校舍，购置设备，且牺牲精力办学，纯尽义务。其热情殊堪嘉尚。校舍分两处，房屋不够分配，现正将毗邻庙院改建，以图扩充。学生七个班，共329人，年支经费757元（有基金万元）。各项设备够用，新购置理化仪器、药品颇丰富，皆系捐款而来。……1933年，学校又建楼房一座，普通教室七个，特殊教室十个，共二十四间，建礼堂一座（六间），商店一座（二间），办公室、教室宿舍、学生宿舍、自修室等十余间，建运动场896平方米，标本仪器、运动器械等也购置齐全。此时教学班仍是七个，学生337名，其中女生84名，教职员14人，当时学生的数量居全县小学之冠。

经正小学的学生来源除本村和附近村子外，还有来自偏远农村的寄宿生。对于学习好、家庭困难的学生，学校免收学费。爷爷还曾给穷困学生开条子，让他们去账房拿钱，以助学业。经正小学历届毕业生共约六百人。

为了能使学生健康活泼成长，培养他们的自治能力，以适应社会需要，学校除组织课外活动，如演讲会、读书会、军乐表演外，还模拟建立“经正市”自治组织，这在当时确属首创。该组织制定《经正市自治章程》，内分“总纲”“市议会组织法”“市政所组织法”和“初级裁判所组织法”，按照这些法规由全体学生选出市长。并按一个“市”的行政机构成立相应的组织。自治机关下设总务、卫生、实业、社会教育和警务等科，社会教育科负责处理本“市”新闻部、体育部及举行音乐会、演讲会等各科活动的具体事宜；总务科负责处理本“市”选举、查收活动所需经费；警务科负责童子军的训练、管理；卫生科负责处理本“市”大众卫生；实业科负责售品所得各种事宜；初级裁判所是受理“市民”控诉的机关，裁判过程分检查、审判两步：检查部负责检查学校纪律，记录学生过失，并向审判部起诉，审判部受理检查部起诉案件。每周末下午上完课后开庭调解学生中纠纷，批评和处理有过错的学生，如有不服，可以上诉高等审判部，直至“市长”。在这种学生自治组织的管理下，学生纪律严明，法制观念和自治能力增强。省政府教育厅每年来黄县视察，都对爷爷的办学精神给予高度评价，曾多次授予奖章和奖状。

1937年七七事变后，全国抗日救亡浪潮此起彼伏，爷爷带领经正学校师生举行游行，抗议日本帝国主义侵略罪行，并热情接待来黄县的抗日流亡学生。1938年2月，日军占领黄县城。爷爷为了不做亡国奴，不做汉奸，不当傀儡，决定弃家外出避难，将家里人分成两部分：成年男性儿孙迁往大后方西安，自己带领老弱妇孺到乡下投亲靠友，过起流亡生活。抗战期间，他一直匿居在家，夜间才敢到庭院走走。年幼的儿孙到了读书的年纪，他不送他们到日本人办的学校读书，而是自己当老师，在家里教他们四书五经。全家人忍辱负重，近八年没有去报“户口”。就这样生活到1945年日本投降后，黄县解放，他才出门见天日。

黄县解放后，他积极投身到人民政府参议室工作。在土地改革时，他带头将家里的房地产献出来接受政府处理，将多余的房地分给贫下中农。1946年国民党发动内战，爷爷坚信只有共产党才能够救中国，他除了支持儿孙参军参战，还在县政府召开的动员参军参战大会上发表讲话，说自己家已有十几个子孙参加了人民解放军，号召父老乡亲们积极动员自己的儿孙参军参战，打败国民党反动派，解放全中国。为此，曾被县政府授予“革命家庭”，并授匾额表彰。

1947年8月，国民党军队占领了黄县城，爷爷又带领家人外出避难。三个月后，国民党军队败退，他回到家里看到被洗劫的情景，一气之下病倒了。不久，又传来最心爱的孙子——袁伦在鲁南战斗中牺牲的消息，不堪连续打击，于1948年11月18日病故，终年七十六岁。

家庭老照片里的记忆

傅爱仁

每个中国人都有自己的家庭记忆。近代以来，由于中国内忧外患不断，所以中国人的家庭故事，就多少带有不幸或悲剧色彩。我家也不例外。

一

我父亲是爷爷奶奶的独生子。在父亲还是个小孩的时候，我爷爷就病故了。爷爷病故后，父亲由寡母拉扯大，并娶上了媳妇。那位媳妇是本乡的一位美女。

1941-1942年，鲁中山区连续两年大旱，接着是可怕的瘟疫，加上驻防该地的日伪军烧杀抢掠，把这一带变成了“无人区”。这片“无人区”，以临朐县的三岔、九山为中心，东至安丘、昌乐县西部，西至蒙阴县西北部、博山县东部，南至沂水、蒙阴县北部，北至益都、临朐南部，纵横近一百公里。据不完全统计，仅临朐县被杀害、冻饿和患病而死者就达十万多人，背井离乡逃荒的有十六万八千人，骨肉分离、典妻鬻子者一万四千人，全县人口从原来的三十八万人锐减到八万人。那时我老家所在的王坟镇（当时叫逄峪乡），属临朐县管辖，离九山不远，是这个无人区的中心地带。全乡村庄十室九空，街道长满高过人腰的蒿草。也就是在这个时候，父亲的第一位妻子，也就是我的第一个娘，被瘟疫夺去了生命，死时也就十八九岁，正是一个女人最好的年龄。接连失去了父亲和妻子，为了活命，父亲选择了当兵。他先是投奔当地地方武装赵玉增部，尔后加入国民党军吴化文部。国共内战开始，他又参加了共产党领导的解放军。此后，他随所在部队参加了孟良崮战役、济南战役和淮海战役。

淮海战役中，他随部队追击从徐州溃逃的国民党军队时，不幸踩中敌人埋下的地雷，整个左臀部被炸掉。因为血肉模糊和失血过多，父亲被抬进了太平间。算他命大，一位巡视太平间的解放军军医，从父亲身边经过时，听到了他微弱的呻吟，发现他还没有死，立即对他进行抢救，父亲这才捡回了一条命。战争岁月，除了臀部那块骇人的伤疤，他的小腿和腹部都有枪伤。在部队，因为个子高、眼神好，他成了一名优秀的机枪手。有一次，他所在的部队奉命攻占敌人据点，对方凭借碉楼负隅顽抗，父亲居然能够利用机枪的点射，把那个碉楼垛口上的砖头一块块掀掉，最终消灭了碉楼上的敌人。在世时，父亲几乎闭口不谈自己过去当兵打仗的事。有一次，一群年轻后生缠着问他所经历的最惨烈的战争场面，他的回答是：孟良崮战役。他说，那次战役，解放军实行人海战术，前赴后继，伤亡巨大，死伤枕藉，他所在的那个连一百多号人，最后只剩下包括他在内的三个人。

淮海战役结束，伤愈后的父亲，被编入留守徐州的铁道部队，负责保卫津浦铁路。新中国成立后，他所在的这支铁道部

图1 1962年初，二爷爷在山西省神头镇与我父母及大哥二哥的合影。中坐者为二爷爷，被他揽在身前的是大哥光增；左立者为母亲，母亲怀中抱着的是二哥光友；右立者为父亲。

队被改编为铁路警察，父亲分配到徐州铁路公安处。1957年，父亲又从铁路警察转入铁道部下属的中铁建设七局。此后，父亲跟随这支筑路大军转战全国各地。

嫁给我父亲之前，母亲曾有过一个家庭，还生了一个女儿叫瑞娟。母亲第一次嫁人，是为了给未来的婆婆冲喜，但没等过门，那位婆婆就去世了，她只好将嫁衣改丧服，戴孝出嫁。后来，她的第一个丈夫得了肺病，最终不治身亡。1955年冬天，母亲的一位闺蜜，为她介绍了我的父亲。与父亲结婚后，母亲跟随父亲过起了居无定所的生活。1956年4月，在吉林省白山市开凿枫叶岭隧道时，母亲生下了大哥光增；1960年10月，在山西省朔州市神头镇，母亲生下了二哥光友。

图1拍摄于山西省朔州市神头镇一家条件简陋的照相馆。照片上的人都穿着棉衣。照片拍摄的时间应是1962年初春，一个乍暖还寒的季节。20世纪60年代初，正值全国范围的“大饥荒”，家里揭不开锅，大人小孩都吃不饱，姐姐和哥哥饿得争抠糊锅底子。姐姐瑞娟饿得不行，就到镇子附近的野地里去找能充饥的食物，错把貌似豆科植物果实的蓖麻子当扁豆吃，结果造成中毒去世，死时年仅十岁。见过瑞娟姐的人都说，她是个人见人爱的小姑娘，长得白白净净，一笑一对酒窝儿。可是，一朵含苞待放的花朵，还没等盛开就凋谢了。这幅照片上没有瑞娟姐姐的身影，她于1961年秋天去世，二爷爷到山西神头是1962年，因此判断这幅照片应拍摄于1962年初春的某一天。二爷爷那次到山西神头，为的是接洽我父亲返乡的事宜。为了欢迎二爷爷的到来并留下纪念，父母约请二爷爷到当地唯一的一家照相馆，拍摄了这幅合影。应该感谢二爷爷的那次山西之行，如果没有他的这次山西之行，就不会产生这幅弥足珍

贵的包括了祖孙三代的老照片。

拍完这幅照片后不久，父母响应组织号召，放弃了城市户口，踏上了返乡的路。为什么放弃城市户口和国家干部的身份，返乡务农呢？首先，在山西神头，父亲是吃公粮拿工资的国家干部，当时在保卫部门任职，虽有稳定的工资收入，但是单位配给一家人的口粮却不够吃；其次，父亲是爷爷奶奶的独生子，老家有他可以继承的一座宅院和自留地；另外，当时我的亲奶奶还在世，需要他回家尽孝。我的母亲，本来属于城市人，但因为女儿夭折和食不果腹，也不愿意再过漂泊的生活，于是他们响应组织号召返乡定居。1962年，父母回到老家后，先是借住二爷爷家的南屋，等老宅院的新北屋盖好，便搬到新北屋居住。1963年12月，母亲在老家生下了我，1966年12月又添了弟弟光庆。

图1正中坐着的是我的二爷爷。他是我爷爷的弟弟。端坐在照片中央的二爷爷，静穆儒雅，一看就是个文化人。如果他生长在一个富贵人家，他完全有希望像他的二儿子廷顺那样，做一个靠脑力劳动生活的知识分子。可是二爷爷命苦，上天没有赐他这样的福分，他的父母没有能力供他，读完私塾就被迫辍学。

在老家，二爷爷长期担任大队或生产队的会计，负责记账算账，还经常替人书写对联、代写书信以及为小孩起名等。闲暇时，则与文友谈古论今，谈论最多的是读“红楼”、“三国”、“三侠五义”的心得体会。在我们家族晚辈和全村父老眼中，二爷爷是德高望重的长辈先生。二爷爷与我父亲一样，也是中年丧妻，由他一个人独自抚养四个未成年的女儿和两个儿子。比我父亲幸运的是，他前面的三个孩子都是女儿，孝顺能干的三个姑姑在很大程度上担当了一个母亲的角色，所以二爷爷很少操持具体的家务。二爷爷最后是被痨病夺去了生命。为二爷爷守灵哭丧时，父亲涕泪纵横。因为他比二爷爷的两个儿子大出许多，所以，他披麻戴孝地走在送殡队伍的最前头，而且负责摔老盆。

我从未见过自己的亲爷爷，也没有关于亲奶奶的任何记忆。丈夫去世，奶奶改嫁到了邻村阿陀张爷爷家。因为她与张爷爷一直没有再生育，就抱养了本村一位穷人家的女孩做女儿，那个女孩就是我的姑姑。1964年农历十二月初二，亲奶奶病故。从此，张爷爷就带着姑姑相依为命。姑姑成人出嫁后，亲友们又为张爷爷张罗了一位昌乐农村丧偶的老年妇女做老伴儿，见面我们也称她奶奶。去益都（今青州）中心医院做手术前，母亲把不到三岁的弟弟托付给了奶奶和姑姑。奶奶、姑姑包括张爷爷，都十分疼爱弟弟，尤其在母亲去世后，更是担负起了抚养他的重任，对他悉心照料，呵护备至。为了照料年幼丧母的弟弟，年轻未婚的姑姑，除了没有喂奶给弟弟吃，其他一个母亲能做到的，她都做了。到了上学的年龄，弟弟又被父亲接回了家。所以，直到我的嫂子进门，我们家五口人是清一色的男性。多亏了我的姑姑和三老姑、四老姑，每年冬天到来之前，都要到我家为我们一家五口缝棉被做棉衣，帮着摊煎饼做饭，还教我们做饭做菜。她们给予我们一家的深情厚义，令我终生难忘。好人有好报，我姑姑的三个儿女个个成才，患病的姑夫也奇迹般痊愈；三老姑和四老姑如今年过九旬，身体健康，家和子孝，正在安享晚年。

小时候，看到自己的爷爷和姑姑与父亲不是一个姓，我的心里曾犯嘀咕，不知道是怎么回事。后来才知道，原来我们不是他们亲生的。虽然没有血缘关系，但他们给予我们一家的情义不亚于很多的血亲。后来，那位来自昌乐的奶奶得了重病，被他的亲生儿子用一辆地排车接走，不久也离开了人世。此后，张爷爷就一个人长期住在南河滩的一间小石屋里做护林员。为了不让他老人家过于孤单寂寞，父亲让我和弟弟轮流到他的小石屋陪他过夜。

我的父亲是1990年春天去世的，享年七十岁。去世前几个月，他发现自己吃东西吞咽困难，大便像沥青的颜色，到医院一检查，已是食道癌晚期。当时，我在徐州的中国矿业大学担任教职，听到父亲罹患绝症的消息，如五雷轰顶，不敢相信是真的，立即向单位请假回家探望。在家里，我前后伺候他一个星期。回到矿大以后，不断收到大哥发来的有关父亲病情的电报。收读父亲去世的电报时，我正在矿大资料室里参加每周一次的政治学习，读着电文，我的泪水夺眶而出，强压着没有发出抽泣的声音。于是，我赶紧带上老婆孩子往青州老家赶，希望最后看上父亲一眼，并让父亲亲眼看看他的第二个小孙子——我一岁不到的儿子。但是等赶到家里时，父亲已经下葬，看到的是一个新土堆起的坟头。这次，我真的体会到了什么叫“悲愤交加”：后悔因为当时为了给儿子注射疫苗，而没有与父亲见上最后一面，愤恨系办公室工作人员没有把父亲病危的电报及时送达，以及没有等他在外的三儿子回来，父亲的遗体就被火化入土。父亲已经去世二十四年，现在怨谁都没有意义。有些事情似乎是命中注定，就像老家的一位老人所说，我的父母命中不该有我这个儿子，理由有二：其一，父母去世的最后时刻，我都没有守候在他们身边，没有与他们做“诀别”；其二，当我有条件报答父母的养育之恩时，他们都已经作古，“子欲孝而亲不待”。也许这是上天的安排，比如母亲离世前，我一个人先期离她去了徐州；父亲去世时，七差八错的原因使得我无法见上他老人家最后一面。

母亲去世后，父亲一直未娶，当时也有好心人为父亲撮合介绍过老伴，对方来我家看了一眼就没有了下文。由于没有文化，也由于随遇而安的性格，父亲一生没有大富大贵，但也没有在困难面前一蹶不振。过去，我们兄弟，尤其是我本人少不更事，对父亲求全责备，甚至当面抱怨过父亲。但随着自己人到中年，现在的我，对于父亲，除了感恩，又多了一份崇敬。父亲实属不易：少年丧父，中年丧妻，一个大男人独自抚养四个儿子，既当爹又当娘。尽管有时候，有的地方，他做得不尽如人意，但是换位想想，如果自己是当年的父亲，又能做得怎样呢？自己敢说一定比父亲做得好吗？

听长辈大人讲，我小时候身体羸弱，但特别顽皮，爱偷吃红糖，结果得了咳嗽的毛病。父母既生气又心疼，没少打我屁股。有一次，我夏天突然生病，父亲用扁担挑着两个箩筐，送我去公社卫生院看医生，一头的箩筐里放一块石头，另一个箩筐里放的是我。我坐在箩筐里，探头望着外边的世界，听着父亲与路上熟人打着招呼，身体随着扁担有节奏地上下颤动，就像坐轿子一般舒服美妙。这件事过去了四十多年，但不知为什么却一直深深印在脑海里。

二

1927年2月24日，我的母亲出生于徐州市铜山县大黄山镇小黄山村一户殷实之家，姥爷是当地有名的风水先生，能写会画，备受乡亲们敬重。那时候的家长大都有重男轻女的思想，我的姥爷姥娘也不例外，前面三个闺女都没让进学堂，但把儿子供到读完大学。因为我的母亲是姥爷姥娘的幺女，所以就比别的女儿多了一分宠爱，破例获得了读书的优待。所以，我的母亲是她娘家姐妹四个当中唯一的“知识女性”，熟读《三字经》、《女儿经》等儒家经典。她知书达理，热情助人，喜欢说笑。

母亲一生留下的照片少之又少，现在能看到的只有两幅：一幅是1961年冬天，二爷爷去山西朔州神头时留下的那幅老照片（图1）。直到二爷爷去世前，这张照片一直挂在二爷爷家的堂屋北墙正中间的相框里。小时候，尽管是二爷爷家的常客，但开始我并没有怎么注意这张照片，后来才知道照片上那个抱小孩的中年妇女就是我的亲生母亲。母亲去世时，我不足六岁，而且远在徐州的二姨家，所以有关母亲的记忆等于零。从我懂事起，母亲之于我，就是一个传说。

由于生活操劳，加上精神屡受打击，母亲的身体出现了问题。1969年4月，二姨家的表姐瑞珠在去北京上访南返途中，顺道探望她四姨妈，因此勾起母亲回徐州娘家省亲的念头。为了欢欢喜喜回娘家，她特地把年幼的我让表姐先行带回徐州，把最小的弟弟托付给阿陀的姑姑，然后她住院去做手术。也就是这次切除脾脏的手术，夺去了母亲的生命。

我在徐州前后生活了大约半年。考虑到我已经到了上学读书的年龄，再说二姨家日子也十分紧巴，经两地大人们协商，决定将我送回山东老家。1969年冬季，我和二姨家的大表哥和三表哥搭乘一辆表姐夫单位到山东出差的敞篷车回家。一路上我与两位表哥扶着车斗前护栏站立，好奇地观望路边的风景。

经过淄博地界时，我依稀记得公路两边高高耸立的烟囱，堆成金字塔一样的煤矸石，以及夜幕下的点点灯火；敞篷车路经淄博市区时，怕我被道路两旁的法国梧桐刮伤，两位表哥不时提醒我低头，有时候用手按下我的头。回到老家，母亲已经入土，我和两位表哥看到的是母亲的坟头。据表哥们回忆，我回去时的表现很好——见到母亲的坟头居然哭了。其实，不满六岁的孩子还不知道悲伤，更不会预料失去母爱后的悲苦。小小年纪，居然没经人教导就哭了，所以在大人们看来，这孩子比较懂事。小时候，我很长时间不知道母亲长得啥模样，有一次村子打麦场播放露天电影《英雄儿女》，看过电影的姑姑婶子们都说，我的母亲长相很像电影中王芳的那位“革命母亲”。对比二爷爷家墙上挂的这幅照片，仔细端详打量，觉得她们的外貌还真有点相像。

关于母亲的照片，我能看到的，除了图1这幅，就剩图2了。图2这幅照片，现在已经成了我们家的一级文物，因为照片的底版已经无从查找，原版照片也只有一幅。这幅照片是表姐瑞珠1969年春天北京上访的副产品。在从北京返回徐州时，表姐突然萌生了要去山东探望她的四姨即我母亲的念头。也就是由于表姐的这个临时决定，导致图2这幅照片的诞生。照片的拍摄地点是我家老宅大北屋东窗下鸡窝前，拍摄时间是1969年4月的一个黄昏，拍摄者是表姐夫张秋志。照相时，我家院子里站满了看热闹的人。为了利用自然光拍摄，姐夫催促家人赶紧做好准备。于是，一家人一边换衣服，一边拿凳子搬椅子，然后按照表姐夫的指令，或站位，或落座。当时拍摄了许多幅，后来表姐夫把照片的底片和冲洗出来的照片一并寄到了我家：一幅我家的全家福，一幅我们兄弟四人的合影，以及母

图2 1969年4月瑞珠姐与母亲在祖宅大北屋前合影。

亲与瑞珠姐的这幅合影。仔细端详这幅照片的画面，你会发现，太阳光是从老西屋屋顶照射过来，照片右下角和人物的身后都留下了阴影。

如今的老西屋已经不复存在，但它永远存在我的记忆里——这是两间低矮的房子，面积不到三十平方米，由于长期用作厨房，房顶和四壁都被烟火熏得黑漆漆的。在这个房子里，曾发生过许多让我刻骨铭心的故事——在这里，我父亲的第一个妻子离开了人世；在这里，我父母起炉灶，生火做饭，摊煎饼，做锅贴，发面蒸馒头，用灰烬的余热煨地瓜；在这里，春节过小年时，父亲将煮熟的第一碗热水饺，虔诚敬献给灶王爷；在这里，上小学和初中的我，一边往炉膛里添柴火煮饭，一边温习功课。后来，我家的厨房改在新南屋的小西间，这座西屋一度改为储藏室，里面堆满了我在秋天割来的干草，每年干草都堆到屋顶——每个秋假，我都与小伙伴们结伴到村外坡地或山岭上去割草，上坡割草成为我少年时代一项最喜欢做的“功课”。那与其说是一项艰苦的工作，不如说是一次亲近大自然的快乐游戏。我们一半劳动一半玩耍，经常是夕阳西下或肚子饿了才想起回家。当然，多数情况是扑下身子真干活，而这样做的动机，有时候居然是为了在背草回家路上获得大人的赞许目光和别人的一句夸奖。虽然年幼丧母，时常吃不好穿不暖，但是我的童年和少年的大部分时光充满了欢乐。

表姐夫拍摄的我们兄弟四个的那幅合影，一副“文革”范儿。不谙世事的四个男孩排成一排，我和弟弟人小个头矮，被安排站在中间，各自站在一个小板凳上；大哥和二哥个头高，就站在两头。四个人四副表情——弟弟蹙眉凝视，我则憨笑，两个哥哥相对平静。我和二哥都穿着父母在外地工作时为我们置办的吊带裤，四个人手里都端着一本红宝书《毛主席语录》，大哥的上衣襟上好像还戴着一枚毛主席像章。因为太阳光的照射，红宝书的塑料封皮出现反光，反光点形成一个大白点。很可惜，这幅长期置放在大北屋相框里的照片，后来因兄弟分家而不知所终。同样不复存在的，还有那幅珍贵的全家福。当一件东西失去时，你才认识其珍贵。这些消失的老照片，使我对这句话有了切身体会。

直到父亲去世，图2这幅照片一直被安放在我家大北屋北墙正中央右上方的一个大相框里。照片上的母亲，端坐在椅子上，上衣也别着一枚毛主席像章。表姐扶着椅子的靠背，斜靠在母亲的身后凝望远方。这是我母亲留在这个世界上的最后影像。看得出，当时母亲已经面带病容，神情忧郁。这幅照片上的母亲形象，与八年前她在山西神头的那幅形成反差：前者，她穿着擦得干净锃亮的皮鞋，而且眼神清亮；后者，她穿的是沾满灰垢的布鞋，眉头紧锁。可能是受到母亲的影响，表姐瑞珠的眉宇间也流露出淡淡的忧伤。

拍下这张照片后不久，母亲就去医院做了脾脏切除手术。她的这次手术本来还算顺利，术后已经能够吃饭和下地走路。因为父亲回家取医药费和住院所需东西，他离开母亲回了趟家。而就在父亲回家的那天晚上，与母亲同一病房的一位年轻孕妇，因为大出血抢救无效死亡，孤单虚弱的母亲受此惊吓，病情突然恶化，出现发烧和伤口感染。当时正值“文革”高潮，狂热的政治运动经常干扰医院的正常运转，经常停水停电，病人危急时刻不是找不到医生，就是缺少急需的药物，比如母亲急需的消炎药和抗生素，最终导致母亲撒手人寰。母亲去世的日子是1969年5月27日。身后撇下四个未成年的儿子，

图3 1982年的全家福。前排右一父亲，父亲怀中揽着的是长孙傅伟，左一为大哥光增。后排左一为大嫂、左二为二哥光友、左三为笔者，右一为小弟光庆。

最大的才十三岁，最小的还不满三岁。母亲只活了四十三岁。

三

图3这幅照片，是我们全家在新翻盖的大北屋前照的全家

福，拍摄时间是我考入大学后的第一个寒假，即1982年的春节前夕。拍摄这幅照片时，只有大哥一人成家娶妻，所以大嫂几乎扮演了我们母亲的角色，承担了大部分的家务。常言说“老嫂比母”，大嫂为我们几个弟兄付出很多，所以备受我们尊敬。当时的弟弟穿着一件绿军装上衣，带着绿军帽，是个追求时尚的青涩少年，而现在他已经人到中年，儿子也要大学毕业了。照片上的二哥，看上去一派英武形象，其实他是我们兄

图4 作者与同宿舍同学在北师大学生宿舍合影。拍摄时间为1981年冬季。

弟四个当中性格最温厚的一个，也是做家务和出苦力最多的一个。如今，二哥儿女双全，而且已经当上了姥爷。照片上的大哥，摆出的是一副气宇轩昂的姿势，但他脸颊消瘦。大哥先是担任民办教师多年，后来到乡镇企业担任领导，再后来回家自己做山货贸易，养育的一儿一女都已经大学毕业。照片上，被父亲揽在膝下的戴棉帽的小男孩，是大哥的儿子傅伟，那时他是一副稚嫩的模样，现在也已是孩子的父亲，而且做了为人师表的人民教师。照片上的父亲，眼窝和脸颊都有些凹陷，显得有些营养不良。其实，1982年是父亲一生中比较顺心的年份——大儿子是乡镇企业的领导，三儿子考取了名牌大学，在家务农的二儿子有了未婚妻，小儿子逐渐成人；照片后面的新北屋刚落成不久；农村实行联产承包责任制，终于不用伐树卖钱到外地买粮食，手里还多少有了点零花钱。老人家对未来生活充满向往。但是，当我们有能力孝敬他老人家的时候，他却永远地离我们而去。每当想起父亲，想到我们对他的不孝，我就感到愧疚和自责。假若人的一生可以重新来过，我愿意尽最大努力去孝敬他老人家。可惜的是，这个愿望再也不可能变为现实。

童年的游戏

刘善文

退休之后，我痴迷上了老照片的收集。

多年来，我收藏了数十幅反映上世纪五六十年代儿童生活的黑白老照片，照片上的孩子们，滚铁环、跳绳子、跳橡皮筋、踢毽子、老鹰捉小鸡……童趣盎然，是那个时代孩子们的生活写照。虽然那时的儿童游戏都很简单，但曾给那个时代的孩子带来了欢乐，陪伴他们度过了快乐而幸福的童年时光。

滚铁环是男孩子最喜欢的游戏，用铁钩钩住铁环一路小跑向前滚动，以铁钩控制方向，可直走、拐弯。铁环的动作有一定的难度，需要一定的技巧。用力稍不平衡铁环就会倒下，而且要掌握跑动的节奏。可以一个人玩，也可以集体竞技。那时马路上车辆稀少，一群群男孩子无拘无束地满街疯玩，自由自在！

跳橡皮筋是小姑娘最喜欢的游戏，有单人跳、集体跳两种。以踩、勾、挑、绕、转身等技巧编排成组合动作，配合歌谣，跳出各种花式。记忆最深的那首是："小皮球，香蕉梨，马兰开花二十一，二五六、二五七，二八二九三十一，三五六、三五七，三八三九四十一……"

踢毽子不分男孩女孩都可以玩，花样可多了，基本动作有盘、拐、磕、蹦、蹬、弹、跃等，套路有里外帘、耸膝、拖枪、突肚、剪刀抛、佛顶珠等，让人看得眼花撩乱。瞧，一群天真烂漫的藏族小姑娘，拍着小手，满脸笑开了花！那种笑，

踢毽子

是物质匮乏年代孩子们对“幸福指数”的理解。

最有趣的当数老鹰捉小鸡，游戏开始时先分角色，即一人当老鹰，一人当母鸡，其余的伙伴当小鸡。小鸡依次在母鸡后

1962年5月，哈尔滨亚麻纺织厂幼儿园的孩子在做翻花绳游戏。

1959年12月，兰州一只船小学的孩子们在课后进行跳皮筋比赛。

1956年12月，河北省高阳县邢果庄村的小学生们在跳绳。

1964年，青海省海南藏族自治州河卡乡的小学生们在做老鹰抓小鸡的游戏。

1957年冬，沈阳市第一育才小学的学生在滚铁环。

荡千秋

1964年12月，北京中古友谊小学三年级的学生在体育课上练顶杆。

1963年春节，在北京“体育庙会”上，西城区青少年业余体校的学员在表演。

1963年春节，在北京中山公园一张简易乒乓球台上，两个孩子在练球。

1958年11月，广州市郊区三元里一所幼儿园的小朋友们在老师的指导下“捏泥巴”。

面牵着衣襟排成一队，老鹰站在母鸡对面，做捉小鸡姿势。游戏开始时，老鹰叫着做赶鸡动作。母鸡身后的小鸡做惊恐状，母鸡极力保护身后的小鸡。老鹰再叫着转着圈去捉小鸡，众小鸡则在母鸡身后左躲右闪……其情其景，活跃紧张，生动有趣。

翻花绳，是一项简单且有趣味性的游戏。只需一条长度

1955年6月，北京市“少年之家”新建的体育场上，小朋友们在进行“骑马”赛跑。

四川省的两个小朋友在玩骑竹马游戏。

1952年，广东省台山县广海渔民子弟学校的小学生在练习走浪桥。

1965年5月，浙江省金华县汤溪公社溪东大队的儿童们在做军事游戏“武装”泅渡。

1951年春，新疆乌鲁木齐市立第二十小学学生表演叠罗汉。

七八十厘米的棉线或毛线，将绳两头打结，做成绳圈即可。翻花绳分单人和双人两种。将绳圈套在双手上，用双手手指或缠或绕或穿或挑，经过翻转将线绳在手指间撑出各种花样，如降落伞、太阳、锯、鱼、天窗、面条、豆萁、牛槽、担架等。

我收藏的老照片中，还有“跳绳”、“捏泥巴”、“荡千秋”、“骑竹马”、“顶杆”、“摔跤”、“骑马”、“乒乓球”、“走浪桥”、“武装”泅渡、“叠罗汉”，等等。

看着这些天真无邪、活泼可爱的儿童老照片。我仿佛穿过时空隧道，回到了童年时代。

80年代临沂城——东方红广场

李百军

1980年代的临沂城最有代表性的地方，当属东方红广场。

说是广场，其实就是横跨沂州路和沂蒙路之间的一条几十米宽的街而已。“文革”初期，红卫兵曾经在这里集会，批判一些“走资本主义道路当权派”，夺了他们的权。夺了权的红卫兵又争权夺利，逐渐发展到两派斗争，双方在这里不断展开激烈的辩论，最后演化为两个派系之间的殴斗，那可能是东方红广场最热闹的时候。

“文革”结束后，这里渐渐就成了老百姓玩耍和消闲的地方，偶尔有一些胆子大的，冒着被打成“投机倒把分子”的罪名，偷偷地拿些东西来卖，悄悄地演变成一个地下交易市场。直到1978年，三中全会以后，人们才慢慢地放开了胆子，试探着做些小生意。不少有眼光的市民，及早地“霸占”起一个个小摊位，零零碎碎地干了起来。

到了80年代初期，这里已经是临沂逢五和初十赶集的地方。天刚蒙蒙亮，就见城外十里八乡的乡民挑着货担、推着独轮车，把自家种的青菜等农产品，连同自家养的家畜和家禽拿到集市上来卖。这个集市是当时城内最大的一处农贸市场，赶

东方红广场卖农产品的农民（1981年）

集的人特别多，买卖讲价的和争抢摊位的吵吵嚷嚷，不绝于耳。还有一些说书的和耍猴的等民间杂耍，他们头天晚上就在集市上占据一席之地，早早用布围起场子来。看到他们坐等收取那五分钱一张的票，那些赶集的乡下人羡慕地直咽唾沫。

每到年关时候，东方红广场就越发热闹起来。年货比以往任何集市上都要丰富的多，黑压压地摆了几趟。平时省吃俭用的乡邻，手里攥着几块钱，盼的就是到年集上买上几斤肉，或买条咸鱼，犒劳一下全家老小。临沂地区展览馆前，卖对联和卖年画的摆了长长的一溜。蹲在小桌前写对联的底气较足，索性把笔墨、红纸带到集上，现写现卖。听着人们啧啧的赞美声，抿着的嘴也藏不住他的得意，因激动有些微微颤抖的手，越发在红纸上恣意狂荡了起来。最会享受的要数卖五香面的，在广场北面的向阳地方安了摊，两个耳朵上捂了一对时髦的耳

东方红广场卖狗肉的摊位（1982年）

东方红广场赶集的人（1983年）

东方红广场城乡汽车停车点（1982）

东方红广场上的杂耍（1985）

东方红广场的时尚演出（1986年）

东方红市场买盖顶的农民（1986）

临沂展览馆的录像厅是临沂开业最早的（1986）

在东方红广场晒太阳的残疾人（1987）

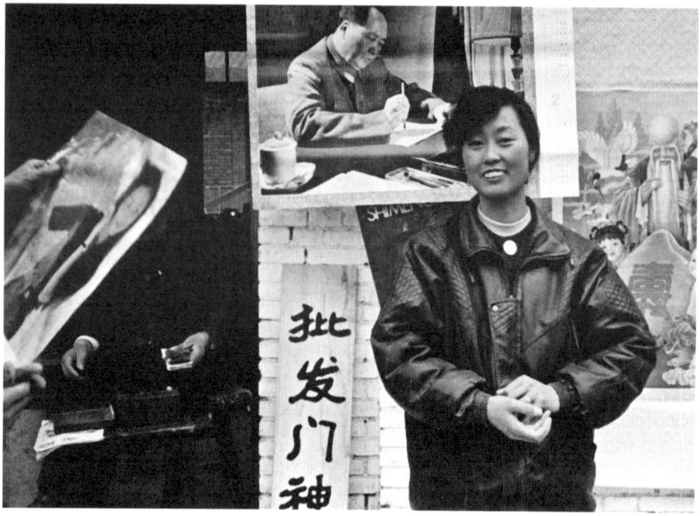

东方红市场的年画摊（1987）

夜宿广场的人（1986）

赶集回家的农民（1987）

某领导在临沂展览馆审查展览（1988）。

广场东面的水利局招待所是我们搞进京影展的地方（1988）。

罩，暖洋洋地眯着眼，敲着梆子咧嘴唱，嘴角上嚼出了两撮白沫，还不时对着黑乎乎茶壶嘴，抿上几口润润嗓子……

80年代中期，东方红广场盖起了两溜石棉瓦搭建的大棚，成了地地道道的东方红市场了。市场两边的沿街房也改造成了一些杂七杂八的小卖部和小饭馆。我最喜欢路北沿街一家豆腐店，做的豆腐细腻滑嫩，花上两角钱，切上半斤豆腐卷煎饼，就是美滋滋的一顿饱饭了。

广场边上还有个啤酒馆，其实很少卖啤酒，在那个年月里，喝啤酒可是个十分奢侈的事。平常吃饭最多的还是些附近赶集的农民，咬咬牙买上一碗两角钱的大锅菜，再喝上一角钱的老白干，那种满足感溢于言表。更多是那些省钱的，索性就买二分钱一碗的白开水，就着咸菜啃窝头。偶尔有些机关和厂矿的人凑在一起，狠狠心花上四五元钱，炒上几个菜撮一顿。赶集的乡下人并不知道冒着泡沫的玩意是什么味道，只是愤愤地想：这些驴尿一样的玩意也能喝?

位于东方红广场东面的是临沂地区展览馆，建于60年代中期，那时人们生活还十分困难，国家也拿不出太多的资金，只好发动群众捐款捐物，群众自发地从外地拉来石料，连小学生也利用星期天砸石子，才建起了这座宏伟的建筑。在当时全是平房的临沂城，真是有些鹤立鸡群的威风了。从“文革”开始后的几十年时间里，在这里搞了不计其数的展览，它不仅见证了临沂发展的历史，也成了临沂人民心目中文化的符号和象征。

三十多年前，因为画画和摄影的缘故，我经常被抽调到这里，制作各种各样的展览。那时的临沂地区群众艺术馆和展览馆同处一楼，兼有办公、会议、创作和展览多功能于一体，是

广场上的摸奖活动（1988）

临沂展览馆摄影培训班的学员们（1988）

广场一侧的东方红影院（1989）

当时临沂地区最宏伟的建筑。

记得1979年全省科普美术展览期间，从全地区十几个县里抽调了二十几个画画的集中在展览馆创作。创作室就在三楼的东南角，每人只占一两平米的地方。白天挤在一起创作，晚上把画架撤了，打地铺睡觉。晚上连电视也没有，那些年长些的老师，就给我们这些二十岁左右的小青年讲些荤腥故事，惹得我们心里直发毛。有时他们也讲些毛骨悚然的故事，吓得我们不敢单独到楼下的厕所撒尿，得好几个人结伴才敢去。

80年代中期，在筹备《奉献的土地——临沂地区进京摄影展览》期间，我们在展览馆一住就是一年多。我们白天拍完胶卷，晚上就在展览馆地下室的暗房里冲洗。这里终年不见阳光，阴暗潮湿，蚊子又特别多。进去几个小时，身上被叮得满是疙瘩，奇痒无比。暗房里没有通风设备，显影药水散发的刺鼻味道，几乎能使人窒息。好在那时都还年轻，被一股莫名的创作热情激荡着，再苦也无所谓了。

那年月，展览多。每次展览都是紧急的政治任务，容不得你有喘息的时间，我们只有靠加班加点制作和布展。连续干几个通宵是经常的事。困了，就趴在工作台睡一会，醒了接着干。在展览馆的各个展厅里，我们不知道度过了多少个不眠之夜……

征　稿

《老照片》是一种陆续出版的丛书，每年出版六辑。专门刊发有意思的老照片和相关的文章，观照百多年来人类的生存与发展。

对稿件的要求：所提供的照片须是20年以前拍摄的（翻拍件也可），且有一定的清晰度，一幅或若干幅照片介绍某个事件、某个人物、某种风物或某种时尚。文章围绕照片撰写，体裁不拘，传记、散文、随笔、考据、说明均可。

编辑部对投寄来的照片，无论刊用与否，都精心保管并严格实行退稿，文字稿恕不退还，请自留底稿。稿件一经刊用，即致稿酬。

来稿请寄：山东省济南市经九路胜利大街39号　山东画报出版社《老照片》编辑部

邮　编：250001

E-mail：laozhaopian1996@163.com

网　址：www.lzp1996.com

电　话：（0531）82098460（编辑部）（0531）82098479（市场部）

邮购办法：请汇书款至上述地址，并注明所购书目。

邮发代号：24-177

《老照片》网站开通

为方便读者朋友阅读和交流，《老照片》网站已开通。网站开设新书预览、分类精选、往期阅读、论坛等功能板块，欢迎访问并提出您的宝贵意见和建议。网址：www.lzp1996.com

我的小学

张　鸣

记得俄国大文豪高尔基写过一本《我的大学》，不好跟文豪攀比，就写我的小学吧。我的小学，跟高尔基的“大学”有点类似，学的内容很少，有的尽是动荡。

我出生在北大荒——真正的北大荒，当年黑龙江垦区的起点，九三农场。父亲是原国民党新六军的少校军需，做了俘虏，被发到九三农场开荒，实际上是进了俘虏营。由于处在一个地老天荒的地方，狼多人少，阶级斗争观念不强，父亲没黑没夜地苦干，感动了领导，变成了农场的技术干部，做会计、统计和计划员。我出生之后，印象里总是在搬家，由九三农场搬到位于密山的铁道兵农垦局，然后由农垦局搬到虎林。几个农垦局最后合并为东北农垦总局，我们家也搬到了佳木斯。到了1965年“文革”前夕，父亲不能在总局机关待了，我们家又下到了位于密山县兴凯湖附近的851农场。

我六岁上学，那时我家在虎林县城，父母都上班。局里有全托幼儿园，可我死活不肯去，强行送去，能顽强地哭闹一整天，阿姨们都怕了。我一直是由外婆照看的，大饥荒的年月，从小在杭嘉湖长大的外婆，万没想到北大荒居然会挨饿，她的

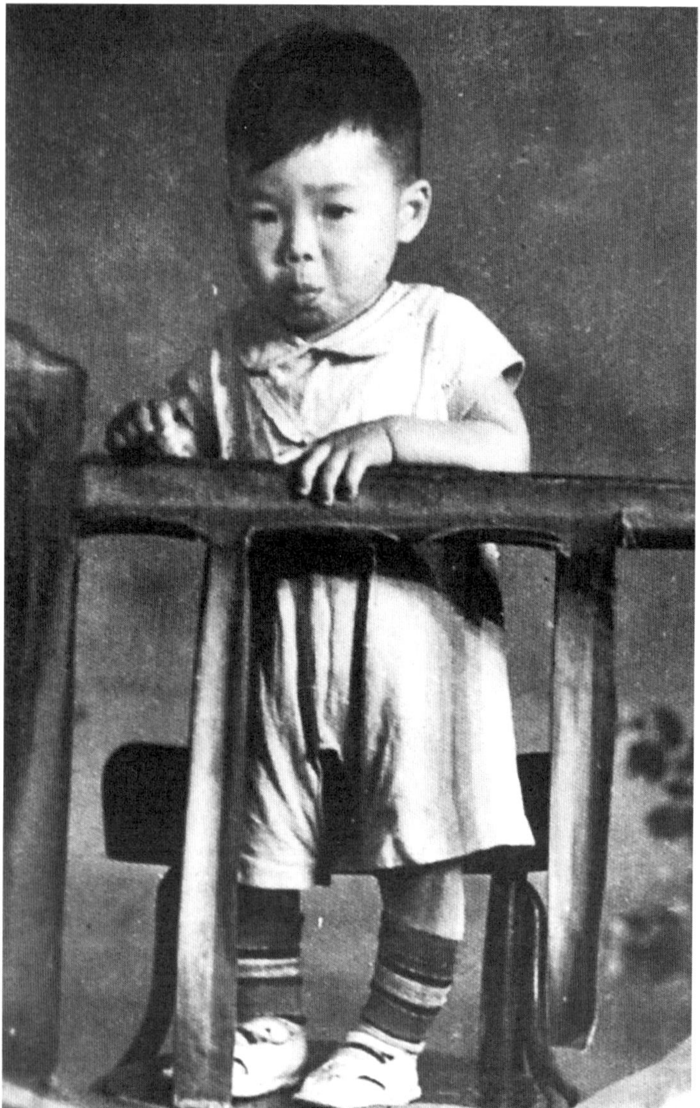

两岁时的作者

家乡从来没有这样的事情……于是回了老家。老人家没有料到，她的老家那时还不如北大荒。不过户口已经转回去了，就不能转回来。所以，我就被送幼儿园了，看我实在不愿去，父母只好花钱托人带我，东家转西家转，好不容易蹭到六岁，妈妈走了个后门，把我塞进了虎林县完全小学。第一节课，学的是日、月、山、林。之所以记得这么清楚，是因为这几个字，没上学之前我就认得。

上学后不久，我家搬到了佳木斯。那时的佳木斯算得上是个中等城市了，但印象里好像没有几栋像样的楼。农垦总局所在的院子，就算最豪华的居民区了。我们住的是楼房，有抽水马桶，周围都是低矮的平房甚至草房。在那里出入的孩子，吃的是窝头和黑面馒头，不时地打架，还偷东西，我们管他们叫野孩子。那段颇有点自豪感的日子，我过得懵懵懂懂，成绩不好也不坏，在班上也不怎么惹事。惟一的遗憾是，我们的音乐老师被抓了。那位女老师有点胖，上课不拘一格，我们无须背手端坐，甚至允许我们拉开课桌，围在她身边，听她唱歌、讲故事，我们都喜欢得不得了。至于她为什么被抓，我们不明白，大人也不让我们明白。

另一个不明白的事，是我们又要搬家了。这回是搬到一个很小的地方，一个畜牧场。爸爸告诉我说，那里有蓝天和草地，草地上有很多的牛。我说，牛可以骑吗？爸爸说，当然。去了之后，我发现那里的确有很多花白皮肤的奶牛，但都很脏，晚上把它们关在原来的日本兵营里，白天有专门的人放牧，但根本没有人骑牛。场部所在地，是原日本一个机械化旅团的营地。刚搬去时，我家住在场部办公楼里。每天，最令我感到恐怖的事情是上厕所，蹲坑式的厕所，置有隔板，下面是

作者与兄姐的合影

很深的粪坑。一边方便，一边还要驱赶蚊子和苍蝇。

更令我满腹牢骚的是学校。刚去的时候，农场还没有自己的学校，我们得去公社的小学上学。公社小学，一色的草房，和课桌一样破破烂烂。我的书包很鼓，怎么塞也塞不进抽屉。上音乐课，老师抬来一架破风琴，确实是风琴，四面透风漏气，老师教我们唱：乌鸦怎么叫——呜，呜，呜，呜……火车怎么叫——呼，呼，呼，呼……

第二学期，农场学校建好了。新教室，新课桌，心情舒畅，我的学习成绩陡然上升。再开学，学校让我跳级了，原本该进三年级下学期的我，提前进了四年级下学期。班主任从一个胖胖的女老师，换成了一位总是铁青着脸，一年四季戴帽子的男老师。

这个男老师不喜欢我，本能地不喜欢，当然我也不喜欢他。他喜欢女同学。我最喜欢的老师是图画老师，一位漂亮的长得很白的女老师，当时已有身孕，挺着大肚子给我们上课。无论我怎样乱画，她总是说好，给我最高的分数。她的家就在我家房子后面，相隔不到十米远，好几次我想去看看她，就是不好意思。

四年级的生活没过几天，就开始“文革”了。批“三家村”的时候，我们还能正常上课，等到开始“大串联”的时候，课就没法上了，六年级和一个初中带帽的班里的学生，开始批斗老师。领头的，居然是我们的班主任。据说查来查去，就他出身贫农，根正苗红。

不上课的日子，对于我们这些半大男孩儿来说，是节日。天天成帮结伙，在学校打闹。但是突然有一天，我感到了恐怖。我的漂亮的图画老师被一群学生抓起来游街，身上挂着好些破鞋，脖子上还吊着一个铁桶，里面装满了石头瓦块。铁丝深深地勒进她白皙的脖子，肚子很大的她被拖着走，边走边挨打。

当天夜里，我被一阵惊慌的扰动惊醒——图画老师自杀了。我赶紧爬起来跑过去，图画老师躺在自己的仓房里，地上都是血，她用刀片割断了颈静脉。我过去的时候，她还在蠕动，还有一点轻微的呻吟。我的班主任也赶到了，但是没有人将她送医院，眼睁睁地看着她死去。现场开起了批斗会，看到班主任的义愤填膺，我害怕极了，仓皇逃走。那一年，我九岁。我后来写道，那一刻，我的童年结束了。

被批斗的磨难，很快来到了我们家。父亲这个国民党的残渣余孽，自然在劫难逃，令我没有想到的是，母亲也被一并抓走，双双关进了牛棚。开批斗大会的那天，我被同学不怀好意地拖到了会场。看到在台上双双被“喷气式”的父母，我差点晕过去。

过了几天，我好不容易找到了牛棚，送点东西给父母。看守收了东西，却不让我见人，还要我表态对父母的看法。无论他们怎么威逼，我都一言不发，就是不说话。还好，他们没有揍我。但是，我的思想态度，被迅速反映到了学校。那时的学校，已是我那位班主任的天下。此前，我已跟他吵过多次，这次，一个告示贴出来，我被开除了。那是1967年，我刚好十岁。

如果在城里，一个半大小子在家里晃荡一年，不是流氓也变小偷了，好在我们那里是偏僻的农场，没这个机会。家里遭难，殃及鸡鸭。家里养了好些母鸡和鸭子，母亲被抓走了，我和小哥哥养活自己都难，又不忍心把它们杀了，只好送人。我们俩身上长满了虱子跳蚤，咬的浑身大包，挠破了脓水直流。

冬天，屋里像冰窖一样，六方形立体白霜，破棉袄露着棉花，手脚冻得裂着血口子。

说起来，我的命还是挺大的，我就这样活下来了。直到有一天，班主任不知怎么被查出“反右”时是中右（那时他在老家），他的“好日子”于是到头了。学校改由几个复员兵“主政”，其中一个就住在我家不远的地方，对我印象还好，通知我再去上学。

重返学校，日子也不好过，课上的有一搭无一搭，不仅经常接受老师的训斥，还要被成份好的同学欺负。我不能还手，还手就是“阶级报复”，可我还是经常还手，即使被打得鼻青脸肿，嘴都张不开。这种局面，直到有一天学校要组织大批判组写批判文章、出墙报板报时才算结束。管事的全校寻觅，发现只有我能应付写写画画。于是我成为大批判组的编外组员，同学们立马高看我一眼，此后的日子好过多了。

我的小学，就这样结束了。满打满算我只上了两年半的课，幸亏我很早就喜欢看书，看那种大本的满是字没有画的书。我写大批判稿的那点“本事”，是靠自己连蒙带猜学的。

被污染的童真

潘志豪

1976年是共和国历史上的多事之秋。

是年1月8日，国务院总理周恩来逝世。

4月5日丙辰清明节前后，北京民众自发在天安门广场对已故国务院总理周恩来进行悼念活动，被民兵、公安和卫戍部队暴力驱散，并被定性为“反革命政治事件”，史称“四五反革命事件”或“天安门事件”。

4月7日，根据毛泽东的提议，中共中央政治局一致通过了“关于华国锋同志任中国共产党中央委员会第一副主席，中华人民共和国国务院总理的决议”和“关于撤销邓小平党内外一切职务的决议”。

我儿子那年尚不足六岁，而他所在的幼儿园也在4月9日举行了政治表态和声讨邓小平的游行。据当时媒体报道，全国各地举行这类游行是从4月8日开始的。可见，儿子的幼儿园算得上是“紧跟”了。

我至今依然清楚记得，4月8日下午，我到幼儿园去接儿子，老师对每位家长都会通知一声：“明天你家宝宝参加游行。”有位外国朋友说过：“中国是最热衷于全国盛大游行的国家。”因此，家长们对自己孩子跻身游行之列，倒也并不惊诧。

老师见到我，把我拉在一边，笑眯眯地说：“告诉你一个好消息，明天游行，决定让你儿子带领大家喊口号。”

平心而论，那时，一个孩子受到老师的钟爱，倒用不着家长拿钱“开后门”。我儿子从小长得漂亮（图1）、口齿伶俐，因此，凡是幼儿园里有活动（如接待外宾、歌咏比赛），老师总把他列为首选人物。这次也不例外。

老师还告诉我：考虑到孩子年纪小，所以设定的口号非常简单，只有“毛主席万岁”和“打倒邓小平”两句。她还叮嘱我晚上让儿子先练习练习。

不过，我并不感到受宠若惊。这里面有两个难以启齿的原因：其一，这次游行的矛头是对准所谓的“天安门广场上的反革命分子”的，而我也和大多数国人一样，对动用国家专政工具镇压手无寸铁的民众极度不齿；其二，领喊口号是个很有风险的任务。我曾亲眼看到，有人在批斗会上一时口误，喊错了口号，转瞬间成了反革命分子。大人尚且会喊错，何况一个孩子呢？

想到这里，我赶忙对老师说：“我儿子有点感冒，嗓子不太好，是否能让别的小朋友领喊口号？”

老师宽容地答应了：“也好，我安排别的孩子吧。”

第二天，当我把孩子送到幼儿园时，老师对我说：“领喊口号我已经叫另外一个孩子了。”这一刻，我忽然想起了“嫁祸于人”那句成语，顿感自己像个猥琐的小人。

不料，老师又说了句让我心惊肉跳的话：“我让你儿子手捧宝像，走在队伍的最前面，好吗？”

我的天！手捧毛泽东像是一件更加危险的任务！“文革”中有多少人因为不慎损坏了宝像，或将宝像颠倒了，导致锒铛入狱……但是，我再也无法拒绝，只能苦笑着应允了。

我反复叮咛儿子：千万捧好宝像，尤其不要让它颠倒了。在儿子慎重地点了几次头后，我才心神不宁地离开了幼儿园。

傍晚，我刚走进幼儿园，儿子就扑在我身上：“今天我们游行走了好长的路。我很乖，宝像一直捧得很好。”

老师也证实：“你家宝宝今天表现很好，老师还为他拍了照片。”

谢天谢地！我悬着的心终于放了下来。为了表示鼓励，我慷慨地带儿子到新华书店买了几本“小人书”。

过了几天，我果然拿到了一张照片（图2，见封二）。画面上，孩子们兴高采烈地举着“热烈欢呼中共中央的两个决议”的横幅：左边一个女孩子十分认真地领喊着口号，儿子循规蹈矩地端详着宝像，大概是在看它是否颠倒。尽管游行前老师已告诫过他们：这是一次严肃的政治活动，但天性使然，孩子们还是流露出游戏心理，尤其是中间几个孩子显得纯真可爱，脸上笑眯眯的。

历史似乎存心跟我们开玩笑——半年之后（1976年10月），那几个炙手可热的“文革”红人倒台了；又过了九个月（1977年7月），邓小平复出了；再过了一年四个月（1978年11月），“天安门事件”平反了……

几年后，我和儿子在整理照片时，又翻出了那张游行照片。于是，父子之间有了如下的一番交谈：

“爸，我们游行喊什么口号？”

“‘打倒邓小平！’”

图1

儿子吓了一跳："邓小平？电视台不是每天都在歌颂他吗？"

"那是'四人帮'为了篡党夺权，所以……"

"他们只有四个人，那么，全国那么多人为什么打不过他们？”

“……”

“他们做坏事，为什么叫我们游行？”

“……”

儿子把问题一丝不挂地揪出来，使我猝不及防，如此“坍台”。

“我与《老照片》”征文

2015年4月，《老照片》将迎来出版100辑。

《老照片》于1996年12月面世，迄今已走进了第18个年头。18年来，在读者、作者、编者以及广大媒体与营销商的共同构筑下，《老照片》已成为一个以老照片为媒介的民间叙事的独特平台。值《老照片》出版100辑之际，山东画报出版社暨《老照片》编辑部发起“我与《老照片》”征文活动，诚邀各界人士踊跃参加，分享这些年来与《老照片》的点点滴滴。

征文来稿，将从今年下半年起在《老照片》里陆续刊出，并在明年适当时候结集出版。限于篇幅，征文字数尽量不要超过3000字。一经刊用，即致薄酬。

来稿电子版请发到：laozhaopian1996@163.com

纸质稿请寄到：250001 济南市胜利大街39号《老照片》编辑部

《老照片》编辑部

2014年7月

残缺的全家福

范德峰

这张拍摄于1951年的照片，距今已有六十三年的历史。称其为“残缺的全家福”，一是照片上、左、下三边皆有所残缺，二是应该出现的一些人当时已经离世。

照片上从左至右分别是我的外祖母、外祖母抱着的我姨姨、我姨姨与母亲的奶奶、我母亲、我的外祖父。

三代人中的最年长者，自然是坐在正中的老人家。她是山西省洪洞县小河村人，品貌端庄，嫁给相邻的干河村一户李姓人家，过着男耕女织的日子。婚后未能生育男孩，稍远处的圪塔条村贾家将一个男婴过继给她丈夫与她。不料孩子夭折。贾家遂将另一个不足一岁半的男孩子又过继过来。第二个男孩子长得结实，就是后来的我的外祖父。

我的外祖父生于1919年，高小毕业，曾帮着家里干些农活。李家属于中农。十八岁时由其父母做主娶了本村比他大三岁的我的外祖母。不久，抗战全面爆发，此前就找过从陕西东渡黄河到过山西的红军的外祖父，不顾外祖母已怀有身孕，投奔了共产党领导的军队，自此一别故乡与亲人，十三年间与家里不通音信，从一名八路军战士成长为解放军的炮兵团长，

1950年秋才第一次回家探亲。1951年底，他指挥的喀秋莎炮团要开赴抗美援朝前线，外祖父第二次回乡与亲人告别。为了留个纪念，他从赵城请来照相师，与家人拍了这张全家福。他们身后是一张挂在自家院子里砖窑外墙上的布景，上面画着高屋与花木，树叶上有几点红色是手工画上去的。外祖父的皮帽子与棉大衣，是东北野战军的标志服装。他身材高大魁梧，裤腿挺直，皮鞋铮亮。也许是想到不知能否生还，而家中尚有妻女老母，他英俊的面容有些凝重又显出革命军人的坚毅。

外祖母自幼丧母，多年得不到在外闯荡的父亲的关爱。但她生性善良，仁和恭俭，十三年不知丈夫音信，在等候丈夫归来的日日夜夜，她孝敬公婆，抚养女儿，里里外外一把手，从不抱怨命运的折磨。她公公1947年浇地时意外身亡，是她安葬了老人。她伺奉婆婆贴心周到，将女儿养育得健康活泼，经常周济比她穷苦的人，深得亲戚邻里称赞。1950年与丈夫短暂相聚，1951年又要送丈夫出国作战。她没有唉声叹气，有的是对丈夫的信任与支持。照片中的五个人，外祖母的表情最显轻松，沉着之中带着一丝微笑。她穿着白鞋，因为正在给她的父亲戴孝。

母亲当时正在洪洞一中读初中一年级。从一岁到八岁，她在日寇侵扰下曾经逃难，饱受思念父亲之苦。这年她十四岁，二次见到父亲又要分离，且不知何日才能与父亲团圆。数年后，母亲考入山西师范学院。

照片上的姨姨才几个月大，戴着长命锁与小帽子，手里不知拿着什么玩具，被外祖母抱在怀里，一副天真可爱的样子。1959年，母亲的奶奶去世，外祖父办完丧事，将姨姨与外祖母送到了太原，与新婚不久的我母亲生活在一起，住在母亲所在中学的家属大院。姨姨后来成为一家大工厂的车间干部。

由于特殊的历史原因，外祖父在解放前于部队上又成了一个家。于是，这张照片更有了两个特殊之处：一是唯一的我的亲外祖母与外祖父同在一起的照片，二是我母亲与姨姨的奶奶留下的唯一的影像。

我的外祖母1979年秋去世，享年六十三岁。我的外祖父以副军职离休，2005年春去世，享年八十六岁。

农场忆旧

鲍 健

去年父亲遭遇车祸不幸去世，在整理老人遗物时发现一张拍摄于1962年2月的老照片，看着这张泛黄的旧照片，我的视线模糊了，思绪仿佛又回到1960年，那个不堪回首的“困难时期”，那也是我童年记忆的“起点”……

嘎哒、嘎哒——一个四五岁穿着背带裤的小男孩拉着小鸭子玩具在路上走着，那就是我。我随母亲从颍上农村来到合肥，投奔几年前已经来合肥工作的父亲，一家人总算团聚了。妈妈虽然只是小学毕业，但在那个年代已经算不错的了，所以很快就找到了工作，在安徽纺织总厂当上了一名纺织女工，工作是三班倒，非常的辛苦。我还有个不到一岁的弟弟，妈妈上班以后，为了照看我和弟弟，姥姥也从农村老家过来。姥姥对我很好，弟弟还不会走路，成天坐在小推车里。姥姥经常搂着我，教我唱童谣，还问志远啊（我小时候曾用名：鲍志远），将来娶媳妇要找个什么样的啊，要脸白的，要好看的，要烫头的（指烫发），我那时太小，当然不明白什么意思，只听懂了“烫头”，以为是指洗头，就大声喊我不要“烫头的”我要“凉的”。我家住的房子是平房，没有吊顶，朝上看就可以看

农场一景（彭庆云画）

到尖尖的屋顶。遇上下雨天，能听见雨点打在屋顶的声音，时间稍久就会有漏雨，开始是慢慢的滴，然后就会越来越大，越来越急，就得用脸盆来接。我最高兴的事就是打着雨伞站在雨地里，听着雨点打在伞面上啪嗒、啪嗒的声音，从雨伞下边朝上望去，就像我自己的小房子。1960年，那是三年困难时期最难熬的一年。自打我记事时，饥饿就是生活的主旋律，我甚至以为生活就是这样的吧，吃不饱是理所当然的，天天吃饱饭反而不正常，也是不可能的。每次路过食堂时，总是被做饭的香味所吸引。可能是肚里油水少，总是觉得饿得快，刚吃过饭很快又饿了。要是运气好得到一个白面馒头，可得小心，到“安全”的地方再吃，如果在大街上“毫无防备”地吃，极有可能会被周围的“饥民”敏捷地抢走。

农村老家不断有人过来，带来那边饿死人的消息。父亲觉得应该把这一情况报告党中央，就实名写信寄往北京。可没想到，不久北京方面就把父亲的信转回安徽省处理。处理过程颇具戏剧性，省里成立了调查组先去颍上老家那边“调查”，当地政府给村里边每家发一袋粮食，然后调查组再进村“调查”。看到家家都有粮食，调查组认定这是一起右派分子猖狂向党进攻的“严重事件”，必须严肃处理。很快，父亲就被定为右派分子，开除公职（留用察看）送劳改农场改造。那时候右派分子太多，正规的劳改农场已经人满为患，安排不过来。为此合肥一些大单位就自办劳改农场，把父亲送到合肥市文化局农场改造。那一段时间，父亲的心情很不好，记得父亲去农场的那天早晨，我要跟着去，父亲狠狠地训斥了我，让我别跟着，我感到十分委屈，就在家门口哭，那天早晨有些薄雾，太阳红红的，日光里，父亲的背影隐约拖着淡淡的影子，越走越远直到看不见。

爸爸被开除公职去农场后，我们家住的房子也被收回，妈妈只好搬到纺织厂的集体宿舍去住。妈妈是纺织女工，工作三班倒非常辛苦，根本无暇照顾我们兄弟俩，刚一岁的弟弟随姥姥回农村老家，而我去了爸爸所在的文化局农场，时间是1961年的早春。文化局农场也就刚开办不久，在合肥郊外一个叫张洼的地方（现在那里已经楼宇林立，五十年前还是荒村僻野），征了几十间草房，上级给了两百多只鸭子、两头毛驴和一头水牛，购买了农具等生产资料。由于是文化局办的农场，在那里劳动改造的右派主要是来自文化局系统内不同单位的人员，有作家、演员、干部等等，大概有二十多人的样子，农场场长是个转业军人，右派们就由他来监督管理。

农场里就我一个小孩，每天最期待的就是吃饭时间，还没到开饭时间就去伙房里张望，有时右派大厨会给个冷饭团子，那滋味甜丝丝的，好吃极了。碰上运气好，在田边水沟里捉到个小螃蟹啥的，我就拿到伙房的灶膛里去烤着吃。

牲口房有两间，一间牛舍，住着农场的一头水牛，那个牛总是在吃，吃草时在吃，不吃草时嘴仍在咀嚼个不停。另一间住着两头毛驴，毛驴是棕灰色的，嘴巴上有一圈白毛，看着很滑稽，盯着看总感觉它们好像在笑我。

右派陈叔叔负责饲养牲口，他去放牛时我经常跟着去，老牛揪着地里的青草发出呼呼的声音，我跃跃欲试，想试试骑牛是什么感觉，陈叔叔把我抱起来放到牛背上，哇好高啊，骑在牛背上的感觉比我想像的要高，可能是我太矮小的缘故吧。我经常去牲口房里玩，喂牛除了草以外，还要添加些精饲料，把豆饼打碎放入牲口槽，牛都会挑着豆饼吃。闻着豆饼的香味，陈叔叔经常顺手丢给我一块，那豆饼是榨油剩下的渣滓，经压榨后非常紧致，一小块在嘴里越嚼越多，只有充分软化后才能下咽。没人的时候陈叔叔自己也吃，可时间长了还是被人发现给举报了，右派分子不好好改造，还偷吃牛饲料。为此场长开会把陈叔叔批判了一通。

农场离周围的村庄很近，农场只有我一个小孩，我只能去找村里的孩子玩，可村里的孩子嫌我小，不愿理我。只有一个叫英子的小女孩，她倒不嫌我，英子大我一岁，于是我们两个经常在一起玩，看那些男孩子割草、放牛、打闹。

一天中午，在英子家院子里，一帘草席盖着具尸首，英子说是她爹爹（合肥方言指爷爷）饿死了，那时是困难时期，城里人还有基本口粮保证，虽然吃不饱但不会饿死，最可怜的是农村人，没有任何保障，尤其是许多老年人，拒绝进食，宁愿饿死把粮食省给儿孙。由于那时候饿死人很寻常，许多家庭都有人“营养性死亡”，所以英子爷爷饿死了也没人去哭，那几年大家都有点麻木了。回到家里我还在想英子爷爷饿死的事，我就问爸爸，人死了是怎么回事，还能活过来吗？爸爸说人死了就什么都没了，永远也不会活过来了。那是我第一次对死亡有了恐惧感。

天渐渐热了，虫子也多起来。中午大人们都在午休，小孩精神头大，我仍然在大树下面的荫凉地玩，不知是谁把扬谷子的柳条簸箕放在太阳下晒，我把它拖到树荫下面，我坐在中间双手把着两边左右摇晃。树边的田里，虫子把农作物啃的就剩光杆了，在太阳的暴晒下，虫子纷纷朝树荫那里爬，我那个摇晃的“船”成了“绞肉机”。那几年又叫“三年自然灾害”，其实，我并没有看到什么洪水、干旱，倒是虫子相当的多，那是相当地多啊。前两年上级号召“消灭四害”，对于四害之一的麻雀，人民群众发挥聪明才智，采用枪、弹弓、网等进行猎杀，晚上用手电筒照着掏麻雀窝。组织大批民众敲锣鼓、敲脸盆，惊吓麻雀让它们无法觅食和落脚，很多麻雀飞着飞着就掉下来累死了。在这样的“人民战争”打击下，不光是麻雀，别的鸟儿也被殃及，鸟儿数量大大减少。那时农药、化肥使用不普遍，种田基本靠天，鸟儿是虫子的天敌，一旦鸟儿数量大大减少，虫子数量必然大大增加。

由于天热，农场的鸭子每天早晨从鸭棚赶出来时，总有几只被热死、踩死的，因而右派们每天都能沾点荤腥，那两百只鸭子很快就被吃光了。一段时间后，右派们馋肉馋得眼睛都发绿了。农场的那两头毛驴是拉车推磨用的，有一天，一头毛驴拉着架子车进城办货，跑出一身汗，半路上又淋了雨，回来后

农场一景（彭庆云画）

就生病了。本来这点小毛病请兽医看看就可以了，但右派们显然另有所图，不去请兽医却催着场长给上级领导打电话，农场里没有电话，要到附近的人民公社去打，向领导报告说驴子病了治不好了，上级领导也不清楚情况，就答复说如果治不好那就杀了吧。得到“尚方宝剑”后，大伙儿马上行动起来，傍晚时分，那头可怜的毛驴被捆绑在一棵树上，旁边放了个大盆，毛驴的眼睛用麻袋片子蒙上……

晚上，在煤油灯摇曳的灯火下，右派们忙得不亦乐乎。爸爸让我先睡觉，我想看大人们忙碌不想睡，爸爸就给我一个打火机玩，那是一个新货，还没有灌汽油，所以打不着。机器中间是灰色的，上边和底部都是镀铬的很光亮，我把打火机底部贴近眼睛，煤油灯的灯火和大人们忙碌的身影映在打火机底部再反射到眼睛里，我看到一个光怪陆离的幻象，一条繁华的街道，路边的店铺灯火通明，人影摇曳，人声鼎沸……我真想走进那个虚幻的世界里去。半夜里，驴肉烧好了，爸爸端来一小钢精锅驴肉，好长时间没有吃到肉了，连汤带肉真香啊。一条小毛驴杀不出多少肉来，几十个眼睛馋的发绿的右派，一个晚上就差不多吃光了。我长大后才明白，为什么要半夜吃驴肉，因为农场周边的村庄离的很近，白天人来人往的，闻见香味人就不走了，那点肉自个都不够吃，哪还舍得再分给别人呢。虽然农场里的右派们是来劳动改造的，但终究是“公家”的人，即使吃不饱，但绝不会饿死，但周边的老百姓不一样，他们没有任何保障。春荒时候，老百姓饿得实在受不了，就把家里值点钱的物件拿到农场，找右派们换点山芋什么的充饥。我家的一把大茶壶就是那时换来的，茶壶上面有“和合二仙”的图案，两个神仙，一个举着个荷叶，另一个双手拿着盒盖，揭开的盒子里好像有蝙蝠飞出来。说实话，那时候的我并不喜欢那图画，觉得那两个神仙面貌丑陋。现在想想，其实那图画十分生动、细腻、精美。很可惜，后来文革“破四旧”时，那把壶被认定为“四旧”，被红卫兵抄走砸掉了。那时候人们还没有收藏意识，如果那把壶今天还在，让专家鉴定一下，极有可能是件“老”东西呢。

爸爸进城办事时，给我买了个玩具小汽车。秋天了，农场开始起山芋、收割黄豆了。在收割过黄豆的田地里，许多蚂蚱蹦来蹦去，爸爸捉到个大蚂蚱送给我，看着蚂蚱的红腿上都是刺我有点害怕，爸爸就把蚂蚱塞到玩具小汽车驾驶室里递给我，我仔细观察着蚂蚱，觉得它好像也没多厉害。于是我壮着

农场一景（彭庆云画）

胆子也试图去捉蚂蚱，我很快就发现了一只大“蚂蚱”，就蹑手蹑脚地过去伸手抓住，一阵剧烈的疼痛使我把手迅速缩回来了，委屈地大哭起来。爸爸过来一看，哈哈大笑道，你抓的那个不是蚂蚱，那是一只大螳螂，它的两把“大刀”当然厉害喽。几天后玩腻了，我就把玩具小汽车拆开了，那是个惯性汽车玩具，由车身和底盘组成，看着底盘上的“发动机”，有一个很重的铅轮子，当推动底盘时，车轮就会带动铅轮快速旋转，松手时铅轮就带动车轮继续运转。那时我虽然很小，讲不清“惯性定律”的大道理，但我心中非常清楚那个铅轮子的作用。我知道如果把它去掉，小汽车推起来就会轻飘飘的没有阻力，而一松手小汽车也就马上停住了。后来，我还真的想办法把铅轮子卸掉了，一试验果然跟我想象的一样。收获了黄豆以后，可以磨豆腐吃了，天天吃咸菜，现在咸菜里能找到豆腐干了，太好了。磨豆腐用毛驴拉磨，拿一块麻袋片绑在驴头上，把它的眼睛蒙上，据大人说是为了避免驴子转晕，又能防止驴子偷吃磨上的黄豆。可我看到这情景，不知怎的又想起那头因"病"被杀掉的可怜驴子了。

农场到合肥市区五十多里路，没有公交车，靠农场的毛驴架子车、自行车或者步行。由于交通不便，妈妈不能常来看我们，她的工作是三班倒，每周只休息一天，如果周末恰逢夜班，她就有两个白天的休息时间，可一来一回光路上就要走上十个小时，来一趟妈妈实在太辛苦了。有一回我随爸爸进城办事，第二天步行返回农场，天气晴朗，蓝天白云，走到中午时分，有些燥热。我感觉又累又渴，看到路边水渠里的水清澈见底，就十分想喝，可爸爸说是生水不能喝，让我坚持一下，就快到农场了。其实，至少还要再走上一个多小时才能到。最后，父亲拗不过，还是同意我喝了，他用双手捧起清水让我喝了个痛快。喝了水后劲头又足了，沿着大路向前走，路边的电线杆一根一根向后退去，我一边听着电线杆发出的"嗡嗡"声一边在想，这是电线里电流的声音，还是风刮过电线的风声呢，或者是二者兼而有之呢。我想如果我能控制开关，关断和接通电流的同时听听声音是否有变化，就能搞清楚答案了。

下雪了，我坐在门口，看着洁白的雪花飘落，听着雪花落地时轻微的"丝丝"声，大地一片洁白，我们来农场也快一年了。冬天里没多少农活，无聊的右派们就打麻将消磨时间。相比大自然季节的更替，政治气候的变更似乎更快一些，已经是

摄于1962年春。

春潮涌动了，一些右派先后平反并陆续离开了农场。

农场有个储藏室，存放着粮食和一些“贵重”物品，储藏室的钥匙在场长手里，要去拿东西就得找场长拿钥匙。一天早晨，听到外边吵吵嚷嚷的，我出去一看，储藏室的墙不知被谁打了个口子，说是昨天夜里进来贼了，把储藏室里两百多只鸭肫偷走了，农场里两百多只鸭子被右派们吃了，而鸭肫晒干后穿成串保留起来了。那时候的鸭肫就像现在的燕翅鲍鱼，属于“高档食品”，两百多个鸭肫价值两百多块钱呢。报案后，在等待警察过程中，我看到我家的饼干桶就在墙壁破洞边上，父亲为防止我把饼干一下子吃完，就把饼干桶寄放在农场储藏

1962年5月。我和父亲去农场时，姥姥把弟弟带到乡下去了，我们从农场返回合肥后，姥姥又把弟弟送回来了，为了让姥姥回去能有个念想，妈妈、姥姥、我和弟弟照了这张“准全家福”，因为父亲当时正在外地学习培训。

室里，过一段时间就拿几块给我。我看到自家的饼干桶后就试图去拿，还没走到破洞跟前就被呵斥不准拿，我不明白为什么自己的东西都不能去拿，大人们说要保护好现场，等警察来调查。警察终于来了，经过仔细勘查取证，警察给出的调查结果出乎意料：偷盗现场是伪造的，应该是农场内部有人监守自盗。正当大家感到诧异的时候，有人发现场长不见了，实际上那两百多个鸭肫就是场长拿回老家给私吞了（后来经过清点，农场收获的黄豆也短缺了不少）。看到右派们一个个平反离去，场长预感到农场也快要关门了，如果最后清查资产，这些个窟窿怎么填呢，于是他就搞出这样一出闹剧来。哪知道人民警察火眼金睛，场长搬起石头砸了自己的脚，见事情败露只好溜之大吉。大家赶紧向上级领导报告了情况，上级指示由我父亲和杨经理（定右派前，他是合肥长江剧院经理，所以大家还是习惯地叫他杨经理）接替场长负责农场日常工作。

到了1962年的春天，农场里只剩下各“职能部门”（伙房、财务、管理员、饲养员等）的十余名右派（也已全部平反）还在留守。上级指示农场关闭，由我父亲和杨经理负责清理农场资产，把生产工具和牲口就地卖掉，准备返回合肥。那天早晨，公社的人来拉农具、牵牛和那头毛驴，看着与我们相处了一年多的老牛和毛驴被人牵走，我心里感觉酸酸的。中午吃完午饭后，大伙把行李装上架子车，我是小孩当然坐车啦，毛驴没有了，大家就俩人一组轮流拉车。那天阳光和煦，春风拂面，一路上大家心情愉快，谈笑风生。到了合肥城已是傍晚时分，大家提议先去照个相，于是来到三牌楼附近的东风照相馆，由于已到下班时间，人家不愿意照，让第二天再来，大家求情说是走了一下午了，第二天人可能就凑不齐了，最后照相馆总算同意照了，于是就留下了这张珍贵的照片。照片中最后一排右边戴毛帽子的就是我父亲，照片中唯一的小男孩就是我，抱着我、靠中间的那位是杨经理，挨着他的是他的夫人和女儿，杨经理夫人和女儿并不在农场，她们是听到我们返城消息来迎接我们，并参加合影的。照完相后大家到中菜市附近找了个饭店，吃了顿散伙饭，然后就各奔东西了。

回到合肥，一家人终于又团聚了。父亲被暂时安排在长江剧院（合肥市越剧团）工作，杨经理也官复原职了。半年后，父亲回到原来的工作单位合肥市委党校，完成了一个轮回。再转过年来，1963年春暖花开时，我上学啦……

“旧京九老会贤堂”合影

林　明

笔者保存着一张八十多年前拍摄的原版照片，为十位老人及一位中年人的合影，并附有题诗、题记和人物姓名，值得注意的是，照片人物中有九位是前清翰林（包括笔者的曾祖父林开謩），他们可能就是传说中的“旧京九老”。

照片右侧题诗是：陵谷年来几变迁，观荷犹得集群贤。主宾七百六三岁，记取湖波净业缘。

照片左侧题记是：壬申荷花生日，约同十老于什刹海会贤堂看花，小酌席罢合影，谨题右句奉呈。贻书老世伯、方伯大人钧鉴即希正句。小侄洪毅

照片下方列出了人物姓名及年龄（右起）：章梫（时年七十二）林开謩（时年七十）王树枏（时年八十二）袁励準（时年五十七）陈宝琛（时年八十五）杨钟羲（时年六十八）柯劭忞（时年八十三）傅增湘（时年六十一）朱益藩（时年七十二）洪毅（时年四十四）吴敬修（时年六十九）。

照片人物都是清末民初的著名遗老，根据查得的资料，按照片人物从右到左次序做简单介绍。

章梫（1861-1949），浙江省三门县海游人。著名学者、

教育家、书法家。新中国外交家章文晋的祖父。光绪三十年进士，殿试选授翰林院检讨。历任京师大学堂译学馆提调、监督，国史馆协修、纂修，功臣馆总纂，邮传部、交通部传习所监督，北京女子师范学校校长等职。

林开謩（1863—1937），福建长乐人。光绪乙未（1895年）进士，钦点翰林院庶吉士，授翰林院编修，历任河南学政、武英殿纂修、国史馆协修、政务处帮办考察、政治馆行走、江西提学使、徐州兵备道等职。辛亥革命后袁世凯邀主民政，力辞不出。其父林天龄（1830–1878），咸丰十年（1860年）进士，翰林院庶吉士，清同治、光绪年间翰林院侍读学士，同治帝师，逝于江苏学政任上。宣统谥敕墓碑，谥文恭公。

王树枏（1851-1936），直隶新城县人。光绪丙子科举人，丙戌科进士，殿试三甲引见，历任四川青神县知县、彭山县知县、资阳县知县、富顺县知县、铜梁县知县、甘肃省中卫县知县、新疆布政使。民国期间为《清史稿》四总纂之一。

袁励準（1876—1935），河北宛平人。光绪二十四年（1898年）进士。授翰林院编修，南书房行走，会试同考官。民国后任清史馆编纂，北京工业学堂监督，辅仁大学教授。工书画。中南海的“新华门”匾额，即出自其手书。

陈宝琛（1848～1935），福建闽县（今福州市）螺洲人。同治戊辰（1868年）科进士，授翰林院庶吉士，授编修，擢翰林院侍讲，充日讲起居注官、内阁学士兼礼部侍郎。中法战争后因“荐人失察”，连降九级，在福建闲居二十五年之久。赋闲期间，热心家乡教育事业，辛亥革命前出任山西巡抚，1909年复调京充礼学馆总裁，溥仪帝师，辛亥革命后仍为溥仪之师，1935年卒于京寓，得逊清“文忠”特谥及“太师”觐赠。

杨钟羲（1865—1940），世居辽阳，汉军正黄旗人。清末进士，授翰林院庶吉士，散馆授编修，历任襄阳、淮安、江宁知府。辛亥革命后，蛰居上海，著述甚丰，编《雪桥诗话》四十卷，纂修《清史稿》。

柯劭忞（1848-1933），光绪十二年进士，历任翰林院编修、侍读、侍讲、湖南学政、贵州提学使、学部度署右参议、京师大学堂总监督、资政院议员、典礼院学士、清史馆代馆长、总纂。独力编著《新元史》（257卷一百五十多万字），负责总成《清史稿》。日本东京帝国大学赠文学博士学位。

傅增湘（1872—1950），四川江安县人。光绪二十四年

（1898年）进士，选入翰林院为庶吉士。1917年12月至五四运动前，曾入内阁任教育总长。

朱益藩（1861—1937），江西省莲花县人，朱熹后裔，清末两代帝师。光绪十八年（1892年）授翰林院编修、侍读学士；光绪二十三年（1897年）钦命在南书房行走，兼充经筵进讲大臣，入值南书房、为慈禧太后和光绪皇帝进讲。历任陕西学政、福建布政使、山东提学使；1907年任京师大学堂总监督、南书房行走；1907年12月调宗人府府丞；光绪三十四年（1908年）派充廷试赴日、赴欧游学毕业生监考官及阅卷大臣；宣统元年（1909年）钦命为廷试游学生阅卷大臣；宣统三年（1911年）授副都御史，后授毓庆宫授读，毓庆宫行走、少保、太保、赏紫禁城骑马、乘坐二人暖轿，诰授光禄大夫、赐谥“文诚”。

洪毅（1888—约1953），侯官（今福州）人。近代画家，亦善写梅。其父洪亮（约1870–1937），清国史馆编纂。工墨梅，写枝干喜用浓墨，运笔如屈铁，盖得之书法。

吴敬修（1864–1951），安徽泾县人。光绪二十年（1894年）进士，清政府驻日本留学生总监学。重庆钱印局局长（一说四川造币厂厂长）。卸职后寓居芜湖，关心公益事业，举办赈务、救灾济贫，捐助慷慨。民国总统蒋介石亲书“胞於为怀”一匾、民国安徽省主席李品仙亲书“树德务兹”一匾先后赠与。

笔者曾听父辈讲，曾祖父林开謩是民国初年“旧京九老”之一。所谓“旧京九老”，是指民国初年居住北京的前清遗老中德高望重者，民国十七年（1928年）6月，南京国民政府将北京改名为北平，别称“旧京”，但“旧京九老”究竟指哪些人，过去笔者并不清楚，这张照片似乎可以作为一个史料根据，但照片题记是“约同十老看花”而非九老，这是怎么回事呢？在仔细查阅十位老者的资料后，发现除吴敬修为进士外，有九位均出身于翰林院，因此把这些平均年龄七十岁以上的老翰林算作“旧京九老”应是说得通的，也符合中国古代以“九”为大的观念。关于“九老”的说法，相传唐朝胡杲、吉玫、刘贞、郑据、卢贞、张浑、白居易、李元爽、禅僧如满等九位七十岁以上的友人在洛阳龙门之东的香山结成“九老会”。唐武宗会昌五年（845年）三月二十四日，他们在白居易家中（一说在洛阳香山履道坊）聚会，欢醉赋诗，作九老诗，绘九老图。“旧京九老”之说法可能借自此说。

照片右二者就是笔者曾祖父林开謩，他与其父同治帝师林天龄以父子翰林闻名于福州，关于他的仕途，上文已简述，辛亥革命以后，他辞官不复出，久居北京，擅书法、诗词、围棋，喜出游，北洋时期一些政要出自其门下，生前自挽联云“固知无物还天地，不敢将身玷祖宗”，表明了自己廉洁的一生。照片右五者是陈宝琛，他作为宣统帝师和晚清重臣，毫无疑问地是九老中的核心人物。陈宝琛夫人和林开謩夫人是姐妹俩，她们出身于福建名门望族，而且陈的夫人王眉寿还是著名女教育家，创办了福建第一个女子学堂。民国初年，陈宝琛和林开謩共同租住北京西皇城根附近的灵境宫7号寓所（今北京西城区灵境胡同33号，原为乾隆时期遗留的四合院，已被北京西城区文化委员会认定为不可移动文物保护单位），陈家住东院，林家住西院，出入同一个大宅门，这种同乡加连襟的特殊关系使他们在旧京遗老中有着较大影响。陈宝琛和林开謩先后于1935年3月和1937年5月在灵境宫7号寓所病逝，北平有影响的报纸迅速报道了他们去世的消息，一些民国政要名流纷纷致以挽联、挽词或挽诗，其出殡盛况在前清遗老中也是空前绝后的。

照片上的其他老者也都是清末民初的高级官员和文化精英，如朱益藩（右九者）、柯劭忞（右七者）曾先后担任由清政府创办的中国第一所公立大学——京师大学堂的总监督，京师大学堂是北京大学的前身，总监督相当于大学校长。傅增湘（右八者）在北洋政府时期，曾任一年多的教育总长，1919年五四运动后，因抵制北洋政府逼迫北京大学校长蔡元培辞职，愤然辞去总长一职。章梫（右一者）是京师大学堂译学馆提调、监督，译学馆就是著名的京师同文馆的前身，后并入京师大学堂，提调或监督相当于北京大学外语学院院长。其余人物也个个是满腹经纶的学问家，参与了民国时期《清史稿》编撰，其中王树枬（右三者）还是《清史稿》的四总纂之一。即使吴敬修（右十一者）的进士出身略逊于九位翰林，但也并非等闲之辈，民国时期在安徽从事慈善事业，口碑极好，蒋介石曾亲书授匾。

照片右十者洪毅，年仅四十四岁，在十位老者面前算是晚辈，照片题诗和题记均为他所作，题记表明照片是他赠给林开謩的，自称小侄的洪毅尊称林开謩为“贻书老世伯、方伯大人”，因林开謩号贻书，故称“贻书老”，“世伯”是对父辈朋友中年龄大于自己父亲者的通称，洪毅父洪亮，福建侯官人，为清国史馆编纂，很可能因同乡关系与林开謩相识相熟，因其年龄比林开謩小几岁，故洪毅称林开謩为“世伯”。而“方伯”泛指地方长官，汉以来的刺史，唐之采访使、观察使，明清之布政使均称“方伯”，林开謩任江西提学使时曾代理布政使，所以尊称“方伯”。但是，作为晚辈的洪毅为什么会出现在这些耄耋老人当中呢？笔者推测，这次聚会可能是由他负责照顾这些老者，甚至可能是他受同乡长辈陈宝琛或林开謩托付举办的。题诗中“主宾七百六三岁”，说明照片人物的年龄相加是七百六十三岁，即使加上最年轻的洪毅，平均年龄也已七十。而谁是“主”，谁是“宾”，题诗没有交代出来，推想聚会应是由这三位福建人主导的。

那么，是什么时候、在什么地方、为什么组织这次聚会呢？据题诗和题记，聚会日期是“壬申荷花生日”，推算是公元1932年7月27日（农历六月二十四日），地点在什刹海会贤堂，目的是“观荷犹得集群贤”，也就是前朝旧臣借赏荷时机在会贤堂搞一次聚会。相传农历六月二十四日为荷花生日，清至民国时期，每逢此日，江浙一带平民百姓纷纷到荷花荡给荷花上寿，或观荷纳凉，或乘舟观赏花农所植之名荷奇品。明清以来，许多久居京城的江南籍官员把赏荷风俗带到了北方，在北京城内，最著名的赏荷之处莫过于什刹海的前海了，这里酷似江南风光，每年荷花盛开季节，大批文人墨客纷至前来，尽吟诗作画之雅兴。清朝以来，什刹海周边地区大都被位高权重的王公占据，如恭亲王府、醇亲王府、庆亲王府，以及其他贵族重臣的府邸等，会贤堂位于什刹海的前海北岸，原为清光绪年间礼部侍郎斌儒的私邸，正好面对荷花密集的水面。清光绪十六年（1890年）有山东济南人在此开设会贤堂饭庄，内饰华丽堂皇，辛亥革命时摄政王载沣曾在此讨论“军国大事”。民国初年溥仪曾派内务府大臣绍英等在此专门宴请徐世昌、熊希龄、靳云鹏等政要。五四运动爆发前后，不少进步教授在这里探讨新文化运动，1912年鲁迅曾三次来会贤堂。京剧演员王瑶卿、杨小楼、梅兰芳、余叔岩等在此有过演出。1930年国民党改组派和西山会议派的王法勤、陈公博、覃振等主要人物在会贤堂举行过重要党务会议。会贤堂因名人频繁光顾而名噪京城，现为北京市的文物保护单位。当时会贤堂对于“旧京九老”来说，应该说是一个既符合其社会地位又适合抒情怀旧的场所，使会贤堂留下了前朝遗老“集聚贤”的最后足迹，这张合影可能也成为京城遗老群像之最后定格。

“旧京九老”在会贤堂除“看花小酌”外，还有过什么其他活动，比如吟诗作词（这是遗老喜爱的忆旧方式），尚不得而知。但毫无疑问，1932年对末代帝师陈宝琛来说，是其政治生涯的最后闪光，这年一月，他贸然去旅顺劝说溥仪迷途醒悟，无功而返。那些前朝旧臣当然不会不知道陈宝琛的大胆行动，借荷花生日在席间也免不了议论一番，甚至连政治上十分守旧的另一位末代帝师朱益藩，也对溥仪多有微词。聚会两个多月后，已是风烛残年的陈宝琛再次去长春见溥仪，但日本人并不赏脸，陈再次铩羽而归，从此一蹶不振，两年半后去世。

近年晚清文化遗民群体逐渐受到国内学术界关注，而京城遗老作为一个特殊群体，其活动状况还有待于近代史学界或文学界进一步研究考证。如果海内外学者、或照片人物的后代能见到这张照片，是否能够提供更多的文字或图片信息呢?

从一见钟情到永远相守

杨廷华

我与《老照片》的故事，我想用三个词来概括，一是一见钟情，二是再续旧情，三是永远相守。下面我来分别讲述。

一见钟情

2009年夏天一个普普通通的日子，我在当地（内蒙古鄂尔多斯市达拉特旗）新华书店闲逛，漫不经心的浏览中突然眼前一亮——有一本叫《老照片》的书映入我的眼帘。

我和照片有一种特殊的情感，上世纪70年代初，我被分配到全旗唯一的一家国营照相馆当学徒，十八岁的年龄，十八块钱的工资，从此便与摄影和照片结下了不解之缘。虽然十几年后离开了照相馆，调到电视台工作，但我始终没有放下手中的照相机，因此碰到有关摄影和照片的书都会多看两眼。

《老照片》封面上的两片红叶、一幅旧照令人赏心悦目，再看内页，图文并茂、相得益彰，更难能可贵的是，不少图文都是平民百姓在讲自己、家人和朋友的平常事。这让我想起了中央电视台《东方时空》早期的一个栏目“讲述老百姓自己的故事”。看看定价，十块钱，当时低于十块钱的书似乎不多，于是掏钱成交。顺便说一句，当时我并没有注意它的辑数，今天才看仔细了，它是《老照片》第63辑，山东画报出版社2009

年2月出版。

再续旧情

一个叫孙培荣的人为我创造了一个与《老照片》重续旧情的机缘。

孙培荣是一位离休老干部，我参加工作时他是达拉特旗商业局的局长，在旗商业局为我们新职工举办的培训班结业合影中，他坐在最中间。早就听说此人特别爱照相，据说“文革”初期曾被作为资产阶级的生活方式受到过批判。

我到照相馆工作后，孙还是经常来照相，除了全家福、单位活动合影外，个人标准照是每年必照的。不过我们年轻摄影人是没资格为孙拍照的，一般都是由照相馆德高望重的权威师傅亲自出场，我们给打个下手，顺便学点儿艺。五、六年后我终于有资格为孙拍过几次标准照。孙每次来照相都开票，一寸相三毛八分钱，他一分也不少掏。当然他还是沾了一些便宜，摄影师一般都会至少为他拍两张底片，这样掏一份的钱可能就拿到了几份相。

2011年春，我应邀担任了达拉特旗摄影家协会主席，新的岗位，新的视角，使我有了重新认识摄影、重新研究照片特别是老照片的欲望，于是爱照相的孙培荣成了我2013年的第一个采访对象。

遗憾的是我未能采访到孙培荣本人，他已经于六年前离开了他工作和生活了半个多世纪的达拉滩。但是，他为我们留下了他亲自编排的九本影集，也留下了他八十一年生命历程中不可多得的影像故事。

孙培荣的影集告诉我们，从1942年到2001年，主人的年龄从十六岁到七十五岁，在这六十年中他有五十二年留下了标准照，其中，从1957年到2001年，他的年度拍照一直连续了四十五年。

我拍过和看过难以计数的照片，但是孙培荣的影集仍然令我震撼。于是《一个人六十年的影像故事》应运而生。在第89辑《老照片》上，《一个人六十年的影像故事》被列为封面推荐的五篇文章之一。

永远相守

《一个人六十年的影像故事》的发表，使我由一名原本算不上忠实的读者，变成了《老照片》的作者之一，随之，我对《老照片》的关注度也马上升温。首先我在当地新华书店定购了一部分《老照片》，同时收藏了山东画报出版社《老照片》网址，上网时随时打开浏览一番。

因为关注了《老照片》，和《老照片》有关的书也列入了我的邮购清单，主编冯克力先生的《当历史可以观看》、英国人约翰·汤姆逊的《中国与中国人影像》、《世界的眼睛——马格南图片社与马格南摄影师》、布列松的《内心的寂静》等书也都进入了我的书柜。

前面说过，我对摄影、对照片有一种特殊的情结。曾自我调侃式地做过总结，“四十年前学摄影，四十年后习数码，半辈子干了一件事”。和《老照片》续上旧情后，我又以我的摄影经历写了一篇《我的摄影缘》，配图发表在《老照片》第92辑上。

因为亲近了《老照片》，也在一定程度上影响了我的摄影观。过去一说摄影就要拍得美、拍得好看，现在我更看重它的记录功能。我名片背面的八个字——“定格瞬间，留住记忆”，从一个方面表达了我的新的摄影理念。我还在达拉特旗摄影家协会主办的《达拉特摄影》小报上开了一个栏目，叫“影像故事”，特别希望能征集到“老照片的故事”。

我的摄影情结和新闻经历注定了我与《老照片》之间永远的情缘。我曾与当地收藏界的一位朋友约定，一旦发现有意思的老照片马上通知我，我将尽我所能来挖掘照片背后那一个个感人的故事……

至少，我会做一名《老照片》的忠实读者，与《老照片》永远相守……

偶然邂逅，七度春秋

胡　剑

在即将迎来《老照片》出版一百辑之际，作为一名忠实读者和热心撰稿人，我倍感兴奋。虽然，我是在《老照片》创刊十一年之后才知道她，但从认识并了解她以后，我便与她结下了不解之缘。

我是一名档案编研工作者，业余时间主要挥霍在诗歌写作上。2007年初，一位安徽网友在帖子中提到有一本叫《老照片》的刊物，跟他联系后，他很热心地把投稿邮箱发给了我。但我很想看看刊物的具体内容，于是就到本市的多家报刊亭和书店打听，可他们都说没有。当年2月的一个周末我前往重庆万州，与三峡诗人叶梓先生商讨诗集出版事宜。那天晚上，在我住宿的太白宾馆旁边，有一个卖书的地摊，仔细一看，基本上都是盗版书，我顺手翻了几本，觉得没啥意思就准备离开。摊贩以为我嫌书价太贵，就对我说：“这边的旧书便宜，看看嘛！”在他所指的那堆旧书中，突然，几本《老照片》吸引了我的目光。真是“踏破铁鞋无觅处，得来全不费工夫”！于是，我把书摊上的六本都买了下来。

这些《老照片》是2001年以前出版的第11—16辑。目睹那些历史的缩影，重温那些难忘的往事，令我感慨万千、欷歔不已。这些老照片，以一种独特的方式记忆和见证着历史。从那一幅幅历经岁月潮水冲刷却依然清晰的画面上，可以看到昔日生动的影像：那些人，在历史的舞台上，有的功勋卓著、彪炳千秋；有的甘于平凡、朴实无华；有的褒贬不一、毁誉参半。那些事，在人们的印象里，有些恍若隔世，有些已被淡忘，也有些鲜为人知。那些景，在岁月的长河畔，有的定格了曾经的壮观与辉煌，有的记录了发展的历程与轨迹，也有的摄取了独特的民俗与风情。总之，那些老照片所记载的，既有激情燃烧的岁月，也有风云际会的光景，还有苦涩辛酸的日子……

借助那些尘封多年的老照片，作者圈点名人、记述凡人；回眸纪事、追忆往事；展示景观、刻画景况，为我们呈现了一系列真实而直观的画卷，展现着过往岁月曾经发生的一切。透过画面和字里行间，人们能够穿越时空的隧道，追思和景仰那些值得怀念的人；铭记和反思那些应当深思的事；感受和触摸那些不该遗忘的景。我觉得，一个具有强烈怀旧情结的档案人，能与《老照片》一见钟情的邂逅，这种偶然的机缘，或许也是一种必然。

2007年4月，我根据一张1930年代峨眉山的老照片，试着给《老照片》写了一篇《峨眉山的轿夫与背夫》，没想到，当年的6月下旬就被刊登了。从此，为《老照片》撰稿，成了我业余时间的最大爱好。我局的馆藏中有许多老照片档案，除部分照片上面有题字，可以大概了解相关背景外，绝大多数没有任何文字说明。这批老照片在20世纪80年代送四川省档案局参加展览后，一直躺在库房里无人问津。于是，我充分利用档案人得天独厚的优势，深入挖掘和开发馆藏资源，以翔实的文史资料，充分展示老照片与社会、历史、人文的密切联系，在如烟的往事中唤醒人们沉睡的记忆。

近年来，我通过对这批闲置几十年的老照片认真审视、仔细考证，结合相关史料进行详细解读，使照片与文字达到了有机的融合。这种图文结合的方式，为本局馆藏老照片档案的深度开发，作了一次有益的尝试。从2007年6月的第53辑到今年6月的第95辑，《老照片》先后刊登我撰写的稿件四十篇，采用老照片346张，共374个页码。有的还被《文摘周报》和《作家文摘》及相关网站转载。通过解读老照片，既宣传推介了本局的馆藏，又为存史资政提供了参考。由于在档案资源开发方面笔耕不辍，成绩突出，这些年来，我多次被评为先进工作者、优秀党员和优秀公务员。我想，能有如此收获，离不开《老照片》这个平台，正是在她的陪伴下，我义无反顾，一路前行。

屈指一算，七个春秋如白驹过隙。细数流年、回首往事，许多声音频频在耳，无数画面历历在目。这期间，有几件事让我难以忘怀。

一位读者在看了《喜峰口长城抗战掠影》之后打电话对我说，他爷爷当年也是29军大刀队的，后来在抗战中牺牲了。他觉得他父亲与长城上那个背着大刀的士兵很像，估计那应该是他爷爷。他问我那个士兵叫什么名字，以便确认究竟。我只好遗憾地对他说，除了军长宋哲元外，那些照片上的人都没有标注名字。其实，我们都知道，在惨烈的抗日战场上，不知有多少无名英雄，像这位读者的爷爷一样为国捐躯，虽然他们可能什么也没留下，但历史将永远铭记他们。

《老照片》执行编辑张杰老师总是非常认真地对待我的每一篇来稿，哪件史料应当核实，哪些细节需要增补，哪个数据应该考证，哪段文字可以删减，他经常会和我商量。2012年4月9日，他出差途经南充时，还专门到我办公室查看我收集的老照片。从他的电话、手机短信或电子邮件中，我常常深受鼓舞并心存感激。

光阴荏苒，流年不居。蓦然回首，我看到，七年来自己在《老照片》上已经留下了一串深深浅浅的脚印。这本与我的业务工作有着紧密联系的刊物，承载着我的期待与希冀，使我解读老照片的档案编研作品有了固定的发表园地。同时，也是她让我能够顺乎天性，追从志趣，以“悠然见南山”的姿势，寻求一种历经岁月洗礼之后的感悟、阅尽雨雪风霜之后的沉稳、看过沧海桑田之后的练达。我想，这正是我一直以来心仪《老照片》，并始终对她一往情深的缘故吧！

书末感言

五味杂陈的童年

冯克力

刘善文先生从他经年收藏的老照片里，挑选了十几幅“童年的游戏”呈现给读者。这些照片均拍摄于上世纪五六十年代，所记录的，是当今六十岁上下、行将步入老年的那代人的童年光景。刘先生说：“虽然那时的儿童游戏都很简单，但曾给那个时代的孩子带来了欢乐，陪伴他们度过了快乐而幸福的童年时光。”相信不少过来人，都不难从这些照片中看到自己儿时的身影，且有着与刘先生相似的感受。

本辑中，著名历史学者、人民大学教授张鸣，也回忆了自己童年时的一段经历，时间同为上世纪六十年代。不过，张鸣的童年，却难觅刘先生照片中所呈现的“快乐”与“幸福”，襁褓中就随着曾任“国军少校军需”的父亲迁徙北大荒，在跌宕中沉浮。小小年纪，便目睹了“阶级斗争”的血腥，后来又因不满对父母的迫害，被学校开除……难怪他感叹，自己的童年在那一刻就过早地结束了。可以肯定地说，有过童年张鸣类似经历的，在国人中也绝非个例。

潘志豪先生则结合老照片，讲述了儿子被“政治”裹挟的童年。孩子们高举横幅，为一次高层权力更替的结果而上街游行庆祝的照片，让人啼笑皆非。

作者以“被污染的童真”为题，想想，真的是再贴切不过。

图书在版编目（CIP）数据

老照片.第96辑/冯克力主编. —济南：山东画报出版社，2014.8

ISBN 978-7-5474-1328-9

Ⅰ.①老… Ⅱ.①冯… Ⅲ.①世界史—史料②中国历史-现代史-史料 Ⅳ.①K106 ②K260.6

中国版本图书馆CIP数据核字（2014）第173982号

责任编辑 冯克力
装帧设计 王 芳
主管部门 山东出版传媒股份有限公司
出版发行 山東畫報出版社
社 址 济南市经九路胜利大街39号 邮编 250001
电 话 总编室（0531）82098470
市场部（0531）82098479 82098476（传真）
网 址 http://www.hbcbs.com.cn
电子信箱 hbcb@sdpress.com.cn
印 刷 山东临沂新华印刷物流集团
规 格 140毫米×203毫米
6印张 113幅照片 120千字
版 次 2014年8月第1版
印 次 2014年8月第1次印刷
定 价 15.00元

刘碧瑞的母亲与姨妈在北平家中的合影

国内订阅：全国各地邮局

邮发代号：24-177

地　址：山东省济南市胜利大街39号（250001）
E-mail：laozhaopian1996@163.com
zhangjie5410@163.com
网　址：www.lzp1996.com

责任编辑／冯克力

装帧设计／王　芳

ISBN 978-7-5474-1328-9

9 787547 413289

定价：15.00元

第九十七辑

老照片

OLD PHOTOS

定格历史　收藏记忆

山东画报出版社

迎　亲

1950 年代初，山东农村某地的迎亲队伍行进在乡间小路上。

1950 年新中国第一部成文法律《中华人民共和国婚姻法》正式颁布，明确规定了婚姻自由、一夫一妻、男女平等的婚姻制度。照片里的迎亲队伍，没有花轿，没有大箱小笼的嫁妆，也没有吹吹打打的乐手。新郎、新娘各骑了一匹马，或许是面对镜头的缘故吧，看上去还有些拘谨，多亏了几位扭着秧歌走在前面的农村妇女，她们舞动的身影，为这移风易俗的迎亲增添了几分喜庆。（锐明）

老照片

OLD PHOTOS

出版人 尹奎友
主　编 冯克力
执行编辑 张　杰
特邀编辑 丁　东　邵　建
美术编辑 王　芳

第九十七辑

目录

我的岳父孙定国

沈　宁

他是我的父辈，但不是我父亲母亲的师长或朋友，也不是我们家族的世交叔伯。他是我的岳父，但我从来没有见过他。我的妻子六岁的时候，他就去世了。

但是因为仰慕他的大名，所以我才想到要结识他的女儿。上世纪70年代，中国还处在阶级斗争的红色恐怖之中。如同我这样国民党反动派家庭出身的青年，毫无前途，也毫无友情，没有人会愿意受到我们家庭的牵连，所以更谈不上恋爱。我能够体会到父亲母亲所经历的种种苦难，所以很早就决定，放弃恋爱和结婚的权利，我自己已经够不幸了，不能再拖累一个女孩子，更何况如果是我爱和爱我的女孩子。再说那个时代，我的身边也太少有文化的女孩子，不交女友对我而言，并无太多遗憾。

那些年中，我一直孤独，尽量躲避一切红色或粉红色家庭出身的青年，包括男青年和女青年，甚至躲避一切非黑色和白色家庭出身的青年，顶多只敢去跟一些同样属于家庭出身不好的青年接触，知道这些人至少没有理由五十步笑百步，过分嫌弃我的家庭出身。因此当我偶然听见一些同事出言不逊，攻击

1950年，孙定国夫妇在北京。

孙定国先生的时候，我才知道这位哲学家的女儿，当时居然是我们剧团里的一个学员，不过我从来没有注意过她。

哪一年听说过孙定国的名字，已经不记得了。上世纪50年代，他在北京城里走红，做中共中央党校党委委员兼哲学教研室主任和中国科学院学部委员的时候，我还年幼，且对哲学毫无兴趣，更对共产主义理论很不以为然。所以想必是后来，因为毛泽东发动批判杨献珍合二为一反革命理论的政治运动声势浩大，而孙定国是杨献珍反党集团的重要干将，竟敢跟毛泽东唱反调，倒让他名气冲天，连我那么个小孩子都知道他的名字了。那些年间，根据自己的经验，我总结出凡是官方赞扬的，并非个个都是好人，而凡官方刻意要打倒的，我相信大半都不是坏人。

孙定国先生，1910年在山东牟平出生，其父母家境都非常贫寒，母亲十三岁到孙家做童养媳。孙定国上面有三个姐姐，他是家中头一个男孩，所以肩负孙家厚望，起名儒熙。小儒熙出生的七天头上，姐姐们在炕上玩耍，砸到他身上，他当时就窒息而死。家人掘墓，准备埋葬。只有他的祖母不答应，仍将孙儿留在家里，嚎哭呼唤，不料那小婴儿夜半忽然苏醒过来。死而复生，命不该绝，大难不亡，必有后福。他更成了家里的宝贝，全家人省吃俭用，把八岁的小儒熙送入本村小学读书。

学校校长是个前清贡生，学问渊博，见小儒熙聪慧异常，便以“小圣人”来称呼他，他立刻名扬乡里。小儒熙十二岁跟同学打架，被老师罚写“九九表”。他写完之后，又在黑板上书写：现乃共和国家，主张自由平等，如此处罚，我不服。校长得知，为彰校规，三次用戒尺惩戒，直打得小儒熙皮开肉绽，夜不能眠，但他仍然不肯屈服，后来又被罚站七日，他仍说：不服。

之后因为家里实在付不出学费，小儒熙只好辍学。十三岁进入一家私塾，边教书，边读书。三年之后，孙儒熙十六岁，自办私塾，收学生十几人，自此开始教书谋生。他教学得法，用心努力，成绩卓著，远近闻名。十七岁时，孙儒熙应聘到外村任教，连年长薪水。十九岁他再次自办学校，专门教授穷人子弟，学生曾经多达百余。

1931年九一八事变发生，日寇入侵中国，中华民族危在旦夕。孙儒熙怒而出走，决定投笔从戎，挺身救国。他打听到孙殿英率部挺进热河，两度击败日军，发布告征募青年从军。孙儒熙立刻出发，长途跋涉，从山东赶到北京，又续往绥远，终于找到孙殿英部，登记入伍，那年他二十三岁。不料孙殿英招到兵马之后，不再东进抗日，反而率部西转内地。孙儒熙眼见跟随孙殿英部抗日无望，乃冒死逃离，落魄河北、山西各地，风餐露宿，四处流浪。就在这个时候，他把自己的名字改为孙定国，表达立志报国之意。

1934年，孙定国在山西加入晋绥军。当时中国的军队，多武夫而少文人，孙定国知书识字，很快就升做军中的帮写副官。不久晋绥军军官教导团招收学员，他随即报名，而且顺利考入。在接受军官培训的两年里，孙定国节衣缩食，刻苦攻读，博览兵书，特别研习步兵组建和训练，以及作战方略指挥等课程。也是在那个学员队里，孙定国开始与一些共产党学员交上了朋友，不过当时共产党员身份不公开，他并不知道那些人是共产党。1936年从教导团毕业，孙定国受任太原中学军事教官，后又任山西学生军训练总队教官，授衔上尉。

1936年10月，日寇向华北节节进逼，延安共产党中央派薄一波赴山西，组建牺牲救国同盟会，分化阎锡山的部队。那时孙定国担任山西国民军团教导团副官，被薄一波发展为牺盟会第一批会员，但他只知该组织是抗日群众组织，并不了解其共产党领导的背景。

1937年七七事变发生，华北危机。孙定国被调到山西军政委员会，在阎锡山为校长的第二战区随营学校做军事教官，负责全校军事课程和训练。稍后山西建立新军民族革命政治保卫队，孙定国任参谋主任，负责军事指挥。同年五月，调任第二战区民族革命青年军官教导团任营长，后任汾南地区教导第三总队总队长兼十三县自卫队总教练，开始直接对日作战。

这年秋天，孙定国率领教导第三总队，多次出击或伏击日寇军队和伪军，屡战屡胜，名扬山西。同年12月，阎锡山任命孙定国兼任第二战区第七区保安司令。同月，牺盟会组建政卫一支队，又任命孙定国为支队长，率领部队反击日寇围剿，消灭投敌汉奸，争取伪军反正，英勇作战，广受人民拥戴，当时孙定国并没有参加共产党。1939年阎锡山按国民军建制，整编新军独立二一二旅，任命孙定国为旅长，下设三个团，近五千官兵，因英勇抗日，战绩辉煌，被汾南人民称为子弟兵。二一二旅和其他整编新军各友军一起，有效地牵制住日军西渡黄河的计划，保卫了中共陕北根据地的安全。

抗战期间，山西情况特别复杂，很多共产党员在阎锡山政府里任职，所以孙定国跟共产党员来往很多。他率领的部队，同林彪率领的八路军一一五师和刘伯承指挥的八路军一二九师都曾协同作战过。后来阎锡山不再容忍中共在其军政内部的分化活动，决定进行清洗。12月间，阎锡山秘密派出部队，准备“围剿”由共产党人直接指挥的新军二一三旅。孙定国获悉内部军情，立刻率领二一二旅部分官兵，星夜奔袭，将阎军中途截回，保护了二一三旅的安全。但万没料到，在孙定国领军阻截阎军、保卫二一三旅安全的同时，二一三旅接到延安密令，认为孙定国没有明确表示过反对阎锡山，决定把他列为国民党顽固派，予以逮捕，当即处决。于是二一三旅派出重兵，包围了二一二旅驻地，下了孙定国警卫班的枪，眼看就要冲进他的营房下手杀人，千钧一发之际，二一三旅突然接到新命令：立刻停止。这四个字救了孙定国的性命，也救了许多二一二旅和二一三旅官兵的性命。

1940年2月，柴泽民送来中共中央北方局和八路军总部发给孙定国的电报，任命孙定国为总指挥，率二一二和二一三两个旅，以及一些地方抗日游击队，近万官兵，组成南路军，转移到八路军太岳军区。孙定国服从了这个命令，指挥这支部队行军九昼夜，征程七百里，打退日伪蒋阎大小十二次进攻，粉碎敌军围追堵截，终于到达太岳军区。战斗中最惊险的一次，孙定国在前线伏案签署命令，敌军子弹四面飞来，甚至打到他签字的桌子上，身边警卫战士甚至有中弹者，但他依旧从容镇定，继续发布各种命令。战士们说：敌人子弹认识孙总指挥，不敢碰他。

当时情况下，孙定国带领近万名英勇善战的官兵加入八路军，对中共军事力量来说，是很大的支持。八路军总部专门举行盛大的欢迎会，宣布二一二旅保持建制，孙定国继续任旅长。朱德、彭德怀、薄一波、杨尚昆、傅钟等中共党政军领导干部，都会见了孙定国，表示对他的尊重。

1941年1月，孙定国加入共产党。同年5月，八路军太岳军区命孙定国率军南下开辟抗日根据地，粉碎日伪多次围剿，俘虏数百，重创敌军。太岳纵队通令嘉奖二一二旅创造歼敌新记录，誉之为能战斗的部队。可是一年以后，二一二旅被解散了，孙定国被调到一个新部队任副旅长，降了级。1943年，孙定国又被调任太岳军区第三军分区司令，任务是保卫根据地，进行大生产，离开了军事指挥岗位。1944年，孙定国调任第五军分区司令。

1945年，日寇投降，抗战胜利，中国没有赢得和平，更加惨烈的国共内战迫在眉睫。中共晋冀鲁豫军区发出命令，太岳军区改编为野战四纵队，由王新亭任司令，聂真任政委，孙定国任野战四纵队副司令员。1946年，孙定国奉命兼任中共太岳军区军政学院院长。之后，内战全面展开，中共同国民党正式决裂，八路军改称人民解放军。1947年太岳军区、太行军区和三十八军合编为陈（赓）谢（富治）兵团，挺进大别山，转战中原。孙定国受任兵团后勤司令。

1948年，陈谢兵团并入刘邓大军南下，参加淮海大战。激战前夜，孙定国奉命调离部队，回到河北西柏坡，参加中共中央马列研究院学习，从此结束戎马生涯。

1949年，孙定国随马列研究院进入北京。该学院改名为中共中央高级党校，孙定国担任研究员，后任哲学教研室主任、中央党校党委委员、中国科学院学部委员。1955年解放军高等军事学院成立，叶剑英元帅出任院长，曾专门到中央党校，请孙定国到高等军事学院任教。孙定国在当时中共党内，特别是军内算是个了不起的秀才，毛泽东曾亲自接见过他，对他作出相当的评价。孙定国本是军官教导队教官出身，又曾历经百战，文武双全，正是军事学院需要的教官人选，可是他拒绝了，没有重新返回军队。我曾暗想，如果当年岳父听从叶帅的要求，调军事学院任教就好了，至少他不会五十四岁被害死。但历史没有如果，岳父太爱哲学了，所以只能为哲学献身。

在当时中央党校的行政领导中，杨献珍、侯维煜、孙定国一直被视为三驾马车。照杨献珍的话说，那时杨、侯、孙三人密切配合，相互体谅，一起聆听少奇同志的教诲，一起贯彻中央的指示，一起抵制那个所谓理论权威的破坏，最后也一起遭受那个理论权威的残酷迫害。至于那个所谓理论权威是谁，大家心里都明白。

作为著名的哲学专家，孙定国在中国学术界地位很高，1956年北京大学哲学系受命编写第一套中国哲学史教材，参加编写的著名学者包括冯友兰、周辅成、杨宪邦、任继愈、张岱年、李泽厚等，而教材审查委员则是陈伯达、郭沫若、侯外庐、杜守素、赵纪彬、杨荣国、杨献珍、艾思奇、胡绳等，还有孙定国。

孙定国在中央党校期间，写一手好文章，又特别会演讲。他能够把深奥的哲学讲得出神入化，生动活泼，深入浅出，让人听而难忘。多年以后，我遇到过很多中老年人，比如北京四中的一位老校长，谈及岳父他们都清楚地记得。

作为中共党内的哲学家，孙定国忠实地执行和履行自己的使命，1949年到1959年的十年间，在历次理论运动中披挂上阵，不遗余力。比如1953年党中央发动批判梁漱溟，孙定国发表《批判梁漱溟的反动的世界观》和《驳斥梁漱溟的职业分途的反动理论》，1954年党中央发动批判胡适，孙定国发表《批判胡适哲学思想的反动实质》等，在当时都产生过很大的影响。这些行为，现在看来都属错误，但在当时却是忠于党的表现。

上世纪60年代初，当时的中央党校校长杨献珍从学术出发，提出一分为二与合二为一均为哲学要义，竟触怒龙颜，掀起一场由哲学而政治的大迫害。这一次，孙定国没有向政治低头，而是坚持站在杨献珍和哲学真理一边，于是被打成反党集

孙定国全家在中央党校内。

团，置于死地。过去的学界友人，如陈伯达、康生等，非但不出来保护他，反而纷纷反目，落井下石。

1963年，孙定国被调离中央党校。背着一个反党分子的罪名，偌大中国，无人收留，无处可去。孙定国当时作何感想，无从得知。

孙定国追悼会

听岳母说，他们到北京后，一直住在党校的小楼里，算是高干，享有一些特权。但是他们的五个孩子，都从小学开始就住校。我的妻子出生刚满月，便送托儿所全托，每周只回家一天。每人的被褥，分别在托儿所、学校和机关，周末团聚时，家里被褥短缺，只能到党校总务处去租用公家棉被。孙定国一家在北京住了十五年，拢共去饭馆吃过两次饭。他家也从不在家里做饭，一日三餐都去党校食堂，包括十五顿年夜饭。

最后，中共中央西北局书记刘澜涛开口，接受孙定国到西北局党校做教员，降了不知多少级，但一家人总算有个落脚之地。1964年举家搬往西安时，康生专门给西北局下达指令：对孙定国内部控制使用。孙定国的家刚在西安安顿好，一道“圣旨”又将他宣回北京。当时我的妻子只有六岁。她还记得，父亲最后离开家的那天，她正在家门口跳橡皮筋。父亲出门时，把她抱了又抱，亲了又亲，连声说：再见。年幼的小女儿不知发生了什么事，以为父亲如常出差。

半年以后，春节的前一天，西北局派员通知家属：孙定国1964年12月18日在北京中共中央党校的湖中淹死，属于叛党自杀。至于他究竟怎么死的？没人知道。尸体何在？早已经火化了。骨灰呢？没有保留。

后来听说，孙定国回北京后，一直不停地接受批判和批斗，乃至受到各种训斥和辱骂。1964年12月19日，在中央党校全校大会上，陈伯达称孙定国是冒牌的哲学家，用尽大坏蛋、大流氓、大骗子等种种污辱性词语。孙定国办公桌玻璃板下，原来压着一张陈伯达署名的赠联，抬头有“定国同志”的字样，可在批斗会上，陈伯达声称：“你把我扔到纸篓里练毛笔字的废纸偷出来，裱糊上，到处招摇撞骗，说是我给你写的字，我陈伯达能给你这样的坏人写字吗？你是死不要脸！”骂得气极，他竟当众向孙定国的脸上吐唾沫。

就在这天夜里，孙定国结束了自己的生命。陈伯达凭借权势，将孙定国生前用积蓄甚至举债购买的藏书，仅付原价的三分之一，全部席卷而去。

“文革”中，因“合二为一论”影响的“反党分子”，再次遭受冲击凌辱，直到改革开放后，这一冤案才获得平反。

爱北京的洋人们

张　鸣

北京有句老话，是形容四合院人家的：天棚、鱼缸、石榴树，先生、肥狗、胖丫头。说的是住四合院人家的富足和惬意，请着家庭教师，养着肥狗，连佣人都吃的不错。殊不知，这样惬意的人里面，也有洋人。朋友给我发来一组老照片，内容是几位住在四合院里的洋人。从人的装束和情境看，照片最早不过是晚清新政时期，更大的可能是民国初年。

照片里的四合院很豪华，是那种多进、院套院的结构。这样的四合院，门口一定会有一个大影壁，内宅的进出口，会有精致的垂花门。不消说，都是大户人家，而且从那粗实漆红的柱子看，原房主的身份不低。满清贵族，清亡之后虽然没有人剥夺他们的财产，但多年不事生产，任由管家摆布，铁杆庄稼没了，权势也没了，家产很快就被管家偷光盗光，剩下的事，就只好卖房子了。好些贝勒、贝子和王爷的宅邸，就是这样落到洋人名下的。连曾经赫赫有名的恭王府，也很早就改了姓氏，变成教会的产业。

现在我还没法断定，老照片里的四合院究竟是他们租来的，还是买下的。院子的格局没有动，但里面却贴了壁纸，墙

夫人与她的钢琴。

外国人在北京的居室

上按西方人的习惯，挂了好些镜框。有的房间中西合璧，有中式家具也有西式的沙发，但也有的房间只有奢华的红木家具，靠桌、太师椅。看来，居住在里面的主人，大体上是在按着四合院的方式在生活的，他们喜欢这样。这些人家出门，估计多半跟中国人一样，有辆拉包月的洋车，至于肥狗、胖丫头（佣人），更是少不了。

从晚清到民国，京派海派两分，从风格到趣味迥异。上海和北京的洋人也大不一样。上海的洋人，是将他们在欧美的生活，连同建筑和街道以及抽水马桶都移植到中国，建了一个国中之国，在里面待着，过着一种近乎种族隔离的生活，排斥华人，看不起华人，甚至也看不起在其他地方生活的自己的同胞。上海公共租界黄浦公园那块“华人与狗不得入内”的牌

一对外国夫妇在庭院里喝下午茶。

这位在居处前喝下午茶的夫人一脸的惬意，身后是轩敞的庭院正屋，前应为大户人家的私宅。照片题识显示，这张照片拍摄于1913年。

一对外国夫妇在典型的中国民宅前留影。

两位夫人，站在前幅照片的几乎同一位置留影。照片题识显示，照片拍摄于1913年。

两位夫人在北京一幢西式建筑门口留影。

一位夫人靠在北京某公园的连椅上小憩。

一位夫人手持阳伞，漫步北京街头。照片题识显示，拍摄于1913年。

一所外国人居住的数进庭院，中间悬挂的，似是一盏舶来的用于室外照明的电灯。

一位夫人面带微笑，在居处庭院喝下午茶，品食时令鲜果。

在天坛留影的西洋女

子，实际上是存在过的。除非是为了不做不可的公务，他们甚至不愿意离开租界半步。这一点，连他们在国内的同胞都看不过眼，讥讽他们为“租界人”。

但是，北京的洋人不这样。除了一些在东交民巷的外交官和他们的家眷之外，其他生活在北京的洋人，工程师、记者、传教士和教师，他们都喜欢住四合院，喜欢跟中国人住邻居。晚清新政以后，北京城修了马路，安了路灯，有了公共厕所，多少变得干净了。在洋人对北京的卫生状况能够接受之后，北京文化的魅力，就显现出来了。在北京的老外，逐渐喜欢上了北京的小馆和茶楼，他们喜欢吃北京的烤鸭，甚至喜欢坐黄包车，喜欢进戏园子听京戏，听不懂人家唱什么，就喜欢那个热闹。不喜欢热闹的，也喜欢看梅郎（梅兰芳）。人说那时候的洋人到北京来，有三件事是必须做的：看梅戏，看梅郎，上长城。有点品位的洋人，比如《泰晤士报》驻北京的记者莫理循，还跟中国的文人雅士一样，喜欢逛琉璃厂。现在回过头来看那些在北京住过的洋人的回忆，个个对北京生活充满了眷恋，显然不是装出来的。

晚清民国，世界是一个丛林时代，殖民的风尚还没有过去。来中国的洋人们，有傲慢的“租界人”，也有以北京人自居的和蔼可亲的老外。这个世界，其实从来就不会一个模子。

（秦风老照片馆提供图片）

表舅蒋恩铠一家

仲炜

巴黎初见蒋恩铠

1949年，我们家离开加拿大，乘船取道欧洲回北京。在经过巴黎时，见到了当时正担任国民政府驻巴黎总领事的表舅蒋恩铠。我父母和许多他们那一代的知识分子都对蒋介石的专权和当时国民政府普遍性的腐败不满，决心回国参加建设。虽然是亲戚，但作为国府总领事，蒋恩铠和我父母对于未来的看法却是南辕北辙。在我长大了之后，母亲告诉我她当时曾和蒋恩铠有过长谈和争论，她劝表哥投向北京，话说得直截了当："难道你要去做蒋介石的赤子忠臣？"蒋恩铠回答得也很坚定："我一辈子都是跟着蒋先生的，现在是他最难的时候，我不能抛开他。"虽说在政治上看法不同，但我们一家在巴黎仍受到表舅和表舅妈热情款待，过得十分愉快。作为亲戚，蒋恩铠可以说是尽心竭力，不但每天安排我们去巴黎各地游览，就是我们一家离开法国回大陆交通上的困难，他也周到而细心地帮着安排。

1946年，蒋恩铠在巴黎总领事馆前。

四十五年后在台北拜见表舅

在巴黎时，我只有八岁，有时和比我大四岁的表哥蒋安立在家里玩，完全不明白大人间所讨论的事情。我能记住的只有他们住的总领事馆的前门和前厅的样子。说来好笑，那天父母和姐姐都出去了，只有我和蒋安立在家里。父母那时喜欢开玩笑说我是从垃圾桶里捡来的孩子，此时人生地不熟，时间一长我心里就慌了，怕他们真的不要我了。直到在前厅的桌子上看见了父亲的8毫米小电影摄影机和莱卡相机，才放下了心，心想他总不至于忘记回来拿，于是死死守在这小桌子旁等他们回来，就是安立拉我去玩也不肯动。我家的小电影胶卷和相片在1966年8月23号全由红卫兵抄家时在院子里烧毁了。最近，看到安立发给我的蒋恩铠在领事馆门前的照片，往事又涌上心头，亲切异常。

自1949年底回国，等到长大了之后，除了有时在《参考消息》上见到蒋恩铠“驻节”南越、马达加斯加和喀麦隆等非洲法语国家做“大使”的消息，也很少再想起这段历史了。到了1994年，我终于有机会去台湾办事，此时离巴黎当年的那场聚会已经四十五年了。我既不知道蒋恩铠是否还活着，也无任何联系方式。我心中既好奇又期盼，很希望能再见到他。

我的大伯父在抗战胜利后就举家去了台湾，从事兴建水利工程的工作，因此我是否能找到母亲这边亲戚的唯一的希望，就寄托在了从未见过面的表姐小姿和表妹小汝身上了。大家首次见面自然十分高兴，在吃晚饭时，我问她们有没有办法找到过去做过外交官的蒋恩铠先生时，她们不约而同地哈哈大笑，

1928年，蒋恩铠和妻子李芬去法国留学前合影。

抢着说这件事好办："我们的姨夫沈剑虹当过外交部部长。"马上一个电话打过去，沈剑虹在电话那头说："啊！蒋恩铠，他是我们部里还活着的最老的大使，我有他的电话。"于是我

蒋恩铠一家1945年在巴黎的照片。左一和左二两位是当时驻法国总领事馆蒋恩铠属下外交官，左三起：蒋安立、蒋恩铠、李芬、蒋密琪（二女）、蒋丽琳（ 长女）、蒋芳西（四女）。三女蒋曼美一直留在常熟陪伴祖母，不在此照片内。

随后就把电话给表舅打了过去，一边自报家门，一边在心里打鼓：九十一岁的老人家还记得我吗？没想到他的记忆力出乎意料的精准，毫不犹豫地说："好！那你马上来，我在家等你。但是这次见不到舅妈，因为她已经定好了，晚上要在教会里参加聚会。"饭后表姐妹陪我匆匆赶去外交部宿舍楼。一进院子，高龄的蒋恩铠已经站在楼下的进口，令我甚感不安。他住在宿舍楼的一个单元里面，坐下来感到很舒服，但是无论装潢、摆饰和家具都平实无华，寓所面积也不大。唯一引人注目

1955年，蒋恩铠（左一）在西贡拜会当时的越南“总统”吴庭艳（右一）。

的，是一张蒋介石坐在椅子上蒋恩铠站在后边的合影。我向他介绍了父母巴黎一别回大陆后的工作和经历，以及他们分别于1970年和1975年去世的情况。他也大致讲了他们现在平静的退休生活。我特别问了表兄安立在做什么，他表情有点特别，先是诡秘一笑，然后一字一顿地说：“他现在住在巴黎，是一个狗大夫。”就这么简短，也不再多说一句。我想安立原来是在做兽医，那也不错。最后我直接向他求证当年讲过的话：“当年您是不是对我母亲这样讲：我一辈子都是跟着蒋先生的，现在是他最难的时候，我不能抛开他。”由于我已非复当年的儿童，可以说也算是历经沧桑正缓缓向夕阳走去的人了。在经历了多年的政治风浪之后，我很想听到在那大时代变迁的关键时

1971年，蒋恩铠步入塞内加尔总统府，准备递交“国书”。

刻，最能反映一个人内心深处的语言。比起表舅，我还是嫩多了。到底是有历练的外交家，他没有直接回答我的问题，平静地说：“何止是你的母亲，那时馆里所有的人，除了大使和我两个人之外，都要起义去北平。我是以不变应万变。”在他讲完之后，我们都保持了一段沉默，等了一会儿，他淡淡地又加了一句话：“凡是去了北平的人，后来都倒霉了。”

六十年后再见表兄蒋安立

这次见面，我独独没有想到问一下表兄蒋安立的地址。直到1999之后，由于业务关系，我频繁地去欧洲出差旅行，每次停留在巴黎，都会想安立兄今安在？一直到2010年才有了线索，也终于在安立表兄巴黎家里重逢。 我问他是不是还记得

上海对外友协赵俊云会长宴请时留影。前排：右赵俊云，左蒋恩铠；后排左蒋安立。

1996年，蒋恩铠（中）重回离开近五十年的常熟故居。右为蒋曼美，左为蒋安立。

1992年，一直留在大陆的三女蒋曼美到台北探望父母，并为父亲庆祝九十大寿。前排左起:蒋陶柔明、蒋恩铠、李芬；后排左起：蒋宪港、蒋曼美、吴耀麟。

1949年他逼我陪他玩的情形，他加以否认。接下来我又问他："你是怎样的一位狗大夫？"他最初似乎有点腼腆，最后拿出他的名片给我看，上面印有"巴士德研究院狂犬病研究中心，世界卫生组织狂犬病普查及研究合作中心主任，法国国家狂犬病普查中心主任"的字样。

众所周知，路易·巴士德（Louis Pasteur 1822–1895）是法国微生物家， 他奠定了工业微生物学和医学微生物学的基础，并开创了微生物生理学。他给整个医学造成了突破性进展，从而迈进了细菌学时代。而巴士德能发现细菌，就是从狂犬病入手成功的，所以狂犬病研究是这个顶级研究中心核心里的核心。蒋恩铠先生口中的“狗大夫”，原来是世界顶尖的微生物专家，曾在四大洲一百多个国家担任过顾问，帮助制定抗感染的规划。蒋安立从60年代进入巴士德研究院开始，在那里的狂犬病研究中心度过了他自己整个职业生涯，其中一个重要环节是和为人类和动物生产疫苗的最大的企业梅里埃生物中心合作。在1937年就建立了的上海巴士德研究院，经历了时局的激烈动荡，到了中国改革开放之后，蒋安立被派往上海做评估，重新恢复了巴士德研究院与上海的合作关系。由于安立兄的学问达到了该领域的顶层，笔者才疏学浅，不敢妄加评述，只能寄望有真才实学的作家来写他的故事。

表舅一家的人生点滴

恩铠先生祖籍是江苏太仓，后来他家这一支移居到了邻近的常熟。十七岁时离家去南京大学攻文学，1928年去法国深造，1932年在巴黎大学获得文学博士学位。他的论文是昆曲研究，后成书出版。学成回到南京，因其法文长才，1936年获邀到民国政府的外交部工作，历任驻法国里昂、巴黎和西贡“总领事”，驻越南共和国“代办”及“亚洲西非洲司司长”，又先后出任驻马达加斯加、喀麦隆及塞内加尔等三国“大使”。做外交官看似风光无限，实际上是一项相当艰巨的工作，可谓冷暖自知，点点滴滴在心头。尤其是蒋恩铠在1954年被派到战火纷飞的越南，其整个国家变得四分五裂，全民都卷入了残酷的战争。生活异常艰难，夜晚实行灯火管制。不但经常受到记者的追踪，恐怖袭击事件也曾屡屡发生，一直到1957年离任转派到马达加斯加才松了一口气。

自1936年之后，做外交家是蒋恩铠的职业，但是他从未脱离过他醉心的昆曲事业。在法国求学时国内名伶如梅兰芳、程砚秋均到欧洲宣扬国粹，蒋恩铠去旅馆向他们请益。抗战爆发之后，蒋恩铠奉调回国，常参加在中华书局楼上客厅的“同期”唱曲。蒋恩铠把他这一爱好保持到了晚年。政治风云变幻莫测，可是文化的传承是人类不朽的共同财富。在岁月的长河中，蒋恩铠的昆曲研究在向西方传播中国文化底蕴上，功不可没，铺下了宝贵的基石。据台湾《展望》杂志报道，1990年，年届八十七岁的蒋恩铠在酒酣耳热之际和侨委会朱小姐应大家唱了一段《霸王别姬》，把项羽那苍凉的心境寄托于唱腔中予以抒发。歌者听者心曲相通，感人至深。

1996年，在上海与亲戚聚会。前排左起：蒋恩铠的侄女蒋宪哲、蒋曼美、蒋恩铠；后排左一为蒋安立。

退休之后，蒋恩铠在台北和发烧友一起唱昆曲。

蒋恩铠和夫人李芬共育有四位千金和安立这一位儿子。四姐妹中的蒋曼美生于1929年，只有她留在国内，在常熟陪同祖母生活和学习。据朱凤鸣在《太仓日报》刊文报道，蒋曼美在青年时期就投身革命，是中共地下工作者，解放后多年从事共青团的工作。因有海外关系，在历次政治运动中历尽坎坷。蒋曼美非常感恩1978年党的十一届三中全会后为她重新安排工作，后在常熟粮食局工作岗位上离休。笔者在常熟和太仓数次拜见了她，看到八十多岁的曼美姐行走时腿脚灵便，打乒乓球时还能加力抽球，叹为观止。令人欣慰的是，随着两岸形势的改善，蒋曼美终于在1992年去台湾探望了双亲，为父亲九十大寿送去了温馨。

蒋恩铠也在1996年回到了他离开了近五十年的故土。不但有女儿曼美在家乡接待，安立也专程从法国去台湾陪他一起回大陆。这位沈剑虹口中“我们还活着的最老的大使”故乡重游，受到了常熟亲友和官员的欢迎，在上海受到了上海市对外友好协会会长赵云俊的款待。按道理接待蒋恩铠的不应该是对外友协，他的儿子蒋安立已经以一位著名科学家的身份在为中国和法国，以至中国和欧洲之间的科技交流合作铺路搭桥。时间在人们不经意间使家中的主导人物蒋恩铠慢慢地从主流淡出，而新生代则负起更大的责任了。

蒋恩铠在1999年去世，享年九十六岁。最后由儿女把他和夫人李芬的骨灰运回了大陆，葬礼于2000年在他的故土常熟的陵园举行。老人到了这个岁数，国内叫喜丧了，也借助这个下葬的机会在常熟举行了一场全球蒋家人的大聚会。蒋恩铠落叶归根，他的生命如同一条河流，最初从潺潺溪流发源，汇合支流渐成气势，奔腾下泄。他曾经历了风云激荡的艰险岁月，但越到晚年越是从容，如同河面渐渐变宽，水势越流越舒缓，越流越平静，最后徐徐注入了大海！

当我知道他去世之际，沉思中不禁想起1949年的往事。回顾这五六十年一路走过的路，事情远远不是非黑即白那么简单。记得1920年回国被蔡元培聘在北京大学历史系任教的中国第一位女教授陈衡哲在谈她的《西洋通史》时说道：“历史不是叫我们哭的，也不是叫我们笑的，乃是要求我们明白它的。”现在我已经年届古稀，曾经哭过，也曾经笑过，然而在饱经了个人和民族的沧桑之后，扪心自问：在这大时代变动中的我们这两三代人，真的就用心吸取教训，明白历史了吗？

傅英豪和唐旦

阎　明

2009年10月1日的天安门广场，鼓乐喧天，彩旗飘扬，中华人民共和国六十年大庆阅兵正在进行，受阅部队在战车隆隆声响中依次通过天安门广场。这时，空中传来巨大的轰鸣，空军战斗机编队开始接受国家和人民的检阅。在战斗机群的后方，首次出现了由歼-11护航的中国空军预警机编队。

预警机的出现，使空军实现了攻防兼备的战略转型，提升了空中作战体系诸要素，是解放军装备建设发展的重要成果。该项成果也受到党和国家的充分肯定，2010年，该项目荣获国家科技进步奖，相关人员受到国家记功重奖。

在人们对解放军现代化建设日异发展而欢欣鼓舞、科研工作者接受鲜花和荣誉簇拥之时，我们应清醒地意识到，这些成绩绝不是一蹴而就取得的，它是空军几代科研工作者辛勤努力的结果；我们更不应忘记，建国后为解放军的防空雷达事业做出突出贡献、中国空军第一架预警机的创建者傅英豪和唐旦。

傅英豪和唐旦夫妇都曾在空军工作，傅是军委空军雷达兵部主任，唐是副主任。他们是中共在战争年代一手培养的红色

傅英豪

专家。“九一三”事件后双双被审查，从此在人们的视野中消失。究其原因，源于傅英豪与林彪夫人叶群的一段陈年往事。

1935 年的“一二九”运动，是在中国共产党的领导下，反对日本侵略者和汉奸卖国贼的一次爱国学生运动，在北师院高中部就读的傅英豪，是地下党员、北师院团支部书记。在傅英豪记忆中，在“一二九”运动中，北师院附中有两个青年给他留下深刻印象，一个是外号叫张黑的高一男同学；另一个是初三的女生叶宜敬（叶群）。作为团支书，他在此期间发展了不少“一二九”运动中的进步青年入团。据他回忆，叶群是在 1935 年末被吸收加入共青团的，当时叫中华民族解放先锋队（简称民先）。不久，接上级通知，共青团员自动转为中国共

唐旦

产党正式党员，叶群是在北师院南附中转为党员的，傅英豪也是那时由团员转为党员的。

当时叶群只有十五岁，对中共领导的这场爱国运动倾注了满腔热情。“一二九”运动开始后，叶群几乎天天在外奔波，很少回家。她联络同学，在街头演讲，到北京的郊区做宣传。在演讲者中，她年龄不大，却很有感染力。在控诉日本侵略者变本加厉地吞食中华民族的主权、国民政府奉行不抵抗时，叶群往往声泪俱下，无法自已，周围群众一片唏嘘。一天，叶群父亲的一个同事慌慌张张地跑到叶家对叶元恺说：“叶先生，我在外边看见你家大小姐在演讲，吓死我了，赶快叫她别去了。” 客观地讲，在“一二九”运动中，叶群也是一个积极向上的热血青年。

由于参加“一二九”运动，叶群暴露了身份，被国民党和校方视为危险分子。1936 年5 月，叶群被师院南附中开除学籍。叶群去找傅英豪想办法，正好傅英豪的姐姐在场。他姐姐傅玉珍是天津师范学院地下党的支部书记，受柯庆施直接领导。她对叶群说：天津师范学院有高中部，你如果想继续学习，去那报考还来得及。于是傅英豪找了一张志成中学（现北京第35 中学）的空白毕业证，填上叶群的名字，并用萝卜自刻了一枚志成中学的印章盖上。叶群拿着这个毕业证明去考试，竟被录取了。

1936 年秋天，叶群去天津上学。据傅英豪回忆：1936 年秋末冬初，把叶群的组织关系转到了天津。此后，又将叶群的组织关系和其他去延安的人的组织关系一起转到了延安，从来没有中断过。在延安整风中，组织上对此有过明确的结论。

在叶群心目中，傅英豪是她的革命引路人，也是她的兄长。他功课拔尖，吹啦弹唱样样精通。叶群上进心强，对革命活动热情，功课又好，共同的理想使他和叶群一度情投意合，关系密切，他们一起上街演讲，一起下乡搞抗日宣传。由于叶群在学生运动中表现出色，博得了许多男生的好感，傅英豪便是其中之一。实事求是地说，在当时那种白色恐怖环境下，年轻人产生的朦胧情感是很纯洁的，是一种在为共同事业而奋斗中产生的真情。叶群很尊重像大哥一样的这位学长，傅英豪也像爱护小妹妹一样爱护着叶群。

这种真爱是短暂的，当时国家正在受难，最后，两个年轻人都把这份真情深深埋在心底，为自己的理想各奔东西了。之后，傅英豪考取了清华大学无线电系，叶群去了天津，自此他

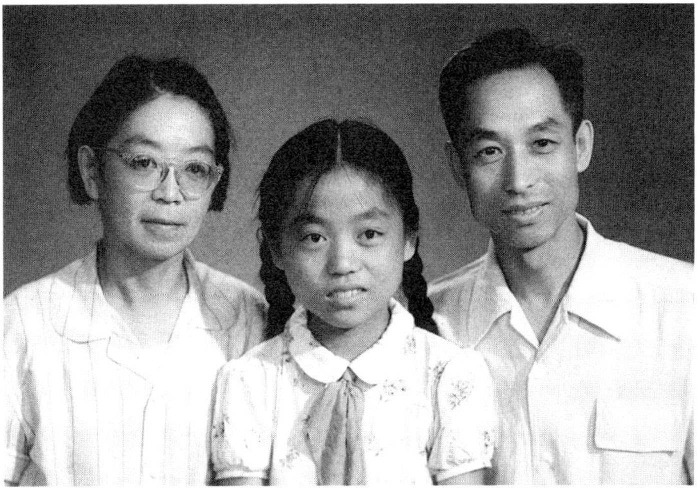

傅英豪、唐旦夫妇与女儿傅胜利

们就断了联系。1937年七七事变，学校停课，傅英豪到塘沽坐船回武汉投奔父母。因为打着平津流亡同学会的旗号，一路免票，到哪个地方换乘都有接待。傅英豪路过济南时，竟意外遇见从天津逃出来的叶群，在场的还有建国后曾担任教育部党组书记、副部长的张承先。战乱之际，没有更多的话，简单聊了几句就各奔东西，傅英豪并不知道叶群去了哪里。

建国后，叶群成了林彪元帅的夫人，傅英豪凭着一身好手艺吃饭，根本不想去高攀，再和叶群有联系是1964年以后的事了。一天，有几个“便衣”专门到空军雷达兵部搞外调，调查叶群哪一年参加革命和叶群的学籍，随后的社教运动中，叶群在江苏太仓蹲点，培养了一个叫顾阿桃的学习毛主席著作的典型。尽管顾阿桃是个大字不识的农村妇女，但记忆力强，语言俚俗生动，能流利背诵“老三篇”和许多毛主席语录。在空军推广经验

（讲用）时，叶群无意中遇到了在空军雷达兵部工作的傅英豪。两人都非常高兴。此时，叶群已是林彪夫人，傅英豪也是空军颇有身份的领导干部，加之岁月的磨砺，两人完全是一种同志式的正常交往，不像一些小报那种刻意下流地炒作。在这之后，逢毛家湾放电影，叶群还请傅英豪偕夫人唐旦到家中做客，先吃饭后看电影。吃饭时因饭桌上都是些大领导，傅英豪和唐旦感到很拘谨。

唐旦和傅英豪同年出生，唐旦从小天资聪慧，按现在的说法就是个神童。上小学、上中学就连连跳级，以致考大学时不够年龄，是备考生中的第一名。唐旦比傅英豪早一年考入清华，二人同为清华大学无线电系同学。

傅英豪在清华仍然是抗日活动积极分子，他学习好，唐旦学习也好，两人在学校就互有好感。七七事变时，因日军进城无法读书，傅英豪肄业回到武汉父母身边，并与武汉地下党接上了组织关系。此时清华大学南迁，家住北京的唐旦随学校到了长沙。而清华大学又要再迁昆明，家中已无力负担她的费用，唐旦不能再跟学校走了。傅英豪在武汉广播电台当技师，唐旦得知便去武汉投奔他。傅英豪见到唐旦非常高兴，他找蒋南翔帮助，安排唐旦在《新华日报》当报务员。1938年7、8月间，日军攻打武汉，周恩来决定武汉的共产党机关向重庆转移。傅英豪和唐旦相约一起走，经周恩来同意，傅英豪也调到《新华日报》当报务员。从此，两人一起走上革命道路。

参加革命后，傅唐二人以对革命的忠诚和对事业的不懈追求，在无线电和雷达领域作出了卓越贡献，被公认为新中国自己培养的红色专家。傅英豪思维敏捷，动手能力极强。唐旦理论功底扎实，看书过目不忘，查找技术参数和公式不用翻书便能知道是哪本书里的第几页第几章，号称“活字典”。在工作中经常是傅英豪一个点子，唐旦去找数据论证，理论和实际一结合，于是难题被化解，一项发明产生了。唐旦脑子好使，但生活能力不行，生活上完全需要傅英豪照顾。因此，每次傅英豪工作调动，唯一要求就是要带上爱人唐旦。谁也离不开谁，是大家公认的“夫妻店”。

在人民解放军的技术装备发展史上，傅英豪和唐旦夫妇堪称红色专家中的绝配！据说彭德怀担任国防部长期间，部队大规模裁减女兵，彭总曾明确指示有两个女兵不能裁：一个是女将军李贞，另一个就是防空军的唐旦。

1938 年在武汉《新华日报》期间，为了提高收听苏联塔斯社新闻的稳定性，傅英豪为报社组装了一部四管收报机。报社从武汉撤退重庆途中，因为乘船走水路，电池特别容易受潮，为保证设备正常运转，傅英豪将电池浸泡在香油桶里，解决了电池防潮问题。

1939 年，傅英豪和唐旦由武汉《新华日报》转到重庆八路军办事处。当时办事处使用的是一部小功率老式的哈特莱发报机，手摇发电。简易破旧，功率小，信号飘，对外联络十分困难，而且信号和国民党的电台有明显区别，很容易遭到敌台的跟踪和干扰，周恩来非常着急。傅英豪自己动手做了一个主振放大机，使电台功率倍增，信号又大又尖利，和国统区的大功率电台没什么区别。不仅保障了与南方各局和中央的联络，保密程度也得到提高，其信号还能波及东南亚。傅英豪还自己动手，用华侨赠送的一部收音机改装了一部收信机，提高了信号接收的灵敏度。

傅英豪和唐旦的才干得到周恩来的赏识，接着又推荐傅英豪去延安创办新华广播电台，并担任台长。在此之前，中共曾派陆定一的弟弟陆恒一专门去苏联学习，也带回部分设备，但回来后却因延安条件太简陋安装不起来。傅英豪克服种种困难，用树干捆天线，用旧汽车引擎、汽油桶改装发电设备，于1940年12月30日，在延安的窑洞里实现了试播，唐旦担任了第一任播音员。国民党上尉飞行员刘善本就是听了延安新华广播后驾驶B—24型轰炸机飞抵延安的。

1943年傅英豪调军委三局通信材料厂任实验室主任，期间设计生产了15瓦“主振放大式”发报机和四管收报机，大批装备部队。

太平洋战争爆发后，美军观察组到延安，观察组要求我们把新华社新闻稿直发美国旧金山。在条件简陋的延安，这无疑给我们出了一个巨大难题，中央领导非常着急。傅英豪临危受命，昼夜奋战，把新华社原有的广播机器拆除，在此基础上重新设计组装了一部全新的1000瓦发报机。该机采用多级的主振放大，并研制了五个波长的V形天线，用蒸汽锅炉驱动发电控制稳定性，圆满完成任务。电台不仅频率稳定，信号还非常悦耳动听。

期间，中共“七大”在延安召开，傅英豪为会场组装了一部50瓦扩音机，毛主席作报告时声音效果非常好，为此傅英豪荣获“陕甘宁边区模范工作者”奖状。

1945年8月，抗战胜利，傅英豪向王铮提出恢复新华广播电台播音。不久张家口解放，傅英豪担任张家口电台主任，唐旦担任技师和秘书。张家口广播电台功率大，傅英豪提出，延安和张家口电台进行联播。

解放战争中，解放军攻城略地，由于通讯落后，炮兵常有

中国首架预警机“空警一号”

误伤事故。对此，傅英豪和唐旦非常着急，他们利用缴获的日军器材，紧急研制了我军第一代超短波步谈机供部队使用，解决了步炮协同的难题。这些器材后经改进，抗美援朝中仍在使用。

1949 年8月12日，担任电信总局技术处军用机组组长、军委通信部技术处处长的傅英豪正在向部长王铮汇报工作，桌上的电话响了，是周恩来打来的。周恩来说，我们准备召开大型的政治协商会议，地点选在中南海怀仁堂。这是共产党第一次做东道主，请全国的民主人士来北平开会，成立自己的国家，一定要搞好。可是现在怀仁堂的声音是个大问题，因为麦克风的“风”吹不到远一点的角落。周恩来接着说，民主党派对山沟里打出来的共产党有一种说法，打得了天下，管不了天下，土包子没有管理国家的能力。显然，他们对共产党不服气。我们政协会议的内容再好，人家听不清楚你说什么，这个会议就是失败的会议。因为声音不清楚影响会议，这不是技术问题，而是政治问题。王铮放下电话对傅英豪说：这个任务自然是你的了，有没有困难？傅英豪在延安时就是王铮的部下，只要沾电的活儿，王铮都统统交给傅英豪。傅英豪从不正面回答有没困难，他到现场勘查，无论喇叭安在哪，都解决不了回声问题。离开会还有不到两星期了，他绞尽脑汁，终于用化整为零的办法解决了这个难题。人民大会堂建好后，声音扩散方面同样存在缺陷，周恩来同样指示傅英豪解决了这一问题。

1949 年10 月1 日开国大典，毛泽东在天安门上讲话的扩音器、朱德总司令检阅车上与扩音设备的连接装置、天安门广场的升旗设备都是傅英豪研制的。

抗美援朝期间，志愿军总部无线电联络不稳定，信号经常中断，为此傅英豪研制了“高射天线”以解决问题；入朝部队坑道作战被美军炮火压制与外界通信联络困难，傅英豪和唐旦紧急研究出“铺地天线”和“行波天线”，与步话机结合使用，解决了坑道作战通信问题。

在军用通信事业上，傅英豪、唐旦曾是通信先驱王铮得力的助手。1955 年组建防空军，防空军司令杨成武调用傅英豪和唐旦，王铮就老大不高兴，死活不愿意。1957 年空防合并，傅英豪被周恩来亲自任命为空军雷达兵部副主任、主任。

空军成立雷达兵部后，空军所有雷达基站的选点、雷达站的技术参数和管理条例都是由他们两口子制定的。那些年，傅英豪和唐旦上高山下海岛，跑遍祖国的山山水水。他们几上唐古拉，高原反应使傅英豪鼻道流血不止，他硬是抱着氧气瓶坚持工作。毫不夸张地说，中国空军的雷达网络是他们俩搭建的。如果王铮是军队“通信兵之父”的话，傅英豪就是当之无愧的“雷达兵之父”。他们的女儿曾对笔者说：原来家里还有父亲抱着氧气瓶工作的照片，只可惜“九一三”后抄家，都遗失了。

在打击美制高空侦察机u-2 时，由于敌机加装了预警设备，我地空导弹部队只要开机敌机就会报警，部队几次失去战机。空军司令刘亚楼很着急，命令傅英豪马上拿出办法，否则提着脑袋见他。傅英豪利用现有装备，研究了一套克敌制胜的办法。他针对问题，让地空导弹部队先开启发射装置的低压开关为导弹预热，使导弹处于待机状态。敌机航路由远程警戒雷达报坐标，待敌机进入我导弹射程，突然打开高压，战斗部在几秒钟内锁定目标将导弹发射出去，敌机还没来得及作出反应就被击落了。用这样的办法，我们连续击落了五架敌人的高空侦察飞机。据有关资料统计，全世界被地空导弹击落的高空侦察机一共七架，我们就占了五架，从此台湾方面和美国人彻底放弃了对中国大陆的高空飞机侦察；傅英豪和兼任空军第二研究所所长的唐旦研制出解放军第一部相控阵雷达，提高了雷达的预警等级。

中苏珍宝岛战役后，为防止苏联导弹威胁，傅英豪向中央军委提出以“常规雷达看导弹”的建议（包括雷达跟踪多弹头导弹），得到中央批准。他们研制出几种改进雷达，并多次参加导弹的试射检验，完善了军队的雷达警戒系统。

1970 年，傅英豪接受中央军委命令，与唐旦等科研人员研制出第一架雷达预警飞机样机“空警一号”。“空警一号”以“杜—4”作为预警机平台，主要系统涵盖雷达、数据处理、数据显示和传输、导航和引导、电子对抗等。据资料显示，“空警一号”对低空目标探测面积已相当于四十个П—30 雷达站，并可覆盖许多雷达盲区，在防空上非常有实用价值，与当时的美、英、苏、法四国同步，被誉为中国空防史上的里程碑。“九一三”事件后，这些科研项目因为是林彪主持军委工作时进行的，被封存搁置。

“九一三”事件后，傅英豪夫妇受到不公正的对待。两人被审查了近七年，被开除党籍、军籍、公职。多次被抄家。抄家时，书架被推倒，业务书散落一地。专案人员每本书都不放过，一页一页翻查，仿佛能从技术资料的字里行间查出他们的反党依据。随后，他们被遣返回傅英豪河北青县老家自食其力。到青县后，汽车把他们的行李扔到路边就开走了，连个住的地方都没有，最后找到生产队给解决了两间破土坯房。老两口都已六十多岁了，懂雷达却不懂种地，怎么去自食其力？只能靠两个孩子每月节省下的粮票买粮度日。

在农村呆了五年，实在没办法生存，老两口回到北京，和儿子挤在一起。儿子房子不大，两间小房，孙子已到结婚年龄，傅英豪只能在小阳台上搭块木板栖身。那时的傅英豪又黑又瘦，人整个脱了相。

回北京还有一个原因，傅英豪没有生活来源。孩子们生活也不宽裕，夫妇两人省吃俭用，靠给别人修理家电挣饭辙，也为孩子减轻点负担。为了给老伴解决缝补困难，傅英豪为唐旦发明了一种手动缝纫机，和订书机似的。有一阵子，北京的农贸市场经常有老乡在摆地摊卖这种手动缝纫机。人们不会知道，这种机器的发明人，是出于中国人民解放军无线电专家、“雷达兵之父”傅英豪之手！

空军给他们的审查结论主要有三条，第一，曾介绍了叶群这个假党员；第二，曾向当时的空军作战部副部长林立果汇报过工作，并给林立果看过雷达部署图；第三，曾吹捧过林彪。林立果是空军作战部副部长，他要看雷达部署图岂能不给？这使笔者想起1974年西沙之战后，江青带着一帮文人到西沙作秀，点名广州军区作战部调看西沙作战部署图。作战部左右为

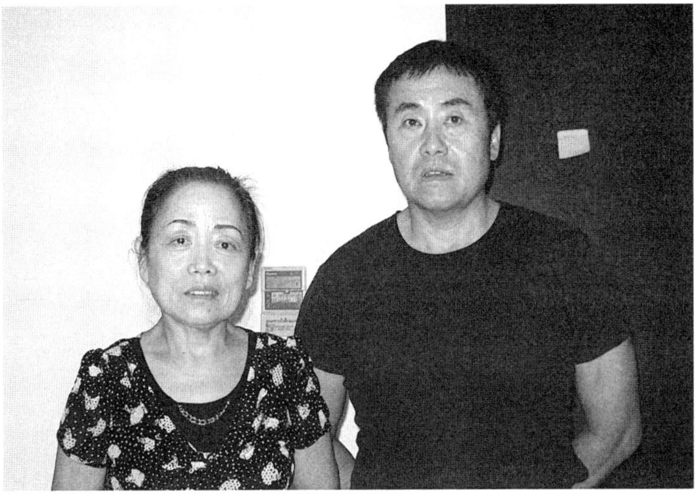

作者与傅胜利的合影

难，给吧，江青在军队没有职务。不给吧，她是中央政治局委员、毛主席的夫人，最后一咬牙还是拿给江青看了。粉碎“四人帮”后，这件事成了配合江青反党篡军的罪状，许多同志为此被停职检查、受了处分。

傅英豪曾申述过，1983 年经空军重新复议，他被开除党籍，从行政9 级降为13 级；唐旦恢复党籍，由10 级降为12 级，两人均交地方安排。这样的戴罪之身和这把年纪，地方怎敢接收！后来傅英豪曾通过老关系入职清华大学和社科院，空军又不同意。最后到死，老两口都挤在孩子家里。

老两口的一些作为至今让子女们百思不解。傅英豪出狱后抱着女儿傅胜利痛哭道：“党不要我了！”唐旦生活最艰难的那些日子里，还要把省下的钱交党费。

傅英豪生前曾与孩子们调侃：我上清华时，钱三强、钱学森都是我的同学，如果和他们一样选择出国留学，我也可以成为大科学家，但我选择了参加革命。他还说：我现在生活那么困难，就凭我这一脑子国家机密，如果给我插上个草签子去叫卖，肯定能赚大钱，但我不能这样去做！母亲不高兴了可以打孩子，但儿子不能背叛母亲！

“九一三”事件当天，林彪乘256 号专机出走，傅英豪是空军雷达的总值班，他在时刻执行周恩来的命令，直到目标消失…… 当然，他只知道北戴河跑了一架大型飞机，并不知道飞机上有林彪和叶群。

1994 年9 月23 日，傅英豪突发心脏病，因救治不及时去世，时年七十八岁。女儿说，父亲平时很注意锻炼，常年坚持游泳，身体一直不错，如父亲有起码的医疗条件，是不会死的。女儿还说，父亲去世时，眼睛始终睁着，怎么抹都不闭上。几年后，母亲也随父亲去了，父母生前没有给我们留下一分钱、一片瓦。

“九一三”事件后，傅英豪对专案组说：我确实不是叶群的入党介绍人，但我是她的入团介绍人，她们这批团员是统一由共青团转入党组织的，这是当时历史的实际情况。那时由团员转党员的又不是她一个人，连我都是由团转党的，难道都是假党员不成？后来傅英豪姐姐傅玉珍得知专案组把叶群说成假党员后很生气，她证明叶群被师院开除后转到天津师范附中读高中，是弟弟将叶群的党组织关系转给她的，她永远不会忘记！

上世纪90年代，傅英豪曾把林豆豆叫到家中，说：“一二九”运动时，我很喜欢你妈妈，有爱慕之心，但后来为革命各奔东西了。我和你妈妈是战友情、兄妹情。”

我参加了两次国庆阅兵

杨大容

1950年代的国庆节，北京天安门广场都要举行庆祝游行。1958年是“大跃进”的特殊年份，各行各业都放了不少“卫星”，创造了不少“奇迹”，所有这些“成绩”都要在国庆游行中展示汇报。

人民解放军自不例外，也要显示“大跃进”取得的“成果”，阅兵则是最好的展现。那时 “全民皆兵”，各地都大办民兵师，我在读的北京邮电学院（现北京邮电大学）奉命以首都通信兵预备师接受检阅。接到任务后，学院人武部组织我们学生操练，没有枪械，只能拿木枪来充数。

学院党委第二书记秦华礼具体负责阅兵工作。秦书记是1932年参加革命，经历过长征的老同志，战争年代一直在部队从事通信工作，有着丰富的部队生活经历，与许多部队首长都相识。此前，他已被任命为南京邮电学院(现南京邮电大学) 党委书记兼院长， 为了筹备阅兵， 他只能延迟赴任。为解决阅兵用枪支和电台等装备， 他从部队老战友处打听到了老上级陈赓大将的办公地点。门卫盘问他许久，才被允许进到第二道门卫处， 电话打进去， 一位上校出来说首长马上要接见你。秦

1958年，授枪后在北京邮电学院楼前留影。

书记被直接带到了陈赓办公室。陈赓说：“你是无事不登三宝殿，有什么事快说吧！”秦书记就把阅兵借枪的事说了。陈赓沉思片刻说：“借枪可以，但一定要保证做到两点，一是绝对不能丢失和损坏枪支，二是阅兵一结束，马上归还入库。”第二天就有军用卡车送来了枪支，是二战时苏联红军用的那种冲锋枪。根据学生花名册，由人武部和团委编制持枪人名录，记录持枪者姓名和所持枪支的号码，并在次日举行了隆重的授

1958年9月29日，秦华礼书记带领参加检阅的师生宣誓。

枪仪式。领到枪后，大家兴奋不已，迫不及待地在教学楼前留影。秦书记还从通信兵部王铮部长处借到了电台和军用电话线。这样，我们民兵通信兵方阵就全副武装了：第一排手持冲锋枪，第二排肩背电台，第三排背着军用电话线……

同学们干劲大增，通信兵部还派来教官。除一般队列操练外，主要是练正步走，这是受阅过天安门时的规定步姿，不仅步幅、步频要一致，抬腿高度也要一致。经过二十天的停课训练，国庆前一周进行了阅兵预演。那天晚上十二点，大家装备整齐，在学校操场集合，分乘大巴前往长安街。天安门地区全面戒严，大巴距集合地几个街区就停下了，我们步行到达指定集合地。天安门广场灯火通明，我们静候到凌晨两点半左右，听到广播喇叭传来阅兵开始的命令，阅兵总指挥杨成武上将向国防部长彭德怀元帅报告受阅部队准备就绪，请首长检阅。彭总乘敞篷汽车在杨成武陪同下沿长安街检阅各方队，我们民兵队伍列在最后。待检阅车回到天安门，这才开始分列式。我们的队伍开始行进时是自由步，待走到广场时改齐步走，听到教官“一二三四”喊口令，大家就开始调整步伐，走到地上划有受阅区的横线时就原地踏步，等与前面的队伍相距二十米时，我们的方队按军乐队演奏的《解放军进行曲》的节拍正步通过天安门前的检阅区。整个预演历时一个多小时，回到学校时天还没亮呢！

接下来，我们又强化训练了一周。国庆节那天与预演一样集合到等待区，不同的是在等待区等候了足足一通宵，直到早上九点才开始阅兵。等候时为避免打盹，大家互相拉歌，歌声此

1958年，北邮民兵方阵通过天安门城楼。

1959年，参加国庆阅兵的北邮民兵在训练。

起彼伏。阅兵开始后的进程与预演时没什么两样，尽管一夜没休息，大家却个个精神饱满。受阅后大家兴奋、激动了好几天。回校当天，我们就把枪支和装备擦拭得干干净净，立即归还了。而秦华礼书记在圆满完成了这次阅兵后，就去南京赴任了。

1959年是建国十周年大庆，由于我们学院在前一年阅兵中表现不错，被组织进首都民兵师参加阅兵典礼。这次阅兵是由总参直接抓的，教官由总参军训部委派，枪支和装备也由总参直接配备。枪是国产的半自动步枪，电台和电话线也都是国产的，另外还加配了国产重机枪。重机枪很重，需要四位同学扛一挺，要求这四位同学的身高和步调一致，否则摇晃起来很难掌控。重机枪的四条支撑是全钢结构，扛在肩上极易磨破皮肉，所以扛机枪的同学用上了自制的护肩。半自动步枪背在肩上会自然后倾，稍不留神，刺刀容易戳到后排队员，单肩背枪行进时，枪身会摆动击打身体；教官给大家传授背枪要领：把枪带绷紧，使枪身紧贴身躯，为使枪保持垂直状须用大拇指顶着绷紧的枪带。为掌握这些要领，花去了不少训练时间。

背电台要求挺胸收腹保持直立状。这谈何容易，背了电台重心向后，自然会向前躬身，以保持平衡；保持直立全靠腰肌力量。

我作为排头兵，常常被开“小灶”，因为排头兵走得不好，整个队伍就会出现扭动。为此，教官在地上每隔75公分划一横线，把我们排头兵练到闭上眼睛走正步，每一步都能准确地踏到横线上。训练中，我们按照解放军内务条例，把被子叠成有棱有角的豆腐干状，还要站岗执勤。每天早晨，听到广播喇叭里的军号声就起床，用餐也要集体列队……

国庆前两周进行了一次预演，跟前一年情况差不多，只是要求更严格了。预演后教官作了点评，还告知了一些应急措施，如在受阅时有人因紧张劳累晕厥时，两旁的队员要挟持他拖过检阅区等等，好在实际受阅中并没发生这类事。一星期后举行第二次预演，检查上次预演出现的问题是否改进克服了。国庆那天，我们同样是零点从学校出发，在长安街集合区一直等到上午9点开始阅兵。那年是杨勇上将担任阅兵总指挥，国防部长林彪担任阅兵首长。

阅兵结束回校后，大家争说看到了天安门城楼上的毛主席和中央首长，我却无从插嘴。因为排头兵在受阅时必须始终保持直视。阅兵时的天安门地区管制极其严格，只有经过特许的新华社记者才能进入现场拍摄照片。两度参加阅兵，我都没能留下纪念照，不能不说是一个遗憾。

1973年：野营白龙潭写真

王秋杭

在那疯狂岁月里，周围朋友的父母大都进了牛棚或五七干校，自身难保，很少回家。我们无人管束，想干什么就干什么，那时候最大的愿望就是玩，玩遍了杭州，就想到外地去玩，可出门是要花钱的，而我们口袋里经常空无一文。

我从学校红卫兵抄家抄来的民国旧书中获知，杭州除了闻名天下的西湖十景之外，还有个西湖外十景，可这外十景都不在西湖边，而是在杭城郊区。“白龙飞瀑”就是外十景之一，位于杭城郊区古荡乡的大山里。从地图上看那里几乎没有人烟，更别说什么招待所、旅馆、饭店等服务设施，只有一个“白龙洞”。公交车只能乘到转塘，剩下几十公里弯弯曲曲的山路只能靠两条腿。当天打来回是不可能的，必须找到住宿的地方，可当地连农家都没有，于是那个白龙洞就是唯一可以栖身的地方了。多少次跃跃欲试想要成行，都因为种种原因不得不延期。

这一年，大华和华中从部队退伍回来，给白龙潭之行带来了希望，因为他俩不仅都分配到电信局有了正式工作，而且每人都有一笔不菲的转业费。那时没有AA制，更没有请客之说。

向白龙潭源头攀登。这里险峻异常，没有足够的勇气和胆略，是会退怯的。但千万要小心谨慎，稍不留神，就会顺着溪沟滑到下面的白龙潭里去。

这里可一定要照个相。太美了，瞧！一泻千丈的白龙瀑布就在头上，巨大的轰鸣声震荡峡谷，人们沐浴在薄纱般的水雾中。

大华年长，当了头儿，没有谁提钱的事，大家分头准备自己可能想到的东西。“秋杭，拍照归你啦！”大华一声令下，我就成了此次野营的随军记者。“保证完成任务！”我虽然没当过兵，但黑龙江建设兵团武装连的机枪班长也不是白干的。记得我们准备了好几天，激动得什么似的。因为这是一次男男女女十多个人的集体活动，更是有生以来第一次要在山洞里过夜。除了我自己那台海鸥4B双镜头反光相机外，我还把老爸那台苏制35毫米卓尔基-6相机偷出来带上。万一哪台出现故障，另一台立马顶上。买胶卷没有钱，就上大街撕大字报卖。我还借了支气枪，万一山里有野兽什么的也能壮壮胆。那时候什么东西都可以借，你的是我的，我的也是你的，特共产主义。

临行之前，大华在他家里召集开会，询问准备情况，不愧在部队搞过野营拉练，他连急救药品、纱布什么的都想到了。关于睡山洞，大华专门做了指示：尽可能轻装，不背铺盖卷，因为要走很多山路，带几件军大衣就行，9月份的天冷不到哪里去。晚上要派岗哨，不能全都睡死了，两人一组，自愿结合，每组值岗两小时。每人都分派了任务，司务长、记者、

噫——晚饭前他们在干什么？好像在算命……

夜幕降临了，山洞里发出阵阵香甜的鼾声。他（她）们并不感到恐惧，我们的祖先不就是这么生活的吗？

卫生员，连文体委员都有，休息时还能表演节目，活跃一下气氛。队伍基本上由同学、同学的同学组成。

出发那天，好像是天没亮就到武林门车站集合了，大包小包十多个，外带两条扁担。汽车到了转塘，十多人一起下车，大华和华中表现出正规军人的素质，每人一条扁担，基本上把所有野营物品两肩挑了。中餐是快到白龙潭的途中解决的，以干粮为主。到达白龙洞已是下午3点多了，山洞不深，但挺宽敞。大华要求男生割草，并拿出两把军用折叠铲。一会儿茅草就割了一大堆，厚厚地全铺在山洞地上，然后盖上塑料布、

天亮了，在洞口留个影。看来昨晚大家都睡得很好，没有发生什么意外和不幸……

早餐好像并不丰富，每人只分到一碗稀饭。司务长正在沉思，也许在考虑中餐做几个什么菜吧。

清澈见底的泉水太迷人了，姑娘们都爱在这儿洗洗脸。听说这泉水能让你的肤色洁白如玉呢……

午饭后，来一段小提琴二重奏，这是文艺委员的拿手节目（笨蛋，为什么不跳舞呢？）。

军用毯和军大衣。住宿的问题解决了，司务长忙着用石头垒灶台，大铁锅倒满山泉水，他一边削着挑进山来的地瓜，一边宣布："今晚晚餐是馒头加地瓜羹，明天早餐有稀饭。"大华坐在军用毯上拿出扑克牌，给这个算命，给那个算命……很快，阵阵鼾声在山洞里此起彼伏，早上起得太早，又劳累了一整天。

我此次随"军"采访，计划中要拍一张晚上宿营山洞的照片，为此专门带了三脚架和自锁式快门线，以便锁定B门长时间曝光。晚上第一岗是大华和北进，男女搭配，干活不累。几天的疲劳，我很快就倒在厚厚的茅草上昏昏睡去。睡到半夜，强烈的拍照愿望促使我惊醒，山洞里黑得像锅底，司务长把一

每人分到了最后一支烟，好好品品味道吧，这令人难忘的野营生活就要结束了。让我们到了老年再来回忆这段有趣的生活吧，相信每个人都不会忘记的……

个大地瓜挖空了芯倒进煤油做地瓜灯，鬼火样一跳一跳。大华和北进没了踪影，我披上大衣四处寻找，依稀看见他俩并肩坐在洞外，低着头在喃喃私语，完全忘记了轮流值岗的事儿……我拿出三脚架、照相机和手电筒。光线实在太暗，根本无法取景，只能靠长年练就的功夫目测距离，将光圈收到最小F22，以便获得最大的景深。没有闪光灯我自有办法，用手电筒扣在碗上，用碗的反射光散射到被摄物体上。资深摄影家都明白，拍照不怕光不足，就怕光不匀。因此，我用快门线锁定照相机B门，一手持手电，一手持反扣在电筒上的碗，还要来回晃动，让光线一遍又一遍地照在熟睡的“战士”身上和山洞的内壁上。我腾不出手看手表了，只能口中念念有词：“一加一、二加二、三加三……”足足感光半个小时，那个累呀！

第二天的活动异样的精彩，青春男女在白龙潭里共同沐浴，估计是前无古人的；而小提琴二重奏那青涩的旋律，肯定也是在这千年龙潭的深山里第一次奏响……一切都有照片为证。

后记：

回来后大家休息的休息，上班的上班，一切都恢复正常。可我却没白没黑地忙了好几天，将照片冲洗、放大、装订成册、编写文字，人手一册。附在照片下的说明，都是当年写的。

没多久，大华和北进结婚，我们都去喝了喜酒。我们这才恍然大悟，原来那天夜里，山洞里躺着的全是电灯泡啊。

若干年后，我问其中一位女士："白龙潭的照片还在吗？"她愤愤地答道："早被我以前那个老公给撕了！他是政工干部，说：狗男狗女在山洞里过夜成何体统？还照相留影！我早就跟他离了，底片还在吗？能再给我放一套吗？"

后来我又带着另一批男女"战士"去那洞里过了一夜，也照了不少相，可没想到半夜来了几位荷枪实弹的当地民兵，盘问了我半天，最后没收了我的一把军用匕首。没过几天，有朋友告诉我："你上了杭州公安简报啦！×个男×个女，共××人在白龙洞宿夜。经查，为首者为杭州无业青年王秋杭，男，二十三岁……"

1980年代的笔会热

周孜仁

上世纪80年代，中国刚从“文革”灾难中涅槃，人们渴望救赎的心干净得很，也干涸得很，任何一滴精神雨露，都会被干涸既久的沙漠疯狂吸吮。文学期刊薄薄的纸页，于是乎如呼啦啦的旗帜，引领了万千灵魂的探求。一篇好文刊出，顿时洛阳纸贵——这就是那年月独有的社会风景。

为说明读者对文学期刊阅读之热情，举一个例子便足够。当时，云南的文学期刊仅有省作家协会主办的《边疆文艺》一种，发行量虽已不知几何，但如下事实确凿无疑：该月刊一旦于报刊亭面市，顿时便被抢购一空。如若抢购不得，读者就会千方百计动用关系，尤其是通过编辑部内部人士走后门，务求遂愿。编辑部领导为照顾诸同仁情绪，平衡各方关系，遂做出规定：每位编辑每期可预留20本自主择人代售。其时，笔者在云南汽车厂当电工，厂宣传科干事，大名张兆鹏、绰号“老水牛”，上海籍人士，颇具外交天赋，不知通过何种渠道认识了《边疆文艺》某编辑，每期可从该编辑先生处取得五本杂志的代销权，于是在厂内文学爱好圈，“老水牛”身价倍增，大受尊崇。

按市场铁律，有需求便一定有供给。文学刊物热络如此，竞争者自然应运而生，新刊遂相继出焉。昆明市文联推出《滇池》，个旧市文联推出《个旧文艺》，其余边地小城的文学期刊《金沙江文艺》《南国草》等，更是相继登场，刊数刊名太多，如今已不可记。

期刊要争抢眼球，办出影响，第一要务自是延揽名家大腕赐文助阵，提升号召力。上世纪50年代，云南文学界英才辈出：白桦、公刘、徐怀中、苏策、彭荆风、王公浦……一数一大把，自然纷纷请来上座。尚在本地的，登门诚邀赐稿；已调

1982年冬“红岩笔会”，笔者（左二）和作家高晓声（左一）等游三峡。

南充笔会成员与南充市有关领导合影。前排左三为程云，左四为《青年文学》编辑李向晨，右二为赵日升。后排右起：严亭亭、戴善奎、李霁宇、陈朝璐、作者、林文洵、映泉、雁宁、王观胜、朱玉葆、杨树方、汤世杰、蒲少志、尹强儒。

离云南的，则恭请旧地重游，为读者开讲座，传道授业。个旧虽边山野地，但巍然锡都，经济实力雄厚，《个旧文艺》竟然将白发苍苍的老前辈丁玲一行，请来山窝子里种了一片真真实实的、枝繁叶茂的“文学林”，可谓出足风头。

除了前辈大佬，作为“潜力股”的文学新锐，理所当然也成了各文学期刊的抢手货，不仅云南，全国各地的文学期刊都纷纷派出精兵强将，满世界拉网式搜索，务将“明日之星”们一网打尽。如是，各种各样的“文学笔会”纷纷出世。

前面已述，笔者当时正在云南汽车厂电工班做维修电工，因偶有感悟，写了几则短篇小说，而且莫名其妙还蒙了几回奖，也就莫名其妙被戴上一顶“工人作家”桂冠，纳入“文学潜力股”，隔三岔五，便被邀去参加各色各样文学笔会，过足一把“作家瘾”，交了不少拳拳文友，留下诸多深刻印象。

笔者所参笔会，按级别论，最高的当数1982年9月，扣林山战事之后解放军总政治部邀请的军外作家访问边防驻军笔会，因无照片留存，兹不述。论名家众多，则当数同年底的“红岩笔会”，超级大牌有因长篇小说《许茂和他的女儿们》一炮打响的周克芹，因短篇小说《陈奂生上城》名满天下的高晓声，因话剧《丹心谱》而走红的苏叔阳。此外还有未来的知青作家大牌叶辛、河南美女作家叶文玲、广东悲情作家李晴等。但是这次笔会根本就没有谁动过笔，只简单开了一次座谈会，接下来便从重庆朝天门码头乘舟东下，游览长江风光去了。当时中国的旅游大业尚未勃兴，就几个文人闲坐甲板，放眼一江空濛真山水，笑谈人间许多悲喜事，感觉好极了。

笔者记忆，最为名副其实、也最为斗硬的笔会当数“南充笔会”。主办者为中国青年出版社《青年文学》杂志。时间为1983年4月。

当时文学期刊有“四大名旦”和“五小名旦”一说。所谓“四大名旦”，系指《人民文学》、《收获》、《当代》和《十月》，“五小名旦”则指《青年文学》、《萌芽》、《丑小鸭》、《青春》和《青年作家》。《青年文学》素有小《人民文学》美誉，对全国青年和青年作家的号召力可想而知。前一年，同样由该刊主办的“青岛笔会”曾推出了荣获国奖的小说《哦！香雪》及其作者——中国作协未来的主席铁凝。南充笔会的参加者当然很受鼓舞（虽然当时谁也未能料到那位美女后来会登如此大位），他们不远千里来到川北腹地，如来参赛全国青年

南充笔会全体成员合影

的文学奥运会，个个都握有灵蛇之珠，家家皆怀抱荆山之玉，个个跃跃欲试，信心满满。

笔者至今保留着当时发表在《青年文学》的一则消息“南充笔会侧记”，如是表述参会作者们的状态：

> 进入创作阶段以后，那种因新友结识所带来的欣喜愉悦，便慢慢为辛勤的笔耕所特有的那种紧张与肃穆所取代了。这种气氛的产生，决不是因为南充奇山秀水不多，缺少可资游览休憩的缘故，也不是谁故意这样安排，而是

每个人都有着一种作为社会主义文学作者的使命感和责任感，他们知道文学创作水平的提高亦如登山，不付出辛劳是不可能领略到新的风光、新的境界的。

和上一届笔会的举办地青岛相比，南充的旅游资源确实乏善可陈。这帮年轻后生确实也只想躲避来此，于绿色稿页间跋涉登顶。下面简介这些虔诚的登山者的名字：王观胜，陕西三原县电影放映员，后来的《延河》杂志编辑；汤世杰、李霁宇，《昆明铁道报》编辑，后来的云南省作协副主席；严亭亭，电影厂编剧，她的两部电影《苗苗》和《应声阿哥》均得了全国奖，此后远渡重洋，成了旅美作家；张映泉，湖北某小县文工团编辑，一肚子的故事，他的中篇小说《桃花湾的娘儿们》、《同船过渡》后来名满天下，再后来调武汉当了专业作家；来自川北穷乡的大小伙子雁宁，后曾化名“（香港）雪米莉”，大写女性系列小说，所谓《女大亨》、《女匪首》之类，让地摊书商们狠狠吸金，狂发了大财，给中国文学界开了一个大玩笑；还有一位来自贵州的青年，才华横溢，个子矮小而心雄万夫，分别时，他这样对我说：周兄，不必留地址了，你只要在信封写上“贵州荔波县黄尔康”就成；来自云南一个厂办中学的语文老师黎泉，笔会后，最终成了昆明作家协会主席……这些人的前一个称谓是笔会前的属性，后一个则是笔会之后漫长人生褒奖给他们的称谓。

必须说明，这些作者几乎全都从灾难中走来，以写“伤痕”开始步入了文学长途。没有谁在“玩文学”，尤其没想过制造文字垃圾原来可以换银子。他们只想为心中的文学献身。前面说到的王观胜是典型的殉道者。1983年的南充，街道静悄

1985年“澄江笔会”游抚仙湖留影，自左至右：汤世杰、存文学、黎泉、车凯、作者。

悄，我们居住的莲池招待所静悄悄，院落外只有几畦水池在默默瞅着春日的云影天光。谁都没有心思玩。每个人都在简陋的屋里认真地与自己笔下的人物对话。观胜的思想之船偏偏喜欢通宵夜航。每天早晨，推开房门叫他吃饭，满屋浓烈的烟草气总像近年把首都北京搞得乌烟瘴气的雾霾。桌上的稿纸永远就一张，永远就几行字，然后一片空白。《青年文学》的编辑赵日升，我们暗地叫“典狱长”的，总要不冷不热地调侃，说观胜，大家都交卷了，你怎么办呀？观胜啥也不说，永远嘿嘿地拙朴一笑。笔会快结束了，某日，他终于推开房门，疲惫不堪地将一文稿交给赵，说一句：“我已经崩溃了。行与不行？就这啦！”

轮到“典狱长”了。赵把自己在屋里关了整整一个钟头，然后出来对我们说：“哥儿们，我抽了三包烟才把它读完。大家都传传吧，把把脉。它一定能在全国获奖！”这篇确实获得了当年全国的短篇小说奖，题目叫《北方啊，我的北方！》。

如果仅仅说创作过程，我也许更幸运，两篇小说都早早顺利通过，这样，笔会就让我代表大家去四川师院给学生们作演讲。我以我的小说《夜空里有一颗绿色的星》和《探亲》为例，大侃数小时。我发现窗户上都趴满了听众，那一刹那，我觉得自己成了大师。

我自然没有成为大师，我甚至没有像同行朋友们一样纷纷

已不记得何次笔会了。只道前排右四为已然大牌的王安忆。

转入专业文学圈，而是继续固守自己原来的世俗职业：电气自动化，只把文学像信仰一样留在心中，默默笔耕，直到老之既至。面对被金钱扭曲得面目全非的世俗社会，面对被物质享受挤压得不再珠圆玉润、晶莹剔透的文学圈，面对这个世界上依旧存活、按职业依旧被人称为作家的人们，差不多都在焦急不安地忙着将自己的钱袋塞得鼓鼓囊囊……我非常庆幸我当初的选择。

于是，80年代初期这些笔会上结识的虔诚的文学清教徒，更令我倍加怀念。岁月无情，他们和我一样都已年迈。前不久，我的第二部长篇回忆录在海外出版，我准备给王观胜寄去。我的第一部他是读过的，还来电说希望继续读到我的下一部。我书出来了，孰料他竟已罹病作古！于是我在心中说，活着的，我们真当更加珍惜上帝赐予的生命，真该更加宽容与豁达啊，与这个被浮躁的日子和残酷竞争的世界彻底和解；与纠缠了我们一辈子的追求、抗争、痛苦和欢乐，彻底和解。让这些笔会作为我们生命中的记忆，永远珍藏心中吧。

三十年前拍《火龙》

邹士方

在溥仪故居

1984年12月，由香港新昆仑影业有限公司和中国电视剧国际合作公司联合摄制的影片《火龙》在北京开拍。

北京西城区东冠英胡同40号，是位于胡同西头路南的一处住宅，这里是溥仪生前居住的地方，现在完全按照过去的情形重新布置一番。在一套两居室的房间里，外间墙上挂着毛主席像，贴着毛主席语录，卧室的墙上挂着梁家辉（在影片中饰溥仪）和潘虹（在影片中饰溥仪最后一位夫人李淑贤）刚在附近照相馆拍的合影。院子里搭起了大棚，布置了各种灯具。

在拍摄现场，我遇见该片的编剧和导演李翰祥先生。李先生的《火烧圆明园》和《垂帘听政》已为内地观众所熟悉。李先生告诉我，拍《火龙》主要是反映溥仪后半生作为一个普通人的生活，拍出他的欢乐、他的忧愁。李导演对我说："我想用'生于忧患，死于忧患'概括溥仪的一生，他是一位充满人情味、趣味性的传奇人物。作为一位皇帝，他没有像历代帝王修建陵寝，而是在'文革'的特殊年代里被火化，成为中国历

图1 小孩打“皇上”。

史上唯一的一条火化的‘龙’。这即是本片取名《火龙》的涵义。” 李导演说，这将是他编导的最后一部影片，他的两个女儿李殿朗和李殿馨分别饰演溥仪的皇后婉容和嫔妃李玉琴。

二十六岁的香港演员梁家辉身穿普通蓝布制服，胸前佩戴毛主席像章。他饰演的末代皇帝就是这么普普通通，同他过去饰演的至尊至上的咸丰皇帝真是判若两人。为了演好这个末代皇帝，他看过不少关于溥仪的书籍资料。他告诉我，他认为溥仪前半生一直是个傀儡，被政府特赦后，才成为一个真正的人，一个自食其力的公民。他与李淑贤结合后，把自己的纯真感情完全释放出来，并接受了李的一份真情，逐渐学会了作为

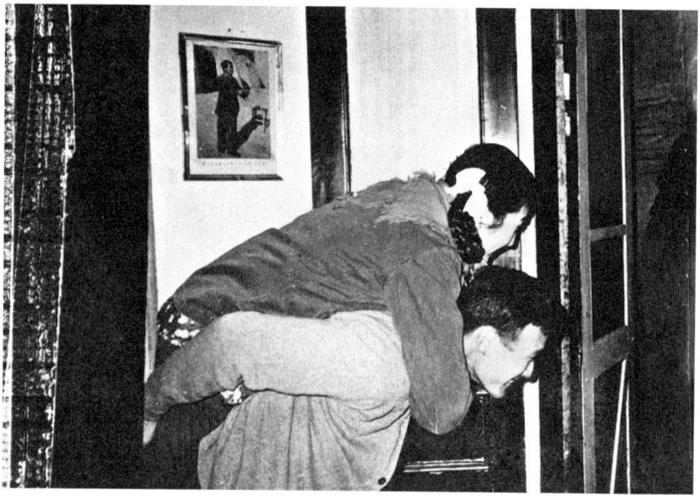

图2 “皇帝”背媳妇。

一个普通公民应该做的许多事情。我问起梁家辉的艺术追求，他在我的本子上写下了这么一句话：“与其说人生如舞台，倒不如说舞台如人生。”

梁家辉尽管曾在李翰祥执导的《火烧圆明园》和《垂帘听政》中扮演过咸丰皇帝，这次又在《火龙》中扮演末代皇帝溥仪，但他在日常生活中却是一个十分活泼，甚至有些孩子气的人，根本没有一点“皇帝”味儿。

拍摄间隙，梁家辉与参加拍摄的群众小演员乱打乱闹，小朋友们高呼“打倒皇帝”的口号，有个孩子一头向他撞去，把他撞了个大屁股墩儿。他站起来掸掸土，不以为忤，反以为乐。我抓拍了这一镜头（图1）。

梁家辉对李翰祥导演的女儿李殿馨（在影片中扮演溥仪的妃子李玉琴），就像对待自己的妹妹，真诚而坦率。有一次他

居然背起李殿馨满屋子跑，惹得我和孩子们都大喊：“皇帝背媳妇了！”（图2）

本片的副导演是北影的周七月。他那年三十七岁，显得十分内向。他是周巍峙和王昆的长子，“文革”中受父母的牵连坐过牢，粉碎“四人帮”后开始从事电影工作，完全自学成才。我请他谈谈感想，他淡淡地说：“这几年主要是向老导演学习。同海外人士合作这还是第一次，李导演在艺术上有许多独特的东西，我同他合作，一定能有不少收获。”

潘虹不大愿意接受采访，当我问到她此次拍片的体会时，她沉思了好长一阵，才闪动着大眼睛说：“同李导演虽然是头一次合作，但他过去拍的片子我看过一些，《倾国倾城》我看过好几遍。我对他很钦佩。这次临来时刘晓庆告诉我，李导演注重人物的自然真实。所以我的想法不多，我只想告诉你一句话：作为扮演李淑贤的演员，我要做到让她本人满意，让广大观众满意。”

在李导演给主创人员和女儿李殿馨说戏时，我都拍了照片（图3、图4）。

图5和图6是我在拍摄现场，与主创人员的合影。图7是我与李殿馨及群众小演员们的合影。现在这些小演员也应该是快四十的人了，不知他们现在哪里。

在全国政协大院

1985年1月至2月，《火龙》剧组来到溥仪生前生活和工作的地方——全国政协大院拍摄。剧情是：溥仪特赦后不久，被安排为全国政协文史专员，住在全国政协大院的宿舍里。他与

图3 李翰祥在给梁家辉、潘虹等说戏。

图4 李翰祥在给李殿馨说戏。

图5　摄于溥仪故居。前排左起：周巍峙之子周七月、李翰祥、邹士方；后排左起：潘虹、梁家辉、查浚。

李淑贤结婚后有段时间也曾住在这里。

全国政协大院是清代顺承郡王府旧址，亭台楼阁，古色古香。在剧组拍摄过程中，我拍了一些有意思的照片。

图8是潘虹在大院内洗衣服，图9是她引领外国记者走进政

图6 左起：邹士方、潘虹、梁家辉在溥仪故居留影 。 查浚摄

图7 邹士方与李翰祥之女李殿馨（前排左二）、《火龙》剧组小演员合影。

图8 潘虹在《火龙》拍摄中。

图9　潘虹（右）在与外国记者交谈。

图10 潘虹在宿舍读信。

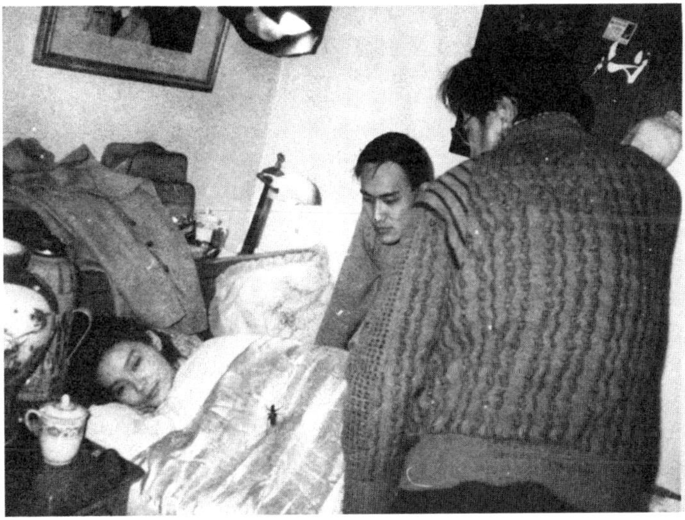

图11 《火龙》拍摄现场，半夜溥仪玩蛐蛐。李导演在为两人说戏。

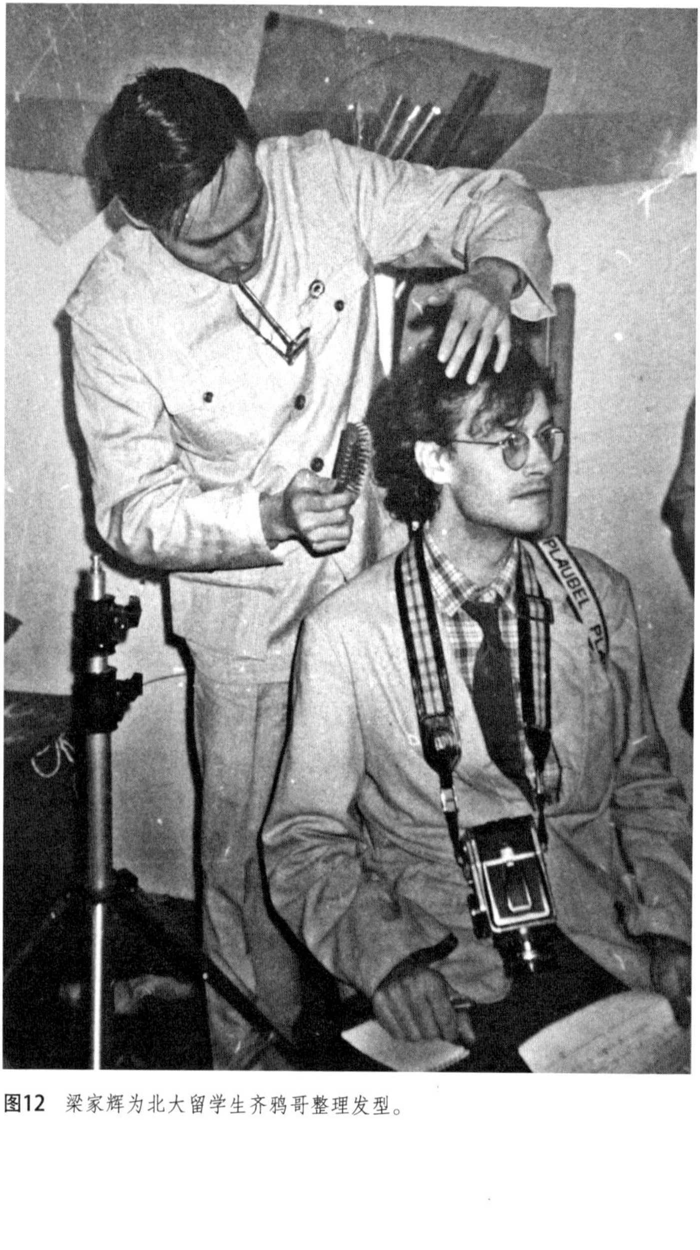

图12 梁家辉为北大留学生齐鸦哥整理发型。

图13 梁家辉在全国政协院里玩双杠。

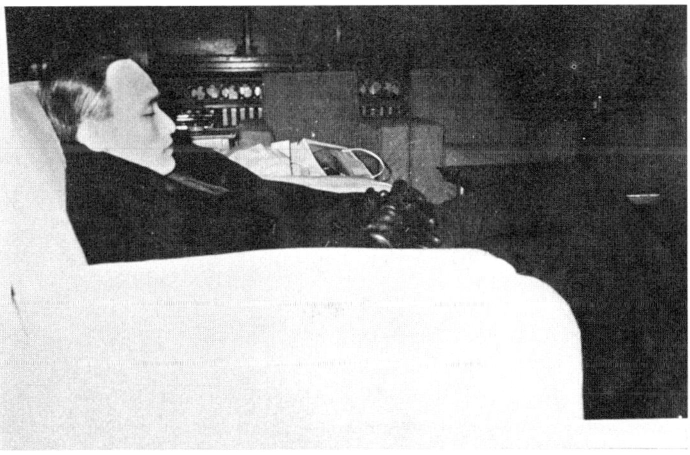

图14 “皇帝”睡着了。

图15 国画大师娄师白（右）在与梁家辉交谈。

协大院，准备与溥仪共同接受采访。照片上的潘虹都在笑，笑得很亲切，很自然。图10是潘虹在宿舍里读信。图11是溥仪半夜在床上捉蛐蛐，李导演在为两位主角说戏。

梁家辉是个闲不住的人，北大留学生齐鸦哥在剧中扮演外国记者，他去帮化妆师为齐鸦哥整理发型（图12）。拍摄间隙，梁家辉见顺承郡王府院内有双杠，就像模像样地在上面练起来（图13）。

那天在全国政协礼堂拍摄与李淑贤举行婚礼的镜头，因过于疲倦，梁家辉旁若无人地在沙发上睡着了（图14）。

图15是国画大师娄师白先生在全国政协礼堂与梁家辉交谈，跨界合影，实为难得。

老照片背后的故事

谢守一

我的这本“老照片”影集，最早的一帧照片距今已有107年。这些“老照片”中约有五分之三是父亲的“德克山泰”相机所拍，有一辑《老照片》曾经介绍过这款相机。

图1是拍摄于1907年的合家欢，拍摄地点是苏州平江路老宅门前。说起这张照片本身的历史，也有些意思。它是2000年从美国带回来的，在此之前国内所有亲属都没有这张照片了。照片中抱在怀里的是我的姨婆，2001年时已九十六岁。照片前排坐地者中间的一位就是我的外婆陆范如（字显曾，号心竹），早年毕业于江苏省立师范专科学校，是中国妇女中较早接受现代教育的，曾在数所中小学任教，但终因子女众多而拖累，脱离了社会工作。她是一个多才多艺的老人，在国学、诗词、绘画方面都有很深的造诣，终生喜竹、爱竹。在抗战期间，病弱的她，独自抚养着一子一女，又牵挂着在内地的丈夫和子女，艰难度日，还要独自面对失去爱女的痛苦（我的大姨早年去大别山参加革命工作，于抗战前夕病故于苏北如皋）。在抗美援朝中，她支持身边唯一的儿子（我的小舅舅）奔赴朝鲜前线。而我的这位小舅舅在朝鲜经历了多次生死考验，其中

一次他刚刚和战友离开坑道，美军炮弹爆炸引起的岩石崩塌就将坑道掩埋，而他和战友却意外生还，生死只在一瞬间。

在“文革”中，我母亲不愿意让莽撞的我目睹父亲挨打、挨斗和被抄家的残酷现实，外婆的家成了我躲避灾难的庇护所。那是一段使我永生难忘的时日，虽然我们都身处艰难，却成就了我们朝夕相处，领受和享用她的无限慈爱的一段宝贵时光。见我满含忧虑，她反复对我讲，“锌铭（我的父亲）那样的人是不会有问题的，但需要时间来证明这一点”，给了我很大的宽慰和信心。现在回忆起来，她曾给我讲过许多苏州和上

图1 1907年，外祖母一家的合影，摄于苏州平江路老宅。其中前排中间坐地者是外祖母陆范如，时年十三岁。

海的往事，可是我那时年龄太小，知识也太少，只记得她讲到过竺可桢、茅以升、茅以新、陈铭德这些人名。我们祖孙情深，那时我每次离京，她总是在北京三里河那座楼房小屋的窗台边，目送我，直到我远去，而我每次回望，都止不住满眶热泪。直到1971年9月得知她逝去的消息，我从插队的地方星夜赶到北京，只能在老山见到她的骨灰盒。知道我亲爱的外祖母到临终还在挂念着我们全家，她是怀着深深的忧虑和遗憾离开我们的。

图2是外祖父和外祖母的合影，拍摄的确切时间已不清楚，大约是二、三十年代在上海时拍的。我的外祖父戴济，字汝揖，生于清光绪十五年（1889年），祖籍安徽歙县。外祖父自幼聪慧勤奋，1909年他在邮传部实业学堂就读时，得到当时江苏省的推荐，与全国各省推荐的550名考生参加了庚子赔款留学生考试。这次考试由学部直接组织，地点是在学部考棚，时间是1909年9月。据记载，这是一次“颇为严格”的考试，9月4日经过国文考试后，已淘汰了近十分之九，初录为六十八人。9月9日、10日、11日的复试中，又分别考了法、德、拉丁三门外语及数、理、化，平面、立体几何以及希腊史、罗马史等科目。9月13日发榜，录取四十七人，外祖父以第二十八名列其中。这样高效率地组织考试，可能是为了赶上美国的新学年吧。这是庚子赔款第一批留美学生，或称清华史前期第一批留美学生。1909年10月外祖父乘美轮“中国号”赴美，当时同船的就有与他同时被录取、日后声名显赫的梅贻琦和中国生物界的学术前辈秉志两位先生。在美国，外祖父先后就读缅因州州立大学和麻省理工学院，攻读化学工程专业。1916年回国后曾任北京大学、北京工业大学、上海交通大学和西北工

图2 约1930年代初，外祖父与外祖母摄于上海。时外祖父在上海交通大学任教。

学院教授，在上海元丰和振华两油漆厂任总工程师。他在涂料科学研究领域上曾有颇多建树，二、三十年代曾有多种涂料科学研究和工程方面的专著，由商务印书馆出版。20年代陇海铁路修到西安，西安站所用的油漆就是由他研制并主持生产的。他是一个素怀爱国之心的人，20年代初在一度生活极具困难的情况下，他的一位美国同窗介绍他到美国工作，同时寄来了全家赴美的旅费，被他拒绝。他回信说，“我的祖国需要我，我现在没功夫去”，并寄还了旅费。他又是一个性格耿直的人，在知识分子思想改造中他曾发言：“我承认‘崇美’是因为美国有先进的科学技术和工业基础，值得我们学习借鉴。但我绝不承认‘恐美’，如同我在抗战之中绝不恐日，坚信中国必然胜利，而现在（解放后）就更不会恐美。”这些言论成为“动向”，被上报西北军政委员会教育部，外祖父因此受到严厉的批判。十余年后，外祖父到父母所在的大学看望我们，岂知大学的一位负责人正是当年大区教育部的工作人员，听说当年“抗拒”知识分子改造运动的戴济来了，如临大敌，迫使七十多岁的外祖父只在我家住了两天就返回了北京。外祖父在石油化工方面亦有独特的见解，对当年中国缺乏石油的状况做过深入研究，曾上书提出以生物资源生产石油替代品的设想，反被人嘲讽为“奇谈怪论”。过去由于种种原因，他的科研成果和理想多不能实现，他不仅“工业报国”之志难酬，甚至遭到冷遇和不公正对待，他的心境可想而知。

我与外祖父见面是在50年代初，我不到一岁时，那时外祖父的家位于北京北海后门附近的龙头井胡同，所以北海是常去之处。这张照片（图3）的位置是在北海后门与琼华岛之间的北海边。后来听母亲讲，北海的九龙壁、五龙亭是我们常去的地方。那时外祖父尚在北京市地方工业局任顾问。有意思的是二十年后，我见到了拍这张照片的相机，那是外祖父从美国带回来的，是一个长方体的“盒子”，曝光的时间全凭手工操作，通过镜头盖的开闭来控制。如今也是件很有意义的“文物”了。

1963年我父母带我到北京，在我的记忆中外祖父已不是照片中那样的国字脸，而是变成了一个长脸的瘦老头，他兴致很好，谈锋甚健，至于谈些什么就不是我能理解或是记忆的了，只记得我父母亲请外祖父、外祖母和其他亲戚在全聚德和莫斯科餐厅吃过饭，前者吃的是什么没有记忆，后者只记得饭后的冰淇淋很可口。两年后，外祖父因心力衰竭突然去世。应该说他还是比较幸运的，一是病情发展很快，没有受太多的煎熬，二是避免了经历“文革”的痛苦。

我的父亲谢锋铭，生于1914年。1936年他经历了三次考试，得到了两份录取通知书，一是武汉大学中文系，二是西北农学院。另一场考试则“名落孙山”，当他告诉我这场考试的志愿时，我惊讶得半天说不出话来，他报考的竟是空军！我问他为什么，他笑着说：“无湘不成军嘛。”然后正色道：“那个时候日本人侵占了华北，国难当头，很多青年都有投笔从戎的意愿。”他是因为身材的原因，没有被录取。父亲是典型的南方人长相，个头不高，有些不修边幅，又不善言辞，一辈子都是满口的湖南话，对这一点，他自称比较“顽固”。他一贯的形象是比较文弱、低调，却也有“壮怀激烈”的经历，实

图3 1953年，外祖父与作者在北京北海公园。

在是在我想象之外。在两所大学中，他最终选择了西北农学院，他曾说过：“我的兴趣是在文学，但毕业后的就业成问题，而学农就业比较务实。”1941年毕业后他在成都中央大学任技术员和助教，同时攻读中央大学硕士学位，1948年获硕士学位的同时，赴英国爱丁堡大学学习，1951年获哲学博士学位。此时与他素来相识的刘宁一，来英国动员留学生回国参加祖国建设，他与父亲见面谈话，父亲只说了两句话：“本是应有之义，早在计划之中。”1951年夏季，父亲回到祖国，当年就赴西北兰州工作，这是应他的恩师盛彤堂先生之邀。不想，这一去就是五十余年，最后终老于此。

图4 1934年，母亲戴庆捷摄于上海光明照相馆，时在上海民智中学读书。

50年代和60年代初的父亲除被“拔了一次白旗”外，还是比较顺利的，他的“自我改造”也很真诚。现在的人已很难理解这种真诚。一句“中国人民从此站立起来了”，不但使千百万受压迫的人站起来了，也使多少有知识有智慧的人走上了“真诚改造自己”的历程，作为自然科学家的父亲如此，即使是冯友兰、金岳霖这样早有自己一套哲学体系的人，亦是如此。1956年他参加了中国共产党。但是“知识分子”之前被冠以“资产阶级”的宿命已经确定，任务就是无休止的改造。1969年3月5日，大学革命委员会依“六厂二校”经验，召开全校师生员工参加的“宽严大会”，将父亲投入“牛棚”，并公布停发每月的工资，改发生活费三十五元（包括一个子女的生活费），冻结存款，从此开始了四十三个月的“牛棚”生活。不久父亲即被押送到长城边的一个农场，进行另一程度的“改造”，这是一段非常严酷的岁月，一方面审查仍在进行，另一方面还要参加繁重的体力劳动，即使是春节也不能同我们团聚。父亲先是干农活，其后是长达两年多的放羊生活，那是在明长城旁，位于戈壁与沙漠交界处的地区，夏季地表温度高达五十余度，冬季又在零下二十多度，每日早出晚归，中午以干粮充饥。父亲对这段经历从不愿多谈，问急了，他只是说“人的适应性是很强的，什么样的生活都能过下去”。他对审查、看管人员都能理解，认为是“各行其事”。但他也提到个别人的人性之恶，爆发的时候是很可怕的。

父亲一生对物质生活的要求很低，吃饭、穿衣温饱即可。曾有人惊讶于我家饭食粗糙，父亲却从不挑剔，总是兴致勃勃地进餐，他有很好的胃口和强健的体魄，即使是“牛棚”也没有压垮他。父亲自奉俭约，却不乏生活的情趣，他一生爱好文学、历史和艺术，青年时代他已具有较深的古文基础，一是喜吟诗、作诗。在我的童年时代，常见他在吟诗时拍案击节，念念有词，到了得意之处，就会拉我过去，讲给我听。那时，我不懂，也无兴趣，很怕这种讲解的场合，往往避之不及，被他“抓”住。结束“牛棚”生活后，他带回了三个破旧的笔记本，上面写满了他凭记忆抄录的古诗词，这三个笔记本如今成

图5 1945年8月，父母亲摄于成都，时在抗战胜利的喜悦中。

了我最宝贵的收藏。父亲虽然是一名自然科学工作者，但却有着很深的文史底蕴，多年来他创作了一千多首诗词，内容多为读史、读诗、行路之作。已故教育家辛树帜先生评价他的诗词“格律谨严，沉郁厚重，用典允当，耐人寻味又隽永开阔，自然流畅”。但可惜的是，这些诗作在“文革”初期就被他自己付诸一炬。再就是喜藏书，当年父亲的业务书，大多存放在办公室，而家中数千册藏书则多为诗词、歌赋、史籍，其中亦有少量善木及他从国外带回的西洋画集及大量的碑拓、字帖等，是父亲数十年之积藏，其中很多都有他的批注圈点。这些数十年的藏书在“文革”初期即被抄没。多年以后归还抄家物资时，十不余一，而那些父亲“丹铅所及，有手泽存焉者”，又是十不余一，却有很多书通通被“革命者”打上“毒草”、“下流”、“封资修”等记号。对这一批书籍的损失，父亲是很伤心的，晚年几次忆及都说“再也积不起来了”。

三是喜游历。既喜游明媚的南方风景，更喜爱大山大川，甚至大漠。每次有机会游历，他都事先从前人到此地留下的诗词歌赋中“预习”其情趣，又力求掌握山川地理之脉络，下马观花。这个爱好贯穿了他的一生，以至于七十岁又上华山，并声称“下次还来”。

四是豁达。父亲一生行事比较低调，性情比较散淡，不尚空谈，注重实干。在学问上最反对走捷径，注重脚踏实地，深入研究。平常看来比较文弱，但是大事临头之际，却镇静果断，能忍耐吃苦，以待命运的转变，经过缜密的思考之后，认为“事已然如此”就不再折磨自己而“守时候命”了。那年专案组长找他谈话，问“最近问题考虑的怎么样了？”答：“还是想不出来，思想包袱很重。”那人勃然作声道：“你思想包袱重个屁，晚上打呼噜，闹得全屋人都睡不好！”那人说到此，忍不住要笑出来，父亲也想笑，只能竭力忍着，默不作声。说起牛棚吟诗，他说，虽然要冒一些风险，但苦中作乐也是排除痛苦的好办法”。几年之中，交待材料已写了无数，已到了“想无可想，写无可写”的地步，毫不费力，下笔千言，却毫无内容。在大漠戈壁中，单独放羊，是吟诵诗词的大好环境。他找到了他自己认为最好的排解方式，他也因此保持了良好的精神状态和体魄。

当这一切过去的时候，他恢复了党籍，恢复了政协委员身份，得到了第一批国务院特殊津贴待遇。回到博士生导师的位置时，他仍如当年并未“大悲”一样，此时亦未“大喜”，照样低调散淡，扎实地做好自己的本职工作，培养了十余名博士、硕士生，并终身地保持了自己的爱好。1978年我们在北

图6 1977年春，父母亲摄于兰州。

京，恰好也是在五龙亭到九龙壁间的北海边，我曾问过他，1951年回国后受到那样多的磨难，有没有过后悔？他略加沉思后，肯定地说“没有”。又说：“我们这一代人经历过国耻，经历过抗战，那种印象是痛心疾首、刻苦铭心的。对1949年新中国的诞生，我们那时的认识也比较朴素。留学生们经过认真的讨论研究，认为国家已经摆脱了殖民地半殖民地状况，一个大规模建设新中国的高潮就要到来，大家回去都可以一展宏图，为国出力。另外也有庆捷（我母亲）还在国内的因素。”他还说：“当然也有遗憾，那就是政治运动多，科研条件差，本来可以多做很多工作的。但留在国外又是为外国人工作，所以后悔是谈不到的。”我又问他，在“文革”中好些人，尤其是专案组中工宣队员对他的回国表示极大的疑问，甚至怀疑他是“特务”。他只是淡淡地回答：“他们很愚昧。”

我的母亲戴庆捷，1923年出生于上海，从小学到高中，分别就读于上海比德小学、民智中学和大同大学附中，1941年考入东吴大学。同年12月太平洋战争爆发，日本军队侵占上海，强令各个学校悬挂日本旗，强迫接受日语和其他奴化教育，外祖父戴济忿恨之下，命我正在中、小学学习的姨姨和舅舅退学回家，让外祖母给他们授课。同时命我母亲从正在就读的东吴大学退学，到大后方去求学。多年后，母亲还多次回忆起这段极其艰难的旅行，尤其是回忆起路过黄泛区时，人民痛苦的生活和时疫造成的雪上加霜。也就在此时，坚定了母亲学医的意愿。母亲辗转在成都华西大学和由内地迁蓉的金陵女子文理学院就读，最后考取协和医学院高级护士学校，这是一所大学性质的专科学校，这个学校的特点，一是必须先上大学医学预科，二是除语文外全科均以英语教学及考试，三是严格的淘汰制，以致1922年级只毕业了一人，1925年级只毕业了五人。母亲在协和的四年时间里，掌握了扎实的护理科学知识，她有很高的英语水平，“文革”前的学习笔记都是用英文书写。大后方流亡求学的日子亦是不平静的，母亲把思念亲人的悲苦情绪化为勤奋学习的动力，同时和同学们一起，多次为即将奔赴抗日前线的士兵疗伤、写家信，这种行为后来成为了她的自觉习惯。她后来回忆称是“为抗战尽了一点微薄义务”。1945年抗战胜利后，母亲随学校回到北平，于1947年毕业，成为协和二十五年历史上培养的168名高级护士之一。毕业后在上海市立护校及华东军区总医院任教员。1951年8月，父亲从英国回到祖国，9月即赴西北工作，母亲随父亲一同前往。这一次工作上的调动，对母亲个人事业上的发展产生了很大影响，使她从教学科研和医院管理岗位到具体操作岗位，从一流大医院转

图7 1989年，我们一家与父母亲在家中合影。时母亲已在病中，于同年9月2日逝世。

到了基层医院，但是她一生铭记着协和“勤、慎、警、护”的校训，以“解除患者身心痛苦，扶助幼弱病伤”为己任，始终热爱着自己的工作，一生坚持在护理工作的第一线，同时自学了针灸、理疗和中西医及各种常见病的治疗技术，积极探索和完善基层医院管理和发展途径，六十三岁时以“主任护师”职称退休。晚年的她虽然离开了工作岗位，但仍然密切关注国际护理科学发展动向，翻译了多篇国外护理科学论文和新技术，在《中华护理杂志》上发表，并应协和老校友之约参加了全军护理教程的编审。

父亲和母亲，相识相爱于成都，她们一生都很怀念成都，我从小就总听见他们说“华西坝”、“浆洗街”，听他们说“抗战”，说“胜利那一年”如何如何。父亲一生都喜欢喝一点酒，但几乎没有醉过，而“胜利”的消息传到成都后，他喝醉了。晚年他还屡次讲到“胜利”的那一天他与母亲相拥而泣。他们感情是很深的，“文革”中每次父亲挨斗前，从不迷信的母亲总要拿出一件她的衣服给父亲套在里面，一是穿厚一点“抗打”，更深的意思是“分担”。

在成都，父亲中央大学的住处已经荡然无存，而母亲七十余年前住过的八角楼至今还在，多年来，只要到成都，我都会到这座楼下缅怀她，而直到2009年我和我的朋友李大力先生才有机会上到这座楼的第三层，那里有母亲七十多年前的宿舍。房间和木地板仍是当年的旧物，母亲究竟居住在哪一间房，却是无从知晓了。每次去华西坝，除了缅怀亲人，我都会深深地感谢成都在抗战的艰苦岁月中接纳了我的双亲，感谢成都至今保护着华西坝的老建筑群，而且在母亲离开成都六十余年后，成都又接待了我的儿子，他至今还在成都求学。

母亲于1989年9月2日逝世，父亲于2006年10月21日逝世，他们都走得很安详。亲人们已渐行渐远，而他们慈祥的面容却似乎越来越清晰，我对他们的怀念也越来越深切。在那些与他们相处的极其有限和宝贵的时光中，或因年幼听不懂他们的讲述，其后年稍长，又不屑听其“唠叨”。更为残酷的是，我们这些解放后出生，从小受党的教育的一代人，在很长一段时间内，要在“党与父母”、“无产阶级与资产阶级”间进行选择，以致我们对前辈非但不能理解，而且不愿理解，这是最大的令人痛心疾首的悲剧，也是曾经的人生最大的遗憾。

父母新疆来去

贺　阳

父　亲

我的父亲曲方明是山东掖县沙河镇人。我的爷爷是一个医生，奶奶在镇里开过小学校，他们都是虔诚的基督教徒。父亲在黄县上高中时，受到一位共产党员老师的影响，开始参加抗日活动。1939年高中尚未毕业，他和低一班的同学马石江放弃学业，奔赴胶东抗日根据地。父亲在那里的青救会工作了几年，1940年加入中国共产党。1943年，我奶奶叫父亲把我大姑与其前夫的儿子送到四川去。母命难抗，父亲没有来得及向领导请假，就去了四川。现在回想起来，可能是奶奶担心父亲的工作太危险，找了个借口让他离开。父亲那时年轻，“组织观念”不那么强。到四川绵阳以后，父亲给胶东根据地的领导写信报告这一情况，并请示下一步怎么办，领导指示他，既然已经到了四川，就不用急着回去，可在当地寻找党组织开展工作。

父亲进入绵阳六中，边上学边从事抗日活动。1944年，父亲在成都考入燕京大学新闻系后，成为燕大地下党的支部书记。

日本投降以后，燕京大学从成都迁回北平，父亲担任中共燕大地下党的支部书记。

1946年，党组织决定，让父亲以燕大新闻系学生的身份采访司徒雷登，揭露美军的一些行为。当时司徒雷登已被任命为美国驻华大使，但是还没有卸任燕京大学校长，他那次是从南京回燕大办事。去采访的路上，父亲碰到一个同学，要求和父亲一起去，他们就一块儿去了。采访过程中，父亲提出的中心问题是，美军为什么不撤出中国。采访完毕，随行的同学拿出一部相机，给父亲和司徒雷登照了一张合影。这张照片“文革”前一直贴在我家的相册里，父母在新疆党校的同事到家里串门，可能有人看见过。“文革”中这可了不得了！毛泽东说“别了，司徒雷登”，这里居然有一个司徒雷登的“孝子贤孙”！一时间，父亲成了“美帝国主义的走狗”。

1948年，国民党出黑名单抓人，其中有父亲，党组织决定让他撤回解放区。全国解放前夕，父亲被送到刚成立不久的中央马列学院学习，成为马列学院第一期的学员。

马列学院毕业后，父亲被分配到团中央宣传部工作。当时的领导杨述很器重他。后来杨述调北京市委工作，想带他过去，可是父亲不去。可能是受几年燕京大学生活的影响，父亲很向往大学教授的职业，他主动要求到团中央所属的中央团校去教书，并如愿以偿。

父亲在中央团校担任党史教研室主任期间，碰上了反胡风运动。书生气十足的父亲有一次跟人开玩笑:“你们抓胡风，我还和他吃过饭呢。”别人惟恐躲之不及，他却主动送上门。被狠狠地查批了一顿之后，才搞清和他一起吃饭的是胡绳而不是胡风，他自己记错了。正好这时中央机关要派一批干部到新疆去支边，领导就点名让父亲去新疆。1955年11月，我们一家四

1940年，母亲在贝满女中。

口奔赴西域，那一年我五岁，妹妹还不到一岁。

我们先到了伊犁。一年后，在母亲的竭力争取下回到乌鲁木齐。1962年七千人大会后，父亲听到毛泽东说的“让人讲话”，“会上出气，会下看戏”，“不打棍子，不戴帽子，不装袋子”等等，跟母亲说：“我们党这回可真要有点民主了！”在自治区党委举办的三级领导干部学习班的大会上，父亲讲我们党要如何接受大跃进的经验教训；大炼钢铁劳民伤财，得不偿失；人民公社晚办几年是不是更好等等。当时台下一片喝彩声。没想到不久北戴河会议上重提阶级斗争，父亲和另外两位教研室主任立刻成了活靶子。小会批、大会斗，陆陆续续搞了两年多。最后父亲被定性为“犯了反党性质的错误”，撤职降级，下放农村搞社教。临去南疆农村之前，父亲查出得了肺结核，正在活动期。他拿着医生开的诊断书去找自治区党委组织部长，问能不能稍晚一点，等病情好转了再下去。他说：“你要知道，你是犯错误的人，不行！”父亲到了农村，在最需要营养的时候却吃着最差的食物，每天还要下地干活儿。后来父亲死于慢阻肺，与当年的带病苦劳不无关系。

1955年，亲友们送作者一家去新疆。

粉碎“四人帮”之前，我和妈妈、妹妹陆续离开新疆，只有爸爸留在那里。1978年，母亲在中央党校的同学甘英向清华大学党委书记刘达推荐了爸爸，可是那时爸爸的“反党错误”还没有平反，档案袋里装满了“反党材料”。好在刘达这位老同志历史上也“犯过右的错误”，他没把父亲档案里的东西当回事。这样，父亲就被调到清华大学，担任党委常委、宣传部长，兼马列主义教研室主任。后来又调到中央党校党史教研室，最后从那里离休。

母　亲

母亲原名贺文贞，现名裴棣，1924年出生于辽宁法库县。我姥爷早年毕业于协和医学院，母亲出生时，姥爷已是黑龙江省立医院院长兼陆军医院院长了。母亲五岁时，姥爷把她和我姥姥从老家农村接到齐齐哈尔。

“九一八”事变后，日本人占领了齐齐哈尔，他们要姥爷继续担任院长，姥爷心想不能给日本人做事，坚决不干。这样他就失业了。没有工作就没有收入，一家人靠什么生活呢？姥爷过去置办了一些房产，一共有二十多间，除去自己住的几间，其他的租出去，靠收取的房租维持生活。

1939年，母亲十五岁，她向姥爷提出要去北平念书，姥爷手头虽然很是拮据，但思量再三，还是答应了母亲的要求。后来母亲说过多次，她这辈子最感谢姥爷的就是，在那么困难的条件下，仍供她到北平上了几年学。

母亲考上了位于北平灯市口的贝满女中，这是一所美国基督教公理会办的教会学校。她在这所学校读了六年。母亲是个有名的穷学生，买不起衣服，就买块布自己做，还自己浆鞋底做布鞋；寒暑假同学们都回家了，因为没有钱她回不去，只能自己住在学校里；有时找到一个做家庭教师的临时工作，尽管薪资微薄也让母亲欢喜不已。好在母亲的学习成绩相当好，各门功课几乎都是全班第一，加上她像姥爷一样，性格开朗，乐于助人，所以同学们不但没人看不起她，且都愿意和她交朋友。

1945年高中毕业前夕，母亲和一个同学经西安去重庆，在重庆报考了上海医学院并被录取。几个月的“大后方”生活，给她的感觉是国民党政权实在太腐败了。听人说共产党好，母亲就想去延安。到陕西后赶上国民党封锁，她又不会说陕西话，过不去，只好又回到北平。

1946年5月，经中共地下党员曾平介绍，母亲到了张家口解放区。她把曾平写的介绍信交给中共晋察冀中央局城工部的工作人员。第二天，一位老同志找她谈话，这位老同志就是城工部部长刘仁。刘仁爱开玩笑，上来就问母亲，你的介绍信呢？母亲说交了。刘仁问交给谁了？我怎么没看见呀？母亲急了，说交给一个男同志了。这时刘仁从兜儿里掏出一个小纸条，说在这儿呢……谈话中知道母亲的不少同学考上了燕京大学，刘仁决定让母亲回北平打入燕京大学做学生工作。母亲原是想留在解放区的，但是既然组织上作了决定，也只好服从。

回到北平，母亲同时报考了燕京大学和清华大学。燕京先发榜，她就上了燕京。可是燕京是教会学校，学费不低，母亲哪里有钱付学费和生活费呀？好在一个月后国立的清华大学也发榜了，母亲就转到清华大学社会系就读，这时她已经加入了中共。

母亲在清华是个活跃分子。根据地下党的要求，她竞选

1957年，母亲在乌鲁木齐。

学生会常务理事并成功当选，她做进步学生的工作为党扩大影响，她积极发展党员，她是大家唱合唱团的成员，还是校排球队的队员。

1948年，国民党出黑名单抓人，母亲也在黑名单里。根据党组织的安排，母亲撤回了解放区。

1949年上半年，解放军和中共党政机关刚进北平时，母亲在张秀岩的领导下工作。张秀岩是一位老同志，参加革命很早，是彭真夫人张洁清的姑姑。张秀岩让母亲去香山慈幼院作一个调查，母亲回来后写了一个调查报告交给她。有一天，母亲正在张秀岩那里汇报工作，正巧彭真去了。在母亲退出来之前，张秀岩对彭真说："你说不错的那篇香山慈幼院的调查报告，就是她写的。"

进城后，张秀岩担任北京市妇委书记，她很器重母亲这个年轻人，觉得母亲有能力，工作泼辣、不惜力。她提出让母亲担任新成立的北京市妇联的组织部长。母亲觉得妇联机关有一些资格相当老的同志，把自己摆在她们上边不合适，就坚决不当，做了半天工作也做不通，上面只好让抗日战争初期参加革命的张洁珣当了组织部长。后来有人跟母亲说：你傻不傻啊，别人争还争不来呢，让你干你还坚决不干！母亲跟我说，当时就是想干点事儿，没有那个当官的概念。

1952年，母亲被调到北京女十中担任校长。肃反之后，有人在我母亲的档案里放了一个材料：据向裴棣同志爱人所在单位中央团校了解，其爱人曲方明有托派嫌疑。这个档案里的黑材料我母亲一直都不知道，直到"文革"中，新疆党校看过母亲档案的人告诉她以后才知道。

肃反后，父亲被调去新疆支边，母亲的上级领导、北京市教育局局长孙国樑不让母亲走，他说母亲的孩子太小，要走也过几年再走，到时他派人送母亲去。就在前不久召开的市人代会上，彭真刚刚点名表扬了母亲所在的北京女十中，说是这所中学高考升学率上得很快，工作做得好，做得细。既然局长说了话，母亲又去咨询同事、女八中校长王季青，那时王季青刚随丈夫王震从新疆回北京不久，对新疆的情况比较了解。王季

1957年，父亲和母亲在乌鲁木齐。

青说，你孩子那么小，还是全家一起去吧。母亲最后决定还是带我们和父亲一起走。

坐了二十多天火车、汽车，总算到了乌鲁木齐，又被自治区党委分配到最西部靠近中苏边界的自治州——伊犁。在等待去伊犁的日子里，有一次母亲出去办事，手包在公共汽车上被小偷儿偷走了。手包里有钱不说，还有母亲调动工作的介绍信和行政关系、组织关系等全部文件。无奈之下，只好给北京市教育局写信说明情况，请求补寄有关文件。文件寄来后，母亲发现她的工资关系上，被提升了一级。开始以为是搞错了，母亲打电话问北京市教育局，教育局的同志说，正赶上北京市调整干部工资，局里研究后决定给母亲调升一级。根据北京转来的工资关系，伊犁州党委组织部将母亲原来的教育级套改为行政14级。这真是因祸得福!

到伊犁后，父亲母亲都被分配到州委党校工作。在一次州党代会上，母亲被要求作大会发言。她上台后，就州委机关特别是州委组织部的官僚主义提出批评意见，当时台下的几百人热烈鼓掌，母亲讲出了大家想讲又不敢讲的话。多少年后母亲跟我说，当时刚从北京过去，有点初生牛犊不怕虎。那时在北京，党内还比较民主，给领导提意见是很正常的事情。在新疆可就不一样了，当时新疆的各级主要领导干部，几乎都来自部队，习惯于服从、听话，不大习惯听不同意见，特别是来自“非嫡系”的不同意见。好在母亲1956年底就离开了伊犁，否则1957年“反右”就麻烦了。

到了乌鲁木齐，母亲被安排到一所大学新疆语文学院工作。本来区党委准备让她担任院党委副书记，但是母亲档案里有关于我父亲托派问题的材料，就让母亲改任院长办公室主任。这个插曲是母亲调离语文学院后，学院的组织处长张春发告诉她的。

母亲要求调到父亲所在的自治区党校，在哲学教研室当了一名教员。

1961年，自治区党校派母亲去中央党校理论班学习四年。学习期间，父亲“犯了反党错误”，接受多次批判后，1963年被派到南疆农村去“搞社教”。那年我十三岁，妹妹九岁。我们在新疆一个亲戚都没有，一个周末下班以后，母亲带着中央党校开的介绍信，找到管中央党校户籍的青龙桥派出所，和值班民警讲到我们家的困难，问能否把我和妹妹的户口转到北京，让我们到北京来上学。没想到民警同志很干脆，说没问题，你去接孩子吧，手续我们给办。那时的社会风气真是太好了，母亲没有找任何熟人帮忙，更没有送一分钱的礼！

母亲是一个“大气”的人，这一点可能“遗传”于我的姥爷。姥爷上世纪30年代初辞职赋闲后，靠出租房子养活一家人。这“一家人”可真不少，除了姥姥、母亲和舅舅之外，还有姥爷的几个哥哥和嫂子，甚至还有他哥哥的成年孩子。一到吃饭，二十多人两大桌。靠那点儿房租养活这么多人，实在是捉襟见肘。可是姥爷却认为供养亲戚是天经地义的事；再有亲戚因困难而投靠，他还是来者不拒，真有点仗义疏财的劲头。到母亲这儿，上中学的那几年真是没有钱，经常受到同学朋友们的接济；解放后，除了供给制时期生我的时候没有什么钱，后来就没有缺过钱。有钱以后，母亲也像当年的姥爷一样，时常接济那些有困难的亲戚和同学、朋友。

1964年暑假，中央党校要求在校的学员一律停止放假，集中批判杨献珍的“合二而一”。我和妹妹就住在党校的招待所里。和我们同住同玩的，还有母亲党校同学陈迹的三个儿子——姜阳、姜甡和姜山。姜氏兄弟都是一米八的大个儿，都在北京八中上学，老大姜阳刚刚参加完高考。我和妹妹两个“小嘚蹦豆儿”，跟着三个“姜老大”，一暑假玩得相当开心。母亲跟陈迹阿姨本来不算熟，看到孩子们一起玩得那么好，也就走得近了。母亲了解到，陈迹阿姨的丈夫曾留学日本，参加革命后从事情报工作，刚解放就积劳成疾去世了。小三儿姜山好像是个遗腹子，都没有见过父亲。陈迹阿姨行政16级，每月工资不到120块钱，抚养三个大儿子不算富裕，特别是姜阳上大学之后。母亲决定，从那时起每个季度给陈迹阿姨100元，资助姜阳上大学。1965年母亲毕业回到新疆，继续按照约定每季度往北京汇款。记得“文革”开始后，我在陈迹阿姨家住了两个月，母亲一次就寄去500元。这种资助，一直持续到1968年父亲被扣发工资时为止。

姜阳当年考上北京石油学院，后来他几次说到母亲对他们家的帮助。“文革”中，姜阳是石油学院群众组织“大庆公社”的头儿，他们这派是保余秋里、康世恩的。

1974年，母亲在北京陈迹阿姨家，正好碰上姜阳回去，他主动问母亲想不想从新疆调回来。母亲那时正想如何离开新疆呢——那些年的新疆生活使她伤心了，她更不想将来把我和妹妹留在那里。姜阳说可以先调到北京附近的河北廊坊，那里有一个石油部新成立的管道局。由于“文革”中的“保皇”行径，姜阳和石油部的领导很熟，母亲的调动很快就完成了。母亲后来老说：“多亏了姜阳，我那时都五十岁了，没人说话谁要啊！”我心想，善有善报，真是一点不假。

1978年，母亲从管道局调到中央党校，算是回到了北京；后来又去了中央党史研究室，最后从那里离休。

由于早年肺部受到损害，我父亲于十年前去世。母亲今年九十岁了，和我住在一起，她乐观开朗，思维敏捷，耳聪目明，每天和我一起去游泳，一次能游500米；老太太还经常约她贝满女中、燕京大学以及清华社会系、清华地下党的同学老友来家里聚会，一拨拨老人凑在一起，其乐融融。

我的父亲母亲给了我很多东西，我感觉最重要的，是让我随时牢记：不管处于何种环境，不管从事什么工作，不管面对什么人物，都要坚守自己的底线，做一个正直正派的人。

曾是体育明星的母亲

震　斋

1976年，我在旧书店中发现1933年出版的《北洋画报》，其中刊载了母亲于秀兰在华北运动会二百米决赛获第一名的照片，真是惊喜若狂，立即用高价买下收藏迄今。

1995年我从台湾返乡探亲，当时母亲已八十五岁，身体仍然健朗。有一位远房亲戚赠我一本南开大学出版社出版的《青州市志》，其中刊载了母亲参加华北运动会的照片和报道：

> 民国时期，各学校即开展体育比赛。1931至1934年，在全国第十五、十六、十七、十八届华北运动会上，山东省立四师学生于秀兰代表山东参加比赛，蝉联四届运动会女子100米、200米冠军，特别在第十六届运动会上独得女子50米、100米、200米和个人总分四个第一名，并以13″8的成绩平全国女子100米纪录，她与当时四师同学尹素桂（十六、十七届华北运动会女子80米低栏第一名）、佟志英（十六届华北运动会女子200米第二名）被号称为山东“女中三杰”。但民国时期不重视人才培养，许多有才华的运动员得不到深造。

1933年出版的《北洋画报》，刊载了母亲于秀兰在华北运动会二百米决赛获第一名的照片。

母亲的同学尹素桂、刘香谷（被誉为“网球皇后”）听说都在台湾，可惜无缘与她们碰面。

母亲毕业于青州师范，当时的校长徐轶千，后曾担任山东省政府的教育厅长。抗战时期，母亲在我的老家惠民县四区后长家庄相夫教子，并在父亲创办的苦伦中学担任音乐老师。抗战胜利，1946年的春天，因父亲是国民党的官员（当时父亲担任第十区专员公署教育科长），被当时的新政府扫地出门，全家迁往张店（今淄博市），1947年赴济南，父亲任济南市体育场（今皇亭体育场）场长。父亲文得郁，号宗周，毕业于北京师范大学体育系，抗战前曾在济南齐鲁大学任教。父亲担任场长为时甚短，即转往教育厅任督学，又当选为国民大会代表，

1996年，作者（左一）在分别近五十年之后，回大陆探亲，与母亲（左二）、大妹夫妇（左三左四）、外甥女（后排站立者）合影。

曾赴南京参加国民大会。

母亲先在皇亭小学任教，后转任山东省体育场妇孺部主任。1948年济南解放，我与二弟随父亲前往青岛，辗转到台湾，时光荏苒，转瞬之间，已将近七十年矣。古人云：一事无成两鬓斑，叹光阴一去不复还。回溯往事，不胜唏嘘！

父亲不幸于1956年病逝，享年四十八岁。母亲含辛茹苦，抚养三弟、四弟、大妹、二妹成家立业。母亲以其丰富的人生历练和学养，时常为人排难解纷，深受邻里乡亲之爱戴和尊敬，至今仍为人津津乐道。最大的遗憾是父亲过早病逝，未能阖家团圆。值得庆幸的是，我与二弟和母亲分别将近五十年，犹能重逢，应是最大的安慰了。

母亲于2000年病逝，享年九十岁。

我的父辈

方小龙

1914年农历正月初六，父亲出生于安徽寿县瓦埠东门朝西村。虽说家境逐渐败落，但是祖父不遗余力支持父亲读书。自1920年起在村师塾上学，1929年秋考入宣城省立四中高中部普通科，1933年上半年毕业前到安徽大学文学系旁听。同年毕业后，相继在寿县上店寺小学、瓦埠小学、大寺巷小学执教四年，直到日寇侵犯家乡，被迫离开故乡从军，投身于抗日救国之中。

1938年，日寇清乡扫荡，家室被焚，父亲的二嫂被日寇枪杀。父亲护送家乡的一群朋友避难去重庆，途经六安，从武汉传来战事不利的消息，其中部分人进入李品仙部队参加抗战；文化水平较高、自觉能找到工作的则去了重庆。送走他们，父亲又返回了瓦埠。1939年元月，趁敌军撤出寿县县城之机，他又召集多名同学绕道敌占区，徒步跋涉四个月，于5月到达西安，被编入黄埔军校十六期十三总队，驻在南郊曹村武则天庙。

1939年底，祖父病逝，祖母与我父的前妻精神受到重创，相继亡故，父亲与前妻所生的儿子也夭折了。父亲切身体会到国破家亡之惨痛。

1941年，父亲欲赠朱洁女士的照片。背面有父亲当年的笔迹："洁姐惠存：方华敬赠。卅年十一月十日摄于宝鸡团工厂。"

离别故乡的军旅生涯非一般困苦。西北寒期长，且又冷得早，寒风凛冽还穿不上棉衣，口粮又无来源，不时需自己设法解决，祖父又在病危中，实在无力再来接济父亲。幸遇父亲当小学教师的同仁朱洁女士的精神与物质方面的经常关怀与资助，才算渡过了饥寒交迫的难关。父亲在我们幼年时就讲过这段感人的往事，并于1995年6月14日，在兰州病中写下《落叶的挽词》（为纪念亡友朱洁女士的回忆录），寄托奠念之情。家里存有一张父亲欲赠朱洁女士的照片，已年久变黄，背面有父亲当年的笔迹："洁姐惠存：方华敬赠。卅年十一月十日摄于宝鸡团工厂。"我分析由于当时战事纷乱，没有机会将照片寄赠予她，而成为终生憾事。

1940年父亲考入军校机械化训练班一期，1941年参加黄河风陵渡冬防。1942年春，父亲任装甲兵团技术员，1943年调任装甲兵第一营特务排排长，1944年冬参加河南灵宝保卫战后，来兰州养病。1945年春，任12师35团炮兵连长，参加西安军校主办的中美训练班。1945年秋，日本投降，转业到兰州空军子弟学校任教；1947年秋，任西安东南中学教师。

父亲在兰州养病期间，结识了母亲，后与母亲结婚。这张照片是他俩在兰州空军子弟学校结婚时留下的幸福瞬间。两边站立的伴童是学校老师的孩子。自此，生育养育我们姐弟五人。

解放后，父亲转行从事城建工作。按说战乱结束，本该平安生活了，可是历次的政治运动，父亲总是"肃""清""批""斗"对象，场场拉不下他。尤其是1958年春，因右派言论被原工作单位甘肃省城市建设局第二工程公司（1957年初他到武威分公司工作）开除。当时父亲瞒我母亲说，自己下放到安徽原籍参加农业劳动。从此，父亲失去固定工作，失去了稳定的生活来源。

我们全家从甘肃武威乘火车到兰州，从兰州乘火车到郑州，再从郑州转乘火车到蚌埠，然后从蚌埠乘火车到水家湖。在水家湖等待接应我们的叔伯、表兄弟几人接到我们后，肩挑背负年幼的弟妹与行装，步行到瓦埠湖畔，然后乘船过湖再步行数里路才到故乡。一路辗转颠簸的劳顿不说，接踵而来的困苦生活又导致我们五个小孩（最大的姐姐十岁，最小的妹妹不满半岁）个个染病，经常由父亲带领我们步行数里路，再乘船

1944年，父母的结婚照。

涉水去瓦埠镇看医生，就这样来回折腾应接不暇。秋天，农村推行人民公社，村民集中在大食堂就餐，家人与乡村人挤在一起，往往是腹中没进多少，桌上的饭菜就一扫而光。家中又没有一点零食，于是家壁上挂的生腌鸭肉，甚至在水塘边爬满蚂蚁的死螃蟹也成了我们偷吃解馋的美味。父亲是从没做过农活的人，初涉劳作的笨拙，难免遭受个别人的讥讽与嘲笑。我和姐姐都在上学，两人的学杂费又得一笔开销。靠原来就不富足的故乡亲友资助只是杯水车薪。

1957年春节期间，在甘肃武威的全家照。此时小妹尚未出生，母亲怀抱着刚满周岁的小弟，我靠在父亲身边。

无奈之下，父母于1959年春节前又带全家回到兰州，与姥爷、姥姥、舅舅们暂时挤住一起。刚到兰州时，我们几个小孩时常肚子疼痛难忍，在床上打滚，姥爷赶忙买来“宝塔糖”和“果导”给我们吃，到厕所拉大便时，拉下来的多半是蛔虫。一年后家乡来信告知，我的二伯父与他的孙子（我们回老家时，曾与我们一起嬉戏打闹）因饥饿而亡。当时我母亲悲叹，幸亏全家出来的早啊。

1961年春，父亲在省卫生厅做临时工期间，受人挑唆，将工程决算高套冒领，导致经济犯罪事发，牵扯包括我父亲在内的三、四个人被判劳动教养，而那人却逍遥法外。我母亲曾带着我（当年不满十一岁）去他办公室理论，他一个劲地催促我母子离开。父亲自1962年元月19日被广武门街道办事处与派出所的工作人员叫走再未归家，到1964年8月20日刑满释放，全家的生活重担落在母亲一人身上。母亲先是摆摊卖茶水，每天头顶木桌，手提水壶，肩背茶杯等物早出晚归，在学园（现为兰州市少年宫）的南北门或是园内的影院门口。后来靠卖茶水难以维持生计，就增加卖香菜、大葱、水果以及炒熟的蚕豆等艰难度日。母亲一人实在忙不过来，就让我利用午间和下午放学的空暇帮她卖东西，腾出手来给家人做饭。每月的探监日，母亲还要事先做点有营养的可口菜肴，步行八里多山路（当时劳教所在七里河区八里窑，距兰州市区八里之遥），送给父亲吃。月终，一旦生意顺当能多赚点钱，母亲就将下月预支生活费后的余款送交看守所作为退赔款，期盼父亲减刑早归家。父亲十分想念家人。于是母亲于1962年4月为我们换上过年才穿的衣服去照像馆奢侈地照了张合影，以了却父亲的思念之情。照相时，我还特意系上了红领巾。

1962年4月，母亲与我们的合影。

父亲劳教释放两年以后，浩劫岁月又给我家笼罩了新一轮的可怕阴影。清理阶级队伍时，父亲临时工作单位酒泉路街道办事处将其历史问题作为清查重点，派专人去安徽原籍调查。街道办的生产自救队几个月没给开工资，1968年5月，父亲通过朋友曹某结识了中国对外贸易运输公司甘肃省分公司职工李某等人，共同商议去外地谋生事宜。未料李某在“清队”审查时，被其公司造反派刑讯逼供，屈打成招后扯出一桩“创建五星社反动组织”的莫须有罪名。同年8月，这伙造反派先抄我们家，然后将父亲拉到外运公司进行惨无人性的毒打。父亲的衣裤上满是血迹，其惨状真是目不忍睹。父亲连续几个月躺在炕上下不了地，即使以后能下地，走路每向前挪一步，就不自主地往前冲两三步。严重的脑部损伤与贫血，一直困扰他的余生。事发十一年后，甘肃省公安局以甘公侦丙〔1979〕575号便函，将此冤案否定。

知识青年上山下乡，我是主要对象，而无人照顾的父母只能随我同往。当时父亲仍躺在炕上不便起身，可是居委会的人进门不问他病情如何，劈头问我：你家的粮本、户口本搁在哪里？弟妹们胆怯地指了指炕里边的小竹箱，他们二话不说，打开箱子，抄走了粮本和户口本。没几天，就办妥了我们全家六口人（我姐在兰州代工学校上中专，粮、户关系在校）发送甘肃省永昌县江山窑公社十沟大队窑洼子生产队的手续。

父亲在乡继续劳动改造，给村里饲养看放七八头母驴。这些驴平时还较温顺，但春季发情时，一旦听到远处的公驴叫声，就要冲开绳索朝公驴狂奔。父亲起初未掌握其习性与规律，加之自己行走不稳，好几次被驴拖拉倒地，擦伤脸部皮肉，累累血痕布满脸颊。虽然这样，当村里来年春天又多了几

1980年春夏之交，得知母亲患病后，我们一家四口赶往兰州看望时与父母合影。

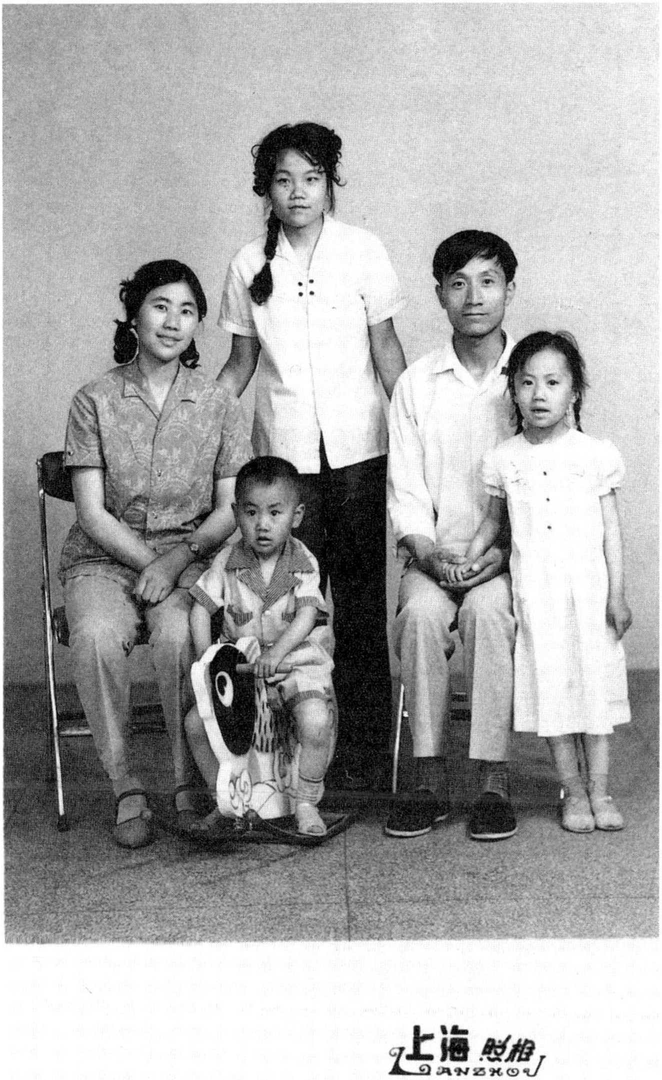

1981年夏天，母亲重病不起，我们一家四口再次赶去探望，趁父亲照看母亲之机，我们一家与一直在身边照顾母亲的小妹到兰州“上海“照相馆照了这张合影。

头牲口时，父亲都喜不自胜。父亲的劳务负担并不轻松，继村上被戴“富农分子”帽子的拾粪老人去世后，拾粪的活落到父亲身上，他既要放驴又要拾全村各角落的粪，实在苦不堪言。

我插队落户四年，眼见同去的青年纷纷返城工作，而我几次招工申请表填报后却石沉大海，估计还是受父亲历史问题的牵连。直到1972年底给乡村干部做了人情手脚，我才去煤矿工作。

为我们儿女辛勤劳碌一生的母亲。平时话语不多，多半是闷闷不乐地缝补浆洗，围炉做饭。平时省吃俭用，一粟一物从不浪费，年年春节前的好多个夜深人静时刻，她亲手裁剪，一针一线为我们五个缝制新衣，好让我们欢欢喜喜过个年。我有时一觉睡醒，见她还在煤油灯前穿针走线。就在我已到矿上工作，母亲来伺候儿媳月子的日子里，还为我赶做了一双棉鞋、一条棉裤和一条酷似缝纫机缝制的制服单裤。至今，这条制服裤还珍藏在我家的衣柜里，作为对母亲的永久念想。母亲从小教我学会和面、擀面条。在我插队期间，给外出搞副业的农民以及上山修水利的男女村民做饭，还真派上了用场。母亲长期劳累过度，抑郁寡欢而心绪不畅，罹患肌肉萎缩性侧索硬化的不治之症，于1981年12月20日病逝，享年五十四岁。临终时，只有父亲和小妹陪伴在她身旁。

母亲去世后的两年多，父亲经人介绍与兰州城关光辉花圃的魏菊英重新组合了家庭。

父亲一生饱受辛酸，但意志坚强，从不颓废消沉。他思路敏捷，酷爱文学，多少年来频繁以书信与儿女们交流，谆谆教诲我们“认真做人，与人为善”、“踏实做事，精通业务”、“淡泊明志，不计名利”、“活读书，读活书，读书活”……

父亲于1997年去世，享年八十三岁。

故乡的记忆

马西良

前不久回老家，对家中的老房进行修缮，一幅挂在墙上多年的镜框被取下，一张“文革”时期有些变色的彩色全家照，引起了我对往事的回忆。

1968年秋天，我才八岁，远嫁新疆建设兵团的姐姐十分想念老家，每次来信都提起想家之事。每次姐姐来信，哥哥还没有念出声，母亲已是泪流满面，哽咽不止。信念完好久，母亲的泪还没有哭完。毕竟姐姐一生中第一次出远门，母女连心呐。

这年的秋天，家中的农活基本干完，姐姐又来信让寄一张全家的合影照，在母亲的再三要求下，爸爸终于下了决心，进城照个全家福。

老家马河口村离滕县城十五里，那时没有汽车，没有自行车。一家人一早就往城里赶，步行到县城。我们心情非常激动，头天见人就说我们要进城。城里路宽、车多、人多，我们怕走丢了，紧紧拉着父母的手，高高兴兴在红星照相馆照了一张全家合影。

全家人都戴着毛主席像章，我和哥哥还戴上当时最流行、最时髦的黄军帽，手持《毛主席语录》，这样才能显示对伟大

摄于1968年秋

领袖的敬仰和尊重。照完相，爸爸又要求一定是带彩的。记不清我们在城里喝了碗馄饨还是辣汤，一家人高高兴兴回了家。

照片取回来一看，非常精神，没想到照相师把颜色描得这么逼真。当时正是“文革”时期，父母都是从旧社会过来的人，受过解放前的苦难，对新中国一往情深，挂在嘴上的话是翻身不忘共产党，幸福不忘毛泽东。父亲解放前念过几天私塾，在村中称得上是有文化的人，互助组、合作社、人民公社，一直担任生产队会计，工作认真负责，一年四季算盘珠子打得噼里啪啦，年年被评为公社的先进工作者。父亲还分担着国家统计局农调队在滕县农村调查点的任务，对本村十户家庭每天的收入开支全部登记，小到针头线脑，大到买地排车、盖房修屋。

父亲有文化，又特别注重诗书继世、忠厚传家的传统，为我们兄弟四个起名善、良、忠、孝，当时哥哥正在上初中，我们兄弟三个还没有上学。1968年正是“文化大革命”的疯狂时期，村西头李来仪解放前在外村教书，家里有几亩地，被划为地主成份。还有一位李姓大婶子解放前家里过得好点，生了两个孩子，丈夫随国军去了台湾。她也被划为地主，整天踮着双小脚打扫村里的卫生，和其他四类分子一起被批斗。

村里在村前麦场，专门用砖砌起了牌坊，上面画了一幅毛主席像，下面写了一个大大的“忠”字，村民每天一早都要到这里向毛主席敬礼，唱“忠字歌”。地富反坏一天三次来这里向伟大领袖跪拜、磕头、请罪。解放后一直在村里当书记的胡成海叔，讲起话来半天不用稿子，吹拉弹唱样样都精，这会儿也被“造反派”打成“走资派”。村里的大队长李来镇个子高，被剃了个光头，戴上一米多高用牛笼嘴扎成的纸帽子，游了一天街，晚上拿下帽子，一头都是血印子。他们都和父亲一样没白没黑地工作，怎么一夜之间都成了坏蛋，天天和地主富农一块挨批斗呢？当时我都不理解不琢磨，就知道挑个红绿旗，雄赳赳气昂昂，跟在游街的队伍后面瞎跑。

父母在艰难困苦中节衣缩食，把我们兄弟四个培养到高中毕业。为使家中不至断顿，父亲用胶轮车推着小麦到东山里换地瓜干，希望我们好好上学，将来有个出息。

时光如梭，一晃四十多年过去了，连最小的四弟都是快五十的人了。父亲辛苦一辈子，1979年夏天带着对孩子的期盼离我们而去，当时我正在参加高考，哥哥还有一个月就要结婚。母亲也于2009年迎完新年的钟声后与世长辞。享年八十九岁。

"我与《老照片》"征文

2015年4月，《老照片》将迎来出版100辑。

《老照片》于1996年12月面世，迄今已走进了第18个年头。18年来，在读者、作者、编者以及广大媒体与营销商的共同构筑下，《老照片》已成为一个以老照片为媒介的民间叙事的独特平台。值《老照片》出版100辑之际，山东画报出版社暨《老照片》编辑部发起"我与《老照片》"征文活动，诚邀各界人士踊跃参加，分享这些年来与《老照片》的点点滴滴。

征文来稿，将从今年下半年起在《老照片》里陆续刊出，并在明年适当时候结集出版。限于篇幅，征文字数尽量不要超过3000字。一经刊用，即致薄酬。

来稿电子版请发到：laozhaopian1996@163.com

纸质稿请寄到：250001 济南市胜利大街39号《老照片》编辑部

《老照片》编辑部

2014年7月

80年代临沂城——沂州路

李百军

沂州路是临沂城最古老的一条主路了，至今已有一千四百多年的历史。

沂州路北起兰山路，南止金雀山六路。民国年间城内的一段叫中山街，城南一段则称南关街。新中国成立后，自北向南分别叫做民主街、建设街、南关街和御碑街，“文化大革命”期间被称作红卫路。因该路起点是原来的沂州府署驻地，1980年改为沂州路。这条路上曾经分布着地区水利局、临沂供销社、临沂农业药械厂、驻军146医院等单位。百货三店位于解放路和沂州路的拐角处，还有一些旅馆、饭店、理发、照像馆等行业铺店。

展览馆以北以前是一段石铺路面，在沂州路与考棚街交汇处路西，有个第一百货商店，临沂当地人都称它为“七女商店”。里面从售货员到经理全是女同志，个个长得很标致，就连扯布和打算盘的姿势也很优雅，服务态度也很好。她们操着地道的临沂普通话，面带笑容地回答顾客的各种问题，多年被评为商业系统的先进单位。好多顾客从远处和外县跑来，不仅是为了买货，更是想一睹她们的风采。

沂州路上还有一家文体商店，是临沂唯一卖文房四宝的地方，我们这些画画的，经常去那里买绘画工具和颜料。卖货的是位很和蔼的老头，也会画画和写字，总是笑嘻嘻地向你讲解各种颜料的知识和纸张的性能，为人也十分耿直。记得有一次因水粉颜色的商品标签不清楚，多收了我一块两毛钱。等我第二次去买纸的时候，他不仅如数退给了我，并再三向我道歉。这位老人当时的谦恭做派和真诚的道歉，至今还记忆犹新。

沂州路和解放路交汇的西南角，分布着左家巷、靛市巷、芦花市巷等几条巷子，是临沂城里赶集卖东西最集中的地方。巷子两边分布着一些卖百货和副食品的小门头，还有一些加工面食和熟肉凉菜的小作坊。巷子中间即是集市，小商贩们

芦花市巷小吃摊（1980）

芦花市巷集贸市场（1980）

辘轳把巷（1981）

沂州路上煎饼摊（1981）

沂州路左家巷（1985）

沂州路上进城的农民（1986）

一大早从郊区农户手里批发来蔬菜等农副产品，再零卖给城里的市民，一些附近的农民也挑着自家种的新鲜蔬菜来卖。窄窄的小巷子里整天是熙熙攘攘的人群，有的吆喝着吸引顾客，有的因为一、两分钱在讨价还价，吵吵嚷嚷，十分热闹。时至中午，赶罢集的商贩和农民蹲踞在路边的小吃摊上，割上五毛钱的肴肉或切上两毛钱的豆腐，喝着沂河老白干，有滋有味地享受着。

那时我们常住的地方是临沂地区第三招待所，后面的芦花市巷有家味道很好的驴肉馆，那驴肉肉烂酥香，颜色酱红。我们吃腻了三所的大锅菜，偶尔到店里买些驴肉下酒。东面一家蒙阴岱崮姓公的羊肉馆，全部选用八十斤以上的黑山羯羊，加入自家秘法精心炖制羊肉汤，清澈见底，鲜香扑鼻，再泡上香脆的大锅饼，每每喝得我们大汗淋漓。

从沂州路往南，路东有一家“锦华糁馆”凌晨3点就开门营业。我们那时在地区展览馆搞摄影展览，常常为了突击展览彻夜加班。干到下半夜，肚子饿得咕咕直叫。硬撑到凌晨3点，疲惫不堪地瘫坐在糁馆凳子上，要上两毛钱的热糁，再啃上一大块锅饼，一夜的疲惫烟消云散，浑身上下又来了劲。

在临沂药械厂的北面，路东有个极小的回民饭馆，总共还

沂州路聚兴旅馆（1987）

走在沂州路上的男孩（1988）

沂州路上的行人（1988）

沂州路张家巷（1988）

沂州路上一家正在装修的店铺（1989）

沂州路延旭糁馆（1989）

不到十平方米，摆着几张小桌子。但清真菜做的甚是地道，好多人慕名而来，经常要等半天才有桌。老板兼厨师是郊区北道村的回民，曾在内蒙古大饭店里待过。姓马，都喊他马老三。以后和他混熟了，就叫他三哥了。记得他最拿手的菜是扒羊肋条和羊汤炖鲶鱼，这是我们每次必点的。即使普通的羊汤，他熬出来的滋味也和别人不同。他把牛嘴巴炮制好后切片上桌，和我们说是东北的犴鼻，我们也深信不疑。

后来听说他回了北道老家，不知还开不开饭馆。三哥真的要是洗手不干，那可就太可惜了！

萧毅肃与芷江受降

胡　剑

1945年8月21日，湖南芷江七里桥，中国陆军参谋长萧毅肃等中方代表与侵华日军副总参谋长今井武夫等人举行了接受日军投降的谈判，史称“芷江受降”。

据《蓬安县志》记载：萧毅肃小名海娃，大名昌言，1898年出生于四川省蓬安县万和乡。其父肖丕成是个教书先生，家境一般。萧毅肃在蓬安县金溪小学堂毕业后，入遂宁师范学校，1916年赴滇考入云南讲武堂。1920年，萧在杨森部历任排、连、营长，后转入川军汤子谟部任团长、少将旅长、军参谋长。1934年被保送入中央陆军大学特别班。陆大毕业后，适逢抗日战争爆发，萧被任命为43军副军长兼参谋长，开始了抗战生涯。

1940年，萧毅肃担任国民党中央党政军联合秘书处秘书长。1942年1月，国民政府决定在云南组建远征军入缅，参谋总长何应钦组织驻滇参谋团入滇，萧毅肃奉命随团入滇。同年4月，日军越过怒江直逼保山，他亲自率领战士炸毁保山公路桥梁，使日军受阻，恢复了滇缅运输线，为滇西怒江战役的胜利奠定了基础。

图1 萧毅肃将军戎装照

1943年2月，中国远征军司令长官部成立时，萧毅肃升任司令长官部参谋长。萧到任后积极制订作战计划、带领幕僚勘察地形，为远征军收复失地奠定了基础。同年7月，萧毅肃获颁三等云麾勋章。1944年12月，中国战区陆军总司令部成立，萧毅肃受命为陆军总参谋长。

1945年1月1日，萧毅肃被授予青天白日勋章。同时获得美国总统杜鲁门赠颁嘉猷勋章，称赞他："彻夜辛劳，极备忠勤，其忠其勤，及其献身于国家之精神，感召其同僚及部下实

图2 1920年10月，萧毅肃在云南讲武学校的毕业证书

深，赖其不断努力，克服重重困难。卒将有限资源尽最大之利用，奋进歼灭敌人，对同盟国贡献殊伟，其协同作战之精神，尤堪为盟军联合作战之表率。”同年2月20日，萧毅肃被晋升为陆军中将。

萧毅肃的戎马生涯中，特别值得一提的是，他亲自主持了芷江受降这一举世瞩目的重大历史事件。

1945年8月15日，日本宣布投降。8月20日，中国陆军总司令何应钦率陆军参谋长萧毅肃等随员，由重庆飞抵芷江。当天

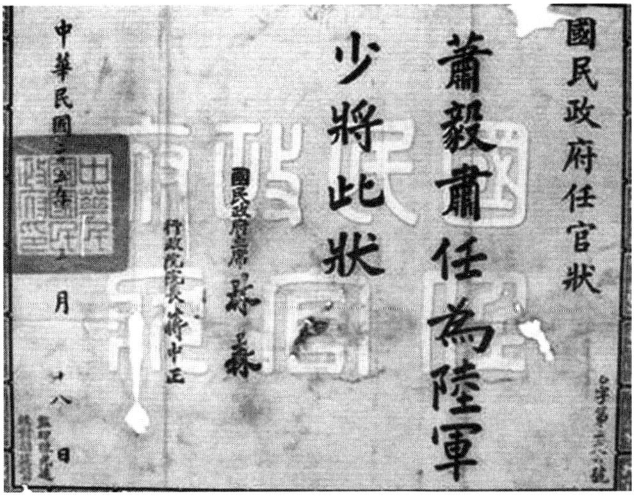

國民政府任官狀

蕭毅肅任為陸軍少將此狀

國民政府主席 林森

行政院院長 蔣中正

中華民國　　年　月十八日

图3 1936年3月18日，国民政府给萧毅肃颁发的陆军少将任职令。

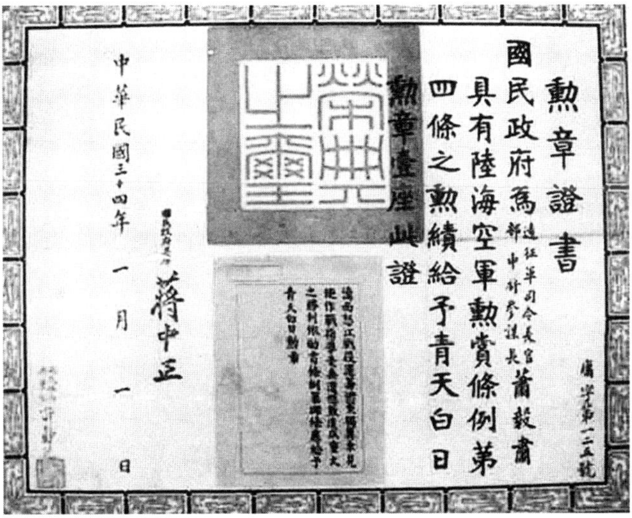

勳章證書

國民政府為遠征軍司令長官部中將參謀長蕭毅肅具有陸海空軍勳賞條例第四條之勳績給予青天白日勳章壹座此證

國民政府主席 蔣中正

中華民國三十四年一月一日

图4 1945年1月，萧毅肃获青天白日勋章的证书。

图5 1945年8月20日，萧毅肃（左一）陪同何应钦（左三）由重庆飞抵芷江机场。

晚上，何应钦在芷江召开军政要员会议，决定在芷江设立陆军前进总部，办理全国受降事宜。具体内容是：准备接待日军侵华派遣军总司令冈村宁次的投降代表；规定中国各战区军事长官受降接管有关事项，迅速将部队运往各沦陷区；成立南京前进总指挥所；迅速空运部队至上海南京，接收日军占领区；8月21日举行受降仪式，考虑军衔对等原则，派萧毅肃参谋长主持。

萧毅肃将军的儿子萧慧麟曾回忆说，由于近代中国从没有接受别国投降的先例，也没有日本向他国投降的先例可供参考，受降前的晚上，中方特意把德国投降的影像资料放映了很多遍。但除了尊重对手私人人格这点可取之外，没有其他可供参考的地方。于是，萧毅肃开始自己设计受降程序。

受降当天，萧毅肃对中方人员说，日本是无条件投降，对日本来的降使代表接待要合理，但要冷淡。8月21日，日本的四名降使，即侵华日军副总参谋长今井武夫少将和两个随行参谋及一个翻译来到芷江。中国政府派一个少校把他们引到中方受降的地方。

8月21日下午，中日双方举行第一次会谈。今井武夫及三名随员，分乘两辆吉普车从四里外的住所来到洽降会场。洽降大厅设在一间长约二十米、宽约八米的木质房屋。大厅右面正中墙上悬挂着孙中山的半身画像，画像两边写着中山先生的遗言：“革命尚未成功，同志仍需努力。”画像前弧形的洽降桌上铺着洁白的桌布，洽降桌对面摆有四张漆黑的椅子，这是投降代表的座位。桌上没有任何摆设，对侵略者的投降代表显然不需要客气。会场气氛非常庄严。

面带忧戚的今井、桥岛、前川和翻译木村被带入洽降大厅时，今井脱下帽子拿在手里，萧毅肃神情严肃地端坐正中，左

图6 1945年8月18日，日本投降典礼筹备处全体职员留影纪念。

图7　受降堂外景

图8　受降堂内景

图10 受降纪念坊

边是副参谋长冷欣，右边是中国战区美军作战司令部参谋长柏德诺，旁边还有翻译和记录人员，记者席上坐满中外记者和电影摄影师。今井等四人走到空着的座位前，面对萧毅肃深深鞠了一躬，然后笔挺站立，听候发落。

“请坐！”萧毅肃冷漠地说了一声，于是今井一行依次落座。

接着，双方的对话被分别译成中、日、英语。萧毅肃介绍完自己和其他接见降使的代表后，接着查询今井的身份，命他缴验身份证明书，今井没有这种证件，拿出了一张冈村宁次派他前来洽降的命令书。桥岛将这张命令书呈送至萧毅肃面前。

接着，萧毅肃要求今井交出日军在中国的兵力配置及第一线战斗序列的详细表册。桥岛打开他的黄色皮包，将一张彩色地图呈送到萧面前，展开在案台上。工作人员用中、日、英语宣读何应钦交今井转送冈村宁次的第一号备忘录。

备忘录宣读完毕后，萧毅肃的翻译递送今井签收。在洽降大厅上百双眼睛和诸多摄影镜头的聚焦下，曾经嚣张一时的今井头上直冒虚汗，不时用手帕去擦他光秃的额头，在收据上颤颤巍巍地写下了“今井武夫”四个歪斜的名字，并加盖了一个椭圆形的朱红名章。这一镜头，永久地载入了中国人民抗战胜利的史册之中。

最后，萧毅肃对今井说：“关于日本军队投降应执行的事项，除备忘录所列的各项外，有关技术上的细节，另行谈话。

图12 1945年8月23日，萧毅肃(前排右二）等人与柏德诺（前排左2）合影。

凡有询问，希望贵官据实答复，现在请退出。”今井率领他的随员，立正鞠躬离座。

此后两天内，日本降使被留在芷江七里桥，随时接受中方询问。23日下午，何应钦召见了今井武夫，告之其日本投降书签字地点定为南京。

作为一名职业军人，萧毅肃曾经获得多枚奖章。1946年4月30日，萧毅肃获美国金橡叶自由勋章，赠勋词为：“美利坚合众国大总统杜鲁门，为中国陆军中将萧毅肃，于1945年元月至9月期间，由于其非凡的敏锐观察和精锐的推断，在整个中国战场的军事行动控制上，作出了极为杰出的贡献。由于萧毅肃将军的远见和无懈可击的判断力，实质上导致了中国军事方面的成功。萧毅肃将军在其职务上的表现，已为他自己和中国军队赢得了极大的荣誉。”

1949年国民党败退台湾后，萧毅肃被任命为“军事委员会副总参谋长”，1953年升“陆军二级上将”，1955年调任“国防计划局长”，1967年任“国家总动员委员会特派副主任委员”、“国家建设委员会委员”。1975年7月30日，萧毅肃病逝于台北，终年七十七岁。

萧毅肃逝世后，台湾报刊称他：“历任军职数十年，家无余财。当计划接受日军全面投降时，凡一币一钞，粒米尺帛，皆令日军详列清册，直接移交行政院各部会之特派员及各区受降指挥官”，他“对于接受事项，绝不直接执行”。抗战胜利后，其侄萧良在南京大学毕业，曾请求他安排职务，被他婉言拒绝。其严于律己、两袖清风的品格，深得人们赞誉。

徐源泉与沙市市政建设

张 俊

民国年间，在荆沙驻军的国民党军将领中官阶最高的是徐源泉，他是陆军第十军军长、第十六路总指挥和鄂湘川边区“剿匪”总司令，陆军二级上将、中央执行委员。徐源泉两次率部到荆沙驻防，第一次是1931年春，但没来几个月就移师湖南；第二次是1932年冬，这次一直驻扎到1937年淞沪抗战爆发后才离开。

徐源泉，字克成，湖北黄冈仓埠镇人。他在二十岁那年随在清军中当管带的一个族叔去安徽，先入随营学堂，后进南京讲武学堂，曾任南京陆军第四中学体育教官、陆军补充团教官，并加入同盟会。1911年武昌首义时任战时司令部学生军队长，率领三百多学生兵参加了阳夏保卫战。之后他到上海加入陈英士的光复军，担任参谋、骑兵团副团长等职。1914年远赴新疆任督军府参谋，但不久东归，任江苏陆军七十四混成旅第二团团副。后随张宗昌去东北投靠张作霖，在直奉大战中因军功先后任奉军团长、旅长、师长、军长等职，深为张作霖所器重。1928年东北易帜后，徐源泉经湖北同乡何成浚的劝说归顺国民政府，任国民革命军第三集团军第十一军团总指挥、第六

1934年建成的沙市中山大马路

军团总指挥、第四十八师师长。

1930年蒋介石开始“清乡”，徐源泉任湘鄂西边区“清乡”督办公署督办、鄂湘川边区“剿共”总司令等职，率部来荆沙驻防。当时徐源泉之所以将司令部设在沙市：一是这里是鄂中南商业重镇，江汉平原的粮棉在这里集散，便利军需品的采购；二是从沙市码头顺江东下可达洪湖、汉口，西上则可到宜昌，深及恩施、鹤峰。过江可到公安从虎渡河或藕池河入洞庭湖，而从沙市便河又可到长湖、三湖和运粮湖，有利于部队往洪湖等地调动。

徐源泉曾经在昌平、天津、青岛等地驻防，懂得在驻防地做些顺从民愿的事驻军才能站稳脚跟的道理，因此在他第一次来沙市与沙市商会的人交谈之后，就已察觉到这座小城的人最想要的是什么。

沙市，在《马关条约》签订后成为通商口岸，对外贸易十分兴旺，仅1933年至1936年间，年均贸易额就达3630余万元，年出超额在330万元左右，在湖北省内的经济地位仅次于汉口和宜昌，但沙市的市政设施却与其经济发展地位极不相称。当时城区的规模约有五平方公里，人口约十万，城市的发展面临着两大问题：一是老城区的主街狭窄，且路面破损，污水横流，不仅不利货运畅通，且发展商业也难有新建设空间；二是缺乏近代城市所应有的会堂、体育场、公园等大型市政设施。老城区的北边则遍地是荒坟，白天空中飘着霉腐味，入夜则鬼气逼人。民众要求改变市政设施落后状况的愿望十分强烈。徐源泉第一次到沙市时，曾与地方士绅谈过改良市政的设想，并作过简单的策划，但不久因奉命移师入湘没来得及去做。

徐源泉来沙市之前，有几任驻军长官，如张发奎、刘和鼎、严敬和郭勋祺等都曾作过市政建设方面的策划，有的还专门成立了机构并实施了一些小建设项目，徐源泉这次来后效仿前任，将郭勋祺旅长成立的沙市建设促进委员会改名为沙市市政整理委员会（简称市整会），从军部拨款1000块大洋给该会作办公经费，并亲自担任该会主席。由于有驻军的官方背景，市整会理所当然地成为沙市市政建设的管理机构，凡属市政建设大事都由该会执行与监察委员会作出决议，经徐源泉同意后交下属的工务、财务和总务三股执行。

市整会很快就推出一个新沙市市政建设计划，主要包括两大部分：一是在老城区兴修中山马路、便河马路、交通马路、

1934年，徐源泉（左三）与沙市市政整理委员会部分成员在沙市中山公园市政亭前留影。

临江马路，并整修几条老街巷，以畅通城区的交通。同时新建两个菜市场，取缔沿街叫卖菜贩，清洁市容市貌；二是迁移城北一带的荒坟，腾出新地后修中山公园、公共体育场等。

实施这个庞大的计划，需要巨额资金。自古以来，沙市的市政建设就不曾有过固定的资金来源，修桥补路都由众人摊派。为了解决这个问题，徐源泉与市整会其他成员磋商后，拿出了一个从本地进出口货物按市值抽千分之五公益捐的办法，打开了一个钱袋子。货主们都明白抽公益捐是用于市政建设，因而大多数人都能够自觉认缴。市整会在两年多内征收的公益捐约有五十万块大洋，基本满足了市政建设所需。

抽公益捐初期，一些市民对徐源泉也有些非议，说他是在借市政之名为部队筹军费，挂羊头卖狗肉。徐源泉听到后并不辩解，他让军部出资，由大棉花商人郑哲丞出面办了一份《新沙市日报》，将市整会议定的市政建设项目、房屋拆迁范围、工程招投标细则，尤其是公益捐的收支细目等都登报公示。这一招很管用，没过多久闲言碎语就消失了。

徐源泉出任市整会主席后，将手下的几员干将拉来做帮手。他不能主持会务时，副军长马登赢、鄂湘川边区“剿匪”司令部参谋长杨绍东和十军参谋长苗松培就轮流替他代理主席。他还让苗松培兼任市整会的首任工务股长，修路、拆房、迁坟等都会面临许多棘手的事，让带枪的人去处理容易得多。中山公园初建成时管理有点乱，徐源泉就派副官长贾云燕兼任了公园管委会主任。此外，他还让军部秘书彭凤昭兼任《新沙市日报》总编，经常写文章为市整会的行动摇旗呐喊。

徐源泉要借重地方的势力行事，自然注重与地方搞好关系。在组建市整会时，他就请湖北第七区行政督察专员兼江陵县

1935年建成的沙市中山公园大门

长雷啸岑、沙市地方法院院长张珂特、荆江堤工局局长徐兰田、沙市商会会长何瑞麟等人担任市整会的执行委员或监察委员。徐源泉深知强龙不压地头蛇，这些人都是地方上有头有脸的人物，由他们出面比拿枪杆子的管用。驻军吃粮靠地方，而地方市政建设又需借力驻军，徐源泉将双方的想法捏在一起了。

沙市这次展开的市政大建设，从某种意义上说是一次城市的重建，因而需要一个高明的建筑师来主持。后来经沙市商会的人推荐，徐源泉聘曾任汉口景明洋行华人工程部主任的王信伯为驻会工程师，此时的王信伯刚完成沙市纱厂建设不久，他有着汉口大华饭店、汉口中国银行大楼、汉口堆栈等工程的设计与监工经验。徐源泉慧眼识英才，给他200块大洋的月薪，王信伯在驻会的几年间，带着他的建筑设计事务所非常出色地完成了所有的新市政建设工程。

新市政建设计划实施得比较顺利，从1933年元月到1935年4月，仅用了两年多就基本完成了拟定项目，城市仿佛在一夜之间变了个样：在老城区内完成中山大马路（今中山路）、三民路（今解放路）、克成路（今新沙路）、便河西马路（今便河西路）和临江马路等几条主次干道的修建，形成了较为畅通的交通格局。因几条主要马路的扩宽修建，临街商户们在拆除旧房后纷纷重新修建或装修商铺，一批仿西洋式门楣建筑拔地而起，同震银楼、老天宝银楼、老凤祥和老宝城银楼等各展风姿，昔日破败不堪的几条主街面貌焕然一新。此外，第一和第二菜市场的建成，也使过去菜贩沿街叫卖的现象消失，街市面貌整洁，交易秩序井然。

城区北郊的大片荒冢分四期完成了迁移，得新建设用地740多亩，两大市政工程先后建成。徐源泉当过体育教官，又长期带兵打仗，因而对强身健体向为重视，城北迁坟后，他提议先修建一个公共体育场，还掏出了五百块大洋。1933年11月，徐源泉在沙市举办了鄂西秋季运动会，宜昌、枝城、石首、公安、江陵等地共有三十多家单位报名，总计一千多名选手参赛，人们无不对沙市拥有一座大型公共体育场羡慕不已。

在建设公共体育场的同时，市整会又划出270亩地，依蜈蚣岭和便河修建了沙市中山公园。修这座公园花了五万多块大洋，共建成中山纪念堂、春秋阁、太岳堂等楼阁馆堂十八所、仿古式牌坊大门一座、总理纪念碑等两座、桥梁十二座、儿童游乐场和动物园各一座。民国时，湖北在汉口、老河口和沙市三地都建有以孙中山名字命名的公园，但论建设规模与质量，

沙市中山公园内的中山纪念堂

沙市的这座都是最好的。

尚余的几百亩地，按原计划是要建一个大型平民新村，但因资金筹措不易，于是在划出部分作为修建沙市高等法院楼，以及一所中学和医院的建设用地后，其他就办了一个学生集团农场，供各中小学的学生们在此劳动锻炼，学习农技。

徐源泉驻沙期间，恰逢国民革命军事委员会委员长蒋介石倡导新生活运动，作为驻军长官他当然要积极响应。为此，他成立了一个由驻军、沙市公安局、沙市商会、学校代表组成的沙市新生活运动促进会，在抓市政建设的同时，强力推行以“生活军事化、生产化和艺术化”为目标的整治活动，通过“取缔挑粪（规定在专门时间挑粪）、取消太平缸（清洁居民人家的救火存水缸）、取缔养猪、取缔牛马粪（督促喂养人清扫粪便）、取缔厕所（拆除不合卫生要求的厕所）、取缔奇装异服、举行清洁运动”等措施，消除或减少影响城市卫生状况的种种弊端，改变市民的生活陋习，培养民众现代都市人意识与文明生活方式。

新沙市市政建设计划的完成，使得沙市朝着现代城市的目标迈进了一大步。沙市的变化不仅让国人瞩目，就连一些外国人也感到吃惊，1934年，沙市海关代理专员西塞德兰曾这样写道：“中山公园已建立在横穿本市的宽阔的主要街道的末端，在那里种植了许多树木，动物园也纳入该公园内。当堤面已告完成时，从汽轮趸船到公园的车道，将给人以深刻的印象和舒适的旅行。在一条平坦的道路上，有几部汽车可以同时列队并行于一派壮丽的建筑物之中，它们中的高楼有达到四层的。”（引自1934年的《沙市海关备忘录》）

徐源泉在看到这些建设成果时也很感慨：“虽期促费艰，以视近代各大都市之规模，或难遽逮。而市衢交通、公众娱乐、市民卫生，凡有关市政之重要工作，业经应有尽有，初基略具……语曰：‘学问无止尽’，予谓市政建设，亦无止，所谓沙市之实现，视乎人心力淬励之如何以为之券，窃愿相与共勉焉。”（引自徐源泉《沙市市政之建设》）

徐源泉主持市整会所取得的建设成果，深为蒋介石、张学良、张群、何成浚等高层人士所称赞。1936年，徐源泉令人将沙市市政建设资料编成《沙市市政汇刊》一书时，蒋介石受徐源泉之请亲自为该书题写了“有物有则”四个篆书大字，他选用的这句话典出《诗经》，意为在天地间凡万事万物皆有其法则与规律，蒋介石用这句话来褒奖沙市市政建设所取得的成就，无疑是对新沙市建设的充分肯定。1935年，徐源泉在驻防荆沙期间被授予陆军二级上将衔，并当选中央执行委员，这恐怕除了他在军事上“有功”外，还与他在沙市推行市政建设取得的成就有着一定的关系。

蒋介石为《沙市市政汇刊》题词：有物有则。

徐源泉在沙市时将官邸设在童家花园（今沙市中学处），与夫人韩淑贞住在中山路南侧一条叫同福里的巷子里，那里有一座带两层楼的小院，是个闹中取静的地方。作为市整会主席，他除了参会商议大事，平时并不管太多的具体会务。如果没有军务要处理，他在沙市的日子过得也还惬意。沙市是明万历首辅张居正的故里，他对张居正一向仰慕，曾去张家台看过张居正的墓，闲暇时还让人帮他收集张居正的史料，编了一部《太岳全集》。此外，他还喜欢去鄂西大舞台看汉剧，到沙市打包厂的经理楼打几圈麻将。

当然，他有时也会去视察市政建设工地，每遇有中山纪念堂上梁和孙总理纪念碑、十军阵亡将士纪念碑落成这样的重大活动，他都会穿上军装，配上勋章去参加。有时他还从汉口邀请湖北省主席张群、驻鄂特派绥靖公署主任何成浚这样的要人来沙市出席一些重大建设活动的剪彩仪式。在兴修中山马路时，市整会从汉口买回一台铁轮压路机，他让王信伯工程师陪他去观看，还兴致勃勃地在机器旁留影。

1937年淞沪抗战爆发后，徐源泉被任命为第二十六集团军总司令，奉命率部去参加南京保卫战，徐源泉部从荆沙开拔时，荆沙社会各界在沙市公共体育场举行了隆重的送别大会。但徐源泉似乎一离开荆沙运气就开始走下坡路。他在打完南京保卫战后又去打了武汉保卫战，结果是一败再败。之后他擅自将部队撤往平汉铁路以西，气得第五战区司令长官李宗仁电请蒋介石要枪毙他。不久，徐源泉被解除军职送往西安关押，直到1942年经军法总监何成浚向蒋介石求情才被释放。

从监狱出来后，徐源泉就一门心思放在经营实业上。他在家乡办有仓汉轮船公司，在汉口开设有泰丰花号、裕泰盐号、憃子人力车公司，还在汉阳办有砖瓦厂和恒源银行，后来又当上了大冶源华煤矿公司理事长。徐源泉擅长理财，遂成了一方巨富，于是便有人给他送了个“财东上将”的绰号。

1949年初，徐源泉离开湖北去广州开会，不久便离开大陆去了台湾。1960年，徐源泉在台北病逝，享年六十五岁。蒋介石为他题写了“忠勤永念”挽匾，并派蒋经国去他的灵堂吊唁。他的老友何成浚为他的墓撰写了《黄冈徐上将铭》。

赛珍珠在南京金陵大学的寓所

鲜继根

金陵大学是美国基督教会以美会（卫斯理会）在中国创办的教会大学，前身是1888年在南京成立的汇文书院，1910年汇文书院改为金陵大学，校址在南京鼓楼区。1927年11月陈裕光出任南京金陵大学校长至1951年离任，是首位出任教会大学校长的中国人。

1937年，因抗战金大迁至四川成都华西坝，1946年随国民政府还宁。

新中国成立后，1951年9月1日与私立金陵女子文理学院合并，组成公立金陵大学，1952年院系调整，金陵大学和南京大学合并为新的南京大学。

金陵大学时期，校区很广，除教学区外，教职员工生活区分布在金银街、小桃园、斗鸡闸、平仓巷等地。

我就读金大时曾去过几位教授家，他们多数是住平房，楼房也有，但都不大，好几户人家同住一个大院内，如斗鸡闸三号就住了大约十户人家，每户人家都建有正房数间，下房数间，一间储藏室，还有天井似的小院，每户自有栅栏门隔开，空地不小，种有各种果树，一个池塘，教授家属们还可以开荒地种点小菜。

相对来说，赛珍珠当年在金大的寓所就和他们大不相同了，那是个独门独院的花园大洋楼，就是在今天的美国也可算作豪宅了。

房子的建筑和设计都很气派，四周有围墙，进大门之后有专用可住人的门房，汽车从大门进约二十米到达正房，大门左侧为花园，并建有平房数间作为下房。大门右侧也是花园，种有花草及果树。记得有一棵很大的核桃树，果实形状椭圆，外壳薄而光滑，果仁肉厚香甜，我们称它为洋核桃，美国人叫Pecan，美国也有和中国一样的核桃，他们称之为Walnut。

正房外观看有三层，第三层是个阁楼，可存放杂物。实用的是两层，卧室在二楼，一楼为起居室，客厅，书房，餐厅，厨房，洗衣房，储藏室。客厅与餐厅之间有约两米宽的过道，各有推拉门隔开。客厅和餐厅外面，左右各有约二十平米的露台，有落地玻璃窗。这种露台称为Patio，可以在此用餐。

我与先生唐致中都是金大学生，老唐攻读物理系，毕业后留校任教。1950年我们结婚。1952年学校分配他的住房，就是赛珍珠故居的一楼。我们住进去时，门房还有一位看门人，并有一条黄色长毛的名叫Panda（熊猫）的大狗。花园旁的一排平房分给了农学院的一位教师，他把花园用竹篱笆圈了一块地，养了几十只澳洲黑鸡（一种进口的高产蛋鸡）。正房二楼住了农学院的陈中凡教授一家和社会系某教授（单身未有家眷）。我们二人住进了这宽敞的一层居室。在外面看，二楼有个阳台，我因从未上去过，具体布局就不知道了。

资料上说赛珍珠故居是当时金陵大学分配给她的一栋楼

1950年代初，作者夫妇在房前花园，在这里可以窥视正房外观。

房。据我所知金大的外籍教师不只赛珍珠一人，历史系、社会系教课的都有美国人。我还见过一位黑人教师，还有会计处主管也是一位美籍女士，金大是教会学校，是否对本国人在生活上特别照顾，住房特别优待？我去过美籍女教师端纳太太家，她家也很普通，与赛珍珠的高级寓所无法相比。

赛珍珠寓所坐落在平仓巷5号，是一栋精美的西式花园别墅，是否是她自己出资修建无从查考。我只是说明它与金大其他教职员工的住所大不相同而已。

我们1952年搬进去时，餐厅里里就留有两个白漆小木柜，两个灵巧实用的白漆晾衣架。后来发现小木柜后面贴有一张从纽约船运至南京的标签。这两个木柜极其平常，木材质地也不算好，放置于餐厅内，用来摆放餐具等物品。不过由此可推想，两个不起眼的木柜都要由纽约运来，其他如卧室、客厅、起居室的陈设与家具可能都是从纽约运来的，在造型、质地上可能更要典雅高贵吧。当然，这只是想象而已，并未见过。

我们1952–1953年在南京平仓巷5号居住了两年，接着院系

赛珍珠当年用过的晾衣架和小木柜，一直跟随了作者多年，至今还存放在她在西安的家中。

调整，老唐调至南京工学院，我们就搬了出去，搬家时我们带走了两个普通的小木柜和晾衣架。

以后老唐由南京工学院又调至华东航空学院，1956年华东航空学院（连同家属）与交通大学部分学院迁至西安，华东航空学院也改名为西安航空学院，1957年又与西北工学院合并改名西北工业大学至今。

无论老唐调到哪里，那两个小木柜和晾衣架都与我们同行。至今它们仍存留在西安家中，我们保存它们是因为它们已经成为文物。

上世纪50年代初，1952–1953年也就是我住进赛珍珠故居的这段时间，正值对知识分子进行思想改造和抗美援朝。像我这样一个出身资产阶级、又上的教会学校的人，里里外外都必须进行脱胎换骨的改造，要深挖思想、灵魂深处的弱点，批判自己崇洋媚外的资产阶级生活方式……

思想改造与1957年的反右斗争、1966年的“文化大革命”相比，简直就是和风细雨，文明得多了。只是自我交代，深挖思想，编造事实，上纲上线，把自己说得一无是处，以表明自己无产阶级立场坚定，批判会上就容易过关。而我的一位同事，新中国成立后才从美国回来，哪里见过这种架式，吓得从南京逃回上海躲了起来，后来还是回来了，迎接他的是更加严厉的批判，或者说是批斗。

思想改造是人人过关。由于1947年我在金大时参加了著名的南京五二0学生运动，加上年轻，经历单纯，毕业就工作，更加之沾了父亲鲜英的光。父亲与共产党关系密切，周总理亲自认定他为爱国民主人士（父亲1957年未逃过反右斗争这一

1950年代初，作者夫妇坐在露台边沿上，中间坐着的小孩是陈中凡教授的小儿子陈小弟，时年两岁，算来如今也六十多岁了。

关，被定为右派），所以我经过一次小组会，就过了思想改造这一关。

在那个年代，外部信息是闭塞的，美、英、法等国全是对中国进行军事、经济、文化侵略的帝国主义，除了苏联老大哥之外，全是纸老虎。全都应被打倒，尤以美国为最。

在这样的政治气氛下，人们对一代著名作家、对中国人民怀有极深感情的赛珍珠女士知之甚少，或者毫不了解，许多人对她的名著《大地》闻所未闻，也就不足为奇了。当时对此书的评价是，《大地》一书描绘了中国落后的一面，对其多所贬斥。在以后的岁月里，我才逐渐了解赛珍珠这位可敬可爱的国际友人，觉得能在她的故居住过两年，真是件值得欣慰的事，而从她故居带出来的两个小木柜和两个晾衣架，也算是替她保留了遗物吧。老实说，住在她的故居时并没有这种觉悟，只是感觉这里环境优美，居室宽敞而已。但在当时的政治氛围下，并没有觉得有多愉快。有时老唐开会回来较晚，我一人呆在无人陪伴的一层楼里，还有些恐惧呢！

我于本世纪初，专程回国去南京凭吊了曾经有幸居住过的赛珍珠故居。我约了常住南京的金大老同学许复宁陪同，她带领我去了平仓巷，如非她带着，我已不认识路了，一切都已面目全非。还未到故居正房，就听到室内传出轰轰的机器声，许复宁早已离休，也不知道南京大学已将此房改作何用。我在房外徘徊良久，未便贸然入内。茫然，失望，伤感，遗憾……久久不能平静。

后来，从《南大校友通讯》总第57期里获悉，2012年5月19日，“赛珍珠与民国时期的南京”国际研讨会在南京大学举行。同日，还举行了赛珍珠纪念馆落成揭幕仪式和由南京大学镇江校友会捐赠的赛珍珠塑像揭幕仪式。我真希望以此为契机，赛珍珠故居能够复原并开放，以供游人凭吊。

一张淞沪抗战烈士的全家合影

黄建栋

这是一张1936年春的老照片，是1937年淞沪抗战保卫四行仓库八百壮士之一朱元豪生前的全家合影。近八十年的岁月使得这张照片泛黄发脆，但照片上抗战英雄仍然目光炯炯，英姿飒爽。

照片的主人是南通市委组织部的离休干部朱志豫，今年已经九十二岁了，她于1939年在哥哥抗日事迹的感召下到苏北参加了新四军，离休后喜欢上国画，曾在江苏省获奖。三年前，我到她家欣赏画作时，她给我看了这张照片，讲了这张照片的故事。照片是在她的家乡浙江宁波附近的乡村拍摄的。朱阿姨告诉我，1936年清明，她的爷爷、奶奶、爸爸、妈妈、叔叔带领他们兄妹七人给祖坟扫墓时拍摄了这张合影。

照片的背景是一个小山坡，后面是茂密的树林，朱阿姨的四个弟妹在草地上席地而坐，五位长辈、朱志豫的哥哥和一个姐姐在后面一字排开，爷爷、爸爸身穿长袍马褂，奶奶、妈妈身穿当年流行的旗袍，他们面容慈善，略带微笑。哥哥朱元豪（右二）身材高大，穿着西装，系着领带，双手背后，目光深邃，表情严肃，看着远方，此时他已经是国军的一名连长。朱志豫（右一）身穿花布旗袍，不知是什么吸引了她，照片拍下

摄于1936年清明

的一瞬间她的目光投向左前方。

朱阿姨说，这是哥哥留下的唯一的一张照片，一年后的1937年“八一三”淞沪抗战时，国军第八十八师奉令参战，在闸北八字桥屡挫敌锋；后敌援军到来，第八十八师奉命坚守闸北轴心阵地七十四天，团副谢晋元和营长杨瑞符率领第一营掩护。10月27日晨4时，大部队安全撤退，谢团副率第一营且战且走，最后退至苏州河畔的四行仓库，用沙包密密阻塞住仓库的窗门，架起机关枪，居高临下，与敌军相持。28日，当日军突破四行仓库外围阵地后，十几个日军潜至仓库底层，企图用成包的烈性炸药，炸毁墙体。紧急关头，一名叫陈树生的敢死队员，身上捆满手榴弹，拉响导火索，从六楼跳进了这一小队日军中，一声巨响后，陈树生与十几个日军同归于尽。四行保卫战，是一场空前绝后的战场奇景，一场有成千上万人亲眼观战的敌我厮杀。每当日军要进攻时，苏州河对岸的老百姓，就举起大黑板，告诉四行守军敌军的主攻方向，并集合起来高唱《八百壮士之歌》予以声援。谢晋元看着楼下的浓浓烟火流泪了，他誓言:“全体壮士早已立下遗嘱，誓与四行最后阵地共存亡，但求死得有意义，但求死得其所！”朱阿姨的哥哥朱元豪就是在这次战斗中牺牲的。

朱阿姨告诉我，以后哥哥就断了音讯，一年以后，家里才收到部队寄来的阵亡通知，他被安葬在了杭州附近的一个墓地。

桃坞中学片断

谭金土

桃坞中学旧址位于苏州宝城桥街8号。光绪二十八年（1902），美国基督教圣公会在苏州桃花坞廖家巷东首租用毗连的民房两栋，开办了一所学堂，称圣公会中西学堂。这一年的10月2日正式开学，学校负责人韩汴明（美籍），聂高荣（美籍）襄助，另聘中国教师二人。当年的外国人除了有他们的外文名字外，为了学生好记，也为了与中国人打成一片，喜欢把他们的名字译音换写成中国字。

初办时，学校规模很小，第一年只招了四名学生。第二年即光绪二十九年（1903），圣公会在桃花坞购买了一片土地建造校舍。新校舍落成后，圣公会中西学堂迁入新址，招收的学生也逐年增加。六年后，即光绪三十四年（1908），学校才正式定名桃坞中学，在校生达129名。

教会学校办学之初，只招信教家庭的孩子入学，后来才逐步扩大招生范围。桃坞中学开办后的数十年中，他们自立一套管理与教学制度，不受民国政府节制，坚持设置宗教课和开展宗教活动，向学生灌输宗教思想。上世纪20年代中期，苏州的教会学校遵照民国教育部令，均先后向政府申报立案，并由中国人担任校长，惟独桃坞中学拒不立案。美籍校长梅乃魁，从1910年起接任校长，至1938年日军占领时才离开，任校长达二十八年之久。直到1948年该校复校后，才报江苏省教育厅立案。

1937年抗日战争爆发，桃坞中学被迫停办，校舍为日军强占。次年夏天，部分避难到上海租界的教师在慈淑大楼开办暑期补习班。秋天，补习班恢复桃坞中学的校名，在沪招生授课，学生达二百余人，校长为美国人毛克忠。抗战胜利后，在上海的桃坞中学的师生于1946年9月全部返回苏州。1952年3月，属于美国圣公会的教会学校由政府接办，定名为苏州市第四中学校。这是桃坞中学校史的大致梗概。

虽然名为桃坞中学，其实它是有小学部的，正如民国的一些小学、中学附设幼儿园一样。中学、小学附设幼儿园，中学附设小学的目的或许是为了提高此后的生源质量吧。桃坞中学的附设小学，创建于1916年4月27日，位于苏州市桃花坞西混堂弄，几经搬迁，最终落脚在石幢弄34号，即现在的桃坞中心小学。根据民国政府的学制规定，小学分初等小学部和高等小学部。

我收藏的桃坞中学的老照片，恰恰就是桃坞中学附设小学的两张毕业生的合影照片。其中一张上题“苏州桃坞国民科第九届毕业摄影 丙寅（1926）夏”（图1）。“国民科”是个什么概念？这得从民国教育发展史来考察，“国民科”是指民国推行的普及小学四年制义务教育，也称强迫教育。清政府学部在光绪三十二至三十三年（1906～1907）制定了中国第一个实施四年义务教育的正式法令——《强迫教育章程》。中华民国建立后颁布的《壬子（1912）癸丑（1913）学制》也规定：初等小学四年为义务教育。照片上有十五位学生，六位老师，那

图1 桃坞中学第九届毕业摄影

时小学六、七岁可以入学，四年后也就是十一、二岁，照片上的学生大多也就是这个年龄，个别略显年龄大些的，可能是入学迟了的原因。另一张照片上题着“民国十七年（1928）六月苏州桃坞附属第十二届毕业摄影”（图2）。“桃坞附属”四字是“桃坞中学附属小学”的简称，照片上的学生就是高等小学六年级毕业生了，与上一张“国民科”四年级初小毕业的照片比较，学生从十五位减到了十一位，原来的十五位同学初小毕业后，其中的四位同学大概在完成强迫（义务）教育之后没能升入高等小学读书，当然，也可能有同学因经济困难或迁移

图2 民国十七年桃坞中学第十二届毕业摄影

SOOCHOW ACADEMY

桃塢中學校

畢業證書

This Diploma is presented to

Li Chuan Fu

In token that he has completed the Course of Instruction in the Senior Middle School Department of Soochow Academy, and that he has proved himself, both in studies and conduct, satisfactory to the Authorities and Instructors of the School.

學生李傳福係浙江省鄞縣人現年貳拾歲在本校高級中學修業期滿考查成績及格准予畢業此證

In Witness whereof we affix the Seal of the Academy, and subscribe ourselves this June 11, 1945.

中華民國叁拾肆年陸月拾壹日

DEAN

K. T. Mau

PRINCIPAL

校長

图3 桃坞中学高中部李传福的毕业证书

他处等种种原因离开了学校。这张照片中老师却有八位。桃坞附属小学的毕业生是可以直升桃坞中学的，为了保证生源的质量，桃坞中学的老师也会来附属小学兼课，估计凡是给附属小学上过课的老师都会来和学生一起拍毕业照。

桃坞中学以“修道谓教”为办学宗旨，《苏州市志》中把桃坞中学的这一办学宗旨写成了“修道为教”。民国三十四年（1945）六月十六日颁发给李传福的“桃坞中学校毕业证书”（图3），下方有一方“圣公会桃坞中学堂”的印鉴，印鉴上刻有四个 “修道谓教”的篆字，这应当就是桃坞中学的办学宗旨了。“修道谓教”一词出自《中庸》里的“天命之谓性，率性之谓道，修道之谓教”。这里的“道”与“教”其实与宗教是没有关系的。用《中庸》中“修道谓教”的思想作为桃坞中学的办学宗旨，说明办学的老外精通中国儒教文化。

教会学校在学校中推行宗教课程、举行宗教活动，向学生灌输宗教思想，一直受到中国教育界爱国人士的抨击。民国政府也曾对教会学校的学科内容、人员编制等作出过种种限制，如明确规定宗教课不能列入学科编制、校长须由中国人担任等。同时，我们也要客观地说，科学知识是无国界的，由于教会学校大多采用现代教育方式，更重视现代科学理念和科学知识的传播，它在中国教育现代化的历程中有着不可忽视的功绩。作为教会学校的苏州桃坞中学在其存在的半个世纪里，向数千中国青少年传播了科学文化知识，为一批中国近现代优秀人才的成长打下了坚实的基础。当年，苏州桃坞中学的学生必须在中文班及英文班修业期满，取得两张文凭，方算正式毕业。学校在教学上把英文放在首位，因此学生的英文程度比当时其他教会中学学生要高，这为桃坞中学的毕业生升入大学及开展科研活动开阔了眼界，提供了便利。从桃坞中学走出的学子中有文化泰斗钱钟书、数学家潘承洞、化学家张青莲、物理学家刘光方、民国政要严家淦等人。

长沙一中的合影

邢红英

前些天，从《作家文摘》上看到一篇邓晓芒回忆杨小凯的文章，勾起我半个世纪前的回忆。我从家里翻出一张长沙一中1965年7月14日的合影，第三排右三是我，第四排右八便是杨小凯。

我的小学就读于北京和平街一小，中学就读于北京女十二中。因为父亲于1965年1月调到湖南省文联，我们全家随迁，初中三年级的我转学到长沙一中初七十八班。在校期间，我功课不错，中考时全市排名第四。当时班里的干部子弟很抱团，学生干部主要由他们担任。我的父母，虽然都是抗日战争时期参加革命的共产党员，家庭出身算革干，但我申请入团却卡了壳。我的入团申请书里写了一句：入团将来就更有奔头了。杨小凯当时叫杨曦光，是班上的团支部书记，他找我谈话，说凭你这句话，不知道你要奔到什么地方？所以还得考验考验。其实当时离初中毕业没几个月了，还考验什么呀？这样，我初中时就没有实现入团愿望。

照片三排左一女生名叫张国琼。当年我刚入校时，谁也不认识，是张国琼主动帮我捆行李，从家里扛到学校，我因此记住了她的名字。后来知道她因为父亲的历史问题，在班里颇受冷落，连考高中的资格都没有。初中毕业就让她下了乡。不知她后来过得怎么样。

长沙一中是当地名校。1965年考高中，我又考上了长沙一中高六八六班，和杨小凯又成了同学。杨小凯还是团支部书记，我当了语文课代表。

父亲不适应湖南的气候，当年11月又调到了山西省文联，我们全家又随迁到太原，我转到太原三中读高中，总算在那里入了团。

我和杨小凯相处时间很短，就留下这么一点印象。“文

1965年7月，长沙一中初七十八班合影。

革”中，听说长沙有个杨曦光被中央点了名，我不敢肯定他是不是同班同学杨小凯。看了邓晓芒的文章，才知道“文革”前那么革命的他，“文革”初却因为一篇文章成了康生点名的“反革命”，蒙冤入狱十年，经历了九死一生的磨难。改革开放后，杨小凯出国留学，在普林斯顿大学获博士学位，并在经济学研究中取得令人瞩目的成绩，成为同代人的骄傲。可惜天妒英才，他只活了五十六岁，便在澳大利亚去世，真是太可惜了！

百辑征文

读图与读史

杨　潜

我对历史的兴趣是从读“图画”开始的，与《老照片》缘分是因读“图像”结下的。

对上个世纪五、六十年代的孩子来说，风靡其时的连环画是童蒙时期最主要的课外读物，就我来说，最为钟情的是那些历史题材的小人书。不知看过多少遍的连环画版《三国演义》，尽管不属于严格意义上的信史,那些栩栩如生的人物形象和场景，虽是历史想象的图画而非真实史料的图像，但它对于一个懵懂少年历史启蒙的影响依然是强烈的,使我对历史的热爱延至今日。可能因为有最早对图画的阅读体验，让我固执地认为历史图像比历史文字的记述更靠谱，也更可信。

大约是在《老照片》问世的数年前，我把业余研读历史的范围，逐渐缩小到清末民初。但第一手史料的匮乏，差不多是业余研究者面临的窘境，能阅读到的近现代史籍，也多为革命史观笼罩之下的“宏大叙事”，鲜见历史的细微、鲜活之处。更有甚者，一些真实的历史异变成为意识形态服务的概念史，而罔顾历史的真相了。到上世纪90年代中，《老照片》横空出世，它以关照人类自身命运的视角、蕴含人文情怀的姿态，所展现出的历史真实感、现场感，不仅仅让人们耳目一新，更让孜孜探求事实真相的读者，感知醍醐灌顶、拨云见日之效。我与《老照片》一见钟情，就像遇到了寻觅已久的知己，彼此结缘十八载。如今《老照片》出版将要迎来100辑，我端详着书橱里占据了两个格子近百辑的《老照片》，心头真是百感交集。在我个人有限的阅读经验与读书经历中，如此长久的陪伴我、浸润我的精神世界，当首推《老照片》丛书了。

作为《老照片》的忠实读者，我自然会留意业界对它的评价、读者的口碑，从问世之初的赞誉如潮、洛阳纸贵，到后来平稳地进入常态并形成特色，在它风雨兼程一路行进中，我都会与之同喜同忧。《老照片》问世时，我尚在军中服役，虽工作调动频繁，无论是在山沟驻防，还是在京城履职，每有新一辑的《老照片》出刊，都会及时去书店或书摊寻购,一睹为快。每辑卷尾由编辑撰写的“书末感言”，多有佳作，文字隽雅，思想沉郁，给人启示。有一篇寻找投稿者农民工邱三宝的编者感言，更让我为之感动，潸然泪下。八年之后，我退役返乡，转至新闻媒体供职，因编辑业务需要，新闻照片与老照片之间又多了一份关联，对《老照片》的喜爱丝毫未减，我还把单集的《老照片》按年度精心胶装成卷，视为珍藏。

一种有责任感的文化产品，《老照片》始终是面向大众的，这大概是获得的巨大成功的前提。在我看来，《老照片》没有摆出贵族身段，也没有故作学术范儿，却深具学术养分与人文价值，因而拥有深厚的人缘；它天性具有真诚单纯的心地，执意追求平实严谨的气度，因而能够魅力长存。上世纪末，《老照片》的出版被权威媒体组织评为“新中国出版50年推动出版业的五十件大事之一”，也在我这个普通读者心中激起涟漪。《老照片》的创办成为出版界进入“读图时代”的标志性事件，产生了广泛影响，并作为一种“文化现象”引起中外学者的关注与研究，这份荣耀不仅是属于出版人的，同时也是属于读者的。

《老照片》无疑为我打开了求知与求真的另一扇窗口。虽说我只在《老照片》中采摘到了研读民国的“只鳞片羽”，却对于我历史观念的转变、升华产生了重要影响。私人化的历史叙事格调与实证化的影像阐释方式，更彰显“温故知新”对大众启蒙的价值。一些书刊当时不便登载的文字，在这里以“图文并茂”的形式将“思想的力量”传递给读者。对中国近现代史上许多被遮蔽、被扭曲以及被篡改的史实，《老照片》显示出了强有力的“纠错”力量，有时甚至不需加以文字辩白，偏见与谎言便无所遁形。我们无意夸大“图像证史”作用，图像却是解读历史的重要证据，是任何一个历史研究者不能忽略的丰厚宝藏。《老照片》正是以它一贯秉承的严谨、客观与求是，引导着读者绕开难以察觉的陷阱，去探寻隐藏于历史深处的玄机和真相。通过《老照片》这个窗口，我还知道了当代知识界中有分量的思考者。比如，治当代思想史的丁东先生，独立学者章立凡先生，纪实作家章诒和先生，……他们的睿智，他们的文字，无不给人以启迪。完全可以这样说：《老照片》以自己独特的方式，巧妙地扩大了公民的言论空间。

以上这些零碎的感悟,既发自我对《老照片》的一往情深，也发自我受《老照片》惠泽而生的感激之心。爱屋及乌，我对为编辑《老照片》而付出心血的出版人，更有一种心向往之。当我读过《老照片》的主事人之一冯克力先生所著的《当历史可以观看》这本书，听他讲述这些年来征集、编辑老照片亲历与亲闻、所思与所做，更加深了对《老照片》的理解与认知：将近二十年，将近100辑，筚路蓝缕，《老照片》一路走来，让历史可以观看，也让历史照亮未来。

作为《老照片》的忠实读者，最后想说的是：观念的历史可能会老去，而图像的历史则会历久弥新；只要记忆人类生活的图像不会泯灭消失，《老照片》的生命之树永远是长青的。

放不下的《老照片》

阿 果

记不清了，应该是在十七年前的1997年初，我买了山东画报出版社的第一辑《老照片》。

我从小就爱看书，尽管看的书一直被父母和周围上进的同学、朋友们称为“闲书”。从上小学开始，如果父母给了零钱，我不会像别的小朋友那样拿去买玩具或零食，而是把钱贡献给了书店。

十七年前，我刚工作没多久，少有积蓄，莫名的开销千头万绪，再加上对书越来越挑剔，所以，尽管爱书，但对于买书也绝不是轻易就出手的。每周到书店翻翻看看，除了极其喜爱、怎么也割舍不掉的，大都最后又放回了书架。可对《老照片》我却只看了一眼，就坚定地到柜台前付款了。我做出了这样的判断：这是一本好书。

薄薄的一册，126页，定价6.50元，微黄色调的纸张，柔和不刺眼，雅致的装帧设计和一张张老照片，有种让人瞬间安静下来的力量。我不知道该怎么形容最初阅读《老照片》时的感觉：就像吃了半天的白米饭，忽然夹了一大块浓香扑鼻、油闪闪的红烧肉，让人欲罢不能。

当年，以图片为主的书籍寥寥无几，互联网未成气候，搜索引擎尚未出现。《老照片》这样一种以前所未见的旧日照片为主要内容的图书出现，让人欣喜又愕然。《老照片》的定位及内容的选择，成熟而富有新意，即便在今天翻看早年的内容，依然没有稚嫩或不合时宜的感觉，常看常新。所以，后来看到宣传语中说《老照片》"开启了中国出版业的'读图时代'"时，心想，这是真的。

多年之后，第一辑《老照片》中的许多经典画面仍然历历在目：弘一法师的涅槃相，蒋介石与第三任妻子陈洁如的合影，吉鸿昌"作官即不许发财"的大碗，旧上海的娼妓……这些内容远远超出了我之前的阅读体验，所带来的视觉冲击力和心灵上的震撼无法形容。就像这辑"书末感言"中说的那样：一幅老照片"瞬间形象的定格，常常含有难以估量的信息和意蕴，说也说不完。"

在之后将近两年的时间里，我买足了第一辑至第七辑《老照片》，把它们整齐摆放在书架醒目的位置，便于随时翻看。但是从第八辑开始，就越来越难买全了——随着出版界对《老照片》的评价越来越高，知道并喜爱它的人也越来越多，新书往往在书店一上架便卖光了。我终于泄了气，之后只能随遇而安，买到哪辑算哪辑，不再有拥有整套《老照片》的奢望。而接下来的许多年，我也面临着人生中的爬坡阶段，工作和生活中所遇到的林林总总常常压得人喘不过气来，实在也没有精力和心情再去追着买一本书了。某些个短暂安静下来的夜晚，看着书架上越缺越多、参差不齐的《老照片》时，心底会有一股莫名的思绪在翻涌，难以言表。

时光如流，我从二十出头到人近中年。总是躁动不安的心渐渐开始平静下来，人生苦短，不容蹉跎，遥望后半生，想着在以后一定要把从前没读的好书读完，去看看很久以来就想要看的风景。

我又恢复了每周逛书店的习惯，也开始从网上买书——相较于实体书店，网上书店有着更为广阔的选择空间，让我买到了从前一直想买但是没有遇到的书，这件事启发了我：《老照片》也应该可以补齐的吧？在网上反复搜索、寻找之后，我先是买到了《老照片》1-15册豪华典藏本（全七十五辑精装合订本），还附赠了上下两册《你没见过的历史照片》。之后又买了《老照片》16—18册珍藏版（七十五辑至八十六辑合订本），算是基本上凑齐了全套的《老照片》。至于从前零买的单本以及13—15册珍藏版，虽然有不少和后买的合辑重复，但仍不舍得送人。新旧各年份的《老照片》在书架上一字排开，算得上蔚为壮观。

从十几年前《老照片》出版至今，各个出版社以老照片为题材的图书多如牛毛，但是，哪一本也替代不了《老照片》在我心目中的位置。当年宛若惊鸿的初见，留下的印记实在过于深刻。尤为难得的是，《老照片》一辑一辑地出，数量在变，品质却未变。这样看来，《老照片》是可以一直不断地出版下去的，一百辑、二百辑，乃至更多。按照《老照片》刊登二十年前照片的原则，今天的“新照片”二十年后就会变成“老照片”，而老照片的故事是永远也讲不完的。

岁月总是在我们不知不觉中改变着什么，物是人非已经是人生的常态，但是，也总有一些美好的东西一直在时间的流淌中不焦不躁地存在着，比如上班路上那两株每逢春日必要绽芳吐蕊的丁香，比如街角的店里从小吃到现在仍然吃不厌的鸡丝馄饨，再比如手中这看了十几年的《老照片》。当偶尔驻足回首的时候，发现生命中还有这样一些不变的美好在等待着你，一如当年，除了感激之外，还能怎样呢？

书末感言

那顶曾经的“紧箍咒”

冯克力

在民族存亡之际，方小龙先生的父亲像许多青年人一样，毅然选择了弃业从戎。让他没想到的是，尽管他在抗战胜利不久便脱离了军队，重执教鞭，远离了内战，但他从军抗日的那段经历，却成了伴随他一生的污点，饱经磨难。

近读著名律师张思之先生的回忆录，发现张先生的经历与方父很有相似之处。1943年，国民政府号召青年学生参加远征军时，张先生只有十六岁，正在大后方读高中，连跟家里商量都没商量，他二话没说就报了名。经过短暂的集训，便飞越驼峰，投入印缅战场。与方父一样，战争一结束他即告别军旅，回到学校去继续因抗战中辍的学业。后来，张先生在大学里还加入了中共地下党。即使这样，到肃反时，他那段从军的履历还是被主事者们冠以参加过“伪军”的罪名，把他好一顿折腾。你说整个什么罪名不好，再怎么地也不该把浴血抗战的远征军算作“伪军”吧？哪跟哪啊，一讲阶级斗争，连民族大义都颠倒了。

而“阶级斗争”的意识一旦泛滥，难免满目都是“敌人”，被殃及的就不只是与“敌对阵营”多少有过瓜葛的那些人了，整来斗去，“风声鹤唳，草木皆兵”，连己方阵营里累勋积劳如孙定国、如傅英豪者也难逃厄运了……

回头想想，当初结束“文革”，拨乱反正，当轴诸公断然放弃“以阶级斗争为纲”，给地富摘帽，为右派平反，恢复他们的公民权，实在是高屋建瓴的抉择。此举更深远的意义还在于，随着这顶“紧箍咒”的解除，无形中也为培育公民与法治社会，扫清了一大障碍。从那以后，传统的阶级斗争的思维虽然并未根绝，但至少心智正常的人都不会再公然拿来当旗帜挥舞了。

这，不能不说是中国社会的一个进步吧。

图书在版编目（CIP）数据

老照片.第97辑/冯克力主编. —济南：山东画报出版社，2014.10
ISBN 978-7-5474-1380-7

Ⅰ.①老… Ⅱ.①冯… Ⅲ.①世界史－史料②中国历史－现代史－史料 Ⅳ.①K106 ②K260.6

中国版本图书馆CIP数据核字（2014）第225691号

责任编辑 冯克力
装帧设计 王 芳
主管部门 山东出版传媒股份有限公司
出版发行 山东画报出版社
社 址 济南市经九路胜利大街39号 邮编 250001
电 话 总编室（0531）82098470
市场部（0531）82098479 82098476（传真）
网 址 http：//www.hbcbs.com.cn
电子信箱 hbcb@sdpress.com.cn
印 刷 山东临沂新华印刷物流集团
规 格 140毫米×203毫米
6印张 129幅照片 120千字
版 次 2014年10月第1版
印 次 2014年10月第1次印刷
定 价 15.00元

1950 年代初，鲜继根在赛珍珠南京故居前留影。

（参见本辑《赛珍珠在南京金陵大学的寓所》）

国内订阅：全国各地邮局

邮发代号：24-177

地　址：山东省济南市胜利大街 39 号（250001）
E-mail：laozhaopian1996@163.com
zhangjie5410@163.com
网　址：www.lzp1996.com

责任编辑／冯克力

装帧设计／王　芳

ISBN 978-7-5474-1380-7

定价：15.00 元

第九十八辑

老照片

OLD PHOTOS

定格历史　收藏记忆

山东画报出版社

烟台焕文学校的女生

烟台于 1862 年开埠后，外国教会陆续登陆，他们不仅传播宗教福音，还带来了西方医疗与教育理念，教会开办的医院和学校也相继建立起来。照片里正在上课的，是烟台焕文学校的女生。这所学校 1912 年由美国基督教南浸信会所建，最初只招小学生，后来发展为中学。照片拍摄于 1920 年代，她们应是小学高年级或初中的学生吧。值得注意的是，她们都没有缠足，这可能与她们出身于信教的家庭有关。基督教进入中国后，提倡男女平等，反对女性缠足，信众家的女孩得以最先摆脱了这一陋习的摧残，同时她们也幸运地成为中国最早接受新式教育的女性。

（锐明）

老照片

OLD PHOTOS

第九十八辑

目录

我的母亲

曾　自

《老照片》的编辑约我写写母亲，一时不知从哪儿说起。人人都有母亲，人人都爱母亲。“母亲”是融化在儿女心里叫做“幸福”的一种感觉和感受。

母亲叫董边，她从山西农村走来，走到延安、西柏坡、中南海，是写她的不凡经历，还是写她的坚韧、宽容、慈爱之于我的感受呢？

记忆中难忘的瞬间像过电影，不断定格眼前。往日如昨，我选择了后者……

丰盛胡同饺子馆的记忆

1966年5月23日晚上，我们全家除了父亲，是在丰盛胡同口上的饺子馆吃的饭。那是平日绝少下饭馆的年代，没有父亲在，我们更不会去饭店吃饭了。可那天放学回家，中南海大西门和小南门的警卫分别把我们三个上中学的孩子，用小汽车送到了西城丰盛胡同37号院（中直机关宿舍），这是我们临时安置的家，大包小包的还没收拾停当。

1995年，董边和杨尚昆在一起。

饭桌上，我挨着阿姨（保姆）坐，母亲在我的对面，为什么搬家，她没告诉我们，才十三岁的我，并没有因为突然搬出中南海而沮丧或发现了什么异常，反而像孩子“过家家”，为搬进一个新院落而兴高采烈呢。可此时，我抬眼看母亲，她的眼里充满了泪水，眼泪含在眼眶始终没滚下来，她夹起饺子，几次送到嘴边，可半天没吃一个。我扭脸悄悄问阿姨：“妈妈怎么了？”我的腿被阿姨捏了一把，是示意我不许出声。

母亲被父亲称作“咱家的女皇”，妈妈是我小时心目中“威严”一词的化身。但这一晚母亲令我诧异的含泪的眼睛，像刀子刻出的划痕，刻在了我的心里。一想起父亲，想起“文革”，就会重现丰盛胡同饺子馆的一幕。似乎它是我幼稚的童年结束的标志，是我去理解母亲，理解社会，乃至理解人生的

1984年董边离休。1988年摄于北京崇文门家中。

起点。

那一晚母亲究竟怎么了，这个谜，多少年后，我才解开。

1984年，母亲离休后做的第一件事，便是以她多年编刊人的敏感和纪实本能，写下了数万字的《苦难的十一年》，一册“文革”实录。本文借用母亲的“实录”，试图将历史、历史事件，更真实地展开。

“实录”开篇，母亲记道：“文化大革命，我受过种种折磨，受过种种突然打击，印象太深刻了。现在闲下来，经常在头脑中流过……”母亲所说的“突然打击”，其中最大的一桩，就是1966年5月23日，父亲田家英上午10点左右在中南海永福堂寓所自缢了。

前一天的下午3点，中央三人小组忽然到家里宣布了“中央认为田家英一贯右倾和停职反省”的通知。对于这个等不到星期一正常上班，来势之汹、之猛的举动，连明了中央上层内情的父亲，也感到了它的意外和急迫。

父亲按照要求把《毛泽东选集》五卷文稿和文件统统交出来。《五卷》是他这年2月经过争取才得到毛泽东同意上马的。2月8日，父亲搭彭真、康生、吴冷西去武汉向毛泽东汇报“二月提纲”的专机，在东湖驻地见了毛泽东，他极力陈述编《五卷》的意义，毛泽东最终同意让胡乔木和田家英先行初编。这次武汉之行，也成了父亲此生最后一次见毛泽东。

1991年，中国历史博物馆举办首次“田家英收藏清代学者墨迹展”。这是董边和赵朴初（左五）、俞伟超（左六）、史树青（左三）等合影。

1995年9月21日，董边和杨尚昆一起欣赏文物出版社出版的《小莽苍苍斋藏清代学者法书选集》。

现在一切都结束了。整个下午和晚上，父亲一句话也没说，直至半夜12点戚本禹打来电话后，他才说了句：“我的问题是江青、陈伯达陷害的，想不到在毛主席身边工作十八年，落到如此下场！”并说：“善有善报，恶有恶报，我不相信这些恶人有好下场！”

第二天，天麻麻亮母亲就起来了，她到父亲卧室看他，见父亲通宵未睡，在床上半躺着。

母亲记述了那一天的早上：

“我劝家英，他不作声，闷闷地坐着，我想做点早饭，他也不要。早上七点钟，我说：‘今天要在党组会上作检查，早些去上班。’他问我：‘中午回来不回来。’我说：‘不回来。’我不知道他心里在想什么，也没认识到问题的严重性，我心里想

1984年春暖花开的季节，董边携女儿、外孙在北京公园。

的还是《中国妇女》刊物如何跟上形势的工作界内事。”

母亲没有从父亲的脸上看出特别异样的表情，只是眉头紧锁，这是父亲思索时常有的表情。“万没想到，仅此一夜，家英做出了以死抗争的决断”。

母亲下午回到永福堂，早上还活生生的丈夫，现在却躺在西厢书房冰冷砖地的一块木板上，再也不说话了，母亲泪如雨下。家英为什么不待把问题说清楚，就这样永远闭上了嘴？他就这样抛下了她和三个未成年的孩子？事态变幻之快，让一向听从组织的母亲，惊恐、痛苦、无助、无解，百感交集着。

母亲在“实录”记述：

“这天整晚我脑子里总盘绕一个问号——家英为什么死？昨天晚上他说的：‘我的问题是江青、陈伯达陷害的。’我想了好多事：1962年北戴河会议时，江青就给他戴上‘资产阶级代理人’的帽子，他对江青是不尊不敬，不理不睬，江早就把他看成眼中钉，肉中刺，必欲除之而后快。至于陈伯达，进城以后，他们关系逐渐恶化，斗争尖锐，针锋相对，我曾开玩笑地问家英：‘你和陈伯达的斗争是什么性质？’当时他毫不迟疑地说：‘当然是阶级斗争。他这个人是伪君子，野心家，品质恶劣，不斗行吗！’往事一件件涌来，我才醒悟他说的江、陈陷害这句话的份量。

我后悔不该去上班，我后悔自己没有把问题看严重！这种痛苦的心情还不能在孩子面前流露，全部的情况，还瞒着他们，怕孩子们经不起这样的打击。”

父亲去世后，一切，都压在母亲身上。可以想象，这场当时叫“文化大革命”，后来被称为一场“浩劫”的厄运，母亲是怎样走过来的。

1995年夏，逄先知到家中看望董边。左起：曾立、逄先知、董边、曾自。

我的记忆，随着时间推移……

1969年冬天那一晚的偶遇

母亲是1967年秋被关进“牛棚”再不许回家了，姐姐1968年到内蒙插队后，我便一个人生活着。1969年3月，我和境遇相仿的同学也来到吉林省最北端一个叫莫莫格的蒙汉公社插队了。

离京前，我给母亲写了一封信，专案组为了利用孩子的感情瓦解“敌人”，才允许我见了母亲一面。专案组要求我“不许哭，要让你妈交代问题”，我承诺了。可一见到母亲，我就一直放声大哭，是压抑？是母女连心？连我自己也不知道。15分钟的见面，我直哭到专案组不耐烦，把我拉走。

说心里话，决定下乡，我们谁也没有接受“再教育”的激情，想的就是浪迹天涯，离北京这个是非之地越远越好。

来到农村，虽然超负荷的劳动很辛苦，但精神上，却大大松绑了。农民不知道叫首都北京的地方，因国家机器的被打乱，闹到怎样一个天翻地覆。他们大多数连县城也没去过，自然无法明白来自北京的学生背负着怎样的身份。在他们眼中，我们几乎是“圣洁”的代名词。我时时窃喜，这里再没了“黑帮狗崽子”的羞辱感和被迫斗争老师、同学的尴尬感，选择插队，真是那个年代我们最好的去处。

知青集体户每周要被乡邮递员的到来掀起浪潮，邮包、信件、报纸搅得知青大呼小叫。母亲不能给我写信，此时的我，总是悄悄地躲在一旁。

在北京时，卷在“文革风暴”中的我，也激愤，也昂扬。说实在的，那时我并没有想过母亲是怎么度日的。

下乡后，我常想我的阿姨、姐姐和我们的家，我发现自己在抑制不住地也想母亲，我盼望得到母亲的一点点消息，希望知道她此时怎样度日。

自从1966年8月25日，《人民日报》头版披露“全国妇联罢了反党反社会主义反毛泽东思想的黑帮分子董边的官”，因丈夫田家英是“彭罗陆杨”反党集团骨干分子，母亲可以被任意诬陷，任加罪名。

母亲“实录”里记道：

“从此，我的日子很不好过，经常拉到全市去批斗，在天坛万人群众大会，在北京展览馆万人群众大会，在东城区群众大会，都被批斗过。这种会，揪我去，都是突然袭击，因神经紧张，得了控制不住大小便的毛病。”

母亲记述的批斗场面，我一次也没见到。唯一一次，是1967年夏季的一个晚上，专案组长带人突然破门而入，一来就指着母亲辱骂，说她故意把有“毛主席是红太阳”字样的报纸，贴到男厕所便池上。骂母亲是因仇恨毛主席，搞阶级报复，说她是双料反革命（指历史的、现行的）、地主阶级孝子贤孙。那种只能用“穷凶极恶”来形容的辱骂持续了半小时，我见母亲脸涨得通红，她一定热血沸腾了，长期的压抑和被侮辱，她的眼睛里投向来人的是愤怒的目光。

十二平米大的小屋里，我缩在一个角上，来人的叫骂，使我尴尬无比，想逃无处可逃，然而，当看到母亲的目光，我明白，她是无辜的。

那时的我毕竟太小，不懂得母亲所受的是怎样的精神摧残。

春去冬来，我们在农村经历了四季，到了农闲的季节。同伴们大多北京没家了，父母或干校、或被轰回农村，有的甚至

1980年，董边与全国妇联书记处的书记们到中南海西花厅与邓颖超、康克清大姐相聚。前排左起：李宝光、董边、黄甘英、邓颖超、康克清、罗琼、吴全衡。

在关押，大家谁都没想回北京，我们排练了《红灯记》，七里八乡地忙演出，准备就在农村过春节了。

11月底的一天，不知谁说了句牢骚话，“妈的，为什么不回北京，北京不是我们的了吗？”一语掀翻众人心底的波澜，说走就走，没钱买票，我们“扒车”回来的。那一路的惊险总算躲过，可下了车才醒悟，没票无法出站。我们沿着铁轨跌跌撞撞往东跑，直到天大黑了，才爬过土坡，已是建国门外大街了。

当我回到灯市口9号院，进院门不到二十米，迎面低头匆匆

1958年，董边在海南岛疗养。

走来一人，天虽黑，只是个人影，但我一眼便认出来，是母亲。

我喊出三年来未叫过的一声“妈妈”，母亲一愣，我又一声大叫“妈”。我们抱在了一起。原来，她昨天才从蹲了一年半的“牛棚”放出来，明天就去河南许昌西华干校，只给她留了一天的准备时间。可就在这一天的晚上，我却突然出现在她眼前。

那晚的巧遇，使我多少年都想不明白，我和母亲的行为轨迹，有无数种可能因一个环节发生一点变化，都将擦肩而过，但我们的确在院门口相遇了。我只能把这叫做天意。

在我们那间十二米的小屋里，脸盆担在火炉上，母亲给我洗头洗身、抓虱子、煮衣服。一切处理完，已是11点了。母亲因第二天离京，只留了一床被子，我和妈妈钻到一起，紧紧地依偎着，记不得母女都聊了什么，我依在妈妈的怀里，似乎很晚很晚才睡着。

第二天早上8点半，我送妈妈到火车站，站台上去干校的干部子弟不少，我不想和母亲分手，真想和她在一起。妈妈难过得不知怎样开口，直到火车快开了才告诉我，她不能带我，她没有资格。

在站台上，我和母亲依依不舍地分别了。

“我愿跟你到劳改农场”

从春到夏，从秋又冬，又是两年过去了。

母亲到了干校，上方允许她和孩子通信了，每月我都能收到母亲的信，从此我有了期盼。可是我不知道母亲的来信报喜不报忧，她只说他们种出的西瓜有多甜，她又学会了什么农活，却从不吐露在五七干校，她所受的虐待和折磨。

1971年，我和姐姐终于有机会到已经迁至河北衡水的干校看望母亲。女儿的到来，无疑给妈妈带来了莫大欣慰。

母亲“实录”记道：

“营房离车站有10来里路，一路上思绪万千，但很高兴，很久未见孩子，真想她们。我等了半小时，火车进站了，我的眼睛盯住车厢门，二英小英下车了，很远就喊妈妈，这声音如此熟悉，如此亲切，几年来未听到这样的喊声了。”

两年没见，母亲变得又黑又瘦，体重只剩80斤。原来母亲

1957年，董边作为中国妇女杂志社社长，应邀出访波兰。图为欢迎仪式。

每天承受的是非人的以虐待为目的的劳动。

“每天除三次出工外，中午休息时要求我和另一个有问题的人去拉生活用水，水井虽不深，但没有辘辘，得用手提，再举高倒入小车里。逢雨天，土路泥泞湿滑，我们一个前边拉，一个后边推，待拉满营房前的四缸水，又到下午出工了。别人午睡，可我们得不到一点休息。过度的劳动，体重急剧下降。可有谁看见呢？只有自己知道。”

母亲的记述，是受难者在五七干校生活的缩影。有人概括“文革”——那是一个以一部分人虐待另一部分人为满足的失人性的年代。我在母亲身上看到了！

河北的冬天很冷。我和母亲走在麦埂地里，我们包着头巾，抵御阵阵北风。脚下的垄田高低不平，我紧紧地拽着母亲。母亲告诉我，中央专案组来人，向她调查陈伯达，来人的态度，

1950年4月，董边和参与第一次全国妇女代表大会筹备工作的友人同游中南海。后排左二董边、左三杨蕴；前蹲者：张彦荣。

比之以往外调的人和气了许多。她从来人的态度上察觉到形势有变化，但在干校没有人敢和她说话，她只能自己猜测。

实际此时离“九一三”林彪事件已好几个月，连农民都听了不止一次中央文件的传达，母亲却什么也不知道。我把文件内容和北京的小道消息统统讲给她。我说：“国庆节天安门停止游行，人们就猜到国家出事了，但怎么也想不到是副统帅出逃，机毁人亡，摔死在温都尔汗了。”

母亲在延安时就认识陈伯达，虽为上下级，但未执政前的政党，同仁间关系简单易接触。另外她和陈伯达熟悉，还因丈夫田家英与陈伯达同为毛泽东秘书，多年共事，但两人却针锋相对，母亲了解的内情自然多于常人。中央专案组整肃陈伯达，我母亲是必列调查取证人员名单的。

我们又说了好多话，都是我说母亲听。最后母亲说："我的问题，最好的结果就是'敌我矛盾人民内部处理'，最终的去处，一定是劳改农场。你能跟我去吗？"说出这话，母亲是下了大决心的，我毫无犹豫、想也没想地说了声："我跟！"

母亲长期得不到任何消息，屈辱和封闭，她对未来的期望值很低。当我终于明白了母亲是运动的受害者，能在她苦难的岁月，成为她的希望，给她痛苦的心带来一点点安慰，是我最大的欣慰。

"文革"后，每看一遍母亲记述她被开除党籍那天的心情，我的心就紧缩一次，不是滋味。

母亲记道：

"1969年10月21日，宣布了开除我的党籍的决定。说我是资产阶级混进党内的代表人物，是在刘少奇包庇下，混进全国妇联，和反革命丈夫田家英站在一起，推行刘修黑货等，一大堆的罪行。

可实际我到中央妇委，是邓颖超要的。1948年冬，我从冀东回中央所在地找田家英，适逢邓颖超在筹备第一次全国妇代会，需要人手，从此我便跟着邓大姐从事了妇女工作。在西柏坡，我根本没见过刘少奇。真是欲加之罪，何患无辞。

我当时就一个想法，党不要我了，孩子还要我。我绝不会自杀,除非把我整死。我相信家英说的不会冤沉海底。想到孩子们已经没有了父亲，再没有了母亲，他们怎么办？为了孩子，我也要坚持住。"

这就是母亲。

1957年，董边（右三）出访波兰期间，和波兰友人在华沙。

母亲盼我回家

1973年，干校的大部分人被分配工作或自谋出路了，“五七道路”名存实亡。

母亲也被放回北京，依然是“走资派”，白天依然到机关劳改，晚上回灯市口9号院十几平米的小屋一个人生活 。

母亲的记述：

“1974年冬天，派工的派我到食堂烧火，我要求换工作，因有老年喘病，不能闻煤烟，管我的人毫无同情心，摆出有权威的架势说：‘病了再说’。我只好去了。食堂用的是煤块，我坐在过道，用很长的火铲，把煤送到锅底，一顿饭，要蒸六七笼馒头。天天烟熏火燎，11月就犯病了。我一个人躺在床上，蜂窝煤炉的垃圾一天一大桶，无法倒到院门外，吃饭也困难。生病心里比往日更痛苦，根本无人过问。”

那时我还在东北农村插队。正巧这天到公社办事，顺便到邮局看看，一进门，邮递员就朝我大叫：“你来得正好，有你的电报！”“母病重，速回。”一看日期，电报发出六天了，我急了，飞速回队请假，开介绍信，拉粮食换全国粮票，等我用最快的速度把一切程序完成回到北京，已是母亲发电报的第九天了。

下车我一路跑着冲进家门，仅两米半进身的小屋，惯性使我和坐在床上的母亲几乎撞了面。妈妈见到我的一瞬，眼睛里充满惊喜，那“盼”的目光似乎都让你觉得“涌”了出来。母亲从发电报起就开始盼，女儿的迟迟未归，将期盼全部变成了担心，日子越多，想的越多，她说，甚至想到是不是火车出事

1960年，董边带队到江西瑞金搜集妇女运动史资料，这是她和瑞金县妇联主任在中华苏维埃共和国临时中央政府旧址前合影。

了?可就是没想到农村的电报六天才收到。

母亲已熬过最难的几天，等我到家，她已经可以下床了。可从她看到我的眼光里，我知道母亲有多难，是怎样地盼亲人啊。

这年，她给邓颖超转周恩来一信，给汪东兴转毛泽东一信，要求复查田家英的问题，要求解决插队孩子回京照顾她病弱孤身的问题。等来的结果，是“田家英的子女，一个也不许回北京”的批复。

1997年，董边为写作《田家英传记》，在家中听田家英的老秘书逄先知谈往事。

1975年邓小平复出，人们看到了转机，母亲又一次怀着希望，给小平同志投书。

母亲在“实录”记道：

“小平同志和家英有过工作关系，对他是了解的，我想给邓小平同志写信，要求复查解决我的问题，同时也要求中央对田家英做出结论，我在信中说：‘毛主席对一个在他身边工作了近二十年的人，是完全了解的，并会作出英明的判断的。’信于1975年8月30日发出，是从由邮局寄的，写的是‘邓副主席办公室王瑞林同志转’。

半个月后，得到回音。9月19日上午中央专案组来人找我谈话。说：看到你给邓小平同志的信，我们是田家英专案组的，现在向你宣布田家英的结论，田家英是反革命修正主义分

1960年代的董边

子，攻击毛主席，篡改毛泽东思想，烧毁毛主席手稿，攻击三面红旗，攻击文化大革命。

我问：‘田家英的结论是什么时候做的，是过去，还是现在。’

答：‘是今年（指1975年6月25日）做的。’

我问：‘是经过中央批准的，还是专案组的结论。’

1950年代的董边

答：‘是经过中央批准的。’”

既然是中央的结论，母亲只有服从。而这个结论对母亲来说，无疑是霹雳，是希望的毁灭，是深深的无助。无法度、无人性的压迫，折磨着忠诚的母亲，而诬陷和诋毁，恰恰来自于她信赖的“组织”。长期的精神折磨，摧残着母亲。

劫难过后，母亲多次说过，“文革”中对她刺激最大的，一是家英的死，一是黄甘英的突然被抓。黄甘英是妇联书记处书记，因与彭真的亲戚关系，关押秦城监狱七年半。

刺激母亲的那一幕，发生在1967年6月，母亲和黄甘英是劳改的难友，正在一起打扫澡堂，突然有人把黄喊出去，门外停着一辆军用吉普车，来人不由分说将黄甘英铐上手铐抓走了。母亲说：

“看了‘黄甘英被卫戍区拘捕’的大字报，我吃了一惊，甘英犯了什么罪？不就是受彭真的牵连？我应做思想准备，不知哪一天，也会把我关起来。”

母亲认定这一天会发生，她把被捕应急的小包都准备好了。

“我心里很苦闷，没有人和我一起劳动说话了，每天晚上五点多，我就坐在床沿，面向大门口，目不转睛地看着二英（笔者注：我的小名）从家门前的甬道出现，孩子的回来，对我是唯一的安慰。”

随着“文革”历史真相的披露，和田家英有关联的，好友也罢，秘书也罢，关起了数人，作为“彭罗陆杨”一案骨干分子的妻子，母亲怎么也在关押之列，而命运却放过了她。我不知其中蹊跷，但我却知道，无论劳改还是群众批斗，比之长期单身监禁对人的精神迫害，都是轻的。

母亲的苦难岁月，逃过秦城一劫，是不幸中之万幸。

尾　声

母亲的晚年，和我们姐妹、女婿、孙儿一起生活。

1998年，母亲患肾衰竭，靠腹膜透析维持了一年，走完了她八十三年的人生。

有人描述，人的离去，是一个肉体和灵魂由重叠、渐不清

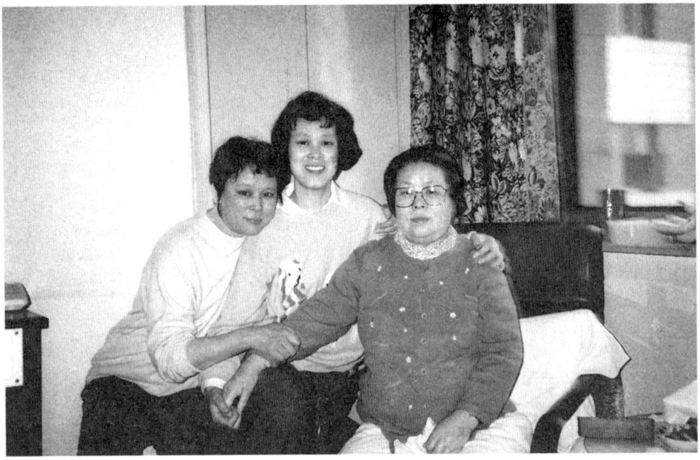

1998年，曾自、曾立和母亲在一起。

晰、淡去、消失的过程。

那一年，我分明感到母亲坚强的灵魂在极力阻止这种消亡。她用每天仅存的一点有效精力，给我讲述她希望我知道的一切：她小时的成长环境和走向延安的经历；她眼中的我的父亲。事情小到她和家英恋爱了，谁先提出的结婚；大到在“包产到户”问题上，她反对田家英在毛泽东处替刘少奇承担责任。

母亲说父亲：“你为什么把刘少奇的意见说成是你的意见，你就是一个秘书，胆子也太大了。”

父亲回答：“主席从一开始听我讲包产到户的意见，就表现出极其的不悦，他早有自己的考虑，我要再说这是少奇的意见，不是影响两个主席团结吗？”

这场对话，母亲在“文革”中也没有讲出来。父亲的担当，最终没有维护得了两个主席的“团结”，但他的担当，让

摄于1950年5月。北京

母亲对父亲的正派和人格，深深地信服了。

1956年父亲到山西调查，路过母亲的家乡忻县，他曾对同行人说：“你们看，从这里走出个董边，不容易啊！”1920年代的山西农村，经济文化极端落后，而封建思想、小农意识却十分强烈。母亲倔强地挣脱了重男轻女的封建枷锁，靠读书走出了一条人生的道路。她加入了一个名叫“共产党”的组织，又在其中为妇女的解放和独立，奋斗了五十年。父亲对母亲的感慨，是发自肺腑的。

最后的日子，母亲昏迷了，强透析使她短暂醒来，母亲的脑力思维很少了，她不再感知痛苦，表情甜甜的，脸庞清秀且平静。我永远记得母亲和我说的最后一句话。那天下午，多日不语的母亲慢慢地吐出：“都说老实人吃亏，咱们家的人就是太老实了。”说毕，她举手轻轻点了下我的头。

母亲的话，在我心里久久萦绕，她所说的“咱们家人”，是指晚年她和我们姐妹的家，还是也指早已不在了的父亲呢？

父亲的死，是多种因素造成的，但他认了死理，宁死不低头，母亲在生命最后时刻回顾审视，潜意识中，她是不是感到父亲的死是“太老实了”。是啊，没有了生命，就什么也没有了，这个“死理”的代价，是交出了生命，还有比这种“老实”吃的“亏”更大吗！

母亲年轻时，给我的印象是严肃有余，而晚年的她，既温和又慈祥。“精神”是不是物质的命题，一直在争论，但我分明感到了母亲的气场散发的坚强，只要坐在她身旁，不用语言，你都会体会什么叫力量。

我喜欢静静地伴在母亲身旁。

铎尔孟：迷恋中国文化的法国人

大 盛　迟红蕾

安德烈·铎尔孟（Andre d'Hormon），1881年6月19日生于法国巴黎。他浓密的络腮胡子蓄自1906年，那一年，他初次来华，在醇亲王载沣府教授法语，据说年幼的溥仪还曾尿在他的怀里。此后，铎尔孟在中国工作和生活近半个世纪，身份包括法语教员、大学教授、政府顾问、汉学家。与政学两界的交往，让铎尔孟成为自清末、民国到新中国这段漫长历史时期的独特见证者和参与者。

“中国迷”之谜

1911年，辛亥年，中国一个剧变的年份。

回法国两年多后，再度来到北京的铎尔孟于这年1月8日晚7时赴约，与清末国史馆总纂、学者恽毓鼎在六国饭店相见。这是他们的第六度会面。恽氏在日记中写道：“（铎尔孟）谓回法国二年，觉学问、风俗无一如中国者，大为彼都人士所笑，群呼为中国迷。”

这位为中国着迷的“中国迷”，在1962年曾如此交代后事：

1.对疾病保密，死后不作任何报道、宣扬。

2.把遗体捐给医学。

3.全部书籍、资料，请唐珊贞小姐整理后赠送给华幽梦国际文化中心。

4.所有用诗写成的日记和记事本，全部销毁，片纸不留。

5.珍藏的小礼品，请白小姐按照名单分赠朋友。

（《红楼梦在法兰西的命运》，郑碧贤著，新星出版社，2005年。）

1912年11月，留法俭学会第一班在北京燕喜堂聚餐后合影。前排左一为齐如山，二排右五为铎尔孟，后排右四为何鲁。铎尔孟1906年来华，在醇亲王载沣府教法语。1912年李煜瀛（石曾）、吴敬恒（稚晖）、蔡元培等人发起留法俭学会，铎尔孟自愿担任法语教员，教授赴法学生法语和西方礼仪等。（留法勤工俭学纪念馆收藏）

1913年5月30日，留法俭学会预备学校第三班赴法前合影。前排右一为吴敬恒，二排右二为铎尔孟，三排右三为李煜瀛。（留法勤工俭学纪念馆收藏）

1965年，这位亲历半个世纪中国史的法国学者，在巴黎北部约四十公里的华幽梦把生命最后的十年奉献给《红楼梦》后，溘然长逝。而铎尔孟自己，一度成为了一个谜。

中法建交五十年以来，随着两国文化交流日渐深入，有关铎尔孟的谜，逐渐让更多的人看到了答案。

时至如今，除了里昂市立图书馆中那一排排中文藏书和珍藏于资料室中的那一函文档之外，铎尔孟本人留下的记录并不多。在中国，很长一段时间内更是少有人提及。然而，在20世纪上半叶的中国报纸上，铎尔孟这个名字却并非稀客，其身影更是处处可见。与其交游的好友、同事和学生，在日记或回忆录中，都对这位满口“京片子”的法国人印象深刻。这些印象，只一两句话，就能让今天的人们感受到百年前这位西方儒者的风采，比如“在隔壁听他说话，分不清是中国人还是外国人”。（《河北文史资料 第17辑》，河北人民出版社，1986年。）

根据铎尔孟自己的说法，他毕业于巴黎政治学院，本可以从事外交工作，但他选择放弃，而是去教书。

1906年，二十六岁的铎尔孟首次从巴黎来到北京，最初在醇亲王府教法语。后来，他成为京师大学堂教习，喜欢跟中国士大夫交游，恽毓鼎就是其中之一。1908年宣统继位后，他不辞而别，回到巴黎。

铎尔孟说，再度来到北京，是受到在巴黎的中国革命者的召唤。由此，他有幸见证了中国从清帝国迈向民国的历史节点，并成为民国初年的外交顾问。

早期铎尔孟在华的个人形象，可以从恽毓鼎的日记里窥见一斑。1908年初的第一度会面，恽氏对铎尔孟的第一印象是“容貌白皙秀雅，望而知为文人”。此人“专精文学，喜为诗”，且“能华语，吐属颇雅，极重中学”。此时的铎尔孟，来北京仅两年，即便从1902年前后与清国驻法使馆官员交游开始计算，学中文也不过六年。根据恽氏后来所记，铎尔孟逐渐聊及“中西学案合编”，并且“畅论学理”“论学甚洽”；具体而言，他逐渐开始“听隐公讲《大学》”“致力《毛诗》”，后“复治《周易》”，并且兼研习中国词曲。恽毓鼎

1918年6月10日，法国公使参观国立北京大学招待会合影。前排坐者右六为校长蔡元培，右八为法语教授铎尔孟，右十为不久后成为北大校医的贝熙业，铎尔孟身后为生物学教授李煜瀛。他们四位都是中法大学的创办者。前排坐者右三为莱热（圣-琼·佩斯），法国诗人，曾在北京西山一座小庙宇里写下长诗《阿纳巴斯》。他于1960年获得诺贝尔文学奖。（贝熙业收藏，版权独有）

对铎尔孟的记录，终止于1914年。一方面，从这些记录中大致可以看出铎氏治学路径。另一方面，铎尔孟最大的一个谜也因此浮出水面：短时间内，年轻的铎尔孟如何获得如此深厚的中学素养？

他的中学师承爱德华·沙畹（Emmanuel-èdouard Chavannes）等法国汉学家，并得益于同中国士大夫交游、论学。他的好学与刻苦，在其好友和学生的描述里则屡见不鲜。他总是读书至深夜一两点甚至两三点钟，工作起来更是忘了时间。同事施莱默（C Schlemmer）与张芝联都曾抱怨铎氏深夜还打电话叫他们去他的住处工作。施莱默记得1945年第一期《中国文学》将要出版的时候，一篇关于汉武帝野史的翻译工作进行的当天，铎尔孟“把时间计划安排得天衣无缝：下午3点开始，晚上10点晚餐——炸酱面。吃完饭，继续工作。深夜，一个个都要困趴下了。我们请铎尔孟一起休息，他却一次次坚定地拒绝，然后点上他的烟斗：‘睡吧，你们睡吧’！清晨6点，他也不堪重负了，让我们回家，他才休息”。这是铎尔孟工作的一天，维持精力的，是他的烟斗。他把他的烟斗称作“思考烟斗”。

他熬夜的习惯，一直到晚年在华幽梦也没有改变。1959

中法大学成立之初，铎尔孟与师生摄于校园内。（法国里昂市立图书馆收藏）

铎尔孟在北京长期租住的新鲜胡同24号寓所。（法国里昂市立图书馆收藏）

年，法国杂志*Lecture pour tous*发表的一篇关于华幽梦修道院的文章中写道："深夜，如果有一盏灯还亮着，那一定是铎尔孟的。"

铎尔孟的中学素养和法国学者身份，让他在清末民初，成为中国学界教习、教授，中国政界的顾问。

1910—1920年代，在北京的法国文化精英群聚时，常常会有铎尔孟和医学博士贝熙业。但如果只有一个法国人同一群中国人合影，这个法国人往往是铎尔孟。留着浓密络腮胡子的他，常常突兀地身处中国学者或者学生之中。但是他并不孤立，如果忽略他的容貌，他就是一个地道的中国人：举手投足，字里行间，无不带有一股中国范儿。

说得一口漂亮的北京话，只是铎尔孟作为"中国通"的招牌之一。

写得一手漂亮的毛笔字，则让铎尔孟在外国学者群体中独树一帜。

恽毓鼎的日记里，铎尔孟"平日宴居，袭中国衣冠，俨然儒者"。

这些，都只是一个法国学者在形式上的"中国化"。正如他一手执团扇，一手夹雪茄，在学术上，铎尔孟的治学方法与成果，体现了一个"中西合体"的学者的非同一般。

铎尔孟有一句口头禅，就是在工作的时候，总要鼓励同事："激活你们的文字吧！"但同时，他又严格尊崇中国经典的本意。为此，他在主持翻译中文经典时，除了法国助理，一定要有中国助理，就是为了保证翻译出绝妙的句子时，不会扭曲中文原意。否则，再绝妙的译法，都必须放弃。

1925年，身着中式服、手捧线装书的铎尔孟在北京的寓所。寓所装饰完全中式，墙上挂的是张勋、宋育仁等名流题字，称铎尔孟为“浩然兄”、“浩然先生”、“浩然仁兄”。（法国里昂市立图书馆收藏）

他的汉学学术生涯，从在醇王府教授法文、在京师大学堂当教习即已开始。自那以后，铎尔孟积累了越来越深厚的中学底子。进入民国后，与李煜瀛、蔡元培等中国革命者早有交往的铎尔孟，投身中法教育交流，参与创设“留法俭学会”，后又同法国同胞欧乐、穆岱等人一道组织“华法教育会”，推动中国学子留学法国越来越频繁。

继担任国立北京大学教授后，铎尔孟于1919—1920年间在李煜瀛、蔡元培、吴敬恒等创办的私立中法大学担任校董、教授。北京大学及北大研究所国学门、上海亚洲学术研究会等学术机构成立时，铎尔孟都是其中为数不多的外国学者之一。1924年5月19日北大国学门“古物古迹调查会”改名为“考古学会”，到会的有沈兼士、李煜瀛、陈垣等共十二人，铎尔孟为唯一的外国学者。

1941年秋天，法国外交部在汉学界的推动下，决定在北京成立中法汉学研究所（CES）。铎尔孟的资历、学识，以及对中国的熟知，让他成为当然的领导者。他与负责行政的杜伯秋（J.P.Dubosc）一道，把战乱之中的汉学研究搞得有声有色。

铎尔孟不仅仅是一位学者，他还于1910—1920年代游走于中法政界，进入了中国政治漩涡的中心。他是中国20世纪上半叶历史进程的亲历者，甚至亲自参与了中国的许多历史事件。

1911年，铎尔孟因支持中国革命党人，重新来到北京，“参与了推翻封建王朝的事业”，见证了一个王朝的崩塌。1912年2月，清朝末代皇帝溥仪逊位后不久，北京突发“兵变”，造成政局动荡，银行遭劫，商铺被抢，铎尔孟的家里也闯进了士兵。

当时，“他正在工作，突然听见仆人房里发出异常的声响。他走进仆人的房间，发现几个手持长枪的士兵在那里，枪上还上着刺刀。他同这名士兵说了几句话，士兵就转身离去了。他的邻居，财政总长（度支大臣严修）也被抢劫了”。（《国外中国近代史研究 第十七辑》，中国社会科学出版社，1990年。）

民国成立后，铎尔孟同乔治·厄内斯特·莫理循（George Ernest Morrison，1862—1920）等人一道，做了袁世凯的外交顾问，深度参与民国初年的政治、经济活动。

1925年，铎尔孟在北京的寓所。铎尔孟擅毛笔字，民国初年他作为中国政府的顾问，建议中国征收遗产税，他亲笔写的“说帖”现存于国家图书馆。（法国里昂市立图书馆收藏）

莫理循年谱记载：“1913年1月31日，袁世凯召集各国务员及高等顾问铎尔孟、莫理循，密议大借款善后办法。”此次借款，与英、法、德、俄、日五国银行签订《善后借款合同》，借来两千五百万金镑，合两亿银元。借款在中国引起巨大争议，但最终全国二十一省都督，四省反对，十七省赞成。（《老照片》第71辑，冯克力主编，山东画报出版社，2010年。）

1914、1915年间，铎尔孟向中国政府提出遗产税“说帖”及略例八条，财政官员章宗元随后提出遗产税条例草案理由及条例十二条，呈请施行遗产税。1915年夏，总统府举行财政讨论会加以讨论，并由参议院加以修正，后因“时局多故，未能实行”。这是中国最早提出实行遗产税条例。

1915年，袁世凯复辟帝制可能性越来越大，蔡元培于当年11月5日致信吴敬恒，提及曾“怂恿铎尔孟君挽回，皆明知其无济于事，不过有此可尽之人事，何苦不尽，聊复为之而已”。可见铎尔孟当时已经成为中国学界与政界联络的媒介。这一点在陈独秀1921年10月5日被捕后，蔡元培等人设法营救时，也可以印证。胡适10月6日的日记记录：“夜间得顾名君电话，说独秀昨夜在上海被捕。打电话与蔡孑民（元培）先生，请他向法

铎尔孟常常与友人在西山游览，图为他（右一）与友人在碧云寺。（贝熙业收藏，版权独有）

铎尔孟与医学博士贝熙业是挚友，图为铎尔孟在贝熙业在西山的别墅贝家花园休假。（贝熙业收藏，版权独有）

国使馆方面设法。”第二天日记又说：“今天得蔡先生电话，他说已和铎尔孟商量，他们主张……拟由蔡先生和我们发一电给上海法领事，此人较开通，或有可以设法之处。”

除此之外，拥有一定地位的铎尔孟还时常出现在一些重要政治场合：

1912年8月24日，孙中山抵达北京的迎接人群里，有铎尔孟身影；

1913年3月，宋教仁在上海遇刺身亡，北京悼念会场，有铎尔孟“中语演说”；

1918年“一战”结束，北京“克林德碑”改“公理战胜碑”，是铎尔孟、李煜瀛等人的倡议；

……

但是，在中法政界游刃有余的铎尔孟很快发现，中国当时的领导人不能带领国家革故鼎新，于是他“不再与旧政权合作”，而是越来越多地参与中法教育、学术交流事业。

汉学家之“家”

曾有学者将西方汉学研究分为三个阶段，即以《马可·波罗游记》为代表的“游记汉学时期”，1583年耶稣会入华开启的“传教士汉学时期”，及以1814年12月11日巴黎法兰西学院正式开设汉学课程为标志的“专业汉学时期”。“专业汉学时期”由雷慕萨（Abel Remusat）开启，经儒莲（Stanislas Julien）、沙畹、伯希和（Paul Pelliot）等几代人的努力，使得法国汉学界一直生机勃勃，未曾间断。（《传教士汉学研究》，张西平，大象出版社，2005年）

其中，二战期间于北京创办的中法汉学研究所，在法国汉学界乃至整个西方汉学领域，都拥有独特的地位。

中国的抗日战争期间，日本法西斯铁蹄下的北平，学术界也笼罩着紧张气氛。铎尔孟受到日本人的监视，在东城新鲜胡同24号的家中闭关读书、治学。早年与铎有交往的学者谭熙鸿之子谭伯鲁回忆，那“是一所单独的四合院”，“庭院有盆景花木，古色古香，正房三间是客厅与书房，四壁书架上，多为线装书。用了两个听差（男仆），一口京片子，说流利纯正的

铎尔孟（前排左一）与贝熙业（前排右二）在法国医院合影。贝熙业任院长的法国医院，曾经是李煜瀛、鲁迅等民国名人躲避北洋政府追捕的地方。（贝熙业收藏，版权独有）

北京话”。

这期间，铎尔孟只在星期三出游，被朋友们取绰号“星期三先生”。施莱默回忆，他那一天的行程较为固定：

早晨，念晨经和颂赞经；

去一趟中法汉学研究所（CES）；

理发；

去一趟印度支那银行（Banque de l’ Indochine）查看他的帐务；

拜访大使，和大使夫人喝茶；

最后离开使馆区，拜会他的老友贝熙业，一起共进晚餐，然后在一起争论（世界上最和善的争论）。

……

这个时期，正是他执掌中法汉学研究所的时期。期间，铎尔孟常常在新鲜胡同24号的家中，和学生、助理一起工作到深夜，甚至通宵达旦。

中法汉学研究所正式成立于1941年9、10月间，地址在北平东皇城根40号原中法大学礼堂。该研究所1947年后曾改名为巴黎大学北平（北京）汉学研究所，是中法学者直接交流、研究的学术机构。铎尔孟1941—1950年间任该所所长。他是法国汉学家葛兰言（Marcel Granet）的好友；行政负责人杜伯秋、中方学者杨堃等人也都是葛氏的学生。

研究所前期确定的研究方向，包括中国民俗学、语言学、考古学以及编印中国古籍索引。从创建即开始投入研究工作，直到1953年结束在北京的使命，十二年间，该所举办了一系列学术讲座和汉学成果展览，编印出版了一批学术成果，其中包括十余种通检，取得了丰硕的成果，在汉学研究领域做出了独特贡献。

尤其值得一提的是，中法汉学研究所在当时还成为二战期间一批中法学者的避风港，保护与培养了大批汉学家，包括中方学者如聂崇岐、傅惜华、张芝联、王力、吴晓铃等；法方学者如第二任所长康德谋（Max Kaltenmark），以及李嘉乐（Alexis Rygaloff）、于儒伯（Robert Ruhlmann）、石泰安（Wolf Stein）和韩百诗（Louis Hambis）等人。（《中法汉学研

1931年1月，中法大学宴请法国公使韦礼德先生。前排右四为中法大学校长李麟玉，二排左一为贝熙业，后排右三为铎尔孟，后排左一为杨梦游。（贝熙业收藏，版权独有）

究所与中法文化交流述略》，窦坤，《北京社会科学》，2000年04期）

其中，接收燕京大学引得（索引）编纂处，是一个典型的例子。当时在燕京大学引得编纂处从事研究的张芝联后来回忆：1941年8月，他考入燕京大学研究院历史系，在编纂处主任洪煨莲（业）及聂崇岐教授的带领下学习、工作。12月7日，珍珠港事变使日美交恶。第二天，即12月8日清晨，美国资助的燕大骤然剧变，日军强占燕园，逮捕了陆志韦校长、洪业主任在内的二十余位师生，学校的学习与研究工作陷入困境。1942年，刚刚主持中法汉学研究所不久的铎尔孟和杜伯秋将燕大引得编纂处八位师生接收进来，组成“通检组”，延续了此前的研究，并出版了前文提到的十余种通检。

1942年到1945年间，张芝联在中法汉学研究所协助铎尔孟工作。他对这位老所长的印象是“资深年老”，“性情孤僻”，“白天不大露面，和我约定讨论的时间，总在凌晨两三点钟，经常搞得我疲惫不堪”。（《中国社会科学家自述》，国务院学位委员会办公室编，上海教育出版社，1997年）

1954年，铎尔孟七十三岁。按照中国人的说法，这个年龄正在“坎”上。受国际国内政治气候的影响，他一手创办的中法汉学研究所只得告别北京西迁巴黎，他自己也踏上了返国的轮船，重新开始了他的人生冒险。

他该如何迈过这道坎呢？

《红楼梦》之“梦”

1954年夏，从中国返回巴黎的轮船上，铎尔孟向一位记者倾吐了心声，认为离开自己在北京所创建的事业后，生命将变得毫无意义。他没有料到的是，在万里之外的巴黎，他钟爱并曾品读无数遍的那部《红楼梦》正在等着他。

孑然一身回到巴黎的铎尔孟，被他的朋友们安排住进巴黎郊外的华幽梦（Royaumont），一座建成于路易九世（ST. Louis）时期的修道院遗址。这组经历数百年战火与风雨的建筑，由企业家、绅士顾安（Henri Gouin）改造成了“国际文化中心”。历史记载里，路易九世是最早启动中法两国交往的国

1930年代，中法大学董事长李煜瀛（左四）与同事铎尔孟（右三）、贝熙业（右四）、李书华（左二）、李麟玉（左三）等人的合影。（贝熙业收藏，版权独有）

王；而致力中法文化交流大半生的铎尔孟住进的正是以这位国王名字命名的圣·路易卧室（Chambre de ST.Louis）。

在这里等着他的，除了《红楼梦》，还有他在中国积累的大量藏书，他的老朋友如联合国教科文组织《世界文学代表作·东方知识丛书》主任、巴黎大学教授艾蒂昂伯

（Etiemble），以及他在中法大学的学生李治华等人。此前数月，艾蒂昂伯和李治华已商定由后者翻译《红楼梦》这部鸿篇巨制，但缺少一个兼通中西学的学者从事关键的审校工作。铎尔孟的到来，适逢其时；而铎氏自己也毫不犹豫地接受了这一历史使命，并且同时担任法文版《中国古诗选》的审校。

本已打算进入休息状态的铎尔孟，重新点燃了“思考的烟斗”。

这版《红楼梦》的译本，将是史无前例的一百二十回法语全译本。除了很多艰涩的语句和用典，其中的诗词作为整部小说的灵魂，也将译出，其难度可想而知。但治中国古文和古典诗词也正是铎尔孟擅长之处。铎尔孟对中国诗词的喜爱，可以从他的中文名和字里找到出处：铎尔“孟”，字“浩然”。

早年间就与铎尔孟共事的谭熙鸿曾回忆：

> 他精读《红楼梦》无数遍，对其中一些文字下过功夫。如他对该书中诗词的理解，以及其中的古代建筑、服装、器具等的名称，应如何译成法文，均一一经过推敲。如果在法文中没有这个适当字句，不能对号入座，应如何用其他词句去代替，或派生新字等，均有仔细斟酌。

他对中国古典诗词的造诣，在1962年先期出版的法文版《中国古诗选》中可得到论定。这部书由戴密微（Paul Demieville）主编；而除了审校，其中所选的多首诗词，都是铎尔孟自己早期的译作，或由他主持翻译的作品。比如1940年代由他主持翻译的《古诗十九首》，最初即发表于中法汉学研究

铎尔孟（二排右一）与贝熙业（二排右二）、李麟玉（前排左三）、杨梦游（二排左一）等中法友人合影。（贝熙业收藏，版权独有）

所《法国研究》上。

法语全译本《红楼梦》之所以获得学界的好评，一个重要原因就是其大量诗词的翻译成果。而根据李治华的说法：“如果《红楼梦》诗词的逐译能够达到良好的效果，那都是浩然先生的功劳。”

李治华曾谈及自己的翻译心得：“翻译并不是一件轻而易举的工作：一位作家只会一种文字就可以创作，一位翻译家至少要精通两种语言。”外国人学中文，尚非易事；治文言文，更难上加难。铎尔孟治中学，却深入到了中国古文的古义。他在治《周礼》时，见到“春正月獭祭鱼”句，对其中的“祭”

颇不解，多方求教而不得。后来请教北京大学研究院国学门主任，也是中法大学教授的沈兼士，才知道此“祭”并非“祭祀”之意，而是取其古义，即“杀”的意思。（《论文写作学》，王吉亮、郑惠卿，1990年）

除了古语和诗词，翻译《红楼梦》的另一个难点就在于人名。李治华着手翻译时，人名照惯例采用音译。但铎尔孟则认为应该意译，原因是音译的话，整部《红楼梦》四百余人物，会因同音而出现大量的重名。于是，他们决定除历史人物和地名外，其他人物均用意译。比如最具代表性的“花袭人”，他们译作“Bouffèe de Parfum”（意谓“香气突然轻盈而至”）。

于是，法语全译本《红楼梦》上下卷首会列出一二十页的音译、意译人名对照表，别具一格。

《红楼梦》的法文全译本的译者，是李治华和他的妻子雅克琳·阿蕾扎艺思（中文名为“雅歌”）。

李治华，原籍安徽亳州，生于北京，青少年时期在顺天府尹何乃莹宅度过。在这所深宅大院，李治华体会了《红楼梦》中的场景和类似的人物故事。后来读到《红楼梦》时，觉得似曾相识：“仿佛有宝玉第二次神游太虚幻境的感觉：‘好像曾到过的。’”

李治华高小毕业之后，通过了当时北京的名校师大附中考试。其时恰逢中法大学附属西山中学借师大附中的教室举行招生考试，并打出广告：“投考师大附中笔试及格学生免考。中法大学毕业，优秀生保送留法。”李治华立刻被吸引。在征得父亲同意后，到设在碧云寺的西山中学念书，并顺利进入中法

1957年，铎尔孟在巴黎郊外的华幽梦修道院，接待远道而来的贝熙业一家三口。这是两位挚友的最后一面。（贝熙业收藏，版权独有）

1964年的铎尔孟。他参与校译法语全译本《红楼梦》已接近尾声，他于这一年在华幽梦逝世。（里昂市立图书馆收藏）

大学就读。1937年大学毕业后，他以优异的成绩保送里昂中法大学，实现了早就立下的留学理想。李治华后来常常记起，毕业论文指导老师之一的铎尔孟曾问及“是否去法国深造”，李治华说“正是所愿，但不知是否能去。他（铎尔孟）即莞尔一笑”。

师生再次见面，已是十七年后的1954年。他们因共同的兴趣和使命，因各自早已结缘的《红楼梦》而重逢。自那以后，在巴黎东方语言学校教汉语的李治华，每周二下午从学校出

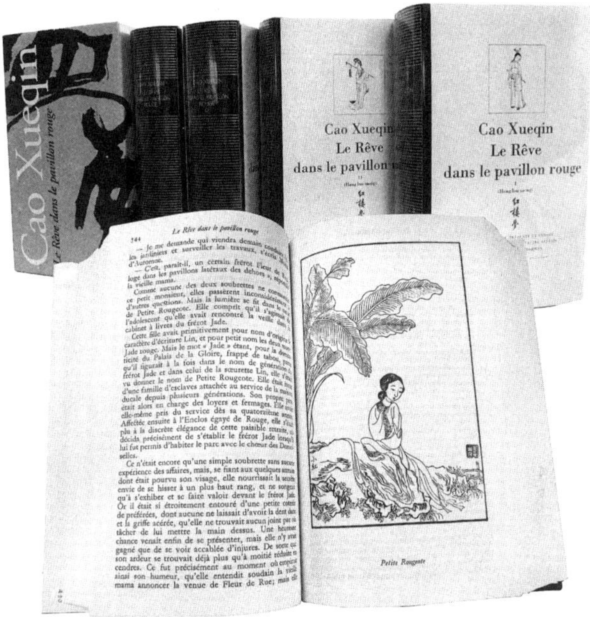

1981年出版的法语全译本《红楼梦》书影。这个版本由李治华、雅歌夫妇翻译二十七年，铎尔孟校译十年而完成。

发，把一周完成的新译稿送到华幽梦铎尔孟住所。如此周而复始，风雨无阻。他们常常工作到深夜——那早已是北京的星期三了。

每年暑假，李治华还要来这里住上好几个星期。在华幽梦，“他（铎尔孟）把修改过的稿子念给我听，有不妥之处，我们共同探讨，以期达到更合适的译法”。（《里昂译事》李治华著，蒋力编，商务印书馆，2005年）

1964年，三人字斟句酌完成了《红楼梦》一百二十回的翻

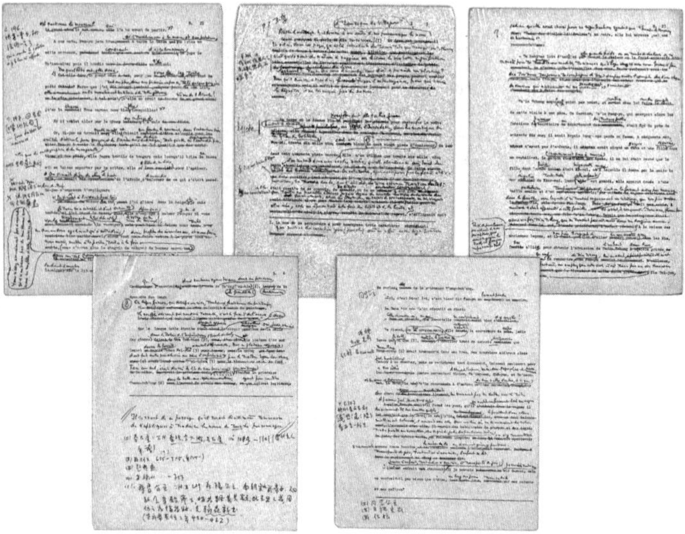

《红楼梦》法译手稿，现藏于中国现代文学馆。

译和第一次审校。但是，铎尔孟这位完美主义者仍然不满意，开始第二次校译。联合国教科文组织负责这个项目的工作人员发愁地对他说：“你越改越多，教科文简直无法给你付钱！”铎尔孟答：“我不要钱，我要改！”（《海外华人社会科学家传记》，朱杰勤主编，1991年）

清乾隆时期的北京西山，曹雪芹花十年时间，完成了《红楼梦》这部旷世奇作。所谓“披阅十载，增删五次”。二百年后的法国华幽梦，汉学家铎尔孟生命中最后的十年，大部分时间也是专注于这部小说的审校，力争完美。

当第二次审校至第五十回“芦雪庵争联即景诗　暖香坞雅

制春灯谜”时，已身患重病的铎尔孟终于不支，竟溘然长逝，享年八十四岁。正在审校的第五十回里，《红楼梦》主要人物齐集芦雪庵，冰天雪地里雅制诗文，他们似乎也在为这位异国的知音送行。

铎尔孟辞世后，李治华和雅歌夫妇又用了十七年，才最终完成了这一大部头的翻译、校对工作。1981年11月，法国伽里玛出版社将《红楼梦》法文全译本列入享有盛誉的“七星文库”丛书出版，第一版15000部很快售完，此后一版再版，广受法国读者喜爱。

法语全译本《红楼梦》印制精美，七十二页引言和参考书目，四百余人名对照表，一百余地名表，199幅原版木刻插图。加上正文，法语全译本《红楼梦》总共三千余页，洋洋大观。

2001年，时任中国现代文学馆馆长的舒乙在法国里昂李治华的家中，取回了《红楼梦》法译手稿十二大册，重约三十斤，4231页薄薄的稿纸。这些稿纸上，饱含李治华、雅歌夫妇和铎尔孟三人总共二十七年的辛劳与智慧。如今，它们静静地躺在北京芍药居附近中国现代文学馆里。

一张张轻盈的稿纸，分外厚重。

“都云作者痴，谁解其中味？”译者、读者当感同身受。

（图片选自2014年10月31日举行的《对流——北京西山中法文化交流史迹展》，兰玥对本专题亦有贡献）

工农兵学员时代的留学经历

弗朗西斯卡　白夏 口述　邢小群 整理

弗朗西斯卡

我是意大利罗马人。上世纪六七十年代，意大利南方不算发达，上大学的人并不多。我出身知识分子家庭，爸爸是大学老师，也是意大利共产党员。1968年“布拉格之春”时，他反对苏联入侵，被意大利共产党除名，于是他和别人创立了一个左派小党，属于“极左派”。

我喜欢外语，想学父亲从事翻译工作。考上罗马大学后，先学俄语，感到太难，不喜欢，后来又学中文。那是1973年，意大利学中文的人很少，只有威尼斯、那波里和罗马有中文系。我们的老师算是汉学家，但他们只研究中国的古文，不会普通话。我上高中时，课外上一所私立学校，一周有两个晚上学中文，学了一年，又在罗马大学学了一年中文。我们的汉语教授对当代中国不感兴趣，只有年轻的讲师对新中国有兴趣，但他们没有机会到中国大陆，有一个去过香港，有一个去过台湾。当时意大利对中国了解很少，罗马只有一家中国餐馆。法国的中国人多一些，有不少人到过中国，我们用的是法国人编

弗朗西斯卡和毛纺厂师傅合影。

的教科书。

1970年11月6日，意大利和中国建交。后来决定每年互派十二名留学生。1975年，意大利只有十一人申请到中国留学。所以我一申请，就得到了奖学金。

到中国之前，我去过欧洲一些国家。1975年9月我来到中国北京语言学院，当时二十二岁，对中国非常好奇。到北京后，很快就是十月一日国庆节。9月30日先参加语言学院的联欢会，老师、同学表演的节目比较简单，大概觉得我们汉语水平低，他们演的节目如同幼儿园的水平。后来又收到一个请柬，参加劳动人民文化宫的游园联欢会。学院派车一起去，看了舞蹈、杂技和好多节目。在公园里，中国人表情很严肃，没有国庆节那种热烈的气氛。看我们的眼光也很奇怪，就像到了动物园，我们看他们，他们看我们。10月2日我自己又去了一次中山公园，表演的舞台拆了。感到人们的表情比前一天放松很多。头一天饭馆里人很少，第二天人很多，吃饭时，也没有人对我们感到好奇。后来我才明白，十月一日那天游园活动，有中国领导人在场，去游园的人都是单位组织的，不能很随便。随后，学校也组织我们参观过故宫、颐和园和工厂、农村。

我很喜欢北京，也喜欢出外旅行，虽然路并不好，我不觉得中国很落后，因为罗马也比较脏。我崇尚简单生活，感到需要的东西中国都有。也许因为我那时很革命，不喜欢资本主义国家的那些物质生活。比如，我家在意大利算是有钱的人家，但我出去旅行，从不向家里要钱，多是搭顺风车。吃住都是选择最简单、最便宜的。我不信教，中国没有教会，我也觉得很好。我来的目的就是想学习政治，了解毛泽东的革命。有一天我骑自行车转胡同，要进一个图书馆，把门的人说，今天不开，请你明天再来。我虽然不明白，但也很谨慎，中国人不让我进去，我就不进去了。

我原以为中国人很革命，到中国发现他们并不像我想象的那么革命。外表看，中国人普普通通，和我们没什么两样。

语言学院有两个食堂，一个西餐，一个中餐。我坚持在中餐厅吃饭，一是为了接触中国人，二是我很快就喜欢上了中

1975年国庆节，弗朗西斯卡在劳动人民文化宫拍摄的文艺表演。

餐，粗粮窝头，我也很喜欢吃。给妈妈写信说，中餐特别好吃！我喜欢甜食，开始，我让妈妈给我寄饼干、巧克力。两个星期以后发现，我喜欢吃的饼干、巧克力和酸奶都有。那时罗马的普通人也不富，我不觉得在中国生活很苦。但我的一个留学生同学就表示，北京太脏，不想出去。

我们两人一间宿舍。两个床，两张小桌子，两个柜子，都是外国人，住宿地方没有中国人。所以只有吃中餐时，可以和中国人有些接触。我觉得很不够，经常自己出去乱逛。当时语言学院门口只有331路，到新街口、平安里，汽车比较少。我买了一辆自行车，可以自己进城，还可以到学校周边的郊区农村转一转。

中国方面给我们每月一百二十元生活费，吃饭自己买饭票，住宿、学费不收钱，课本学校免费发给。只发给我们布票，不发粮票。我们到饭馆吃饭，人家也不收粮票。我的钱买邮票用去很多，我给父母分别写信，因为他们已经离婚，还要给男朋友写信。我有时用钱买其他留学生不用的布票。意大利不生产棉花，在那边，布料很贵。我喜欢布衣服，喜欢中式女装，就买来花布，让北京的裁缝给我做。花钱最多的地方，是自己到中国其他地方旅行。

学汉语只是工具，不是目的。我对中国革命感兴趣，就主动和各种人交谈，问各种问题，但中国人回答问题很谨慎，也很简单。尽管如此，我的语言还是提高很快，赶上了水平高的同学。第二年一、二月，从我们留学生当中选一部分学生去辽宁大学学文学，我被选上了。

到了沈阳，情况变了许多。辽宁大学是第一次接收留学生。我们这批留学生，有两个来自意大利，六个来自法国，一个来自瑞士，两个来自澳大利亚，后来又有了日本人。我们专门有一座楼，住宿、吃饭、上课、体育活动、购物、跳舞都在这座楼里。他们不希望我们出去。我们想出去，校方说，这里面不是什么都有吗？每个房间住三个人，其中派来一名中国学生，和我们一起住，但不和我们一起上课。同屋的中国人也不怎么和我说话。我们在这个学校是来学习中国当代文学。我还留着课程表。老师到我们的楼里，专门给我们上课。后来我认识了一个来自部队的中国学生，他爱和我们一起喝咖啡，有一些交流。他告诉我们，红卫兵大串联时，可以不买火车票，等等。还有一个大学老师的孩子，也愿意和我们交往。

我很愿意参加开门办学。本来要安排去工厂一次，去农村

弗朗西斯卡当年在中国拍摄的照片

一次。我在语言学院时去的是五道口的毛纺厂，工作是用小镊子检查、修理白布上的小瑕疵。去这个工厂劳动了十天。到了沈阳又去机械厂，学习做磨工，机器一会儿开，一会儿关。两次都去了工厂，没有去农村。我们要求同吃同住同劳动，沈阳方面不同意。我们说，在北京开门办学时，都是和工人师傅一起吃饭。我们和他们争论：毛主席说要同吃同住同劳动，工人师傅也欢迎我们和他们一起吃饭。后来我们三个留学生与工人“同吃”成功了，“同住”却未如愿。我与白夏就是在这期间认识的。我们一起参加开门办学，假期一起到外地旅行，后来他成了我的丈夫。比较起来，北京对我们的管理松一些，沈阳比较严格，到什么地方都得请示。出去到饭馆吃饭，围观的人很多，有时还有警察来干预。

在中国期间，我还参加了三次遗体告别，第一次是康生，第二次是周恩来，第三次是朱德。康生遗体告别好像只有他的家人，气氛和周恩来差别很大。周恩来的遗体告别，那些人哭啊，哭得不得了。我有一中国同学，做过空姐，学习不好，喜欢玩。周恩来去世，她每天都哭啊，哭啊，我觉得很奇怪。

1976年9月我的留学结束，回到罗马，又跟一个从中国派到罗马的老师学了一年中文才毕业。后来，我又获得了一个到布拉格学习三个月的奖学金。布拉格的中文书籍、报刊特别丰富。据说，“文革”中布拉格有个汉学家从中国运去了很多书籍、报刊杂志。我在布拉格阅读了二三十年代的中国杂志。我的毕业论文题目是《五四时代的中国妇女》。后来我为了写博士论文，又去过巴黎，因为有了孩子，没有完成论文。以后的工作主要从事翻译。

白　夏

我是法国人。巴黎政治学院东方社会科学院博士。1967年开始在法国学中文。我们的老师，有在中国留过学的法国人，有1949年以后离开中国的中国学者，也有1969年以后由官方派到法国的中国人。比如，有一个湖南人，他的普通话真难懂。我1973年大学毕业，又去美国作博士论文，还到缅甸工作了一年半。回来后找工作困难，我就申请了中法留学生交流。当时法国每年有二十五个去中国的名额。1975年我得到去中国交流的机会，是法国第三批派到中国的留学生。但这时，我已经进入法国社会科学院工作，二十六岁了，我曾考虑是否放弃。我们所长说，你可以作为社会科学院的人，到中国去学习，这边发工资，那边享受奖学金，何乐而不为？

我以前就对中国感兴趣，我的博士论文是研究19世纪旧金山华侨问题。我对中国革命也感兴趣，关心“文革”，开始非常支持，喜欢造反有理，以为是真正的革命。后来感觉不那么好了：革委会的成立，自发的运动没有了，官僚阶层重新收回权力。对毛泽东原来也很崇拜，我观察那些造反组织，都听毛泽东的话，造反的自主性没有了，我就有了看法：觉得中国的革命，不那么理想，有问题了。这时到中国，知道不会太自由了，我更希望从基层观察社会。

到了中国，我还是感到惊讶，感到和缅甸不同。在缅甸，可以找各种人交谈，比较随便，还可以到他们的家里拜访。比如，我到过一个摆渡人家里聊天。到了中国，就不同了。接触的人都是事先安排好了的，说的都是套话，也不可能到中国人的家里做客。在语言学院，没有办法交到真正的朋友。只有一个人交流多一些，他是法语教师，徐悲鸿的儿子。他和我说了一些事情，讲五七干校的情况。因为他愿意找法国学生聊法国，我愿意听他讲中国。

我也参加了开门办学，其实是走马观花，半天在这个生产队，半天到那个生产队，无法跟农民交谈。另外，他们的口音听起来很难懂。其次就是听报告，要么是忆苦思甜，要么是中国官员向外国人做介绍，感到很沉闷。

那时，干部们老对我们说："你们不会适应中国人的生活方式，太穷，太土。"我听了非常反感。此前，我去过缅甸、印度、墨西哥，我觉得没有什么不能适应的。我们出外旅行总

白夏和同学在北京。

白夏到农村参观。

是坐硬座、三等舱之类，没有什么苦不能受。而中国官方总想把我们和中国人隔离，我很不喜欢。在中国，我不能一个人到农村。有一次我到附近的农村生产队，被当作特务，带到办公室询问了两个小时。后来他们给学校打电话，学校把我们接了回去。在这期间我们遇到邓小平下台，反击右倾翻案风。在清华看到过大字报。这时的大字报都是布置好的，已经不是“文革”初期的那种。

从北京语言学院到辽宁大学，我在中国当了一年工农兵学员。

高考往事

赵国瑛

1979年夏，我毕业于浙江省诸暨县檀溪中学。因准备仓促，当年高考未能如愿。8月中旬接枫桥区（县和公社之间的行政机构）文教办通知，叫我到白米湾中学复习，以备来年再考。

白米湾中学离我所在村约十五公里，学校有几十亩茶山，系半工半读的中学，采茶季节，学生们停课劳动。学校三面环山，环境清幽，离最近的村庄也有三里路，是个读书的好地方。

当时粉碎“四人帮”不久，学校师资匮乏，老师多为年龄偏大的老教师或平反不久的右派。学校条件简陋，我们住在三十多人一间的大寝室里，上课文理分班。我所在的文科班约三十六人，其中应届生七人，其余均为历届生。

我们每两个星期回家一次，从家里自带米、菜到学校。学生将米淘好，放在自己的饭盒中去学校食堂蒸，菜则是不易变质的霉干菜、豆腐乳等。顿顿如此。只有极少数家庭经济条件稍好的同学，买食堂供应的新鲜菜。老师和我们一样，也是两周回一次家，只是他们基本吃食堂供应的饭菜，比学生条件稍好一些。

尽管条件艰苦，但大家的学习劲头很足，上几届考上的

浙江省1980年高校招生文化考试

准考证

准考证号:1240270

姓名 赵国瑛 性别 男

单位 诸暨县白丰湾中学

考点 枫桥 试场 11

(遗失不补)

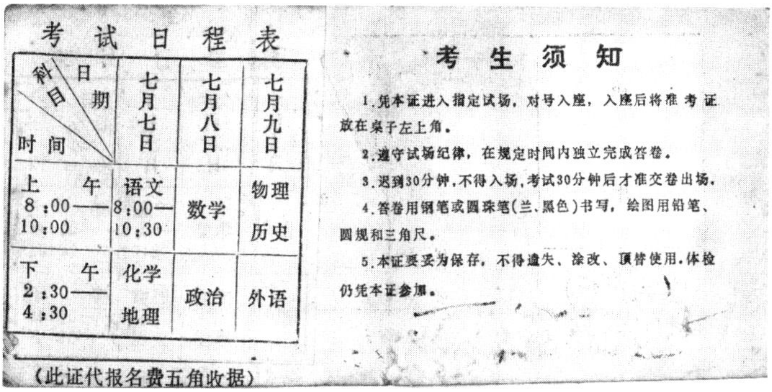
考试日程表

科目 日期 时间	七月七日	七月八日	七月九日
上午 8:00—10:00	语文 8:00—10:30	数学	物理 历史
下午 2:30—4:30	化学 地理	政治	外语

(此证代报名费五角收据)

考生须知

1.凭本证进入指定试场，对号入座，入座后将准考证放在桌子左上角。

2.遵守试场纪律，在规定时间内独立完成答卷。

3.迟到30分钟，不得入场，考试30分钟后才准交卷出场。

4.答卷用钢笔或圆珠笔(兰、黑色)书写，绘图用铅笔、圆规和三角尺。

5.本证要妥为保存，不得遗失、涂改、顶替使用.体检仍凭本证参加。

同学不断写信鼓励学弟学妹，还寄来当地的高考复习资料和考卷，供大家练习。有的同学常常挑灯夜战，直到天明。老师们非常尽职，诲人不倦。当时并无奖金和升学指标一说，但大家都在为改变自己的命运拼搏忙碌。

1980年5月下旬，学校在走廊上挂了一块布作背景，请来枫桥镇照相馆的师傅，为大家照准考证上的照片。几天后，班主任骆本来老师将填好的准考证发给大家，我因家境困难，没有像样的衣服，向同学借了件藏青色的外衣。所幸当时收费低廉，高考报名费也只需五毛钱。

7月6日下午，我们到十里外的枫桥镇学勉中学参加高考，全体同学住在一座祠堂里，稻草铺地，上面是篾席，在临时食堂就餐。当时考六门课，分别是语文、数学、历史、地理、政治、外语。其中外语按考分的10%计入总分。大家都没有手表，考试结束前五分钟监考老师会提醒一次。为尽可能考出水平，大家按先易后难的原则，避免因时间不够留下遗憾。

由于老师的辛勤培育和同学们的不懈努力，当年我们班大部分同学均上了录取分数线，圆了大学梦。三十多年过去，各位同学都在各自的工作岗位上书写自己的人生，每个人的肩头都落满了风霜雨雪，当年参考的情景至今历历在目。

我村的中心小学

韩鸣岐

我们村是一个大村庄，比周围的村庄大得多。解放后的1949年，我们村就办起了小学，周围村庄的孩子也都来我村上学，上级教育部门叫它中心小学。上级派来了公办教师，学生由一百名增加到三百多，学校搞得红红火火。从这里毕业的学生有的继续升学，有的走上了工作岗位。

“文革”后，学校里的学生变成了“红小兵”，斗教师斗校长，把学校搞得一片狼藉。“复课闹革命”不久，嘉祥县的几个教师，在《大众日报》上刊出“小学下放到农村来办”的倡议。全省响应这一倡议，我村中心小学的五名公办教师接到公社教育组要他们回原籍的通知，每人持一本村革委盖了公章赠送的《毛主席语录》回了原籍。我村在外地教学的教师也回了村，三十年的公办中心小学成了村办小学。

上级指示扩办初中班，第一个难题是师资严重不足。按规定需用十四个教师，眼下只有三个，村革委决定，缺额教师从本村毕业的学生中找，小学毕业的教小学，前几年初中毕业的教初中。这些教师叫民办教师，实行工分制，年终和社员一样参加生产队的分配。这些教师的素质很差，把“羞耻”读成

“差耻”，把“挑衅”读成“挑畔”。一个刚毕业的初中生回生产队劳动，队长安排他们几个人去林厂运化肥，这个初中生回来像发现了新大陆，兴高采烈地对正在记工的社员们说：“你说笑人不？什么村名也有叫的，我们经过的那个村，村碑上叫‘冠家鸟’。”大家听了大笑，他把“寇家坞”读成了“冠家鸟”。

由于一些民办教师不合格，一年一换或二年一换，换了一批又一批，结果我们村当过民办教师的竟有五十多人。

小学下放到村里办的同时，实行了贫下中农管理学校，并实行推荐升学。我们村管理学校的两个贫下中农，都是从没

进过学校门的文盲，根本不知道如何管理学校，天天坐在办公室里无所事事。其中一位，碰上下课的学生就说：“好好念书呀！好好念书呀！”天天絮叨这一句，学生们像躲“祥林嫂”那样躲着他。另一位掌管推荐升学，说谁升谁就升。

“文革”结束，进入改革开放，村里几个“有识之士”，闲聊时羡慕周围村庄人才济济，困惑我们村为什么不行。几个人分析了好久，才找出了原因之所在。

对一张照片的考证

赵新华 莫 非

2007年，我们在搜集整理山东省立剧院史料时，发现了这张拍摄于上世纪30年代的山东省立剧院乐队照片。这张距今已有七十余年历史的山东早期西洋交响乐队的老照片，引起了人们的极大兴趣。但是，由于缺乏与照片有关的文字说明，当事人又已过世，这张照片拍摄于何时何地、何种场合，其中的人物是谁，一时难以搞清。因此，对其历史价值很难有足够的认识。

其后，2008年，我们又从赵仲奇先生提供的有关资料中发现了一份“山东省立剧院音乐演奏会节目单”。这份节目单原件32开，共十二页。节目单的封面，记载了这场音乐演奏会的主办和演出单位为山东省立剧院，演出地点为剧院大礼堂，演出时间是5月29日下午八时。从中可见，这场音乐演奏会的节目包括声乐节目合唱、男女声独唱、二重唱（其中包括三首西方经典歌曲和黄自、陈田鹤等中国音乐家的创作歌曲）；器乐节目包括钢琴独奏、联弹、小提琴独奏、二重奏、大提琴独奏、钢琴与小提琴、大提琴三重奏和管弦合奏，器乐节目内容全部为西洋经典音乐家贝多芬、莫扎特、海顿、威尔第、舒伯

1937年5月，山东省立剧院管弦乐队在舞台上。

特、勃拉姆斯、亨德尔等的作品，共计十一项演奏演唱节目，二十三件中外音乐作品。指挥是陈田鹤先生。

虽然我们对这份历经七十余年、今人已难得一见的节目单感到很新鲜，但是，节目单所记录的这场音乐演奏会，到底是哪一年的5月29日？仍不得而知。以往很长时间里，我们并未把这份节目单与这张乐队照片联系在一起。

今年3月份，我们在网上搜集山东省立剧院资料时，突然邂逅陈田鹤先生的女儿陈晖女士。这一巧遇，使我们的研究出现了豁然开朗的转机。

我们先是把剧院乐队照片从网上发给了陈晖女士，陈女士很快就回复告知：照片上左侧中间那位扎领结、戴眼镜的就是她的父亲陈田鹤先生！这使我猛然联想起了那份“音乐演奏会”节目单，由此，围绕这两件史料的历史谜团迎刃而解。这两份史料存在密切联系，可以初步断定：这正是七十余年前由陈田鹤先生组织指挥的一场音乐会的文字图片资料！

首先，照片上人物及其排列正好与音乐会节目单关于管弦乐队的记载完全一致：照片上陈田鹤先生右边那位穿中山装、戴眼镜的男士，正是在我们搜集到的《山东省立剧院第一周年纪念年刊》上有其照片的院长王泊生先生；前左侧的那位女士是该院声乐教师、演唱会的女声独唱者吴瑞年。乐队成员及其排列与节目单高度一致，即：前排左侧为第一小提琴朱风林先生（照片上教师全部打领结或扎领带）、学生杨传信、臧家麟，右侧持琴者前排应为第二小提琴申沛典、魏乐文，后排应为第三小提琴赵正湘、朱永寿，中间为大提琴李元庆先生和学生丁孚祥，中排左侧站立持低音提琴者应为赵光耀；右侧五人，对照节目单乐队名单，观其乐器，则可确认从左至右依次为巴松管学生赵华岩、长笛高子桢先生、黑管学生陈陕和刘家魁、双簧管刘润清。右侧管弦乐队边上则为钢琴演奏者李子铭先生。

其次，关于这张照片与节目单的确切时间。

一是据有关史料。上世纪30年代由缪天瑞主编的《音乐教育》杂志，1937年第二期报道了这场音乐会将于当年7月份演出的预告消息；第六期则报道了这场音乐会实际演出的消息，即当年的5月29日。报道中关于音乐会节目内容和演出人员与这份节目单完全一致。

二是根据照片中的典型人物和典型环境。据史料记载，陈田鹤先生是1936年8月份到的济南山东省立剧院，1937年9月份离济；而大提琴演奏者李元庆是1937年春经缪天瑞介绍到济南，同年9月因患副伤寒离开山东省立剧院，回老家养病。两人30年代同在济南的时间是当年春夏。而照片中人物的服装（春装，个别如独唱演员、女教师则是短袖夏装）与摆设（照片下方的舞台前有鲜花盆景），都反映出照片的拍摄时间是春夏之交。同时，根据照片中包括领导、乐队合唱与演奏人员全部到场，列队整齐划一，着装正规统一等情况，可知拍摄时并非一般场合，而是与重大演出活动有关。

三是根据照片原件的清晰度，这张七十余年前拍摄的照片，尺寸仅约六寸大小，但是非常清晰，绝非一般摄影设备和拍摄者所为，必是因拍摄场合的重要性而专门请来的专业人员、用专业设备拍摄。

四是照片的舞台背景为落叶纷纷，使人联想到那场音乐会节目单第一项节目合唱中的第二项，是歌剧《荆轲》选曲“易水送别”，“风萧萧兮易水寒”，不正是照片上舞台布景的秋风落叶吗！

至此，我们是否可以基本断定，这张照片，当拍摄于1937年春夏之交的5月29日，即这场音乐会的正式演出之前。也就是说，这张照片和这份节目单，是1937年5月29日陈田鹤先生在山东省立剧院组织指挥的管弦音乐演奏会或者是交响音乐会的珍贵历史佐证。

一张特殊的全家福

史耀增

这是一张特殊的全家福。说它特殊，是因为照片上的人物关系复杂，他们原本不是一家人，现在却坐到了一起；还因为这张照片几乎不为人所知，只是在2012年冬天史东进（前排中间左边的小男孩）去世之后，孩子们整理其遗物之时，在箱子底下发现了这张照片，与其遗像一起摆放在供桌上，巷院中的人才见到了它，但已经很少有人能说清楚照片上的人物关系了。

东进本不姓史，姓秦，生于1950年，是合阳县坊镇和阳村南湾巷秦守义的第五个儿子。我的姑姑冥配秦守义（小名义儿）的堂叔父，守义为其承嗣，两家经常走动，我们叫他义儿哥。照这种关系，东进应该称我为叔。后来东进的母亲年轻轻地病逝了，守义哥拉扯不过来，遂将他送与同村史家巷的史惠堂作养子，因为是从巷东头抱进来的，起名“东进”。按辈分，我称惠堂为爷，东进既为惠堂爷当了儿子，我该叫他叔了。但我们俩之间并没这样称呼，而是按年龄，他比我小五岁，称我为“增娃哥”，两人是亲密无间的朋友。

坐在中间戴布帽（乡间俗称“一把抓”）的老人叫侯占胜，本是山西省平陆县人。抗日战争爆发后，他西渡黄河来到

合阳，在和阳村大涝池边摆个小干果摊，借以谋生。他年龄比我的伯父还大，所以我们都叫他“老侯伯”。老侯伯后来在闲谈中对我说，和阳村是从山西、韩城通往西安的大路，行人较多，他摆个小干果摊，收入也还凑合，后来便租了属于我家的三间店铺，除了继续卖干果、麻花（夏天还有西瓜、甜瓜、水果之类）外，还供应开水，有时也给客人做碗面条吃。抗日战争胜利后，我婆（祖母）供我父亲上大学，急于用钱，便将店铺转让给老侯伯，此后人们便叫这里为“老侯店”了。“老侯店”一直经营到解放后成立农业社时，老侯伯成了社员，自然不能再做这小生意了。今年七十九岁的林周叔说，老侯伯还在村里买了五六亩地，兼做庄稼，对农活样样精通。解放后还和他成立了一个互助组，六家人合伙做庄稼。

老侯店与惠堂爷的家相隔不到百米。因为离得近，老侯伯少不了到惠堂爷家请其妻缝缝补补。惠堂爷为人厚道，觉得老侯伯是异乡人，理应帮助。其妻贾竹言，我叫她“东头婆”，是相距十五里的西卓子村人，为人贤惠，行动利索，家中里里外外的活路都拿得起，放得下。老侯伯知道感恩，不会白麻烦人，来时总要带上一把花生、两根麻糖（麻花），经济上可能也有一些帮助。来往的次数多了，巷院中便少不了有些闲言碎语传出来。但这两家三个人却不管那些，照样来往。要说东头婆对老侯伯也的确够关心的，有一年老侯伯得了大病，东头婆煎药喂饭，百般照护，老侯伯终于奇迹般地痊愈了。我曾听不少人说过，当时大夫给老侯伯开的汤药要用人肉作药引子，不知道大夫是不是故弄玄虚，东头婆却毫不犹豫地用磨得十分锋利的剃头刀从自己的大腿上削下一块肉来。这到底是确有其事，还是旁人的渲染，现在已经无从考究了。老侯伯对东进的关爱确实超过了父亲，我小的时候，常常看见老侯伯把东进架在肩膀上，东进手里举着一根麻糖，令小伙伴们羡慕得不得了！

惠堂爷在1959年春天受到意外惊吓，患病去世，撇下东头婆和幼小的东进，孤儿寡母，难以度日，老侯伯便在此时走进了这个家，东进也从此改称他“大”（合阳人称父亲为“大”）。他们肯定不会去领什么结婚证，而是双方都觉得在这种时候应该在一起互相帮衬，用当下的话说，是“搭个互助组”，巷院中的人对这种组合一点也不觉奇怪，相反地都认为这是一件情通理顺、水到渠成的事情。打这时起，老侯伯便成了我们史家巷二队的社员（他原先属于白家巷一队）。这张全家福就是在这之后拍摄的。

坐在老侯伯和东头婆两侧的是老侯伯的两个侄子。老侯伯的嫂子去世后，他哥生活困难，他便将侄儿接到合阳，自己照料。左边的光头者叫杨天民。是经老侯伯介绍，过继给和阳村杨家桥的杨继昌当儿子，改姓杨。旁边是他的妻子，妻子抱着的是其小儿子杨俊峰，坐着的女孩是其女儿杨俊英。前面与东进相挨坐着的则是杨天民的大儿子杨俊虎，当时已经上学，戴上了红领巾。右边留着“洋楼”的是老侯伯的小侄儿，名叫侯进绪。林周叔说，进绪小时曾随老侯伯在和阳村里生活过一段，比他大三四岁。还曾在村中的小学读过书，与他同学，土改前回了老家平陆。具体弄不清哪一年，他曾经带着妻子和女儿来合阳看望叔父，这张全家福可能就是在这时拍摄的。说起来老侯伯也够命苦的，漂泊大半辈子，进了这个家紧接着便是三年困难时期。困难刚过，顺心日子没过几年，1965年夏天，东头婆贾竹言便因病去世了，年仅五十五岁。老侯伯与东进两人相依为命，既要在生产队劳动挣工分，还要为上学的儿子做饭洗衣。好在老侯伯人缘极好，不论碰见老少，说话总是笑眯眯地，八字胡抖动着，非常和气。队长照顾他年老，只给派些看麦场、晒棉花之类的活路。“文革”开始，东进辍学当了农民，1968年冬天老侯伯为他娶了媳妇，是村里老支书秦兴才的长女，名叫牡丹。东进和牡丹订婚后，老侯伯高兴得逢人便说：“我老侯是个啥人嘛，能说下人家老支书的女儿当儿媳。咱这是沾了大光咧！“牡丹是个好姑娘，诚实厚道，勤劳能干，小日子一下有了起色。东进和媳妇对待老侯伯都极孝顺，老侯伯的晚年吃穿不愁。1972年，东进有了第二个女儿培丽，老侯伯却一病不起，撒手人间。东进按照乡下的习俗，把自己的异姓父亲风风光光地送到坟地。闲谈中每当提到这位关心爱护自己的老人时，眼中总是泪花闪烁。如今东进的三个女儿均已成家，为二女培丽招了女婿，孙子臻南已到了说媳妇的年龄。2002年，和阳村修建“先贤纪念碑廊”，东进以“侯占胜”的名义捐了二十元。他说：“要叫后代知道和阳村还有这个人！”老侯伯的名字刻在了捐款的石碑上。

从去年夏天见到这张全家福后，我一直在思索：惠堂爷、东头婆和老侯伯都是淳朴善良的庄稼人，面对战争和灾荒带来的苦难，面对亲人离去的不幸，他们选择了适宜于自己的生活方式，互相理解，相扶相帮，终于像接力一样，把他们寄托着希望的儿子史东进抚养成人，让史家的香火得到延续。这张全家福上体现出的相濡以沫的精神，应该得到人们的理解和同情。

“我与《老照片》”征文

2015年4月，《老照片》将迎来出版100辑。

《老照片》于1996年12月面世，迄今已走进了第18个年头。18年来，在读者、作者、编者以及广大媒体与营销商的共同构筑下，《老照片》已成为一个以老照片为媒介的民间叙事的独特平台。值《老照片》出版100辑之际，山东画报出版社暨《老照片》编辑部发起“我与《老照片》”征文活动，诚邀各界人士踊跃参加，分享这些年来与《老照片》的点点滴滴。

征文来稿，将从今年下半年起在《老照片》里陆续刊出，并在明年适当时候结集出版。限于篇幅，征文字数尽量不要超过3000字。一经刊用，即致薄酬。

来稿电子版请发到：laozhaopian1996@163.com

纸质稿请寄到：250001 济南市胜利大街39号《老照片》编辑部

《老照片》编辑部　2014年7月

我基因出处的“匪兵甲”“匪兵乙”

李 斓

我爸姓李，这没错。可我爸的爸的爸的爸……的爸怎么姓的李，也就是说我们家的祖先里那第一个姓李的人是谁？长啥样？他太太啥样？却无从知晓。

上溯四代，我就知道我祖先里——有李姓、游姓、杨姓、徐姓、王姓……问过老爸家谱的事儿，他说爷爷那儿原来一直好好的收着一本，可是随着爷爷突然的病故，再加上后来兵荒马乱的，就再没见过。这就大大地毁灭了我希望认真上溯祖宗根源的企图。可是我这个肉身肯定得有个开头，他们肯定存在过，也就是说我肉身上的基因里的某一部分也是他们的（除李姓基因外），我肚子里、脑袋上、全身的基因也都是我梦寐想知道的那些祖先身上的，只是他们的姓太多了，我更无法去想象：我妈姓杨，我外婆姓徐，我外婆的妈姓王（这还是因为她老人家始终被称为徐王氏才被我妈记住的），而我爸，我问他，您知道您奶奶、外婆姓什么吗？他说不知道，面都没见过。

所以远些的，我爸的奶奶、外婆的姓无从查起了，就假设她们一个姓X，一个姓Y，当然我妈也不知道她奶奶的姓，我暂

前坐者为爷爷的母亲。

且假设她老人家姓Z，看来人们遗忘的大都是母系的姓。可据说科学家追踪研究人类基因来源时，发现目前地球上的60亿人口全部都是非洲的2000多名人类祖先繁衍出来的，这些祖先是撒哈拉沙漠地区两个古老的“采猎部落”——刚果盆地的Mbuti俾格米人和博茨瓦纳的Khosian土著人。有的科学家是通过现代女性基因里的某种东西，上溯到非洲的那些地区古老部落某个女人的原始骸骨身上，全地球人都是她的后代呢。而这基因里特殊的物质是传女不传男的，可见忽略娘家的姓氏是多么遗憾的事情。

虽然我一个人上溯四代就有八个姓，而这八个祖先各自又分别会另外有约八个姓，可见我们的姓氏如果不按照父亲的算，每个人头顶上都曾经有多个姓氏的祖先，恐怕全中国所有姓氏人的基因我们都掺合过，或者换个说法，我们体内的基因，应该姓过中国境内90%的姓，甚至更多。从这个角度讲，我的灵魂来源肯定不全是出自李家，应该是祖先中不定哪一朝代修炼转世的呢……

我是生在天津,长在天津的四川人的后裔。我对我基因的出处好奇，我对我基因的去向、变化也好奇，当然我对我基因当前所处的状况更心怀千头万绪。我可以是我，本来我也可以是另一个我……另N个我，如果我的祖先轻易更改一个举动，可能就不存在现在的我。我对着陈兵所著的《佛教轮回说》里的一段话想哭：“此有则彼有”，“此无则彼无”，这叫“俱时因果”。从时间的流逝看，现在的事物是过去已灭的某种条件（因）的果，又是未来某种事物的因，一切现象都处于生灭相续、因果连环的生灭变化过程之中。

我爷爷叫李孟凡，在跟老爸聊天的时候，他讲到过在1915年蔡锷云南起义讨伐袁世凯时，我爷爷在蔡锷手下四川护国军郑英部当参谋，“在川南一带与袁世凯入川之北洋军队作战”（八叔给我的爷爷思想总结中原话）。后来他在成都附近一个小县城里当司令官，他们也要跟随蔡锷起义，我爷爷是事前秘密讲好要参与的，可是起义那天夜里，当枪声大作时，我爷爷的老爸和老妈死死抱住他不松手，不让他去，这个孝子最后放弃了参加起义。等天亮后，一切都变了，参加起义的那几个主谋都成了后来的达官显贵。我爷爷后悔晚矣，只好从基层干起，后来索性改经商了。

我又爱设想，如果当时爷爷不听父母的劝告，任其怎么阻拦都不管，毅然决然地参加了那场起义，我爷爷还碰得见我奶奶吗？假如碰不见我奶奶，那就没我爸了，当然就不用提我了。当然，也许就是爷爷这种孝顺、不打头阵的性格才酝酿出我：当年蔡锷派手下人去北京跟袁世凯谈判，很多人都想去，爷爷没有去的意思。后来张培爵去了，却被袁世凯杀害。天哪，如果当年一念之差，爷爷争取到了赴北京谈判的机会，袁大头杀了我爷爷，那我将在哪？我将是谁？

我妈姓杨，在四川大学碰见我爸。听老妈说本来有个极像周恩来的同学跟她谈恋爱，都到了互赠照片的份儿上了（我妈非强调说不是恋爱关系，只是彼此有好感），我爸基本上算是第三者插足（估计老爸肯定不这么认为），给那“周同学”气走了，我妈还找人家要照片，“周同学”不给，我妈还挺生气，真是，人家“周同学”不过是希望留个纪念……再说，如果我妈一不小心在“周同学”与我爸之间权衡后还是选了

我奶奶与父母、妹妹及某长辈的合影。右一为奶奶的父亲，是清代某县衙门里的文书。

“周同学”的话——我将是谁？我还会不会定居天津？很大的可能，我肯定不是现在的我，年龄、相貌、定居地都相差十万八千里……

当然不论我是现在的我，还是倾国倾城的我，打从四川大学那时起，我妈那边的有族谱为证的祖先是定格了的，是变不了的，就是杨如江老祖宗，他是在明朝洪武年间被政府捆绑着与兄弟杨如海一起从湖北麻城强制迁徙到四川的。我从网上搜到过另外一家杨姓族谱的几句话，倒是与我家族谱很吻合。

年轻时的爷爷

民国蒲江《杨氏续修族谱》载：杨氏祖“系湖北麻城孝感乡踏水桥民籍”，“自明洪武三十二年奉旨来蜀”。另在网上还看到这样的讲法：出自湖北地区族谱上的这些“抽迁”，“路邑催逼”，“奉旨分丁”，以及“奉户帖”来居之类的用语，显然是对明朝政府移民之种种举措的记述，是施加了“外力”的结果。从中可知，迁移对象主要是士、庶中丁多之家和无田农民，原籍地的基层官吏积极执行了移民令。看来我的杨姓祖先在明朝洪武年间（1368年—1398年），不是“士、庶中丁多之家”，就是“无田农民”，反正有钱有势之家绝不会被绑走。如果当时杨老祖宗家的两兄弟没被强行绑走移民，我又将是谁？我将在哪？

造化绝对捉弄人。我家族谱上讲，杨如海、杨如江兄弟被绑到四川靠近重庆的璧山县后，因祸得福：按照当时的政策，移民可以圈地，但圈地有严格的规则，这规则就是，从早上太阳出来到黄昏太阳落山，可骑着马跑，边跑边插旗子，谁能在规定时间内用小旗子插住一块地，这地就法定归谁了；如在日落之前没跑回起跑点，你插了旗也白搭。我能想象出大约六百年前，杨如海、杨如江兄弟俩怎样运筹，他们一定在跑马之前察看地形，估算时间，搞不好还借匹马先试着跑几圈，反正最后这两兄弟圈得一大片上好的土地，界线内有人去楼空的大宅院，有祠堂，有可耕种的沃土（因为战乱，当地已十室九空），就这样，两个穷小子成了当地的大户。

家里老人对祖上的这种说法，我在网络上找到佐证：1364年（元至正二十四年），明太祖朱元璋派大将徐达攻打长沙，与陈友谅旧部和元王朝残余势力血战四年，损兵折将，最后才于1368年（洪武元年）夺得胜利，确立明王朝在长沙的统治。元末明初这场连年战祸，使长沙田园荒芜，百姓亡散，庐舍为墟，许多地方渺无人烟。于是，明王朝就近从江西大量移民迁入长沙地区（湖北和湖南，当时二省是一个省份，称之为湖广省），并允许“插标占地”，奏响历史上有名的“江西填湖广”的宏伟史诗。

日落前策马插旗。多么带有图腾色彩的画面，现在的地

民国年间的爷爷。摄于1940年代。

球，已找不到任何可以插旗画地的地方了吧，别说绑着去，就是自费赶过去，哪会有这等美事哦？祖先倒霉悲惨的背井离乡之实，在我们后代人眼里竟是那么浪漫，那么地酷！

可是谁敢说600年前杨氏兄弟举着一捆旗子在马上飞奔时，会想到，当下的举止会造成600年后他们子孙后代目前的现状呢？而当时若圈地失败，600年后一大堆的子子孙孙又将是怎样的现状呢？当时的移民造成后来的几代的富裕生活，再

民国时期的外婆

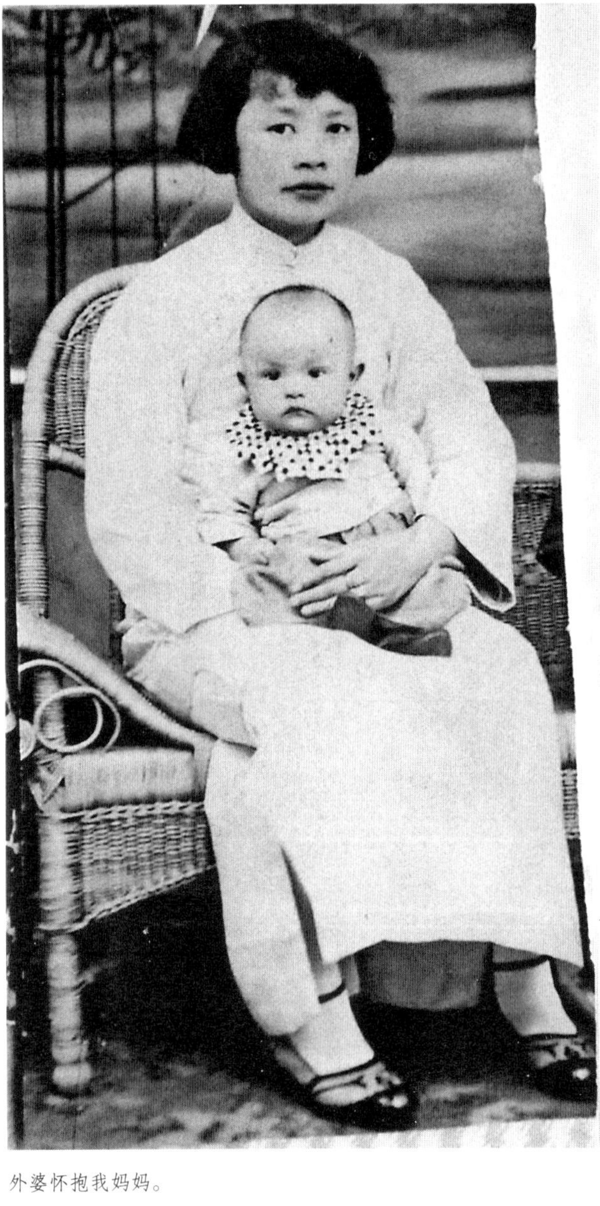

外婆怀抱我妈妈。

妈妈（左三）与哥、弟、母亲及奶奶。

妈妈与哥、弟及父母合影。我外公杨露，民国时曾任四川西昌县县长，国民党二十四军少将参谋。

后来又是战乱和落魄，到了外公那辈去日本留学读陆军士官学校（比我爷爷运气好，爷爷虽考上日本留学生，却没钱去），但那是某军长的赞助，不是外公家自己的钱……外公回国后做报社社长、军事参谋（刘文辉部队）、西昌（现卫星发射基

妈妈十七岁芳龄时。

地）县长，干得磕磕碰碰，直到解放后当上“历史反革命”算是最大的“成就”了。但外公的这一切经历都蕴育着我老妈接下来的命运，也可以说酝酿着我的命运。

其实，我爷爷和我外公在历史上就有交集了，只是他们彼此之间并没意识到他们两个当时还在吃奶的小孩子日后会联姻。当我爷爷在四川陆军弁目学堂毕业后（与杨森、潘文华、

李廷玉肖像

刘湘、邓锡侯是同学），在刘湘手下谋得职位时，我外公正在刘文辉手下做事，刘湘和刘文辉是叔侄关系。

而远在清朝，在天津也曾进入军事学堂（北洋陆军学校）读书的我孩的奶奶的爷爷李廷玉（民国时曾任江西省省长）就更不知道这日后亲缘交集了。那么我的小孩的联姻对象在哪？

李廷玉视察照

也许他老爸、老妈跟我也有交集，而我们彼此不自知罢了，也许他们就是某天擦肩而过的路人，也许就是电视新闻里某个镜头里本地或异地的路人甲、路人乙。

按照“文革”时的标准，我爷爷和我外公不就是历史上的“匪兵甲”和“匪兵乙”吗？而我孩的奶奶的爷爷，这个清朝时期的都统加大勇号将军，当然也不会知道他的亲家也是天津军人，但是个很普通的天津塘沽技术海军军官（清朝叫法俺不会说），在甲午战争期间的一次水雷实验时被炸死了，我孩奶奶的爷爷民国时代做江西省长时更不会知道，他后代的血缘中将溶入当时远在四川的两个青年人（我爷爷和我外公）的成分。

谁都有爸妈，但当他们中的一个先走了以后，做儿女的往往会忍也忍不住地回忆起很多事，有时像过电影，有时像翻相册……然后逐渐明白，有血亲关系的人去世后，活着的人会慢慢想起很多事，一件事都落不下，也逐渐明白，基因无论怎样变迁、传递、逝去，那都是肉身的繁殖、转换、消亡，但灵魂来自哪里至今科学无法给出定论，但谁也否认不了它的存在。从妈妈去世后几件怪异的事情，我彻底相信，灵魂是永存的，因为我时常能感受到故去妈妈的“目光”，她通过好几件事传递给了我，不是梦，也不是幻觉……我变得不怎么怕死了，因为死是另一种生。

奶奶及父亲（左二）、叔父、姑姑及奶妈。摄于1930年。

奶奶（带眼镜者）及亲戚。摄于1915年。

奶奶、姑姑、父亲（右一）及叔父。摄于1931年。

爷爷、奶奶、二奶奶、父亲及孩子们。摄于1934年。

曾为工商业者的父亲

刘忠帮

先父鸿庆先生，生于1913年农历六月十五日，卒于1999年农历十月十七日。享年八十六岁。按照民间以虚岁计算年龄的办法，今年农历六月十五日是父亲百岁冥寿纪念日。父亲是高寿的，在我们家族中也是少有的高寿者。他之所以高寿，我认为一是身体基础好，一生没有离开劳动。二是性格好，心胸开阔，性情随和，忠厚善良。什么事情都能看得开，再大的事情也不放在心上，一切都随遇而安。尽管一生遇到了那么多的战乱、灾荒、政治运动，一直到七十多岁时，父亲的身体仍然很健康，没有什么大的疾病，只是最后几年查出了冠心病，平时也不常用药。没想到在没有一点先兆的情况下，父亲于当日凌晨突发心肌梗塞，他走得如此匆忙，没给我们一点思想和物质准备。

我爱我的父亲，为了表达对父亲的思念和敬仰之情，总想尽自己所能，把父亲毕生的经历，特别是他作为一个老工商业者几十年的酸甜苦辣，凭我所知道的写出来。

我的祖籍——山东省寿光县，是蔬菜之乡。营里镇浊北村，位于距小清河入海口的羊口镇二十多里的盐碱滩上。据老

1947年，父亲和两个姐姐及我。

人们讲，村名在清朝时曾称“灶户刘”。这是因为村庄离海太近，海水倒灌，方圆几百里的土地盐碱化十分严重，农作物产量极低，老辈人为了糊口，把盐碱土熬硝盐来卖，家家户户垒灶熬盐。

村里百余户人家，以刘杨两姓居多。刘姓是个大姓，因曾祖父孩子多，加上地里收成少，生活十分困难。祖父十几岁便随乡亲们去沈阳挑担沿街卖菜，几年后回乡务农，娶妻生子。和二祖父分家后，祖父卖掉分到名下的六分地，携妻带子到济南谋生。这一年是1924年，祖父三十二岁，父亲十一岁。由于家贫，祖父又常年在外，父亲从小没有上过一天学堂。但他凭着个人的聪慧和努力，向周围有文化的人请教，边打工，边自学，持之以恒，日积月累，到二十多岁时，达到了“粗通文字”的水平，能阅读《三国演义》、《水浒传》等大部头小说，看完后还能讲给别人听。记得儿时夏夜，全家人在院里纳凉，父亲给我们讲“三国”，讲到“失街亭”“空城计”，我们几个孩子都听得入了神。父亲还打得一手好算盘，熟练程度不亚于专业会计。父亲从小还向村里的象棋高手学象棋，方圆几十里没几个是他的对手。总之，在我幼小的心灵中，父亲是个奇人、能人。

刚来济南时，祖母和大姑、二姑、父亲几个人在鲁丰纱厂（现国棉一厂）北门摆茶水摊糊口，祖父在厂里干搬运工。不久，父亲经人介绍进厂干童工，为日后在棉纺织行业立足、发展，打下了基础。

30年代初，祖父在济南扎下根后，多少掌握了一些棉纺织技术，便和王姓、魏姓两个朋友合资开了一家织布作坊，结束了给人打工、寄人篱下的生活。为了图个吉利，织布作坊取名

1977年，父亲在济南大明湖公园。

“合顺”，每家出资大洋五十元，厂址在黑虎泉上边的青龙街上，购置了两台木制脚踏式织布机，织老百姓常用的花格布。父亲也结束了在寿光老乡开的“公裕”织布厂的打工生活，回到“合顺”做工。不过，毕竟是异姓合伙做生意，难免发生矛盾，经营不到五年便干不下去了。产业一分为三，我家在此基础上独资开了间织布作坊，取名“义顺”，在西关的镇武街租房开业。经过几年的磨练，父亲日臻成熟，成了厂里的技术骨干。

天有不测风云。1942年深秋，祖父常年积劳成疾，又嗜酒如命，得了不治之症，英年早逝。年仅四十九岁。父亲是独子，家业理所当然由父亲继承，有六台木制织布机及其他资产。遗憾的是，祖父带全家老少忙了这么多年，竟没有买上一处属于自己的房产，厂房及住所仍然是租赁别人的。直到1948年，父亲才倾其所有，又借了一部分钱，才买下铜元局后街三号院子，直到1956年公私合营。

祖父去世时，二十八岁的父亲成了一家之主，担起了工厂和家庭的双重重担。幼年时，我常听父亲讲述他的这些经历。我上中学后，由于父亲在历次运动中需要书面汇报思想及一些历史问题，往往由我代笔。父亲从1942年当家后，面临日伪的统治和压迫，遭受的磨难三天三夜也说不完。1948年济南解放前夕，几个国民党的逃兵往我家的井里扔了几枝枪，这件事父亲根本不知情，却被指为逃兵的同谋，被国民党宪兵打了一顿。日伪及国民党时期，棉纱属战争统配物资，十分紧缺，工厂三天打鱼两天晒网，日本鬼子不时来查良民证，厂里多是青壮年，容易被怀疑是抗日分子，闹得人心惶惶。1945年鬼子投降后，国民党的接收大员对弱小的民族工商业巧取豪夺，苛捐杂税多如牛毛，通货膨胀日益严重，日子就更难过了。

我的原籍寿光，抗战和解放战争时期是中共开辟的老根据地和老解放区。家族内和村里，有不少抗战和解放战争时期参军的老革命。他们和父亲年龄相仿，有的还是父亲的同宗兄弟或子侄。他们经常和父亲联系，来济南办事也住在我家里。由于曾祖母仍健在，并住在原籍，父亲每年春节都要回老家省亲，常和他们见面。他们也经常向父亲宣传革命道理和共产党的方针政策。时间久了，父亲对共产党的主张并不陌生，并从心底里赞同共产党的政策。山东的革命老前辈马保三先生也是寿光人，是我同宗的伯父鸿文先生的岳父，鸿文伯父结婚时，还邀我父亲做他的男傧相，两家常有往来。我之所以讲这些，是因为解放后的历次政治运动，特别是公私合营时，父亲能积极配合，不抵触，不动摇，与他们的影响有着很大的关系。

“义顺”织布厂在风雨飘摇中，跌跌撞撞地走到了1948年。这年秋天，济南解放了，父亲对前途充满了信心。50年代初，他加入了民主建国会和工商联。1950年朝鲜战争爆发，父亲积极参加宣传、游行活动，踊跃捐钱捐物。父亲的二外甥——之秀表哥在父亲的鼓励下，参加志愿军去了朝鲜，任通讯连排长，还立过战功。战争结束，他复员后在我家住过一段时间，曾送给我几张朝鲜钱币和纪念章，当时觉得很新奇，可惜后来都丢了。

1978年，作者小妹去青岛旅行结婚。和父亲在青岛栈桥留影。

1990年，作者二舅从台湾回济南探亲，与作者全家合影。前排右三为二舅，右四为父亲，后排右三为作者。

解放初期，开展了“三反”、“五反”运动。从1942年到公私合营，父亲一直任工厂经理，是这个厂的当家人。通过“三反”、“五反”运动的洗礼，父亲终于明白了一个道理：共产党领导下的社会主义国家是不会让剥削制度长期存在下去的，资本家早晚会被改造成自食其力的劳动者。公私合营中，父亲主动向政府提出了合营申请，“义顺”和本市十几家中小织布厂合并，改称济南市第八织布厂，父亲先后担任过车间主任和技术科长。此时的公方代表对他也很信任，父亲连年被评

父亲怀抱他的重外孙（大外孙女的儿子）。

为先进工作者。1958年大跃进，上级号召干部下放，父亲便去车间当了工人。

公私合营时，“义顺”织布厂总计有木制织布机八台，员工二十余人，厂房十余间。资产共计六千余元。这个数字放在今天，可谓微不足道。

十年浩劫，给全国人民带来了巨大灾难，像我父亲这样曾经的剥削阶级更是不能幸免。最初几年，父亲干最脏最累的活，每天挨批斗，工资降为每天一元生活费。这期间，父亲的情绪跌落到了人生的最低点。他本来就是一个沉默内向的人，这时更是很少讲话，工作之余只是闷头吸烟。其实十几年来，也亏了父亲这种性格，只知埋头干活，少惹了不少是非。直到1972年，随着对民族资产阶级政策的改善，父亲又恢复了原工资，发还了抄家物资。年底，父亲即按政策办理了退休手续。

父亲是个严于律己、洁身自好的人。在旧社会几十年，身在工商界，吃喝嫖赌从来不沾。他家庭观念极强，敬父母、爱妻子，从不打骂子女，在亲朋好友和同事中，有着很好的口碑。他还乐善好施，自他接手厂子后，从原籍来投奔他的亲戚、老乡就有十几人。家族中凡来济南看病的，一律提供食宿，分文不收。他一向善待工人们，即使有人犯了错，他也是以理服人，从不打骂。他说，来干活的这些孩子不容易，谁家能守着万贯家财让孩子出来下大力啊！更何况，他自己也有过给别人打工的切身经历。直到父亲晚年，他的那些徒弟、工人们还常来看望他。

父亲一生最大的遗憾是，他的亲外甥、我姑家的大表哥因为父亲的资本家身份，在上世纪60年代和他断绝了联系，直到父亲去世，再也没见他一次。大表哥因家贫，从几岁便从老家来我家生活，父亲供他吃穿、上学，情同父子。学成会计后，大表哥一直在我家掌管会计工作，父亲对他十分信任。公私合营后，表哥于1958年前后加入了中国共产党，后调往市交通局和市委组织部工作。从“四清”开始，日渐重视阶级出身。表哥虽然出身好，却有一个资本家舅舅，成了他继续进步的最大障碍。从此表哥便很少来我家，直到“文革”彻底断绝了音信。父亲在世时，每当有人提到他的外甥，老人总是不住地摇头、叹息。

我和表哥从小一起长大，亲如兄弟。2007年秋天，经过四十多年的漫长岁月后，我终于从心底原谅了他，去他家拜访。此时的表哥已经八十多岁，高度近视的他，仔细打量我之后仍没有认出我。当我自报家门后，表哥面色大变，突然失声痛哭。其实这些年来，表哥过得也不顺，60年代初，市里为了发展棉纺工业，决定成立国棉某厂，把他从市委机关调去筹备建厂，后担任厂总经济师。表哥和父母包办的表嫂关系不好，后来发展到长期分居。又因在企业退休，退休金和以前机关的同事相比少得可怜。也许，当年他下放企业与他有一个资本家舅舅不无关系吧？尽管他早已和舅舅划清了界线……

父亲一生很少照相，幼年时在老家农村，人们尚不知照相为何物。来济南后，也因终日劳作，仅照过有数的几次。父亲怀抱我和大姐、二姐的合影，还是最近从老家堂叔家无意中发现的。父亲中年以后，政治运动一茬接一茬，他对照相更不感兴趣。“文革”结束后，恢复了民建、工商联，父亲开始参加学习及各项活动。心情好了，对照相也不再排斥。1980年，妹妹结婚去青岛，父亲也欣然同往，在海边礁石上和妹夫、妹妹照了三十多年以来的第一张照片。

父亲和他的子孙们。时年八十五岁。

父亲去世后，市、区工商联和民建组织闻讯后派人前来吊唁慰问。有时我想，父亲是不是生不逢时，来这个世界太早了呢？他如果晚生几十年，赶上今天改革开放新时代，做一个新时期的民营企业家，以他的聪明才智，会为国家作出更大的贡献，他的人生价值也会得到更多的体现吧。

我的母亲高昭一

赵　絪

今年是我母亲的百年诞辰。作为女儿，应该写一篇纪念母亲的文章。其实，在2006年母亲逝世后，我就几次动笔，然终未成篇。何故？母亲不像父亲性格显明，才情纵横，又爱说话，只需信手拈来，好的、坏的一大把内容。母亲生性内敛，话语不多，一生的精力倾注在父亲的事业与生活上，历经种种磨难，喜怒哀乐很少流于言表，内容远不及父亲那样丰富多彩，故每每提笔，每每中辍。

母亲的名讳甚是复杂，且男性化——高肇义，如用当年繁体笔画计算整整三十七笔，后父亲嫌繁琐，顺势改为高昭一。父亲那些文化界朋友，知此改动，无不赞叹："改得好！"所以，母亲就一直用高昭一这个称谓直到离世。

母亲是河北正定县人氏，世代为金银首饰匠人出身。记得妹妹留学美国，回来征询父亲，在美国很少有人一眼认出她是大汉民族，倒是中东来的同学一见她热情洋溢，误认为她是同乡。父亲说，这一点也不意外，并引证了元朝的一段历史，当元代大军打到中东，曾掳来一批金银首饰匠人，安插在京城四周，专为皇室服务，并分别赐了四姓，其中就有高姓。母亲姓

1946年，摄于陕西蔡家坡。父母与前三个女儿。

高，世代从事金银饰品制作，且又在皇城根下，与这段历史记载完全吻合，父亲断定，我们这些子女的血统中有着中东民族的成分。也难怪，每当巴基斯坦总统穆沙拉夫出镜，我们都有一种莫名的亲切感，那形象、气质及眼神都似曾相识，有我们舅家人的痕迹，弄得我们的政治立场也毫不犹豫地站到穆沙拉夫一边。这种没来由的情感或许就与遥远的元代有关。

扯远了，再拉回来。母亲五岁丧母，而外祖父的生存之道又每况愈下，外祖父的母亲一贯偏小的，嫌大的，因而外祖父在大家庭中很没有长子的地位，加之命中尅妻，娶一房，死一房，连娶四房，到最后人们专门寻来一个尅夫的寡妇配与他，也没有尅过他老人家，到底先他而去。所以，母亲有四个姥姥家，但最亲的是生母王家。王家是正定有名的乡绅，以医道传家，很有点影响，当年这个家族出的最有名的人物就是民国时的"三杰"王士珍了，他是母亲的表舅。

缺失母爱，常被人冷落而嫌弃，养就了母亲从小独立、刚强和倔犟的性格。她争取了读书的机会，成为"五四"以后倡导妇女解放、男女平等改革的受惠者，并挣脱了旧式家族的樊笼，走上了抗日救国的革命道路。在游击队邂逅了从北平走出的清华大学学生——我们的父亲赵俪生，并于1937年结为伉俪，相扶相伴近七十载，被学界传为一段佳话。

所谓"佳话"，誉词也是给予父亲的，无论家乡父老、同学友人，一提这段婚姻就是"赵俪生结婚了，娶了一个并不漂亮的女人，生了一窝并不漂亮的女儿。"用钱伟长夫人孔祥瑛的赞语："赵俪生可是当年清华园的美男子。"我们往往替她续上同学背地里议论的下一句："可惜娶了个丑太太。"而在赵氏门中对母亲就更毫无顾忌，每当有一房媳妇要进门，大家

1951年，摄于刚到青岛时。父母与前三个女儿和出生不久的弟弟。

议论新媳妇不漂亮时，这时最低标准就出来了：“再丑还能丑过高昭一。”于是“模范丈夫、品格端正、不弃糟糠、没有绯闻”等誉词都给了父亲，而母亲成为闲言碎语中的陪衬人。

母亲确实不漂亮，可上帝公平，再美的人一生也会有容颜憔悴、凋零的时节，而再丑的人也会有容光焕发的时候。母亲在古稀之年成为一个气质高雅、神清气娴的漂亮老太太，缘由不外母亲口型欠佳，晚年牙一拔，嘴吻平复，没像正常嘴型的老太太到晚年会凹成老婆婆嘴，反而十分平整，这就显得年轻，加之最后二、三十年生活平顺，营养全面，因心脏病而长年服人参汤，养得一头白发如绸缎般光滑，面部少有皱纹，呈象牙白。没见过她年轻时代的人会赞道：“你妈年轻时一定是位大美人。”“非也，我娘以丑著称。”对方斥道：“儿不嫌娘丑，有你这样讲话的吗？这么漂亮的老太太真少有，你瞅瞅你才丑呢，哪点如你妈？”我无法解释，也说不明白，可背了一辈子“丑”名的母亲，在暮年呈现出她一生最光彩的那一面。

每当有人夸母亲有福，配得才貌双全、品格端正的好夫君时，父亲听得别说有多滋润。母亲也似有满足之感。这辈子只有一次一个人训斥母亲嫁错了人，立马点燃火药桶，让父亲大闹天宫般的闹了一场。

“文革”前夕，为加强大专院校的政治思想教育，调来一位曾在部队工作的老同志任兰大副校长，名叫甄华。父亲带回消息，母亲立即断言：“哦，一定是当年的甄梦华。”我还反驳：“你又没见人，咋就一定认为甄华就是甄梦华呢？”“梦笔生花么”，果然，甄副校长在校园中见到提篮买菜、沦为家庭妇女的母亲，一眼就认出这是当年他当抗日文工团团长时的队员，十分惊讶，问明白了妈妈的处境，不禁埋怨：“你咋能沦落至此呢？你怎么嫁了那么个人呢？”因为当年文工团的那些年轻姑娘们，如今一个个无不是首长夫人、高级干部。母亲有些失落，回来如实陈述了和甄华的交谈，躺在被窝中看书的父亲暴怒，一掀被子，穿着睡衣，趿拉着拖鞋，闯进了校长江隆基家中大喊大叫：“他甄梦华算个什么玩艺儿，一进兰大就来离间我的家属！”那个阵势恨不能掀了江家的屋顶。当了多年北大领导的江隆基什么场面没有经过，什么怪物没有见过？他温和地安抚父亲：“甄校长他不了解你的历史，有些误会。”好说歹说把父亲劝回了家。不出一年半载，“文革”骤起，甄华也成了“叛徒”被打入牛棚，才读懂了父亲。从牛棚放出后，不断来家中借书、叙旧，俨然成了好友。

1955年，在青岛山东大学的家中。父母与后三个子女。

母亲一生伴着贫穷、艰辛，少有快乐，加之个性倔犟，显得有几分生硬，六个儿女，即便是她最看重的独子和最疼爱的幼女，也没有见她搂过、亲过，态度总是很严肃。不像父亲那样有时和我们嘻嘻哈哈，打来闹去，哄着孩子们玩。所以孩子们普遍亲爹畏娘。母亲口口声声表明，她是“五四”时代感召下的新知识妇女，可让我感觉到的她依然是一个旧时代的传统妇女。中国千年的封建道德，不可能通过一个“五四”运动就完全消失，只有“文化大革命”，才将千年文化、道德传统毁灭得面目全非！让现如今断了代的年轻人，再拼命去追寻那些遗失了的玩艺儿，已是非驴非马了。那个时代的风貌、格调、气韵，还是顽强地残存在母亲那一代人的血液中。

母亲从来不承认自己重男轻女，可我旁观五六十年，发现母亲是典型的重男轻女。她这一辈子尊夫、爱子、向婿、惯孙全是男的，而对女儿就使用一套限制和约制的手段。比如说吃吧，饭桌上如果我们吃猛点、快点，妈妈就停了筷子，看你半晌，然后教训："一个女孩儿家这么个吃法，你不怕撑着啊？"然后告诉你吃饭的原则："人只能吃七分饱！"还告诉你："只有节制食欲，方能培养美德。"我们四五十岁时，妈妈还这么教训我们。可她就从来不限制老爹吃。老爹八十多只要认准了哪道菜，妈妈就拼命地给他扒。我们劝她别这么填，年纪大了，会被撑坏的。妈妈却不以为然："不咋地，你爸他好胃口，消化得了，活到这八十多，不全凭着能吃么？"

弟弟回来，在厨房为父母做顿饭，母亲立其身旁，观其娴熟的刀工，片是片，条是条，丁是丁，犹如尺子量出来的那么标准。瞅着瞅着，不觉黯然神伤，回到卧室，冲父亲长叹一声："唉！我瞅瞅我儿子的那刀工，就知道在他们家，他一天在干什么！我可从来没舍得这么使唤过他！"女儿们不禁有几分幸灾乐祸。因为当年在家，只要有女儿在，母亲从来不使唤她这唯一的儿子。诸如买粮、拉煤这类本应男孩子干的事，向来都是支使女儿们来承担。

我和夫君拌两句嘴，母亲往往要训斥我一顿："女婿人家是娇客，到咱们家来啦，要客客气气，不能这样呼来喝去"，所以在我家这块绝对父权横行、妈派凋零的天地中，女婿成为铁杆丈母娘派，家中干不了的碎活，如拉个电线、安个插销、配个小锁的活全包给了学理工的女婿，而女婿每去丈人家，都会拎上他的工具包，所以女婿一进门，妈妈就喜上眉梢。为

母亲暮年的标准照

此，落得众儿女斥她为“偏心眼”。而夫君每提丈母娘也是赞不绝口，为我不像母亲而大失所望，经常说：“大底下最享福的男人莫过你爹，你妈可算世界上最贤惠的家庭主妇了。你咋一点都没你妈的样呢？你就是有你妈一半我也知足啊！”我不愧是爹的女儿，立马反击：“你连我爹的三分之一都没有，凭什么要求我有我妈一半？我爹他养着我妈，你知不知道？现如今我退了职，你养着我，我自然就像我妈了！”夫君只能狠狠加上一句：“和你爹一样不讲理！”

在女儿的教育上，母亲有传统的一面。我们少年时，一到周末，她就敦促女儿们洗衣服、补袜子、练练女红，父亲就不以为然：“我养闺女也不是叫她们将来去补袜子。当年你嫁给我以后，怀着老大，拎着一块花布发愁，不知道这开裆裤怎么个铰法，六个孩子一生，这不啥都会了，用不着学，都给我看书去。”妈妈从不反抗，只狠狠用指头点着我的额头：“啥都不会，看你将来怎么过！”

少年时代的我辍学在家，一天疯着看电影出去玩，妈妈将我反锁在家，不许出门。我在小屋中跳着大喊大叫，父亲走出来，一看这么个闹法，就问母亲要钥匙，母亲不给，父亲说：“牛不饮水强摁头啊！你锁了她人，能锁住她的心？憋成个疯子你不还得养着她，让疯去吧，能疯出个好身体来也行。”妈妈将钥匙甩给父亲：“这孩子活生生的毁在你的手里。”

在众子女中，我是母亲不待见的那一个，每有抱怨，大姐就会训斥我一顿：“得了吧，别没有良心，是你不好好上学，寒了妈的心，咱们小时候妈是最偏你的。”后来我一比，果真如此，我家六个子女，从老三、老四中间分为两部分，前三个女儿，后三个子女间隔都是两岁，惟有我和弟弟间隔是五年，这说明，别人都是当了两年老小，我却有当了五年老小的经历。当弟弟未满周岁，我就被父亲塞进小学读书去了。特别是二姐赵纪、五妹赵红是母亲最疏忽的两个女儿，这也是二姐逝后，母亲抱愧不已的一块心病，“亏了这个孩子”，是妈妈经常念叨的一句话。

母亲对六个子女的评价也是公允的：“后三个不如前三个

晚年的母亲愈加慈祥。

身体好，不如前三个智商高，也不及前三个对家有责任心。”我往往补充一句：“但这并不妨碍您偏着后三个，使唤着前三个。”母亲就不吱声了。

母亲从我们的幼年就在我们心中树立父亲的权威，引经据典地告诉我们，父亲只有一个，不可更换，无从代替。不管外面怎样对待你们的父亲，回到家中，做家人的就不能虐待他、鄙视他，他是家中的顶梁柱，养活着一大家人，大家就得以他为中心，好生善待他，千万不能亏了他。母亲这样教育子女，她也恪守妇道，悉心伺候着父亲，学术上他们是尽情交流、探讨、辩论的同道，生活中母亲像对待一个孩子样的照应着父亲。我们见过父亲撒娇、耍赖的时节，却压根见不着母亲如妻般的温婉、娇媚。她照料父亲、关爱父亲时流露出的是一种慈母般的眼神，她比父亲大三岁，他们两人有时争辩到父亲实在没退路时，父亲只消一句：“谁让你是我的老大姐呢！”这句话就等于认了输，别指望他说一句“我错了”。母亲也是一听这句话，立马偃旗息鼓，绝不穷追猛打。

我家爸派压倒妈派，让母亲有时也有些失落，我听到她对外面回来的子女诉说“兰州这仨闺女全是爸派”。造成这种局面的恰恰是母亲自己，比如她和父亲激辩，我们站在她一边参战，言辞稍有过激，妈妈回过头就训斥我们一顿：“有没有规矩，他可是你爸！”

父亲可是比母亲会拉统一战线，我们站在父亲一边，父亲会对母亲讲：“老太太，你看，你看，孩子们都说是你错了。”这样就彻底孤立了老娘，久而久之，爸派自然而然就形成了，形成的过程确实是母亲自己将我们推向了父亲。

母亲像护崽一样护着父亲，但毕竟身单力薄，阻挡不住来自社会的伤害。但只要父亲回到她这一亩三分地上，妈妈就会维护住父亲一家之主的尊严。“文革”中挨完斗的父亲会向母亲倾诉：“他们骂我是个老历史反革命啊！”妈妈当即反击：“他们歪曲历史，要你赵俪生都成了历史反革命，兰大的这批老家伙，一个跑不了的都是反革命！”父亲一生洁身自好，从无绯闻，最受不了的是品行上的人身攻击。有次被斗回来又叫屈：“老太太，他们骂我是个大流氓。你是知道的，这辈子我连个流氓渣渣都沾不上啊！”“谁说的？”当知道是某位先生骂的，一声冷笑：“他倒也配！这大流氓戴到他头上倒刚合适。他到女生楼去调戏人家女学生，让人家一个饼给搧了出来。他才是个大流氓呢。要你赵俪生都成了大流氓，这学界就没一个干净人！”妈妈也是天天出去看大字报，装了一肚子

母亲和她的五个儿女。

的马路新闻，随时可以倒腾出来反诬陷，给老爹解气。有这么一个护着自己、理解自己、给自己长精神的老妻，无论在外边经受了什么样的虐待，遭受了怎样的凌辱，一门心思只有一个信念："回家！"那里有热茶、热饭、热被窝，有一个可以打开心扉、无须防范、说真话的地方。要知道，在那个年代，父不父，子不子，相互揭发，划清界限，人人自危，不能说家家如此，但在当年确实难找一个可以说真话的地方，寻不到一个说实话的对象了。父亲是幸运的，有这么一个娇他、宠他的老妻，坚定了他活下去的信念。他心甘情愿地回到那破败不堪的"窝"中，去寻求一个做人的尊严，为那架快要散架的大车驾辕，让他的亲人们顽强、艰难地生存下去。

晚年退下来的父亲寂寥了许多，显得有几分郁闷。日子长了，妈妈会将我扯到一边："进屋里去逗逗你爸，他可有日子没发脾气了，别憋出病来。"果然用不了三句两句，爸爸就跳起来大喊大叫。看看吼得差不多了，妈妈会进来一把将我搡出里屋："你看看，你看看，这孩子把你气得这满头的汗，快躺下歇歇。这有热毛巾，擦擦你这头汗，我给你沏了壶好茶，咱们喝茶、喝茶，别理这混账孩子。"爸爸不依不饶还在叫唤："你咋给我养了这么个忤逆的畜类！"等安抚好了父亲，妈妈到小屋来看看我，我也气不打一处来："你倒会装好人，让我白挨了一顿臭骂。""你爸这不憋了好长时间没发脾气了嘛，得让他发散发散不是？要是这会子进来个外人，他把一肚子恶气发给了人家，那不又惹了人。你爸他这辈子不运动，就靠发脾气泻火了。你是他闺女，挨顿骂有什么了不起。他这一发泄，能舒坦好些日子，家中也就能安稳十天半月的，这有多好。这会子你爸那边有我伺候着，你的任务完成了，歇着你的吧！"

我去父母家值班，请示老爹，说吃鲳鱼。我将鱼取出抹上盐，将葱、姜、蒜剥好切了，只等下锅了。楼下来了新上市的茴香，下去买了一把，准备着第二天包饺子。哪知父亲一瞅见茴香，马上改了主意，冲我妈说："老太太，我要吃茴香饺子。"我急了："刚才你说吃鱼，这盐都抹上了，调料也备齐了，马上中午了，吃饺子来不及了，明天再吃。"爸爸根本不理我，只冲我妈说："我要吃茴香饺子。"妈妈也赶紧安抚他："吃！咱们今儿个就吃茴香饺子。"回过头指挥我："把那鱼用保鲜膜包起来明儿再吃。"我当然撅着嘴，一肚子的不高兴。妈妈将我推进厨房安排着："这饺子是天底下最好做的饭。这会子你和面，我来调馅，两人干，一会儿就嘚！"老爹还在里屋猛叫唤："多放

母亲晚年，在家里经常这样陪侍在读书的父亲身旁。摄于2005年。

肥肉，茴香喜油！”弄得我气不打一处来，摔摔打打的很不情愿。妈妈一边干，一边又教训了我一顿：“你这孩子咋这不懂事呢！你爸他养活着这一大家子，没了他，你娘母子上哪找这么个现成吃饭的地方？他这辈子不就是好吃么？他一个人才吃多么点子？这不做好了大家都有份吗？咱们就不能满足他的这点需要？又没吃你们做儿女的，不就是出点力的事嘛！”在父亲的需求上，母亲永远是无条件满足。

父亲莫名其妙地大发脾气、挺难伺候的个性，在学界还是颇有传闻。每当外地院校请父亲去讲学，忘不了的就是把妈妈一并请来。这样会省去许多麻烦。父亲去开全国孔子基金理事会，辛冠杰一见母亲，先作一大揖：“有您这位‘一级驯兽师’在，我就不怕这位爷儿他难伺候。”说明母亲很会安抚这位不驯服的夫君。每当我们抱怨父亲乱发脾气时，母亲先护在前面：“怎么了？你爸他就是这秉性，那么多的运动都没把他给整治过来，你一个做儿女的，还想把他怎么的？”还不断教育我们：“孝顺、孝顺，顺着他就是孝。其实你爸他是个顺毛驴，只要能顺着他，他可是天底下最好伺候的读书人了，啥坏毛病都没有！”

母亲在她生命最后的一年多的时间里，突然变成了另一个人。她不再给父亲端茶喂药，而是支使老爹伺候她：“给我倒杯茶来”，“去给我拧个热毛巾”，“把咱们吃的药数出来，倒到小盒里”。每天一进门，父亲就把我们拉到一边：“你妈她虐待我啊，骂了我半宿，不让我睡觉。”我们审娘：“你又骂他了？”母亲一脸的无辜：“我啥时候骂他了？你们是知道的，我这一辈子从来不说一个脏词。”确实，在我们面前，妈妈表现的还是那么宁静安详，丝毫看不出她虐待老爹的迹象。父亲可冤死了：“她都在半夜骂我”。“你耳聋，她嗓哑出不了声，你咋听着了？”“她抱着我的头，冲着我耳朵眼骂。”从父亲日见消瘦憔悴的面容上，不像父亲无中生有。于是，我和大姐分别把他们带到我们家，一般是父亲跟我走，妈妈跟大姐去铁院。可过不了三、五天，二老就都不干了，闹着要回自己的家。于是再送回来，反复折腾得我们也是疲惫不堪。爸爸闹我们已经习惯了，适应了，也摸着了一点对付的方法，可妈妈闹真有点让我们措手不及，不知该如何处理。还是大夫告诫我们：“老人突然改变以往的常规，不是个好兆头，你们要密切注意，把后事准备、准备吧。”可和父亲那副憔悴的面容相比，妈妈显得亢奋，不像要衰竭的模样。终于2006年9月

作者与母亲最后的合影。摄于2005年，母亲已九十二岁。

1日凌晨，妹妹在电话中急促地催我："你快下山，咱妈她不行了。"等赶回家，母亲已穿好老衣，十分安详地躺在床上，如生前面容一模一样。父亲已被挪到门口的小屋中。大姐赶回，接走了父亲。丧事由我与妹妹来料理。临出门，帮办丧事的工作人员说："让老先生再看一眼老太太吧。"父亲径自迈出大门，摇摇手，头也不回地说："不看了，我也活不了几天了！"那一刻觉得父亲真有点薄情，可想想这一年多，老太太把他收拾得也够可以的了。

母亲走后，父亲反而精神了许多，能吃能睡，人也胖了，恢复了以往的状态。可恨的是，他见人就要诉说我妈怎样折腾他，骂了他些什么，让我们正处于丧母悲痛中的女儿实在受不了啦。一天，等客人刚出门，姐妹仨同时冲进卧室立在父亲的床头，声泪俱下地痛斥起老爹来："你有完没完？我妈她死了！她伺候了你六十八年，就这最后一年，她病了，她老年痴呆了，你就不能担待担待？她糊涂了，你也糊涂了？你怎么就不念她的好呢？你咋这么没良心啊！"父亲还从未经过三个女儿高度一致的痛斥，也有点紧张，缓过神来："既然你们都说我错了，那就是我错了，我再不数落你妈了！"这是第一次听见父亲说"我错了"。

但没过几天，我发现是我们错了。父亲从此就像瘫了似的彻底垮了，终日沉浸在对亡妻的思念中，念念叨叨、自言自语的全是他们这一生相依相扶的往事，说到凄凉处，打着哭腔，让人觉得十分惨然。这时我才顿悟，老太太不傻，她已感到自己的生命已临尽头，怎么让这个不会自理的老伴能继续活下去，别让他依赖自己，离不开自己，于是开始训练他自己倒茶，自己拧毛巾，自己服药，同时折腾得他恨她、不想她，这样他才能往前看，继续活下去。我们把妈妈编织了一年多的网给捅破了，爸爸清醒了，明白了，可生命也走到了尽头。他仅仅比他叫了一辈子的“老大姐”多活了一年零三个月。

母亲是一位知识分子，国学底子并不薄，长年沉重的家庭负担、五类分子家属的身份，使她沦为一个家庭妇女。但她从未放弃读书、看报，和父亲交流探讨对国内外重大事件、学界风向的研究。每当父亲有了写作的念头，第一个交流的对象是母亲。用父亲的话讲：“只有嘴巴讲清楚了，笔下才能写得明白。”我们经常可以听见从父母卧室传出的高谈阔论，往往长达深更半夜，有时延至凌晨，争执不下时，会吵得不亦乐乎。在学术探讨上，妈妈可是寸土不让，据理力争。天亮了，父亲还可继续蒙头呼呼大睡，妈妈可要早早爬起照应一大家子的吃喝。等父亲觉得腹稿已成熟，一掀被子，爬起来伏案疾书。父亲的文章几乎全部是一气呵成，少有更动。原稿就像手抄稿那样干净整齐。此时我们若是回家，一进门就被母亲推进门口的小屋：“呆在这，别出声！你爸他正在写文章。”文章写毕，妈妈是第一个读者，她总用欣赏的表情认真地看着，偶尔也会挑出一点小瑕疵，有时也会流露出得意的神情，指着其中的一段：“你这可是偷了我的观点。”所以说，父亲的六本文集，妈妈是实际上的合作者。

母亲在古稀之年，萌发了写回忆录的念头。于是，藉父亲休息、儿女不在的时间，叼空撰写她的回忆录——《回首忆当年》。她没有大段时间用来思考、记录，也没有可以交流、畅谈的对象。父亲一门心思于自己的教书、著述，虽从未限制过妈妈，但也没有大力支持。他已经习惯于母亲做他的助手，却从来不屑于给别人敲边鼓，其中也包括了他最亲最近的老伴。

儿女们也各有各的工作，没有一个热衷于妈妈的写作，全家人只当她是一种个人消遣。她扶持了一家人，可在她写回忆录时，却显得是那般艰辛和孤独。妈妈毕竟是一个执着的、坚韧的女性。她无怨无悔地以漫长的岁月、片段的记忆，坚持独自完成了她的自传体记录。在母亲八十寿辰时，为了庆寿，家中自费为她刊印了几百本小册子，父亲为她写了篇千字文的序，每个子女分了五六十本，大多束之高阁，少有拜读，无人问津。一直到父亲也去世了，由父亲的研究生秦晖和北大教授李零牵头、弟弟整理，才将二老的回忆录合集正式出版，在学界得到了好评，也让人们了解了永远在幕后，无怨无悔支撑着一个学者的个人奋斗、其实水平并不次的坚韧女性——高昭一先生的形象。

一直到父母逝后，我也闲居在家，开始慢慢记录我的一生时，才认真拜读了父母的回忆录。掩卷沉思，当年母亲写回忆录时的条件是那么嘈杂、恶劣。她根本没有属于她的一块宁静之地、一张固定的书案，也没人和她交流、回忆她的人生；她为一家人奉献了一生的心血、全部的精力，我们却忽略了母亲自身需要表白的精神需求。面对母亲的遗容，我们愧对这位给了我们生命、养育我们成长，并指导我们走上传统文化道路的平凡而伟大的母亲，我好悔！

耄耋之年的母亲，床头悬着一幅她指定父亲为她手书的条幅，这是我看到的惟一一次母亲向父亲公然示爱的举止。那是晚清著名三才子之一张船山夫人林佩环的一首诗，其云：

爱君笔底有烟霞，自拔金钗付酒家。
修到人间才子妇，不辞清瘦似梅花。

凄美的韶光

——我的四舅吕学华

邵迎进

予生也晚，未曾见过四舅吕学华，但对四舅的生平脉络及不幸遭际却早已了然于胸；因我从小就老是听母亲讲述他的故事，可谓耳熟能详。

四舅生于1927年，七岁上学，成绩在班级名列前茅。可惜生逢乱世，命运坎坷，十岁时失去母亲，幼小心灵遭受巨大创伤，学业被迫中止。小学刚毕业，父亲不幸去世，从此跌入了痛苦的深渊。四舅因家贫曾几度被迫辍学，但他还是先后考入青州简易师范和博山私立范泉中学，力克万难，终于在1946年初中毕业。但随后的生活依旧无着，只能在家帮着卖席。

有一次，母亲讲完四舅的故事后，拿出她珍藏多年的四舅照片，俯视良久。从照片上可以看出，四舅相貌英俊，气宇不凡，性情温和，难怪母亲总是说："他在学校里是个好学生，深受师生们的爱戴；他在军队里是个好士兵，同样受到国共两党官兵的赏识。可惜死得太早，如果他要活着，一定是个了不起的人。"

四舅"死得太早"，没有成为"一个了不起的人"，殊堪痛惜；但转念一想，在四舅所处的那个时代，风华正茂、赍志

学生时代的吕学华

而殁者不可胜数，他们都无法选择自己的命运——这正是他们那一代人的共同命运。母亲曾多次对我说，你四舅天分极高，如果不应征入伍，也许不会死得那么早。但按国家当时的摊丁入伍兵役制：每家有两个以上十八岁至二十八岁的男丁，必须抽一人当兵服役。当时你二舅吕学德还在青岛学徒，你四舅年纪虽小，但为人仗义厚道，他对我说："这事儿不要和二哥商量了，就让我去吧。"我听完叹了一口气，只说了一句："吃亏包憨（博山土话）的可都是你呀。"唉，你四舅的为人太像你姥爷了！

四舅参加了国民党第七十三军,遇到他读小学时的国文教师李深紊，李老师时任上尉干事，赏识吕学华的才干，极力提携，恳请上级军官把他作为优秀人才使用。不久，吕学华便被分配到炮兵营担任文书一职。可担任此职不久，国共两军便在距博山南约五十公里的莱芜展开了一场规模空前的大会战，史称莱芜战役。时在1947年2月。

作为国民党第七十三军中的一个微不足道的普通士兵，四舅经历了跟随部队出征、占领莱芜城、遭到围攻、弃城突围，最终在吐丝口被歼的全部过程。四舅乃一文弱书生，又是第一次目睹如此惨烈、血腥的战争场景，死亡的阴影时刻笼罩着他。特别是在突围时，四舅跟随着大部队沿着山路拼命奔跑，从四面八方飞来的枪林弹雨，及无数雷鸣般到处炸响的炮火，随时都会危及生命，生与死就在转瞬之间。四舅亲眼看到溃不成军的官兵或中弹倒下，或在爆炸声中变得血肉模糊，人仰马翻，横尸遍地，惨不忍睹。由于长时间的惊恐、劳累、饥饿，四舅饥渴难耐，口干舌燥，呼吸渐感困难，两腿瘫软，最终在芹村附近被俘。

被俘后，四舅先后被转送过三处关押所。一开始，他与难兄难弟们被关在一个没有门窗遮挡的大屋，有民兵把守不得进出，每天只有两餐小米饭与咸菜，晚上没有棉被，只能在地上铺些杂草御寒。当时正值初春时节，天气阴冷异常，特别是到了深夜，寒风凛冽，冰冷刺骨，屋内的战俘们冻得整夜不能安睡。四舅咳嗽不断，痰里还带着血丝。他向身边的战友小声抱怨道：“听说共军优待俘虏，就是这样优待咱们吗？”

“要我说，最好的优待就是能放咱们回家。”

吕学华（右）在中学时代与考院小学同学张玉堂合影。

1948年春，吕学华在华野文工队时留影。

“谁知道他们会怎样处置我们！”……

不久，他们又被转送到裴家庄战俘管理处，生活有所改善，每天接受思想教育。一个多月后，解放军的一位文工队长看到四舅的谈吐、素养以及文化水平皆高出　般战俘，便准备安排他到文工队工作。但四舅此时已患上了肺结核，身体极度不适，故死活不愿留在部队，只想回家。

文工队长一听，大感意外，顿时面呈怒容，以一种命令式的口吻厉声道：“不行！你现在只有两条路可选：一是参加文工队，二是扛大枪到连队。别无选择。”

之后，四舅被分配在华野后方机关，他以超常的意志，拖着日渐病重的身躯随部队日夜转战行军。5月，部队到达临朐小金村时，四舅的病情进一步加重，出现大口吐血。这时他再次向队长恳求：“我想回家养病，待我康复后再归队，行吗？”

“不行，部队不久将转移到渤海地区，那里的医院条件比较好，到时候你可以在那里得到治疗。”

队长的这次拒绝，口气较上次和缓了许多；但对重病在身的四舅来说，必须继续与病魔抗争，将生死置之度外。当部队渡过黄河，到达商河县时，四舅的病情进一步加重，可他咬紧牙关，再也没向部队提出复员的申请。他曾先后供职于文工队、宣教股等，为机关部队的文化宣传活动尽心肆力。在此期间，他看到身边的战友们多数是农民出身，他们家里都无偿分到了土地，情绪激奋，他的工作热情也空前高涨；四舅那时毕竟年轻，尽管已病魔缠身，但只要一有工作，他浑身就像上了发条一样。四舅又是一个情商极高的人，在朝夕相处中，与战友们的感情日益加深，很快融入到新集体之中，他自觉地接受共产党的思想教育，开始积极要求进步，由于工作业绩突出，不久便加入了中国共产党。

奋斗目标既定，四舅精神焕发，才华也得到了充分施展。在广泛开展立功运动时期，四舅曾创作《功运小调》等诗歌，在部队中广为传诵；又与战友们编排了许多文艺节目，深受官兵喜爱。

1948年11月底，部队在清水集召开了一次重要的行政会议。为了庆祝这次会议胜利闭幕，他与文工队跳舞组精心编排了一台文艺节目。12月1日，他们在村头选择一块空地作为临时舞台，上演的节目中有歌咏、舞蹈、二胡演奏，博得部队官兵们一阵阵的热烈掌声，战地记者们观后也大加称赏，并拍摄下当时演出的盛况。

在这一时期，四舅还创作过《得胜凯歌归》、《夜战场》、《沙场赴义》、《美哉中华》等在部队中广为传诵的战地诗歌，使得四舅在部队中声誉鹊起；就在这时，爱情也悄然走进他的生活。

灕萍，一位才貌双全的女战士。一次，四舅在军营中与她偶然相遇，一见钟情。可惜他们不在同一连队，不久因部队调动，各奔东西。临别时他们互诉衷肠，恋恋不舍，叮嘱对方经常保持联系，并许下各自的心愿。

分手后，二人鱼雁传书，互诉相思之情；但由于队伍经常转移，他们彼此的通信皆如“泥牛入海无消息”。焦虑，等待，期盼，怅惘，日复一日地折磨着这对苦苦相恋的人。

终于有一天，四舅忽然收到一封信，打开一看，竟是灕萍写来的！四舅惊喜不已，他一遍又一遍地吟诵着这封望眼欲穿的书信，眼里噙满了泪水——

学华同志：

晚上，仿佛是一个薄暮，挽着手，踽踽于一个阴凉的曲径。他是谁？模糊的记忆里，依稀是一个久别的朋友啊！这是梦，梦里的情景。

早上，气候很凉，蜷伏在单薄的被里，号在频催，觉得很留恋。人们都出早操去了。因为晚上睡得迟。起床时，日已三竿。刷牙间，喜鹊向我直叫。怪得很。这些旧的玩意，向来我是当作耳边风的，怎的今天留起意来了，还自语：喜从何来？

我真的没有想到昨夜的梦，早上喜鹊的报喜会成为事实。

近来工作很少，饭后，独自一人在一个方长五十米的树林散步，回家路上，一个可爱的小孩子，胖胖的脸儿，玩弄了一下，兴趣勃然回到家中。有人告诉我：有你的信。

信，一向和我是没有缘分的。信，在我的脑里没有它遗留插足的地方。它赐予的刺激也是太大了。

……

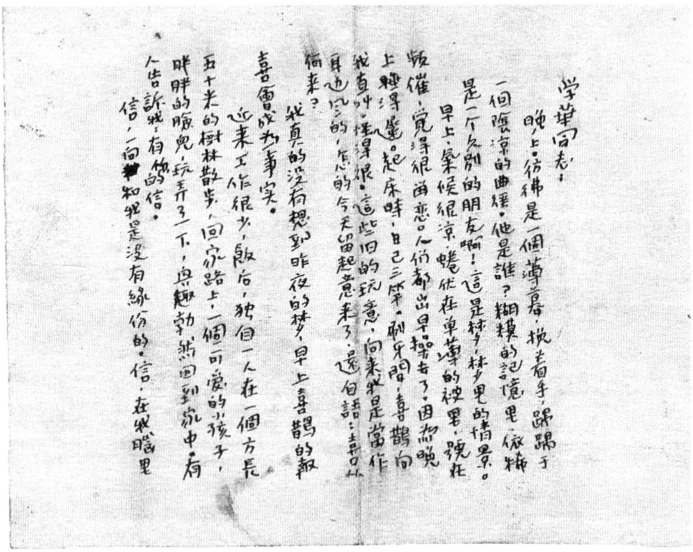
学華同志：
晚上，彷彿是一個薄暮，挽着手，踯躅于一個淒涼的曲徑。他是誰？糊模的記憶里，依稀是一个久别的朋友啊！這是梦，梦里的情景。早上，氣候很凉，蜷伏在单薄的被里，號在頻催，覺得很留恋。人們都出早操去了。因為晚上睡得遲遲。起床時，自己三笨。刷牙間，喜鹊向我直叫，煩得很。這些旧的玩意，向来我是當作耳边风的，怎的今天留起意来了，還自語：喜从何来？
我真的没有想到昨夜的梦，早上喜鹊的報喜會成为事实。
近来工作很少，飯后，独自一人在一個方長五十米的樹林散步，回家路上，一個可愛的小孩子，胖胖的臉兒，玩弄了一下，興趣勃然回到家中。有人告訴我：有你的信。
信，一向和我是没有緣份的。信，在我腦里

吕学华女友灘萍的情书

1948年12月1日，吕学华与文工队跳舞组的合影。

灉萍的情书，文笔隽永，字迹清秀，真挚的恋情以一种散文化的诗性叙述方式出之，故缠绵深婉，余韵悠长，感人至深。

灉萍在信中还讲述了她所在的部队，当时正在紧张忙碌着“三查三整”新式整军运动——1947年10月至1948年8月，华东军区、华东野战军驻鲁机关和部队，遵照中央军委统一部署，首先以土地改革教育为中心，发动群众进行诉苦；在此基础上，检查每个人的阶级成分，检查每个人的入伍动机和表现，检查对土地改革的立场和态度，揭露部队思想作风和组织上不纯的问题；然后进行整顿思想、整顿作风、整顿组织。此外，灉萍还在信中讲述了他们所熟稔的战友近况。

这封长达数百字的书信，呈现的是一种活生生、赤裸裸的

1949年元旦，吕学华（右）与战友宋喜田在清水集合影。

与青春生命粘合在一起的东西，从中可以真正感受到她与四舅有着说不完的话，叙不尽的情。不难想见这些炽热真纯、韵致绵长的文字在情窦初开的四舅心头所激起的喜悦与激动……

四舅一直把这封情书作为宝物珍藏，随部队东奔西征，他坚信总有一天他们会再度相逢。

由于四舅业绩突出，加之谦和仁厚，重情尚义，深受官兵的喜爱，事业与生活也向他展示出美好的前景；可以想见，随着新中国的诞生，经历过战争硝烟洗礼的四舅，在和平环境里，必然会爆发出更加强势的生命能量；而这种爆发，只有一个方向，那就是将战争年代那种侧重宣传鼓动功能的战地诗歌写作，提升为具有审美品级的文学创作。

可就在这时，他的健康情况却日益恶化，不得不提前退伍，时在1949年3月。

再说母亲吕学秀，她两年多未见到弟弟，早已望眼欲穿；如今见到弟弟抱病而归，不禁悲喜交集……

为使四舅尽快康复，母亲立即把他送到博山赵庄传染病医院住院治疗。该院址距新盛街约十华里，而大嫂李玉兰的三姐家恰巧就住在赵庄，而她们一家都是古道热肠的好心人。在四舅住院期间，三姐每天都按时为他送饭，关切备至。

四舅在医院住了一年，仅得到最简单的治疗；尽管母亲日夜守候，百般呵护，可病情仍丝毫不见好转。此时掌管吕家财务收支的三舅吕学恭（四舅的堂兄）却再也不愿出钱了。对此，一向宽厚的母亲一直心怀怨怼。为了救治四舅，姨妈吕学凤甚至像乞丐一样地下跪哀求，吕学恭竟也不为所动。无奈之下，母亲只能将四舅接回家来。母亲明知肺结核病传染性极强，每天仍与弟弟朝夕相伴悉心照料，想尽一切办法挽救他的生命。母亲明知这种病在当时无药可治，仍想尽一切办法，希望通过改善饮食、加强护理，等待着奇迹的出现。一次，母亲来到四舅的床头，关切地问道："学华，想吃点什么？"

"说实话，姐姐，我就想吃鸡肉。"四舅说完后，又苦笑着摇了摇头，说道："我知道这不可能，只是随便说说，姐姐您可别当真啊。"

可一向对四舅疼爱有加的母亲，又哪里忍心不把此话"当真"呢？她立即应道："好，你等着。"说完立即走出房门，来到二伯父吕国部那里，她知道他每天优哉游哉地吸食着大烟，手里自然不会缺钱，遂忐忑不安地来到他面前，斗胆道："二大爷，学华想吃鸡，能不能给两个钱补补他的身子？"

令母亲万万没想到的是，吕国部不但没给钱，还口出咒语："有命不长（病），无命则病。"这话就像毒箭一样，深深刺痛了母亲的心，她转身而去，泪水如断线之珠，湿透衣襟。

为满足弟弟的愿望，母亲现在唯一能指望的，只有一个人，那就是大哥吕学忠（她的堂兄），他虽然并不富裕，而且家庭负担甚重，但在万般无奈之下，母亲也只能上门恳求了。大大出乎母亲意外的是，大哥吕学忠得知母亲的来意后，二话没说，当即掏出钱来交给她，并关切地说："以后四弟需要用钱尽管来找我。"

事隔多年，母亲仍多次动情地对我说："当年你四舅在家养病，幸亏你大舅的帮助，他真是个好人啊！"

取到钱后，母亲立即跑到菜市场买回一只公鸡。可母亲从未杀过鸡，拿着菜刀，双手剧烈颤抖，竟始终下不了手；但想到弟弟，也只好把心一横，胆战心惊地杀了那只鸡……

尽管母亲与身边的好心人已竭尽全力，尽管战友们是那么

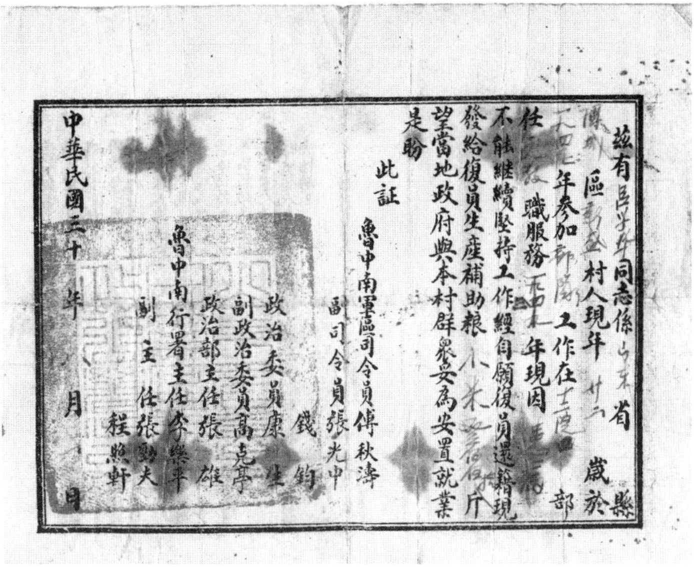

茲有吕学华同志係山东省 [illegible] 縣

[illegible] 區 [illegible] 村人現年 廿二 歲於

一九四七年參加部隊工作在 [illegible] 部

任 [illegible] 職服務 [illegible] 年現因

不能繼續堅持工作經自願復員還籍現

發給復員生產補助糧 [illegible] 斤

望當地政府與本村群衆妥爲安置就業

是盼

此証

魯中南軍區司令員 傅秋濤

副司令員 張光中

錢鈞

政治委員 康生

副政治委員 高克亭

政治部主任 張雄

魯中南行署主任 李樂平

副主任 張勁夫

程照軒

中華民國三十 年 月 日

吕学华的复员证明书

热切地盼望他能够早日痊愈归队，可就在这时，死神无情的脚步却已悄然逼近！随着病情的急剧恶化，四舅自知将要离开这个世界，可对亲人的依恋、对新生活的向往，却更使他生发出对死亡的无穷憾恨。临终前，他含着热泪对姐姐说：“我不想死，我想和你在一起。唉，等我来世再报答您吧！……”说罢气绝而亡，时在1951年农历2月19日凌晨。年仅二十三岁！

四舅的“世寿”实在是太短了！更令人痛惜的是，经过浴火流血的战争洗礼后，他已看到一条洒满金色阳光的道路，正呈扇形向他展开……

作为逝者，不论年龄高低，其生活和经历都是惟一的和一次性的；自四舅去世后，这种“惟一”和“一次性”，也许只存在于曾经与他朝夕相伴的母亲的记忆之中。而母亲的去世，永远地带去了她与四舅所拥有的那一部分生活。

时间无时不在变幻着它的魔方。谁能料到，时隔半个多世纪，一个“奇迹”竟然发生了！

一天，姨妈忽然不期而至，来到徐州，郑重地当面交给我一个锦盒，我打开一看，竟是四舅吕学华的遗物，其中有姐姐、战友、情人的全部信件，还有他的复员证明、诗稿和自传等等。这些属于“个人原始档案”性质的东西，早已泛黄，透发出一种拂拭不去的沧桑感，所幸的是，竟一直保存完好！

这批历劫犹存的遗物，姨妈之所以始终没将它交与母亲，而是与我作了一次最有意义的交接，是因为曾经目睹姐姐陷入无休止的深悲巨恸之中的姨妈，最理解她敬爱的姐姐在弟弟吕学华身上用情太深；深知姐姐在八年之内先后失去了四位亲人。而吕学华之死，给她留下了最持久、最痛苦的悲伤；她深知一旦交出，姐姐在感情上将无法承受。

随着这些遗物的重新发现，在我的脑际一直萦绕不已的四舅的影像，顿时变得更加明晰起来。直到此时，我才深切地理解到四舅为何在母亲心目中是那样的仁厚纯正，峻洁高华；理解到母亲为何会不顾被结核菌传染的危险，拼将性命试图把他从死神的身边拉回……这些遗物，曾经构成了主人的生活，曾经是一个鲜活生命的佐证，它们仿佛是种种手势、种种目光、种种诉求，要把逝去的时光重新激活。也就在这时，我才发现：死亡并未让一切终结，某种精神的东西已分明溢出了时间之外。这正如一首老歌，歌者早已不在了，但歌声却依然彻响在永不衰老的流光里，袅袅不绝……

来自马来西亚的委托书

沈安妮

第93辑《老照片》载有陈晓阳先生所撰《一张民国毕业证书》。文内提及的沈祖懋先生，是我的伯父，又唤起了我对往事的一些回忆。

我从未谋面的二伯父沈祖懋，曾在国民党中央改造委员会任职。他于1949年前赴台湾，一向居住浙江老家濮院的第一任妻子与子女们仍在大陆生活。二伯父与老家的二伯母是高中同学，相恋而结婚。二伯母的娘家为浙江平湖新埭镇的大地主。据父亲告知，二伯母的兄弟喜食蟹，自己在瓮中养殖大闸蟹，父亲造访时舅爷特地以蟹待客。二伯母的大姐俞淑贤执掌家中里外事务，当家多年后才去上海交通大学完成高等教育，之后与上海执业律师沙恩溥结婚，育二子二女。二伯父临行前，请托在上海的大姐俞淑贤保管金条些许，并请其逐步转交二伯母作生活费用。我父亲毕业于同济大学机械系，收入略丰，在上海工作多年的他也不时寄款给二伯母及子女们贴补生活。

1949年后，曾任国民党上海普陀区区长的沙恩溥被关押，他在上海监狱里病故后，夫人俞淑贤即携长女幼子下南洋投亲，沙恩溥的两位姐妹在马来西亚开办了两所华文学校，自

1946年，父亲在上海大厦外白渡桥旁。

此，俞淑贤在华文学校教书，供养上海的一子一女。

1962年，我母亲在上海的远郊区川沙人民医院工作，每星期仅回家一次，父母亲请了二伯母俞淑贞在家帮忙照顾读小学的我和妹妹。是年，俞淑贤的女儿沙泉涓刚从上海第一医学院毕业，被分配至上海某医院工作，不过，她没有前往医院报到，而是三天两头来我家报到，成了我的泉涓姐姐，她已经申请了出境探望母亲，一旦护照获批，即可离境前往马来西亚。泉涓姐带来了类似麻将的算术棋，棋面上是数字、加减乘除及等于符号，我们两人摆开了棋盘“断杀”，一方的算式成立便“和了”，也赢了。我们还无休无止地“辩论”，说些不着边际毫无目的的口水话。那时大家好像都很快活，有时候，玩得兴起，泉涓姐干脆不回家了，就着小铁床和二伯母挤着过夜。泉涓姐不但是个医生，竟然还会骑摩托车，在那个年代里，我只见过大男人骑摩托车，小学生的我对泉涓姐简直佩服得五体投地。

在一个寒意阵阵的秋天，我放学回家后，二伯母告诉我，泉涓姐已登上停泊在十六铺码头的轮船离开上海了，二伯母去送了行。以后便听说了泉涓姐已有医学院同学的男友，她本不想离开上海，是她母亲的坚持执着，她才抛开一切远离中国的。那时的我才意识到大学生与小学生的激烈“辩论”及算术棋上的争高低于她是排忧解痛，无法告人的隐痛。

泉涓姐虽然在马来西亚出生，但是当她抵达香港后，仍必须等候马来西亚的入境签证方可前往。等候期间，深谙我父亲喜甜食，她寄来了白糖，那时节，白糖与肉类一样是紧俏物资，全部凭票供应。十二月时，泉涓姐寄来了圣诞卡，在那个大陆居民畏惧与港澳台外国通讯联系的年代，全家人既高兴收到贺卡，又不免忐忑不安，圣诞卡连同信封锁进了抽屉，妥善保留，以备查询。

因为马来西亚政府不认可中国上海第一医学院学位证书，在马来西亚的泉涓姐不具资格从事任何与医学相关的职业，她必须通过当地政府的医务考试，才有机会寻找工作。应她之请，我父亲去她家取出了医学院课本后赶到位于四川北路的上海邮政总局邮寄，记得当时未获准向国外邮寄上海第一医学院课本。

大约在1963年，父母亲收到泉涓姐母亲俞淑贤的委托信，委托我父亲代管她们遗留在宁波路房子里的所有家具财物，同幢房子里居住着泉涓姐的表兄，也就是俞淑贤伯母侄子一家，除了浙江老家的妹妹我的二伯母外，俞淑贤伯母还有个在上海读了书并工作的小妹俞淑英，请托我父亲显然是舍亲而就疏，为此，父母亲深感不妥而婉拒。俞伯母的信由蓝墨水写成，自上而下，从右至左，字迹工整，遒劲有力且文笔流利，父亲不由得自惭形秽，直叹自己没有好字好文章来应对，幸好，我母亲颇有文才，还写得一手好字，自此，给俞伯母的回函均由母亲执笔代劳。

俞伯母再次坚请：委托我父亲尽快清理全部物品后将房子归还政府，要求父亲仅保管其中一个箱子及箱内物品，其余全部赠送我家，最终，父母亲接受了委托。

记得是在1964年夏天，父亲与表哥雇了好几辆三轮车，从宁波路泉涓姐的房子里将全部物品搬回我家，家具箱笼很多，三轮车上堆得满满的，中午时分的太阳火辣辣的，汗水直流的三轮车夫一进门便嚷嚷着要加价，父亲没有坐三轮车，而是乘公共汽车比三轮车晚到家，依请多给了些三轮车车资。

大件家具为红木梳妆台、五斗柜、书橱、文具柜、写字台、三人沙发等，一皮箱上了锁且加了封条的，写明了请父亲保管，待泉涓姐家人归国时领取。以后的几天里，父母亲清理了所有物品，写信向俞伯母报告了处理财产的情况，并附上了财物清单。按着老规矩，寄出的信件及清单全部抄录一份留底，连同收到的信件卡片或照片，全部保存在上锁的抽屉内备查。

1954年，母亲身穿中国海关制服照。母亲曾为中华人民共和国第一批海关女检疫员，1966年，此照片竟被红卫兵认作国民党军官照而陈列于阶级斗争展览会。

父母亲认为加了封条的箱了里可能存有贵重物品，需妥善保管，担心封条破损脱落，他们在封条外包上厚纸保护，箱子置放在床边，上面堆放了我家的箱子及杂物。

尘埃落定后，父母亲开始了极其严峻的担忧，泉涓姐的父亲曾为上海普陀区区长，加了封条的箱子里会不会有枪？泉涓姐不知何年何月归来，来往于中国及马来西亚的信件一定受检，根本无法向她家查证，而每个居住大陆的中国人都清楚：藏枪触法。考虑再三，不得已，父母亲决定打开箱子检查，他们小心翼翼地揭下封条，用钥匙打开了箱子，并没有枪！他们总算松了一大口气，箱子里最贵重的物品为一包裹在绒线中的金佛，父母亲彻底放心了，锁上箱子后仍将封条贴回，再加厚纸保护，他们人在箱子在，将来箱子财物必定完璧归赵。

泉涓姐的大姐在英国皇家学院受教育，嫁了个男爵，她的幼弟在美国普林斯顿大学攻读，据说很优秀。五斗柜的抽屉里除了相册外，还有整抽屉的照片，照片中有的是她大姐在英国皇家学院时所摄，还有马来西亚两所华文学校整齐的校舍教室，精美的荣誉陈列室，学生运动会，有些照片上是上海的中外人士集体聚会，背面记录为德国领事夫妇、英国领事夫妇等。最多的是泉涓姐的单人照，二伯母告知，泉涓姐必须经常拍照寄往马来西亚，以释母亲远念。

我父亲一向忠厚待人，亲友上门，从来是有求必应，上海老家经常是门庭若市，访客不断，访客们来自天南地北东西上下。父亲的同学从太原捧着汾酒浸枣进门；他在北京的同学造访多次后，还负责为他的孩子们与我和妹妹交换包糖纸，五六十年代城里的孩子们风靡于收集花花绿绿的包糖纸；当落魄的伯父们来沪小住出售玉器画册时，我得遵嘱为他们买酒及下酒菜，临走，父亲必定奉上资助；即使是亲戚的朋友或朋友的亲戚，父亲都热情相待。自父亲接受财产委托起，与泉涓姐同住却不和睦的表哥造访过，泉涓姐的小阿姨俞淑英多次来访，舍得花钱、炒一手好菜的俞阿姨在我家小住几次，她带过成年儿子摩西来，也带过曾为泉涓姐家当丫环的徐姓女人来吃饭。徐姓女人是当年二伯父托三伯父从浙江老家濮院为泉涓姐祖母物色招募的。记得到了饭点时，徐姓女人畏畏缩缩地问询不知我家是否会请她吃饭，俞淑英阿姨大笑着叫她放心吃，来的都是客，我父亲慷慨大方，岂会只招待俞阿姨而对她的陪客下逐客令？万万想不到，父亲的盛情竟换来了日后的大会批斗及批斗后的“勒令赔偿”—— 我家必须赔偿无产阶级阶级姐妹徐姓女人的损失。

1966年8月31日半夜十二时正，突然间，我家房门被猛烈捶击，我从梦中惊醒，一时间，我还以为正在下雷阵雨呢！当父亲一拔开插销时，外面的人墙忽地倒了进来，蜂拥而入，父亲工作的技工学校红卫兵们对我家开始了通宵达旦的抄家。他们吆喝着命令父亲寻找出钥匙打开箱子打开抽屉打开所有的锁具，电灯光彻夜通明。有人上了屋顶揭开瓦片用高强度电筒查看天花板上的灰尘，有人在墙上四处敲打倾听，时刻准备着挖墙凿壁。天大亮了，父亲在前，一女红卫兵押后走出了好似飓风刚扫过的家，桌椅东倒西歪，地上、沙发上到处铺满了碎纸片，箱子上、柜子上贴着大大的白色交叉封条，封条上的墨迹未干，墨汁淌至封条底凝结成小黑团……

泉涓姐家的大部分物品被贴上了封条，父母亲当日所制作的财物清单，所有信件包括与马来西亚来往的委托书全部被抄走。

呆视着眼前的一切，欲哭无泪的我为泉涓姐庆幸，如果她没有离开脚下的这片热土，我家的一片狼藉必定会发生在她宁波路的家中，当时，《人民日报》的社论正在为红卫兵的无产阶级革命造反精神欢呼，在红卫兵的眼里：泉涓姐，一个不折不扣的反革命分子狗崽子、英国美国马来西亚狗特务，除了挨批斗扫地出门外，还必须洗厕所倒痰盂低头认罪劳动改造。

据父亲说，我家被抄的那晚上，红卫兵开来了两辆大卡车，不知怎的，他们只提走了一些纸张照片等，没有运走任何大型物品。我觉得，冲进来的年轻人起码有二三十人，加上外面守卫的，爬屋顶掀瓦翻砖敲墙查厨房灶披间晒台的，应该有四五十人，需要两辆卡车运载如此多人，但是，早上竟然只有一人押送我父亲离开，卡车莫非早就载了人去另一家闹革命了？整个晚上，父亲、我及妹妹都昏头转向，记忆混乱，感觉失常。

抄家后的某一天，父亲回来的很晚，满身尘土满面凝重头发凌乱的父亲告诉母亲，他被推搡到学校的大礼堂接受批判斗争。红卫兵主持批斗大会，跟着俞阿姨来过我家的徐姓女人，即泉涓姐祖母的丫环是主要控诉人，她指控泉涓姐一家剥削了她多年，当年她伺候老太婆时，按照合同，理应为她每年春夏秋冬制作四套衣服，沙家没有做到，是对她的剥削，现在她要靠红卫兵讨回公道，举手指向我父亲的徐姓女人一迭声地要求赔偿。批斗大会在红卫兵宣读勒令的吼声中结束：我父亲必须向红卫兵的无产阶级阶级姐妹赔偿所有损失，并且不准使用任何托管的财物作赔偿，必须用我父亲的工资及发放给我家的布票购买质量最好的布料和毯子，装入我家最好的皮箱送往学校交付红卫兵，必须通过红卫兵的检查后方可将赔偿物一一转交徐姓女人——他们的阶级姐妹。

父亲的工资在抄家前就已经被强制削减到每月四十元人民币，家中收入顿减，支出依旧，却突然要付出大笔款子赔偿，真正是屋漏又逢连夜雨，好在当时母亲的工资未被削减，勉强凑出钱来。母亲本打算用家中存下的布票添置被子及我和妹妹的冬衣，布票钞票用尽，计划丕变，那一年春节，我们都没有新衣可穿。父母亲立即外出购买了两丈四尺蓝色卡其布，两丈四尺碎花布，再购一条暗红色绒毯，装入皮箱内，送去学校。俞阿姨曾告知，徐姓女人与一木匠结婚后有三个孩子。至七十年代，不知听谁说的，徐姓女人的丈夫患了癌症，一家五口天天度日如年。

1968年，父母亲先后被关押，父亲及二伯父的友人下属被关入父亲工作的学校，母亲先被关在她工作的医院里，后迁到表叔工作的上海市虹口区区委，母亲曾与虹口区副区长张琼同处一室经年，互相照顾。张琼是共产党的老干部，我母亲被视作国民党潜伏特务，两个处于敌对阵营却都丧失自由的女人在囚室中倾诉各自的身世经历，抛开了政治，以诚相见，以心换心。母亲说如果没有张琼的安慰帮助她难以支撑到被释。母亲曾经被父亲学校专案组人员猛扇耳光而倒地不起，昏昏沉沉中，母亲听到了专案人员的对话：“老太婆有高血压，死了怎么办？”“死了就把她从窗口丢出去，上报畏罪自杀。”惊骇万分的母亲想到了我们也想到了父亲，她不能死得不明不白！强烈的求生意志支撑着她从地上慢慢爬起来。与张琼作伴，坚定了母亲的生活意志，也丰富了两人铁窗后的日日夜夜，她们不仅谈诗论词还赋诗作文。母亲曾告诉我们，原名朱舜华的张琼年轻时与家里决裂，跟着毛泽东闹革命，走不动路时毛泽东背着她走，张琼常说有朝一日要去北京向毛泽东诉苦，她有一本相册，内有毛泽东未公开的照片等，她常常看相册度日。张琼的古文诗词造诣颇深，当母亲和她讨论毛泽东的七律“九嶷山上白云飞，帝子乘风下翠微。斑竹一枝千滴泪，红霞万朵百重衣……”时，张琼说有一次她和毛泽东一起下山，因为生

作者与妹妹

病，她穿了许多衣服，拄着竹棍下山，走得热了解开层层衣领，当时她满脸通红容光焕发，毛泽东形容为“斑竹一枝千滴泪，红霞万朵百重衣。”当母亲问此诗是否毛泽东为她而作时，她立即否认。

调查父母亲及亲友们的专案组多次突然进家审问未成年的我，我白天不敢呆在家中，下午五点以后我才觉得家里安全。一天下午自外返家后发现家中空空如也，妹妹告诉我，一大群人押着父亲回家后，将贴了封条的家具箱笼全部装卡车运走了，父亲仍被押走。站在空荡荡、只剩几件简单家具的屋中，我不仅毫无悲伤，竟产生了几分欣喜，我居然逃过了与凶神恶煞们披面相对。

早在50年代末，浙江老家曾有亲戚受命去香港劝说儿子回大陆，儿子未劝回，亲戚却传来了二伯父在1954年已经病逝的消息。1968年，负责审查父母亲等的专案组宣布：父母亲及一些亲友们均为国民党潜伏特务，来自马来西亚的财物委托是二伯父利用马来西亚的亲戚关系为父亲等人输送特务经费。父亲的三大罪状：第一，1949年时，为母亲大姐夫赴台而投书二伯父请求帮助，同时受大姐之托将失学放牛的表哥带到上海读书；第二，1964年起，父亲在经济上资助东吴大学俞姓校友直至文化大革命，俞先生是执业会记师，曾为二伯父工作，因历史反革命罪入狱多年，释放回沪后无工作无收入，仅靠在亲戚的乡下别墅内种菜饲羊维持生计；第三，父亲接受来自马来西亚的财物委托。

此所谓潜伏特务组织人员在关押受审时均遭受拷打，严刑逼供，亲友中有两人自杀身亡，一为父亲的表弟，另一是曾为二伯父工作过的朱先生。据告，朱先生受不了连续多日的拷打，清晨跳楼自杀，当奄奄一息的朱先生躺在教学楼旁的路径上呻吟时，父亲的学校当局担心垂危的朱先生被学生们看见而将他拖到树丛中。没有救护车，也没有医生，更没有任何人道救助，在痛苦的煎熬中朱先生离开了这个世界。

父母亲在学校和医院被关押审查三四年后获释，专案组对他的政治结论是：向人民犯下了严重错误，父亲必须下车间劳动赎罪，每天使用机油清洗零件，母亲获释后不久便因病提早退休。70年代，上海的一些工矿企业事业单位开始归还抄没的财产房产，发还扣减的工资，父母亲先后获发自1966年起扣减累积的工资。

其时，听说了上海市革命委员会新成立了侨务办公室，我和当教师多年的表哥走访了位于外滩的上海市革命委员会侨务办公室，问询了政府的侨务政策后，我们提出被抄没的华侨托管财产应该归还。接待我们的工作人员清楚地告诉我们：按照侨务政策，被抄走的华侨财产应予归还，但是侨务办公室仅阐明政策，而无行政权执行侨务政策，我们必须自己与基层交涉索取，由基层单位具体落实侨务政策，归还所抄物品，一句话：你自己找抄你家的人要东西去！按照侨务办公室工作人员的提议，我们当天便走进了上海市劳动局拖拉机汽车公司，父亲工作的技工学校装配汽车，隶属于拖拉机汽车公司。记得汽车公司的接待人姓杨，当我们说明了来意，谈及了刚刚走访了上海市侨务办公室，要求他向技工学校传达落实侨务政策等，这位拥坐大约十六平方米办公室的杨姓男人恶狠狠地说：“有人来吵，讲抄家时抄走了他家两大只满满的箱子，现在要还他两大只满满的箱子，啥地方有？有证据吗？”说话人好像既不读报，也不看书，脑子里运转着过去时态。如果说侨务办公室工作人员讲解政策尚属理性之辈的话，杨姓人员只能视为市井无赖。我忍不住站了起来，指责他应该多学习人民政府的侨务政策，我们明天就要去技工学校追讨被抄的华侨财产，话毕，我和表哥即大踏步离去，杨姓男人实在不配坐在十六平方米大

泉涓姐1966年在马来西亚的结婚照，夫妇二人均为医生。

办公室里！

次日，我和表哥径直赶去技工学校，当我俩走进了人事科办公室时，一脸肃杀的邓姓负责人已经端坐在办公桌后，桌边站了五六个面无笑容的年轻人，全体严阵以待。邓姓负责人一开口先来个下马威，他说你父亲是犯了罪的，对人民犯下了严重罪行，阶级敌人、反革命……一听便知，他在恐吓我，想将我吓成唯唯诺诺。岂有此理！我请他稍等片刻，然后从包里取出钢笔、本子，告诉他："请讲得慢一些，你是负责人，你对我父亲所下的评语结论极其重要，不但影响到我父亲的政治生命，还影响到我们全家的将来以及我的前途，我必须记录下来，我是要请你在讲话记录上签名的。"我的话刚完，对方马上口气转缓，语速转慢，他很清楚，他可以张口"反革命"闭口"对人民犯罪"地向我发威，但他绝不可以拒绝签字，敢说不敢当免不了遭下属耻笑！若签字的话，他就必须对自己的一字一句负责，当时的形势变化多端，到处在归还抄家财物，平反冤案，落实侨务政策等，他无法预料当日的信口开河，次日保不定成了连篇错话，白纸黑字上的签名只能证明他愚蠢落伍。这些上班一壶茶，抽抽香烟，谈谈山海经的干部们最多也就看张《参考消息》了，而我，自文化革命起便养成习惯，熟读重要的官方报道。红卫兵抄家，媒体叫好的那阵子，我仔细研究《人民日报》社论，分析那些新曝出的政治术语，突现的调门，特别的字眼，估量着我家是否会受冲击。进入七十年代后，一心想讨回点公道的我，是做足了功课后才走进上海市的侨务办公室及汽车公司，最后到达我父亲工作的技工学校，我准备好了挨骂，被恐吓，插队落户经年，失去太多，几乎一无所有，人若至此境界，便无所畏惧了。

再次去技工学校交涉时，我被门房拦住，禁止进学校了。有一天，父亲下班回来告知，学校当局通知他去领取总共人民币1000元，作为对泉涓姐家所有财物的赔偿，那些由五六部三轮车运来的家具箱笼及箱内的绒线布料毛料金佛等等，全部只化作一小叠纸币！据告，赔偿是按照政府的金银收购价计算出来的，而当时的金银收购价都低到不能再低的程度，不是金银的大概是不计数了。我们手上的财物清单早在1966年就被抄走了，即使清单在，我们又能做什么呢？经历过浩劫，家未破，人未亡，就是万幸了，钱财不过是身外之物，我总以为，对于泉涓姐一家来说，最珍贵的莫过于具有纪念意义的照相册及大量的照片，那些载有德国领事夫妇、英国领事夫妇在上海的聚会照，甚至可以称为历史文物呢。

收到可怜的赔偿金后，父亲嘱我设法与泉涓姐联系，按着当年委托信的地址“马来西亚太平华联中学”，我投了问询信，不多久，信被退回，信封上好像写了“查无此人”。定居美国后我再次按原址去信马来西亚，信又被退回，信封上写明“已去加拿大”。

半个世纪前，泉涓姐在十六铺码头上船驶往南洋，三十年前，我在虹桥机场登机飞新大陆。时光飞逝，往事不堪回首，又难以抹去，红卫兵的突袭擂门声似乎依稀在耳，烈日下挥汗插秧锄地的景象更是历历在目！念及当年与泉涓姐的游戏笑谈，心中不免漾起丝丝甜意，在故土上海结缘的我们，如今都成了北美洲居民，但愿人长久，有缘再相聚。

坐车的记忆

李百军

1979年，临沂地区科技办公室抽调我到临沂进行“国营企业技术改造调查”。我的工作就是用照相机记录各个企业进行技术改造的原始资料，并帮助他们建立起影像档案。这工作相当繁琐复杂，我们前后用了五六年时间才整理出了一些眉目。在这几年时间里，我频繁来往于沂水和临沂之间，颠簸在这条坑坑洼洼的公路上。

那时从沂水到临沂票价是两元多，九十公里的路程要跑大半天。客车是临沂地区运输公司的修理厂自己改装的，座椅就是木板上面敷了一层海绵。座椅破损后，就用稻草充填起来继续使用。就是这样的破车，每趟也是挤满了人。旅客随身捎带的各种行李，把客车中间的走道都塞满了。春秋坐车还可承受，要是赶上酷暑乘车，那简直不亚于一段炼狱之旅。

车上的男女老少都大汗淋漓地挤在一起，像紧贴在锅里的肉饼。汗液在高温的发酵下，变成了像氨水一样刺鼻难闻的气味，令人窒息。光着膀子的司机，不时地抓起发黑的毛巾在身上胡乱地抹着，汗臭味弥漫了整个车厢。几个没有座位的老农索性坐在机器的盖子上，屁股被引擎盖热烘烘地烤着，脸上的

长途客车行驶在七十年代的土公路上。（1974年）

汗涔涔地淌，湿漉漉地流到胸前，把汗衫湿了一大片。有位烟瘾大的，不顾司机再三训斥，掏出旱烟袋就点上了，一大团浓烟从他的口中升腾而起，带着呛人的烟味在车厢中扩散开来，烟雾呛得一些人吭吭咔咔不停的咳嗽，引来后面几个农村妇女的一阵唾骂。有一次我坐在靠近窗户的座位，虽然屁股咯得生疼，却在颠簸和摇晃中迷迷糊糊地睡着了。不知道过了多久，突然感觉有一股力量从背后把我狠狠地推了一把，我身子惯性地向前撞去。“咣”的一声，额头重重的顶在前面的座椅背上，两眼直冒金星。车厢内瞬间沸腾了起来，抱怨声、叫喊声响成一片。原来，为了避让一头横过马路的黄牛，司机紧急刹

春节期间等车的旅客（1980年）

简陋的车站旅馆（1981年）

睡在露天的旅客（1984年）

长途汽车站问事处（1984年）

雨季来临，灌满雨水的车站。（1987年）

长途汽车站候车室（1983年）

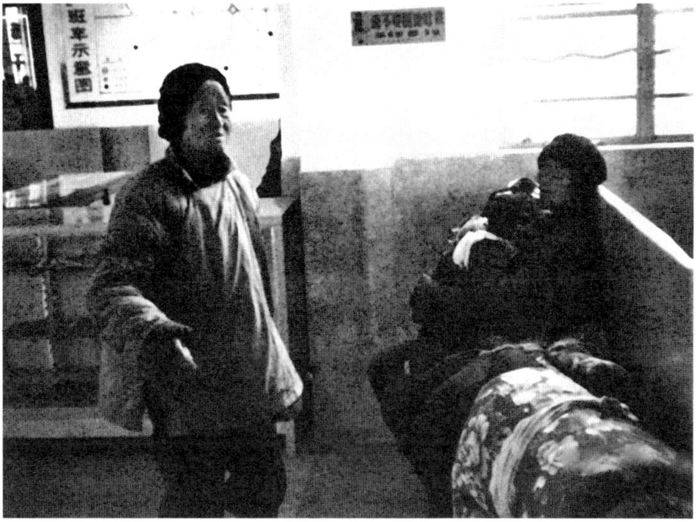

候车的农村老大娘（1987年）

初次进城的农村姑娘（1988年）

长途客车临时停靠点（1988年）

个体公共汽车（1988年）

车，刹车的惯性作用使很多乘客向前倾倒，有的乘客还被重重地甩离了座位……

寒冬季节，也是最愁着出门坐车的时候。

八十年代初期的客车不但没有供暖设备，车窗的两块玻璃之间，还留有一指宽的缝隙。车子开动起来，两边车窗的冷风飕飕地刮进来，浑身冻成冰疙瘩。车门也关不严，冷风打着旋进来，把脚冻得像猫咬似的。1982年的一个大雪天，我下午坐车从临沂返回沂水。路面太滑，车子像蜗牛一样在路上爬。行至半路，天色已黑。偏偏这时车子又出了毛病，再也开不动了。在漫天皆白的荒野里，司机招呼我们十几个青年顶着寒风大雪，硬是把车推到了几公里外的葛沟村。我们挤在葛沟车站的排椅上，度过了一个难熬的寒夜。直到第二天上午，我们才被车接走。

那年月，在外地工作的人最怕年关坐车回家。

春节前夕，坐车回家的人比往常增加了好几倍，客车忙不过来，就只好启用加班车。那是用解放牌卡车临时改建的，车顶用篷布蒙上，里面黑黑地不见一点亮光。旅客挤在一起，把自己随身带的行李坐在屁股下当座位。就是这样的卡车也供不应求，有时要等好几天才能坐上。车站的检票员忙不过来，只好叫旅客凭车票站好队，用粉笔在他们的棉袄上写上号码，依次等候上车。背着号码的旅客排着长长的队伍，亦步亦趋地向前挪动着，就像监狱里放风的犯人一样，成了那时春运期间一道独特的风景……

到了80年代末期，陆续开始有人做起了个体运输生意，路上的客车逐渐多了起来。

又过了几年，我也买了第一辆私家车，就很少坐长途客车了。

20世纪初：一个英国人眼中的四川

胡 剑

威尔逊的肖像

尔勒斯特·亨利·威尔逊（Ernest Henry Wilson）是英国著名植物学家。1876年2月15日，威尔逊出生在英国一个铁路工人家庭，家中有兄妹六人，由于家境贫穷，他在十七岁时辍学进入伯明翰植物园当园丁，后在伦敦园艺界崭露头角，成为一名卓有建树的植物学家，担任了美国哈佛大学植物研究所所长。1899至1911年，威尔逊先后四次来到中国西部考察，将数万份植物标本和一千多种植物种子带到西方，为东西方科学文化交流作出了贡献。1930年10月15日，威尔逊和妻子海伦去探望新婚女儿途中，不幸遭遇车祸去世，终年五十四岁。

四次中国之旅中，威尔逊三次来到四川。他在四川境内

巫溪县城北门及码头

巫溪县大山深处的百姓

云阳县山道上的挑夫

泸定铁索桥

云阳城对岸的张飞庙

风车是开县农村筛选稻谷的主要农具。

威尔逊雇佣的向导和植物采集团队

宣汉县乡村的一处墓地

乐山码头

乐山桥沟镇老龙坝上的道观

康定的一处石拱桥

阆中南津关

川藏茶马古道康定瓦斯沟运送茶砖的背夫

潼川府（今三台县）古驿道旁的庙宇及茶馆

小金县猛固桥和马鞍桥

群山环抱的甘孜州首府康定城

小金县达维土司官寨

成都九眼桥

松潘藏民

成都东门望江楼

威尔逊（前排居中者）在成都与法国领事和英国领事等合影。

汶川雁门乡萝卜寨

绵竹兴隆镇古戏台

松茂古道新塘关上的马帮

茂县土门河石拱桥

安县乡道上的牌坊

灌县安澜索桥

北川漩坪竹索桥远景

在松潘雪山梁子东坡民居前的威尔逊（右）

茂县松茂茶马古道上的挑夫

茂县叠溪古城全貌

考察时主要选择了两条线路。一是陆路，从巫溪、云阳、开县到宣汉，经达州、巴中、仪陇、阆中、盐亭、三台、金堂到成都。二是水路，从湖北宜昌经重庆抵宜宾，再沿岷江经乐山到成都。到成都后，他先后从两个方向进入川西，一是从成都启程，经什邡、绵竹、安县、北川、平武、松潘、茂县、汶川、都江堰，返回成都；二是从都江堰出发，沿卧龙、小金、丹巴、康定、泸定、汉源、乐山，返回成都。长达十余年的考察期间，威尔逊所到之处，拍摄了许多珍贵的照片，记录下一百多年前四川的自然风貌和人文景观。

我与《老照片》有缘

史耀增

那是1996年的秋天，我到太原参加一个国际学术研讨会。尽管痛风症折磨得我行动困难，但还是改不了老毛病，一放下行李就搭上公交车去市内寻书店。在迎泽大街的一家只有一间门面的书店里，我蓦地发现了《老照片》，翻开一看，新颖的内容当即吸引了我，立即决定买下。看封面是第二辑便问有无第一辑，店主说，来过，但早已卖光了！第二辑也只剩了几本。回到住所，我出去找熟人。中国民俗学会秘书长叶涛老师和夫人刘瑞琳来看望我，没见到，刚转身出来却在走道里碰见了。寒暄几句之后，刘老师笑着说："你还喜欢我们的《老照片》？"我说："刚买的，可惜没有第一辑。"刘老师说："我来时带了几本，可以送你一本。"

脚疼得睡不着觉，我便早早地起来，在院子里找个僻静的地方看书，两个早上便把两本《老照片》读完了。我本是爱书之人，但全然没想到还会有《老照片》这种视角独特、可读性极强的书籍，见到刘老师便说了我的感受。刘老师说："你也可以为我们的《老照片》写点东西啊！"受到她的鼓励，会开完后我便写了一篇《在宣传雷锋的日子里》寄到编辑部，没想到很快便在第四辑上刊登出来。编辑老师的认可更增加了我的勇气。此后又陆续写了几篇，也都发表了。我的家乡合阳是黄河边一个偏僻小县，在书店里买不到《老照片》，我便按期在西安后宰门的博文书店购买，由是认识了店里的孙经理和营业员。通过购买《老照片》和他们结成了朋友，每次去买书还都要交换一下各自的看法，觉得《老照片》似乎就是自家办的刊物。

2000年夏天，《老照片》编辑部通知我参加座谈会。火车一到济南，来接站的张杰老师并没有像通常一样举一个写着姓名的接站牌，而是径直走到我面前，说："你是史先生吧？"我说："是。"他说："我一看就觉得是你！"后来他说："你写来的稿子我都看过，凭感觉我就觉得你应该是这个样儿！"素不相识，却能在出站的人流中一眼就认出我。这不是缘分又是什么？

座谈会在青岛举行，我有幸认识了张鸣、范泓、邵建、谢咏、谭金土等先生。我发现特邀编辑丁东先生和我一样穿黑色的平底军用布鞋，但却出语惊人，许多精辟的见解让我大开眼界，获益匪浅。

每次退回照片的信上都是张杰老师那熟悉的笔迹，每当看到这笔迹，我都有一种收到亲人家书般的亲切感。我写的《老五队的姑娘们》那篇文章发表后，编辑部退回照片的信封装得鼓囊囊，我不由奇怪。拆开一看，原来是编辑部看到我文中写的该照片如今仅存一张，且有部分破损时，不但修补了照片（照片中后来成为我老伴的那个姑娘脸上被水沾掉了一大块），还给照片中的六个人每人加洗放大了一张，这真叫我感动不已！当我把这照片和从西安买来的《老照片》分头为她们送去时，这些如今已当了奶奶的人没有一个不激动万分。如此人性化、如此认真细密设身处地为读者、为作者着想的编辑，岂有办不好刊物的道理？曾记否，当年《老照片》一问世，便有许多跟风者，不知有多少家报刊都开辟了名目繁多的“老照片”专栏，可是近二十年过去，坚持下来的能有几家？办得让读者每期必读、爱不释手的又能有几家？

改革开放前的合阳农村，照像是一件显得有些奢侈的事情，一般家庭几代人可能都没有一张照片，因之现在要找到老照片很困难，想找到后面有故事、能反映社会变化的老照片更是难上加难，但我仍不放弃为《老照片》写稿仍然要继续努力，因为我觉得与《老照片》结下的缘是不解之缘，能体验结缘后的苦辣酸甜，那应该是一种幸福。

良师益友《老照片》

秦博瑞

我是《老照片》的忠实读者，因喜欢摄影，爱好文史而与其结缘。自创刊初期开始从未间断过购买和阅读，至今算来已整整十八年了。我的“阅龄”和《老照片》同龄，很是自豪，算得上是一资深读者和铁杆粉丝了。

《老照片》问世那年，恰是我有了充裕阅读时间的退休之年，第一次看到《老照片》时，感到耳目一新，便开始了一辑辑的购买，一辑辑的阅读，逐渐成了退休生活中不可或缺的文化享受，而且很快到了手不离卷的迷恋程度。后来出了珍藏版，不再单辑购买了，而是专买珍藏版。为了先读为快，在第一时间买到书，有一次竟从潍坊跑到省城的编辑部去买，且一买就是双份。一套留在潍坊家中，与儿孙们共读；一套带着去美国与那里的孩子们分享。

我平素即有喜爱读书的习惯，但大都是粗略浏览，之后便束之高阁。唯独从阅读《老照片》开始，一改过去走马观花的旧习，变为下马观花，先浏览后细读，从书前目录到“书末感言”一篇不落，有的篇章甚至还反复读过几遍。这种改变，其动力源自《老照片》自身的魅力，它使我把《老照片》视为了民间版的“纲鉴”。珍贵而有意思的照片，一图胜过千言；隽永而平民化的文字叙述，亲切感人；图文并茂的完美结合，相得益彰。随着时代的变迁，人们的衣食住行都有些怎样的变化，彼时各地风光、民风、民俗啥样，都历历在目，呈现面前。如此耐看、耐读，耐人寻味的好书，我看起来总是拿不下眼来，难怪老伴有时叫我吃饭叫不应声，就笑骂我被《老照片》迷住了！儿孙们回家更是和我抢着看，还隔三差五地互相交流些心得体会，这成了我家祖孙三代共享天伦之乐的一项内容。

我看准了《老照片》是本值得认真阅读的好书，便萌生了带往美国给儿子看的念头。近十多年来，先后五次赴美探亲，其中四次是带着《老照片》去的。2007年9月3日在首都机场托运行李时，一只行李箱超重两公斤多，美联航的中国雇员让我开箱查看，四本厚重的珍藏版《老照片》豁然入目，他说把这些书拿出来可能就差不多了。我说这可不行，拿别的吧。他问这些书对你很重要吗？我说当然很重要了，不重要还带！我边说边从箱里拿出了前几天刚从青岛王格庄茶农家里，以120元一斤买的三斤多崂山绿茶，当即表示要把茶叶送给他以减轻行李重量。他先是狡黠地看了我一眼，然后微笑着说道：下不为例吧！示意让我快把茶叶放回了箱子，顺利放行。到现在已先后带去美国的《老照片》珍藏版共十八册。儿子的同事有时到他家参加派对，见我带去的《老照片》，也都争先恐后地抢着阅读。八岁的孙女出于好奇，见我和她爸经常看《老照片》，也爱凑过来，让我们给她讲里边的故事，我便选一些风光美景等方面的内容讲给她听，常常听得她眉飞色舞。由此还激励了她的阅读兴趣，被老师推荐参加了同班级的快班。她爱阅读的事迹，还登上了2014年7月15日的美国《世界日报》呢。

作为读者，久而久之，竟不自觉地产生了参与意识。在编辑部诸位老师热情支持下，终于在第六十四辑《老照片》中发表了《我的妻子》一文，图文结合地诉说了在上世纪那个人妖颠倒、是非混淆的疯狂年代，一位正直知识女性的坎坷遭遇和短暂一生，从而折射出了当时严酷的社会现实。

因为我喜欢《老照片》，热爱《老照片》，一心想为它做点力所能及的工作，便到处搜集老照片。但因才疏学浅不得要领，收效不大。有价值的老照片没搜集到多少，却曾付出过代价。那是在2011年7月的一天，我让儿子带我去科罗拉多大学图书馆，打算从有关中国的影集和图书中寻找有价值的照片。不知不觉两个多小时过去了，理想照片没有找到几幅，出门时却看到小车前挡风玻璃上被贴了两张罚单。原因是停车位置不当，他们每小时贴一次罚单，两张各二十美金，连同两个写好交款地址的信封都为你准备好了，你只要乖乖地往里装上支票寄出就行了。 四十美金虽微不足道，但总算是一次小小的教训。如今，我的老照片收集，仍在力所能及地进行着，眼下收集的专题是“照片里的老行当”。

在《老照片》的启发和影响下，我还收集整理了祖传的家庭老照片，把六七十年以前已泛黄甚至破损的黑白照片，通过数码相机翻拍，变为了数字化影像，调整影调、层次，修补破损，使其更加完整光彩，冲印照片后，逐幅写上了说明文字，整理成册，在此基础上建立起了家庭老照片档案，让家族成员各存一册，以永久保存。

《老照片》：我生活中不可或缺的朋友

刘长居

我与《老照片》交友是在1996年底。那时我在机关办公室工作，与办公室行政接待科的罗伟星同志在德州广川宾馆接外地来宾的闲暇之余，到广川宾馆商品部闲逛时，罗伟星同志一眼瞅到了《老照片》第一辑，他很兴奋，当即就买下了两本，并把我喊过去，与他一起分享这次闲逛淘到的“宝贝”。他买两本的目的是赠给我一本，我欣然接受了这份珍贵的文化馈赠。当我将《老照片》带回家中阅读时，我也兴奋了，好像见到了多年未见的老朋友一样，又像在跟历史对话，用了两个晚上的时间就读完了。过了一个月左右的时间，我又把这本《老照片》拿出来，反复翻阅，真有些爱不释手。

从那以后，我每到双月份就到书店寻觅下一辑《老照片》，有时因买一辑《老照片》要往书店跑好几趟。为能每辑不落地买到《老照片》，从1998年起，我在一家有熟人的书店里，每年订购了一套，一直坚持至今。我现在将面临退休，工作不那么忙了，闲暇时我将《老照片》一至九十六辑反复翻阅，凡我感觉可取的或今后用得着的内容，都夹上纸条或在书背上记上不同的符号，以便今后查询。每次翻阅，都有新的感受，正因这些感受使我陆续撰写了一些人文随笔，有的还发表在省市级报刊上。

这些年，我不但收藏了单本《老照片》，还收藏了《老照片》合订本以及山东画报出版社出版的其他精美图书。我的各辑《老照片》都整整齐齐摆放在我书房的书架上，每次朋友们在家相聚，大家一起翻阅分享《老照片》已成惯例。有的看完后便自觉放回到书架上，有的自己感兴趣的日后去书店寻购。但有的朋友，专爱借我的《老照片》带家去读，这样一来，总有丢失，一来二往，使我的《老照片》缺少了好几辑，我总感到是个缺憾。后来，我托书店熟人多方寻找，用了很长时间才把缺失的部分补齐了。再后来，我索性又订购了合订本，双管齐下，以防万一，不留缺憾。

去年5月我搬了新家，远在经济开发区，而我订阅《老照片》的书店却仍在老市区，离我现居住的地方有十几里路。尽管如此，我每次接到书店通知，就立马骑电动车或自行车去取，从不觉得累，因为这是自己最想干、最愿干、最盼望干的事情。

痛定思痛昨日光景

冯克力

近读英国学者奥兰多·费吉斯的《耳语者：斯大林时代苏联的私人生活》，对于斯大林时代的极权体制给民众肉体与精神造成的巨大伤害，有了更多的了解。苏联的剧变确非一夜之间的事情，乃是苏联民众在经历了几代人的深重苦难之后的必然选择，外人大可不必越俎代庖，为其扼腕叹息。

作者的这项研究，所采集、所依据的大多为普通人的回忆、日记或书信，是一些带有生命体温的家庭档案。在这一点上，与《老照片》这些年孜孜以求的，似有某种不期然的契合。

至于“苏联的今天”是不是“我们的明天”，恐不好说，但在某种意义上，苏联的昨天确也曾是我们的昨天，你看：亲友出国后委托保管的一宗财物，居然被当作“特务”嫌疑的证据，让主人一家横遭不测，又是抄家，又是批斗，又是审查，吃尽了苦头（见沈安妮《来自马来西亚的委托书》）；贵为毛泽东秘书的田家英被无端整肃后，一家人即覆巢之下，大祸临头，跌入了空前的劫难（见曾自《我的母亲》）。法治一旦遭到践踏，殃及的就无论普通民众还是高官显贵。而且类似的悲剧，在那个年代几为常态，屡见不鲜。

可见，我们与其为他国的社会转型而痛心疾首，不如长点记性，痛定思痛，好好去反思一下自己昨日的光景，莫让悲剧再重演。

图书在版编目（CIP）数据

老照片.第98辑/冯克力主编. —济南：山东画报出版社，2014.12

ISBN 978-7-5474-1412-5

Ⅰ.①老… Ⅱ.①冯… Ⅲ.①世界史－史料②中国历史－现代史－史料 Ⅳ.①K106 ②K260.6

中国版本图书馆CIP数据核字（2014）第273131号

责任编辑　冯克力
装帧设计　王　芳
主管部门　山东出版传媒股份有限公司
出版发行　山東畫報出版社
社　　址　济南市经九路胜利大街39号　邮编 250001
电　　话　总编室（0531）82098470
市场部（0531）82098479　82098476（传真）
网　　址　http：//www.hbcbs.com.cn
电子信箱　hbcb@sdpress.com.cn
印　　刷　山东临沂新华印刷物流集团
规　　格　140毫米×203毫米
6印张　130幅照片　120千字
版　　次　2014年12月第1版
印　　次　2014年12月第1次印刷
定　　价　15.00元